Über dieses Buch Psychoanalytisch orientierte »teilnehmende Beobachtung« im Kindergarten und »Supervision« mit Erzieherinnen können, wie dieses Buch anschaulich zeigt, sichtbar machen, warum sich manche Mädchen und Jungen unruhig und aggressiv verhalten oder warum sie sich ständig an ihre Erzieherinnen klammern müssen und in Panik geraten, wenn diese sich von ihnen abwenden. Deutlich wird auch, warum einige Kinder nicht sprechen oder unter körperlichen Beschwerden leiden. Dahinter verbergen sich Entwicklungskrisen und seelische Konflikte, die bei bestimmten Anlässen mobilisiert werden. Diese Krisen und Konflikte können sich aufgrund der Verhältnisse in der jeweiligen Institution verschärfen, vor allem dann, wenn die Erzieherinnen nicht verstehen, was die Kinder bewegt. Mit Hilfe psychoanalytischer Beratung und Supervision gelingt es den Erzieherinnen besser, die Kinder bei der Bewältigung ihrer Krisen und Konflikte zu unterstützen und ihnen dabei zu helfen, sich in den Kindergarten zu integrieren und neue Entwicklungsschritte zu wagen.

Die Autoren Aloys Leber, Jg. 1921, Dr. phil., Dipl.-Psych., Psychoanalytiker, ist emeritierter Professor der Universität Frankfurt am Main. Er war viele Jahre lang in heil- und sozialpädagogischen Institutionen tätig.
Hans-Georg Trescher, Jg. 1950, Dr. phil., Dipl.-Päd. mit Fort- und Weiterbildung in Gruppenanalyse, Supervision und Familientherapie, ist Professor an der Ev. Fachhochschule Darmstadt und Privatdozent an der Universität Frankfurt am Main.
Elise Weiss-Zimmer, Jg. 1942, Diplom-Supervisorin und Sozialpädogogin, ist als wissenschaftliche Mitarbeiterin an der Universität Frankfurt am Main und in freier Praxis als Supervisorin tätig. Sie arbeitete über zwanzig Jahre im Kindertagesstättenbereich als Erzieherin, Fachberaterin und in der Aus-, Fort- und Weiterbildung von Erzieherinnen.

Aloys Leber / Hans-Georg Trescher /
Elise Weiss-Zimmer

Krisen im Kindergarten

Psychoanalytische Beratung
in pädagogischen Institutionen

Fischer
Taschenbuch
Verlag

Geist und Psyche
Begründet von Nina Kindler 1964

7.–8. Tausend: März 1990

Originalausgabe
Veröffentlicht im Fischer Taschenbuch Verlag GmbH,
Frankfurt am Main, März 1989
© 1989 Fischer Taschenbuch Verlag GmbH, Frankfurt am Main
Umschlaggestaltung: Buchholz/Hinsch/Hensinger
Gesamtherstellung: Clausen & Bosse, Leck
Printed in Germany
ISBN 3-596-42315-5

Inhalt

Den Kindern, ihren Eltern und
ihren Erzieherinnen,
die uns Gelegenheit gaben,
dieses Buch zu schreiben.

I. Einleitung

Warum bekommt Fritz während eines Rollenspiels Bauchschmerzen und weshalb gerät er in unbändige Wut, so daß er Tische und Stühle mit Geschrei durch den Raum stößt, als das Ende des Vormittags im Kindergarten angesagt wird?

Weshalb herrscht eine große Unruhe unter den Kindern? Was bewegt jene Jungen, von denen der eine mit seinem großen geladenen Gewehr protzt und der andere ein ebensolches einem Mädchen andichtet? Warum ist ständig von »Hosen ausziehen«, Geschlechtsteilen oder Schlangen die Rede? Was veranlaßt Uwe, Bärbel mit offener Schere zu verfolgen?

Was macht Bernd den morgendlichen Abschied von seiner Mutter so schwer? Warum weckt er bei einem männlichen Besucher das Gefühl, sich ganz auf ihn einstellen zu müssen, obwohl er sich doch der ganzen Gruppe widmen wollte?

Was ist mit Christian los, daß er stets intime Zweierbeziehungen bei einer Erzieherin oder bei einem Kind sucht und in Wut gerät, wenn »Dritte« ins Spiel kommen?

Weshalb sprechen die beiden eineiigen Zwillingsbrüder nicht mit anderen, während sie sich doch untereinander verständigen können?

Ist der dicken Elisabeth aus dem Teufelskreis herauszuhelfen, wegen ihrer Körperfülle verspottet zu werden und, weil sie verspottet wird, sich Trost im gierigen Verschlingen von Essen suchen zu müssen?

Was bringen die Erzieherinnen eines Kindergartens zum Ausdruck, wenn sie in der Supervision als erstes über Benjamin sprechen, der so empfindlich auf Trennungen reagiert, sich überfordert fühlt und sich wie ein Tintenfisch mit Saugnäpfen an einer Betreuerin festsaugen möchte?

Solche Fragen stellten sich uns bei unserer über »teilnehmende Beobachtung« gewonnenen »Bestandsaufnahme« und damit verbundenen Beratung in einem konfessionellen ländlichen Kindergarten und bei der Supervision der Teamgruppe eines – ebenfalls konfessionellen Kindergartens – in einer Kleinstadt.

Dabei folgten wir dem Forschungsauftrag des Hessischen Sozialministers, exemplarisch herauszufinden, in welcher Weise sich Verhaltensauffälligkeiten im Kindergarten zeigen, wie diese zu verstehen sind und wie Beziehungsproblemen in der Kooperation zwischen

»Kindergarten und sozialen Diensten« – gemeint sind besonders Erziehungsberatungsstellen – gerade in diesem frühen Alter begegnet werden kann, um ihre Überwindung soweit als möglich anzubahnen. In Anlehnung an die Bundestagsenquête zur Lage der Psychiatrie (Deutscher Bundestag, 1975), in der 15 % Verhaltensauffällige im Kindergarten und 20 bis 25 % in der Schule registriert wurden, sollten neue Möglichkeiten gesucht werden, entstehenden psychischen Störungen schon früh entgegenzuwirken. Nach unserem Verständnis von Psychoanalytischer Pädagogik geht es dabei aber nicht nur – und nicht einmal primär – um die Prophylaxe psychischer und psychosomatischer Erkrankungen, sondern gerade auch um die Verbesserung von Entwicklungs- und Bildungschancen von Kindern überhaupt.

Anlage und Entwicklung des gemeinsam mit einem Team des Deutschen Jugendinstituts (vgl. Haberkorn et al. 1988) und Mitarbeiterinnen und Mitarbeitern mehrerer hessischer Erziehungsberatungsstellen durchgeführten Projektes brachte es mit sich, daß wir neben der Kooperation mit den beiden anderen Gruppen unseren dezidiert psychoanalytischen Ansatz nur in diesen beiden Kindergärten anwenden konnten. Dort übernahmen wir selbst Funktionen, wie sie sonst Mitarbeiterinnen und Mitarbeiter aus Erziehungsberatungsstellen wahrnehmen können. Die Zusammenarbeit mit den beiden genannten Kindergärten hatte zur Folge, daß wir spezifischen Problemen, mit denen andere – vor allem großstädtische – Kindergärten stärker konfrontiert sind, hier nicht ausdrücklich begegneten. Dabei denken wir u. a. an ausländische Kinder im Kindergarten (vgl. Böhme 1985, 1986), an Kinder aus sozialen Brennpunkten (vgl. Engeler/Hack 1978), an Kinder aus geschiedenen Ehen, an Kinder eines alleinerziehenden Elternteils. Außerdem kamen uns in dieser Situation wesentlich mehr Jungen als Mädchen in den Blick, so daß typische Probleme weiblicher Sozialisation im Kindergarten nicht ausdrücklich thematisiert werden konnten (vgl. hierzu Schmauch 1985 und 1987).

Wir hoffen aber, daß aus unseren Fallstudien, aus der Beschreibung der Lernprozesse in psychoanalytischer Supervision mit Erzieherinnen wie auch aus den nachträglichen Überlegungen zu einem nicht rechtzeitig erkannten Konflikt mit dem Träger eines Kindergartens hinreichend deutlich wird, wie auffälliges Verhalten im Kindergarten aus psychoanalytischer Sicht verstanden und angegangen werden kann und wie sich daraus eine an manchem Ort sicher längst gesehene, aber noch nicht ausdrücklich formulierte Perspektive für den Kindergartenbereich zeigt. Dabei wird gleichzeitig deutlich, wie schwierig und wie bedeutend die daraus erwachsende Aufgabe ist, so daß sie nur in der Kooperation mit »Dritten« erfüllt werden kann.

So wie das Kind eine Instanz wie den Kindergarten und die dort Tätigen braucht, um sich mit ihrer Hilfe besser aus den engen Bindungen, den spezifischen Belastungen und Verstrickungen der Familie lösen zu können und damit die Chronifizierung von Entwicklungsstörungen zu vermeiden und im Hinblick auf die künftige Lebensmeisterung gefördert zu werden, so können die im Kindergarten Tätigen diese – bisher weitgehend ignorierte – Aufgabe selbst nur erfüllen, wenn sie ihrerseits auf »Dritte« zurückgreifen, wenn sie sich im Dialog mit ihnen aus den affektiven Verstrickungen, in die sie von Kindern hineingezogen wurden, lösen können. Das wird aus unseren Darstellungen am Einzelfall erkennbar.

Im ersten Kapitel werden wir auf historische Zusammenhänge bezüglich Psychoanalytischer Pädagogik und Kindergarten kurz eingehen und unser theroretisches und methodisches Konzept darlegen. Wer lieber mit Fallschilderungen beginnt, kann dieses Kapitel zunächst überspringen, bis er vielleicht von den Fallanalysen her Interesse dafür gewinnt.

Wir möchten ausdrücklich darauf verweisen, daß wir nicht nur vom Hessischen Sozialminister zur Durchführung des – vom Bundesminister für Bildung und Wissenschaft geförderten – Projektes »Kindergarten und soziale Dienste« beauftragt waren, sondern auch von seinen Mitarbeiterinnen und Mitarbeitern der Abteilung Jugendhilfe fachkundig unterstützt wurden, ohne daß uns dabei Auflagen gemacht oder Begrenzungen auferlegt wurden. Wir sind besonders dankbar dafür, daß wir im Sinne des vom Hessischen Sozialminister 1981 herausgegebenen Informationsheftes »Beziehungsfeld Kindergarten – zur psychischen Situation des Kindergartenkindes« trotz des pluralistischen Ansatzes des Gesamtkonzeptes einen konsistenten, auf psychoanalytischer Reflexion der Praxis des Kindergartens bezogenen Bericht herausbringen können. Damit ist uns Gelegenheit gegeben, das Interesse einer breiten Fachöffentlichkeit an den hier in Blick kommenden psychoanalytischen Aspekten zu wecken, weil sie uns für die Praxis des Kindergartens – und darüber hinaus für die pädagogischen Institutionen überhaupt – wichtig erscheinen.

II. Hilfen für Erzieherinnen durch Beratung und Kooperation

1. Klassische Psychoanalytische Pädagogik

Für eine Vielzahl der in den vorangegangenen kurzen Beispielen ange-sprochenen Beziehungsschwierigkeiten, die oft Erzieherinnen, Kinder und Eltern gleichermaßen belasten und beunruhigen, wurden in der Psychoanalyse bzw. in der Psychoanalytischen Pädagogik schon früh Bearbeitungs- und Lösungsmöglichkeiten gesucht (vgl. Trescher 1985 a).

Bedeutende Namen, die mit der Erziehungsberatung im engeren Sinne zu dieser Zeit in Verbindung stehen, sind u. a. August Aichhorn (vgl. z. B. 1925 und 1932) und Fritz Redl (vgl. z. B. 1932).

Für den Kindergartenbereich sind die Arbeiten von Vera Schmidt (vgl. 1923) und besonders von Nelly Wolffheim (vgl. 1930) bekannt geworden. Diese Pionierleistungen im Versuch, Kinder besser verste-hen, als sie erziehen zu wollen, entstanden jedoch nicht nur unter ande-ren sozialen und historischen Bedingungen, sondern auch auf der Basis eines anderen Selbstverständnisses der Psychoanalytischen Pädagogik, als wir dies als heutige psychoanalytische Pädagogen haben. Dominie-rende Themen waren damals die Tabuierung kindlicher Sexualität und deren massive Unterdrückung u. a. durch strenges Bestrafen, Drohen, Ängstigen, Beschämen und die Folgen solcher und anderer »Erzie-hungsfehler« für die Entwicklung der Kinder. Die Psychoanalytische Pädagogik zu dieser Zeit, d. h. in den zwanziger und dreißiger Jahren, orientierte sich weniger an Fragen der allgemeinen Förderung der Kin-der durch Pädagogen in Institutionen wie dem Kindergarten oder der Schule, als daß sie sich im Dienste einer »Neurosenprophylaxe« der Verhütung seelischer Fehlentwicklungen verpflichtet sah (vgl. Körner 1980; Trescher 1985 a, 1985 b, 1987 a).

Dieses Selbstverständnis wurde erst Mitte der dreißiger Jahre ge-nauer hinterfragt. Bevor jedoch eine umfassende Klärung von Stand-ort, Methode und Selbstverständnis der Psychoanalytischen Pädagogik erarbeitet werden konnte, führte der Sieg des Faschismus in Deutsch-land und Österreich zur Emigration wichtiger Vertreter der Psycho-analytischen Pädagogik. Um neben Anna Freud nur einige zu nennen: Siegfried Bernfeld, Erik Homburger Erikson, Paul Federn, Otto Feni-chel, Melanie Klein, Melitta Schmideberg und viele, viele andere.

Die Folge war, daß es eine Psychoanalytische Pädagogik, wie sie in den zwanziger und dreißiger Jahren in Deutschland, Österreich und der Schweiz entwickelt wurde, in dieser Bedeutung innerhalb und außerhalb der Psychoanalyse nie mehr gab. Der Dialog zwischen Psychoanalyse und Pädagogik verstummte fast gänzlich. Nach dem Zweiten Weltkrieg traten Kinderpsychotherapie (vgl. z. B. Anna Freud 1932, 1965; Hans Zulliger 1951, 1952, 1966), Milieutherapie (z. B. Bruno Bettelheim 1950, 1955, 1967; Fritz Redl und David Winemann 1951), Sozialstationsforschung und Direktbeobachtung von Kindern (z. B. John Bowlby 1961, Erik H. Erikson 1950, Anna Freud und Dorothy Burlingham 1949/50, Anna Freud und Thesi Bergmann 1965, Margret Mahler 1968, Joyce und James Robertson 1975, René Spitz 1965 und viele andere) an die Stelle der Psychoanalytischen Pädagogik der zwanziger und dreißiger Jahre (vgl. Füchtner 1978, 1979).

Forschungen und Veröffentlichungen zur Integration psychoanalytischer Erkenntnisse in die Pädagogik oder gar zur Praxis der Psychoanalytischen Pädagogik waren sehr selten geworden. Im deutschsprachigen Raum änderte sich diese Situation erst etwa ab Mitte der sechziger Jahre. Zunächst erschienen Sammelbände, in denen vorwiegend Texte der historischen Psychoanalytischen Pädagogik zusammengestellt waren (vgl. z. B. Ammon 1973, Bittner/Rehm 1964, Bittner/Schmid-Cords 1968, Cremerius 1971, Fürstenau 1974, Meng 1973a und 1973b), und ebenso Arbeiten zur Geschichte der Psychoanalytischen Pädagogik (vgl. z. B. Ekstein 1970, Ekstein/Motto 1963, Rehm 1968). Auch entstanden Studien, die die vielfältige Problematik der Anwendung der Psychoanalyse in pädagogischen Arbeitsfeldern neu thematisierten (vgl. z. B. Bittner 1967, 1973; Leber 1958, 1968, 1971, 1972).

Überhaupt hatte das Interesse von Pädagogen an der Psychoanalyse im Zuge der »anti-autoritären Erziehung« schlagartig zugenommen. Jedoch wurde Psychoanalyse kaum auf ihre spezifische Methode hin befragt; eher wurden die Möglichkeiten der unmittelbaren Umsetzung gesucht. Dies galt besonders für die psychoanalytische Theorie der Entwicklung der Sexualität. Großes Interesse fanden Arbeiten, die nach Ansätzen der Vermittlung und Verbindung von historischem Materialismus (als kritischer Theorie der Gesellschaft) und der Psychoanalyse (als kritischer Theorie des Subjekts) suchten. Auch hier boten die Autoren der zwanziger und dreißiger Jahre zahlreiche Denkanstöße (vgl. z. B. Bernfeld 1925, 1927, 1929; Fenichel 1935; Horkheimer et al. 1936 und viele andere).

Jedoch der eher »unprofessionell-naive« Umgang mit psychoanalytischen Erkenntnissen führte bald zur Enttäuschung der hohen Erwartungen und zum Scheitern der erneuten Annäherung zwischen Pädagogik und Psychoanalyse. Nur wenige versuchten weiterhin an die Tradition und den Erkenntnisstand der Psychoanalytischen Pädagogik der dreißiger Jahre anzuknüpfen.

2. Zum historischen Standort der Kindergartenreform

Ausgangspunkt dieser Überlegungen ist die durch die veränderten Lebens- und Sozialisationsbedingungen kleiner Kinder unseres Kulturkreises gewandelte Bedeutung des Kindergartenbesuchs. Der zugrunde liegende gesellschaftliche Wandel kann mit Stichworten beschrieben werden wie: Hochindustrialisierung, veränderte Arbeitswelt, Frauenerwerbstätigkeit, Verstädterung, Einschränkung der für Kinder öffentlich erfahrbaren Lebensräume, Zunahme des Kraftwagenverkehrs, Medienzeitalter, Bevölkerungsentwicklung, Veränderungen in der Familie und vieles mehr.

Lebens- und Erfahrungsräume von Kindern und Erwachsenen fallen weiter auseinander. Die reale materielle Abhängigkeit der Kinder von ihren Eltern verlängert sich. Die Familien konzentrieren sich verstärkt auf die Erziehung des Kindes in der Annahme einer erhöhten Bedeutung des Lernens und Erziehens bei der Zuweisung sozialer Rangplätze (vgl. Rothgang / Wurzbacher 1973). Das bringt auch eine engere emotionale Verfügbarkeit der Kinder mit sich. Demgegenüber verringern sich die autonomen Sozialerfahrungen der Kinder, in den sich verkleinernden Familien und durch einen Verlust an selbständiger »Welteroberung« über die Gefährdungen bereits in der Wohnumgebung.

Auf diese Veränderungen hin wurde zu Beginn und Mitte der sechziger Jahre in der bundesdeutschen Gesellschaft sehr unterschiedlich reagiert. Eine erste sozialadministrative Reaktion führte zu einem massenhaften Ausbau der Kindertagesstätten. In der Folgezeit wurde der Besuch eines Kindergartens zu einer regelhaften Erfahrung in der Entwicklung unserer Kinder. Vernachläßigt wurde zunächst die Entwicklung beruflicher Kompetenzen der Mitarbeiterinnen in diesen Einrichtungen. Es wurden beispielsweise pädagogisch unausgebildete Frauen beschäftigt, um die sprunghaft gestiegene Anzahl der Kinder in den Kindertagesstätten zu betreuen.

Die Kindergärtnerin, eine Berufsbezeichnung für die Mitarbeiterin in Kindertagesstätten, die Ende der sechziger, Anfang der siebziger Jahre in Erzieherin umbenannt wurde, war zu dieser Zeit überwiegend in der Tradition des deutschen Kindergartenwesens ausgebildet. Die durch den quantitativen Ausbau des Kindertagesstättenbereichs erhöhte Nachfrage an Personal ließ viele Ehemalige unter dem Slogan »Zurück zu den Kindern« in den Beruf zurückkehren. Kapazitäten der Ausbildungsstätten wurden stark erweitert (vgl. v. Derschau 1974 und Amt für Volksbildung/Volkshochschule 1976). Es wurde bald ein struktureller Mangel des Kindertagesstättenbereichs offensichtlich. Seit über hundert Jahren gab es einen Gegensatz zwischen der in der Ausbildung vermittelten Theorie des deutschen Kindergartens und der realen Situation in der öffentlichen Kindererziehung.

Die auf Friedrich Fröbel (1782–1852) zurückgehende Theorie der Kindergartenpädagogik fußte auf der Annahme einer ausschließlich biologischen Reifung des Kindes. Sie suchte der Selbsttätigkeit des Kindes und dessen Entfaltung im freien Spiel im »Kinder-Garten« einen geschützten Raum zu geben (vgl. Hoffmann 1968). Die Didaktik orientierte sich am Werden und Vergehen des Lebens im Jahreslauf und den traditionellen, meist kirchlichen Festen und Feiern. Der tradierten Kinderkultur mit Reimen, Liedern, Tänzen sowie den Kulturtechniken vorbereitenden musischen Fertigkeiten wurde große Beachtung eingeräumt. Die ideale Erzieher-Kind-Beziehung war an der frühen Mutter-Kind-Bindung orientiert und der Atmosphäre der bürgerlichen Wohnstube nachempfunden.

Dem widersprach jedoch die Praxis in der überwiegenden Anzahl der Kindergärten. Einschränkende Rahmenbedingungen, wie geringe Raumgröße, Ausstattung, Anzahl der Kinder und Länge der Betreuungszeit im Verhältnis zum Personalschlüssel, ließen das »freie Spiel« kaum zu, wie die Gewerkschaft Erziehung und Wissenschaft in einer Denkschrift zum Bildungsnotstand in Kindertagesstätten 1968 feststellte (vgl. GEW 1968). Das Leben in Großgruppen machte die Vermittlung von Fertigkeiten in angeleiteten Beschäftigungen, das Einüben von sozialen Regeln und Reglementierungen notwendig. Eine hierdurch bestimmte Didaktik und Methodik orientierte den Kindergarten in der Praxis stärker an von außen herangetragenen Normen, wie sie eher auch den schulischen Lernformen zugrunde liegen. So heißt es im Ergebnis einer empirischen Untersuchung aus dem Jahr 1971, in die siebenundfünfzig nordwestdeutsche Kindergärten einbezogen waren und die auch die Rahmenbedingungen mitzuerfassen versuchte: »In der mehr oder minder strengen erzieherischen Gewöhnung der Kinder an Ruhe, Ordnung und Sauberkeit und im Ausrichten der Kinder auf die Anforderungen und Ermahnungen, von Tadel, Drohungen und Strafen oder positiven Verstärkung der erwünschten Verhaltensweisen, erbringt der Kindergarten, wie die Beobachtungsbefunde deutlich zeigten, zweifelsohne eine erhebliche Anpassungsleistung des kindlichen Verhaltens an die Betragensnormen der traditionellen Schule«. (Barres

15

1972, 220) Für viele Kindergärtnerinnen bildete die Annäherung an die Schule einen Ausweg aus dem beschriebenen beruflichen Dilemma. Die verbliebenen »Spielräume« im Kindergarten konnten von den Kindern sehr unterschiedlich genutzt werden. Bereits seit der Zeit, in der sich das Sozialisationsfeld Kindertagesstätte mit Beginn der Industrialisierung bis zur Mitte des neunzehnten Jahrhunderts herausbildete, waren je nach Lage der Einrichtung und der sozialen Herkunft der Kinder im Einzugsgebiet sich voneinander unterscheidende Institutionstypen beschreibbar: Für die proletarischen Kinder und für unterversorgte, von Vernachlässigung und Verwahrlosung bedrohte Kinder entstanden Bewahranstalten, oft in kirchlicher Trägerschaft. Darüber hinaus entstanden Kindergärten, in denen überwiegend bürgerliche Kinder ihre begrenzten familiären Erfahrungen ergänzen und erweitern konnten. Diese unterstützten eine meist ohnehin gebahnte positive Entwicklung. Die im besten Falle gleichen Betreuungsbedingungen reichten für Kinder mit belasteten Vorerfahrungen und schlechten Lebensbedingungen in der Familie keineswegs aus und konnten schon gar nicht die Folgen früher Fremdbetreuung und täglich langer Verweildauer in öffentlichen Erziehungseinrichtungen abwenden. Die Kindertagesstätte war zwar für viele Kinder in der Vergangenheit, insbesondere in den gesellschaftlichen Krisenzeiten der Wohnungsnot und Massenarbeitslosigkeit, der Kriegs- und Nachkriegsjahre notwendigerweise zum bewahrenden »Hort« und oft sogar zum Überlebensort geworden. Aber die von einer anderen gesellschaftlichen Schicht oder Klasse stammenden, den Kindergarten prägenden Normen erzwangen unter den gegebenen Betreuungsbedingungen sehr viel Verzicht und Einschränkung von den Kindern. Der ihnen dort auferlegte Zwang schloß sich an die Erfahrungen früher Vernachlässigung an. Das erlebten die Kinder nur allzuoft als Willkür, der sie sich im Sinne eines »heimlichen Lehrplans« zur Einübung späterer gesellschaftlicher Ohnmacht zu unterwerfen hatten.

So existieren seit Beginn des Kindergartens immer mindestens zwei unterschiedliche Sozialisationsfelder nebeneinander: einmal für Kinder mit guten Startchancen in ihrer Familie und zum anderen für Kinder, die aufgrund der Lebenssituation ihrer Familie schon sehr früh auf Fremdbetreuung angewiesen waren. Deren Eltern hatten weder Möglichkeit noch Gelegenheit, sich hinreichend für verbesserte Betreuungsbedingungen in den Kindertagesstätten einzusetzen[1].

1 Zwei sich historisch unterschiedlich entwickelnde pädagogische und soziale Funktionen des Kindergartens nimmt Ulshöfer an (vgl. Ulshöfer 1970). Der Deutsche Bildungsrat sieht den Kindergarten einerseits sozialpolitisch und sozialethisch und andererseits pädagogisch orientiert (vgl. Deutscher Bildungsrat 1970).

Dieser Aufspaltung entsprach auch auf seiten der Betreuerinnen eine spürbare Kluft zwischen gutausgebildeten, engagierten Erzieherinnen und vielfach resignierten, wie die Kinder unter dem fremdbestimmten Bedingungen sich ohnmächtig, abhängig fühlenden und gleichgültig wirkenden Erziehungskräften. Zum Teil wurde durch das soziale Engagement, die christliche Gesinnung und Aufopferungsbereitschaft vieler dieser Frauen, die ihre Arbeit dann meist zum ausschließlichen Lebensinhalt machen mußten, die Lage der Kinder in diesen Einrichtungen erträglich. Bisweilen fanden Kinder dort gute Unterstützung, während die Erzieherinnen damit vermeiden konnten, ihre Tätigkeit auch als Lohnarbeit zu verstehen [1]. Aber nicht nur wegen der Gründung eigener Familien gaben viele Frauen ihre Arbeit nach einigen Berufsjahren auf. Bis in die sechziger Jahre hinein galt der Beruf der Erzieherin als Jugendberuf mit nur geringer Verweildauer nach der Ausbildung und die Ehe als »Hauptlebensziel« (vgl. Autorenkollektiv 1970).

Dieser Grundkonflikt bestand bereits während der ersten Reformbemühungen in der Weimarer Zeit. Einflüsse der sozialistischen Kindergartenbewegung, der aufkommenden Psychoanalytischen Pädagogik, aber auch erste staatliche Aufsichts- und Lenkungsversuche, durch Eingliederung beispielsweise in den Schulbereich, wie sie noch heute etwa in Hamburg oder Frankfurt als Relikte und mit zweifelhaftem Ergebnis vorzufinden sind, scheiterten an den knappen Finanzmitteln und der wirtschaftlichen Not dieser Zeit. Sie blieben erfolglos und wurden bald von einer erstarkenden Reaktion gesellschaftlich bekämpft bzw. vom aufkommenden Faschismus verfolgt (vgl. Grossmann 1974).

In welcher Weise der deutsche Kindergarten in die Formierung der nationalsozialistischen Gesellschaft einbezogen war oder welches Schicksal Kindern mit abweichendem Verhalten und mit Behinderungen vom Kindergarten ausgehend bereitet wurde, ist unseres Erachtens nicht ausreichend untersucht. Die Chance eines Neubeginns nach 1945 gab es im heutigen Gebiet der Bundesrepublik Deutschland unter der Ideologie eines Wiederaufbaus und mit dem Vorrang der materiellen Versorgung für die Kinder nicht. Eine »Trümmerfrauenmentalität« deutscher Erzieherinnen und der Rückgriff auf die traditionellen Inhalte der Kindergartenmethodik erlaubten nach dem restaurativen Wiederaufbau eine Verdrängung der Erfahrungen unter dem Faschismus. Sie blendeten aber ebenso die sich in der Folgezeit rapide verändernden Lebensbedingungen der Kinder aus. In der sich Mitte der sieb-

---

1 Eine heftige Erschütterung erfuhren Erzieherinnen durch die These, Erziehungstätigkeit in den öffentlichen Einrichtungen für Kleinkinder bilde ein Lohnarbeiterbewußtsein aus (vgl. Heinsohn / Knieper 1975).

ziger Jahre in einer wirtschaftlichen Krise mit sich abzeichnender Verknappung von Ressourcen begrüßte z. B. eine in Kriegs- und Nachkriegsjahren altgediente Jugendleiterin in der Kindertagesstättenaufsicht die erwartbaren Einschränkungen im Kindergarten. Nun müßten auch die heutigen Erzieherinnen erstmals beweisen, ob sie, wie die Kolleginnen in den Notzeiten nach dem Krieg, Gruppen zwischen 30 und 60 Kindern zu leiten vermögen.

Mitte bis Ende der sechziger Jahre setzte eine heftige öffentliche Auseinandersetzung mit der Situation der bundesdeutschen Kindergärten ein. Im Gefolge einer ersten wirtschaftlichen Rezession entstand eine Diskussion über das Bildungssystem, dem insbesondere seine Ineffektivität und die Ungleichheit der Chancen vorgeworfen wurden. Es wurden Schlagworte verwandt wie Bildungsnotstand, Sputnikschock, Mobilisierung von Bildungsreserven. Der Kindergarten geriet in die Kritik der Medien mit Überschriften wie »Notstand im deutschen Kindergarten« (vgl. Heide 1972). Es wurde offensichtlich, daß es einen strukturellen Mangel an Theorie aus reflektierter Praxis gab, die die veränderte Lebensrealität von Kindern einbezog. Katastrophale äußere Rahmenbedingungen und ungenügende Ausbildung der Erzieherinnen wurden als sofort zu überwindende Einschränkungen begriffen und mobilisierten eine sich für Bedürfnisse von Kindern sensibilisierte Elternschaft und Fachöffentlichkeit.

Es war eine kritische Generation nachgewachsen und übernahm Verantwortung als Eltern und Erzieher, die zudem nicht länger bereit war, der Ideologie der fünfziger Jahre des Wiederaufbaus und eine (der Leistungsgesellschaft entsprechende) vorrangige Förderung der kognitiven Fähigkeiten auch ganz junger Kinder blind zu folgen. Sie wandte sich gegen die kollektive Verdrängung der Zerschlagung und Vertreibung, der Vernichtung von Menschen und Kultur im Faschismus. Sie suchte die internationale Isolierung und Erstarrung der bundesdeutschen Gesellschaft aufzubrechen und Anschluß an die Entwicklung der Wissenschaften zu erhalten. Eine neue soziale und politische Bewegung, angeführt von der »Achtundsechziger-Generation«, suchte sich am Aufbruch der Gesellschaft der zwanziger und dreißiger Jahre zu orientieren. Die pädagogische Diskussion begann, an dem Teil der in Deutschland im Faschismus vertriebenen Psychoanalyse und der von ihr beeinflußten revolutionären Experimente anzuknüpfen. Raubdrucke der Literatur dieser Jahre waren erste gemeinsame Diskussionsgrundlage von sich gründenden Initiativen junger Eltern und beeinflußten Versuche einer kollektiven antiautoritären Kindererziehung (vgl. Seifert 1969, Bott 1970). Die von der Diskussion der antiautoritären Theorie und der Praxis der Kinderläden ausgehenden Impulse verbanden sich mit einer eher basis-demokratischen Bewegung unter den Erzieherinnen, die wiederum von der sich politisierenden Studentenbewegung beeinflußt war. Erstmals fanden berufspolitische Auseinandersetzungen und Streiks von Erzieherinnen – so 1969 in Berlin und Frankfurt – statt. »Arbeitskreise kritischer Erzieherinnen« setzten sich zum Ziel, die Arbeitsbedingungen von Erzieherinnen und damit auch die Betreuung von Kindern in öffentlichen Erziehungseinrichtungen in gleicher Weise zu verbessern. Hamm-Brücher (1971) eröffnete den Vorschulkongreß 1970 in Hannover mit den Worten: »Vorschulerziehung muß in ihren Organisationsformen – das heißt auch aus sich und in sich – demokratisch leben – und sie muß lehren, demokratisch zu leben.«

Brachte die öffentliche Kritik an der Kindertagesstätte und die erst idealisierte und später scheiternde Hoffnung auf eine revolutionäre Veränderung der Erziehung durch Impulse der antiautoritären Erziehung zunächst eine starke Emotionalisierung und heftige, teilweise die berufspolitische Bewegung unter Erzieherinnen spaltende Auseinandersetzung (vgl. betrifft: Erziehung 1970), so muß das Verdienst dieser Epoche darin gesehen werden, einen technokratischen Lösungsansatz zur inhaltlichen Neubestimmung der Kindergartenpädagogik zum Scheitern gebracht und den Boden für eine umfassende Reform des Kindergartens in den siebziger Jahren bereitet zu haben. So führten die sozialpädagogisch orientierten Teilnehmerinnen auf dem Vorschulkongreß in Hannover 1970 eine heftige Auseinandersetzung mit den zuletzt beim Grundschulkongreß 1969 veröffentlichten Bestrebungen, frühe Kindheit über Bildungsprogramme und Materialien zur Begabungsförderung zu bestimmen, d. h. die »Vor-Schul-Erziehung« als Primarstufe des Bildungssystems dem Schulbereich zuzuordnen (vgl. Arbeitskreis Vorschule 1970). Einen absurden Höhepunkt der Produktion von massenhaft veröffentlichten und vertriebenen Materialien zur Vorschulerziehung bildete die »Leselernmaschine« von Corell, die mit programmiertem Lernen »ohne besondere didaktische Anforderungen an die Erzieherinnen« versprach, die Intelligenzquotienten aller Kinder, auch die der unterprivilegierten, zu steigern und über die Vorschulerziehung der »Leistungsgruppenschule« zuzuführen (vgl. Corell 1970).

Eine Verschulung der frühen Kindheit, wie sie in einigen unserer europäischen Nachbarländer anzutreffen ist, und eine frühe Orientierung an den zukünftigen Lernanforderungen schienen das Recht des Kindes auf sich selbst und die Parteinahme seiner Erzieher / innen für die Orientierung an seinem konkreten Leben gänzlich aufzuheben (vgl. Zimmer 1970).

Das Beharrungsvermögen des Kindergartenbereichs gegenüber dem beabsichtigten institutionellen Einbezug in den Schulbereich (vgl. Bund-Länder-Kommission für Bildungsplanung 1974) war begünstigt durch die Reformbewegung der Eltern und Erzieherinnen und ebenso durch die föderative Struktur der Bundesrepublik Deutschland und der nach dem Subsidiaritätsprinzip geförderten Trägerschaft. So befinden sich etwa 68 % aller Kindertagesstätten in der Bundesrepublik und 50 % in Hessen in der Trägerschaft von freien Wohlfahrtsverbänden.

Die mobilisierte Fachöffentlichkeit, unterstützt durch engagierte Wissenschaftler und Hochschulabsolventen, sowie aufgeklärte Vertreter freier Trägerverbände und der Sozialadministration ließen die Reformbewegung im Kindergarten in eine pädagogische Neuorientierung einmünden, die unter der Bezeichnung »Situationsansatz« bekannt ist (vgl. Der Hessische Sozialminister o. J.; Zimmer 1970). Dabei wurde grundsätzlich seit Anfang der siebziger Jahre die über die vergangenen Jahrzehnte unkritisch tradierte und meist sinnentleert über die Ausbildung von Erzieherinnen vermittelte Kindergartenpädagogik inhaltlich und methodisch »entrümpelt« (vgl. v. Derschau 1976). Erwachsen aus der gesellschaftlichen Auseinandersetzung am Ende der sechziger Jahre, der Diskussion um zu Verelendung führende Betreuungsbedingungen in traditionellen Kindergärten und des Neuversuchs in alternativen Kinderläden flossen nun neben einer starken soziologischen Orientierung Überlegungen der Psychoanalytischen Pädagogik der zwanziger und dreißiger Jahre und deren Orientierung an den Bedürfnissen der Kinder ein. Insbesondere wurden die realen Lebens- und Entwicklungsbedingungen der Kinder und ihrer Familien, wie auch die Einflüsse der Arbeitsbedingungen auf die Persönlichkeit von Erzieherinnen in den Mittelpunkt praxisbegleitender Forschungsansätze gestellt (vgl. Schrade 1974; Karsten / Rabe-Kleberg 1977).

Heute erscheinen uns viele Ideen der Kindergartenreform wie
– Einbezug aller an der Situation ›beteiligten‹ Erwachsenen als Experten im generationenübergreifenden Lernen;
– Erschließung von Umwelt durch Anschauung und Erfahrung von gesellschaftlichen Bereichen durch Projekte, die über den Kindergarten hinaus führen (vgl. Arbeitsgruppe Vorschulerziehung 1976);
– ›Gemeinwesenbezug‹, d. h. engere Verbindung des Lernortes Kindergarten mit den Situationen und Einrichtungen des Gemeinwesens
weitgehend als utopisch. Aber insbesondere die durch die Orientierung an den jeweiligen Lebenssituationen des Kindes einsetzende Differenzierung der Arbeit im Kindergartenalltag und die Versuche, über eine Altersmischung der Kindergruppe eine verstärkte, auf die Person des Kindes bezogene Ansprache sowie die Zunahme von autonomen

»Spielräumen« der Kinder zu schaffen, also auch eine am Entwicklungsrhythmus des einzelnen Kindes versuchte Orientierung, veränderten die Kultur des Kindergartens am nachhaltigsten. Niemals zuvor hatten Reformbemühungen und neue Einsichten den Kindergarten so umfassend beeinflußt wie die der Entwicklung des »Situationsansatzes« folgenden Modellprojekte und ihre anschließende Umsetzung in den Regelkindergarten.

Dieser Ansatz widerstand bisher allen Versuchen, ihn als ausschließliche Didaktik zu vermitteln oder zu »verordnen«. Das veränderte Verständnis der Interaktion im Kindergarten, ihre Bestimmung als »Beziehungsverhältnis« im Gegensatz zum »Erziehungsverhältnis«, machte nicht bei der Erzieher-Kind-Beziehung halt. Zu dem beruflichen Selbstverständnis vieler Erzieherinnen gehörte auch die Einsicht in die Offenheit dynamischer Prozesse im Kindergarten. Die Mitarbeitergruppe als Ort sozialen Lernens wurde bereits bei Beginn der Veränderungen im Kindertagesstättenbereich am Ende der sechziger Jahre unterstrichen (vgl. Flaake et al. 1978). In den Modellversuchen zur Curriculumentwicklung wurde die wissenschaftliche Begleitung zunehmend mit Konflikten in den Beziehungen der Erzieherinnen untereinander konfrontiert (vgl. Arbeitsgruppe Vorschulerziehung 1979). Unter Erzieherinnen entstand vielfach der Wunsch nach selbstreflexiver Auseinandersetzung mit Kolleginnen und Beratern als Bestandteil einer professionellen Beziehung.

Diesem Bedürfnis entsprach jedoch keine entwickelte Praxis und Theorie von berufsbezogener Beratung und Supervision für Erzieherinnen. So enthält eine umfängliche, über 3000 Titel umfassende Bibliographie zur Frühpädagogik des Instituts für Frühpädagogik (1972) zur Beratung und Supervision noch keine Literaturangaben. Zur Erzieherfortbildung ist ein Titel angegeben. Im Vergleich hierzu stehen 117 Publikationen zum Frühlesenlernen von Kleinkindern.

Dem sprunghaften Anstieg von Erkenntnissen über die frühe Kindheit und den höheren Anforderungen an die Qualität des über den Kindergarten zu organisierenden »Bildungsprozesses« stand die mangelnde Professionalisierung von Erzieherinnen gegenüber, die anfänglich als persönliches bzw. berufsspezifisches Defizit begriffen und dargestellt wurde. Beispielsweise wurden isoliert sprachliche Äußerungen von Erzieherinnen untersucht (vgl. Flitner 1970). Wie in der Vergangenheit wurden damit Symptome psychosozialer und institutioneller Beziehungsprobleme individualisiert. Sie wurden allein den Erzieherinnen als persönlich zu verändernd zugewiesen. In einem Standardwerk zur »sozialpädagogischen Arbeit der Kindergärtnerin« (Schmauss / Schörl 1964), das sich ausführlich der »Führung schwieriger Kinder« widmet, wird der Erzieherin die eigene »menschliche Vervollkommnung« und die ihrer Methodik empfohlen. »Aber all dies kann niemandem allein in der Schule beigebracht werden. Die persönliche Initiative des bereits im Beruf stehenden Erziehers vermag es, aufbauend auf dem sorgfältig Erlernten, schon Bestehendes und Vorhandenes zu überprüfen und zu überlegen, ob es genüge und wie es verbessert werden könne, damit die Kraft der Dinge und des Menschen den Kindern richtig diene« (169 f.). Unaufgeklärt blieb der hinter den entfremdeten Ritualen der Erziehung im Kindergarten verborgene Sozialisationsauftrag.

Erst die durch den massenhaften Ausbau gestiegene und offensichtlich werdende Gefahr weiterer Verelendung der Klientel brachte den uneingelösten Anspruch der Pädagogik des Kindergartens ans Licht. Die traditionellen Mittel der Loyalitätsbindung – z. B. weibliche Aufopferungsbereitschaft – und der Effektivitätskontrolle über eine Dienst- und Fachaufsicht erwiesen sich als untauglich. Sie vermochten nicht die sich durch stete Überforderung ausbreitende, zu rigidem Verhalten führende emotionale Belastung der Erzieherinnen aufzuheben noch angemessene Hilfen zum Verstehen der zunehmend als ›verhaltensschwierig‹ begriffenen Kinder bereitzustellen.

Jedoch wurden seit Anfang der siebziger Jahre außenstehende psychologische Berater/innen in den Kindertagesstättenbereich mehr und mehr einbezogen. Sie sind in die Tradition der Erziehungsberatung im Kindergarten gestellt, wie sie beispielhaft Nelly Wolffheim verkörperte (vgl. Wolffheim 1930)[1].

Psychoanalytische Supervision, wie sie Psychoanalytiker und Psychoanalytikerinnen seit den fünfziger Jahren in andere Bereiche der Jugendhilfe wie Heimerziehung, Erziehungsberatung, ambulante Erziehungsbeihilfe eingebracht hatten (E. Balint 1959; Klüwer 1972; Leber 1958, 1962, 1971, 1972; Schwarzmann 1963 u. a.), wurden nun auch im Kindergarten gesucht; denn es wurde begriffen, daß nur über die dabei mögliche Reflexion von Beziehungsverhältnissen in der alltäglichen Praxis des Kindergartens und über das Eingehen auf die erlebte – und erlittene – psychosoziale Situation des Kindes eine nachhaltige Unterstützung in seiner seelischen wie geistigen Entwicklung möglich wird. Wir hoffen, daß dieser Aspekt gerade auch aus unseren

---

1 Eine steigende Anzahl von Erfahrungsberichten über Beratung und Supervision im Kindergarten liegen seit Anfang der siebziger Jahre vor (vgl. Ertle 1971, Ettl 1977, Fischer 1976, Grotensohn et al. 1979, Ertle 1980, Ettl 1980, Kipp et al. 1980, Ettl et al. 1981, Grotensohn et al. 1981, Ettl 1982a, Ettl 1982b, Trapp 1982, Wolfram 1983, Lehmenkühler-Leuschner 1984, Diergarten-Hamm 1985, Fischer et al. 1985, Haug-Zapp 1985, Trescher 1985a, 1985c, Weiss-Zimmer 1985, Weiss-Zimmer/Hanke 1985).

konkreten Beispielen aus teilnehmenden Beobachtungen im Kindergarten wie auch aus der Supervision mit Erzieherinnen deutlich wird.

In Gremien der Jugendhilfe wurde seit Anfang der siebziger Jahre diskutiert und in Veröffentlichungen herausgestellt (vgl. Leber 1970, S. 101; 1972, S. 49), welche Bedeutung der Supervision auch in pädagogischen Einrichtungen zukommt. Es wurde erkannt, daß jene Fähigkeiten, die zum Wahrnehmen von problematischen psychosozialen Situationen und zur Unterstützung von Entwicklungsprozessen führen, über solche psychoanalytischen Reflexionsverfahren zu vermitteln sind. Es wurde erfaßt, welche Fähigkeiten das sind und wie diese die »Professionalität« ausmachen, nämlich auf Kinder offen und zärtlich eingehen und doch – berufliche – Distanz wahren zu können, nicht darauf angewiesen zu sein, eigene Bedürfnisse nach Zuneigung und Liebe im pädagogischen Umgang befriedigen zu müssen, Spannungen und Konflikte wahrzunehmen, ohne sich in sie hineinziehen zu lassen, Kinder über Konflikte hinweg und sie in der Verwirklichung ihrer Lebensinteressen zu begleiten (vgl. Leber 1968, S. 189) und sie über einen »fördernden Dialog« (Leber 1979) bei der Lösung von psychosozialen Problemen und damit in ihrer Entwicklung zu unterstützen.

Es wurde allerdings auch erkannt, daß es eine besonders wichtige Errungenschaft solcher psychoanalytischer Reflexionsprozesse ist, sich selbst und anderen eingestehen zu können, daß solche Fähigkeiten weder je perfekt noch ein für allemal gewonnen werden, sondern daß, wenn Gefühlsreaktionen und Verstrickungen sich selbst eingestanden und offen mit anderen diskutiert werden können, nun gerade daraus neue Aspekte für das Verständnis von Situationen und die Lösung von psychosozialen Problemen zu gewinnen sind. Die Vermittlung solcher professioneller Kompetenzen wurde in größerem Umfang möglich mit dem Aufkommen und der Verbreitung psychoanalytischer Gruppenverfahren sowohl als Psychotherapie und Selbsterfahrung wie auch als Reflexion von Beziehungen im professionellen Umgang mit anderen, durch die ein »Transfer psychoanalytischer Reflexion in Sozialarbeit und pädagogischer Praxis« (vgl. Leber 1972a, S. 30), angebahnt werden konnte.

Hier war vor allem Michael Balint (1957) mit den von ihm konzipierten und in langjähriger Forschungsarbeit begründeten, nach ihm benannten Balint-Gruppen hervorgetreten. Er hatte ein Modell geliefert, an dem sich auch die Supervisionsgruppen im pädagogischen Feld orientierten, auch wenn es zu Variationen kam, die den jeweiligen Gegebenheiten entsprachen (vgl. Roth 1984). Mit dem Aufkommen solcher Supervisionsverfahren wurde Anfang der siebziger Jahre in Erziehungsberatungsstellen das Interesse geweckt, über die Arbeit mit einzelnen Kindern und deren Familien hinaus auch mit pädagogischen Institutionen wie dem Kindergarten zusammenzuarbeiten, um dazu beizutragen, daß die Sozialisations- und Entwicklungsbedingungen vieler Kinder verbessert werden. Seitens der Kindergärten entstand ein reges Interesse an solcher Kooperation. Es mußte aber auch in der örtlichen Administration der Jugendhilfe erkannt werden, wie wichtig unmittelbare psychoanalytische Supervision, Beratung und fachliche Unterstützung im Einzelfall in Kindergärten und Kindertagesstätten sein können. Hier ist vor allem die Stadt Neu-Isenburg beispielhaft geworden, indem sie 1974 einen Psychoanalytiker und später eine analytische Kinder- und Jugendlichen-Psychotherapeutin für die Supervision der Betreuungskräfte und zu deren Unterstützung bei besonderen Problemfällen heranzog. Aus dieser Arbeit sind wichtige Veröffentlichungen von Thomas Ettl (1980, 1982a, 1982b, 1987) sowie die von Thomas Ettl, Dagmar Waltenberg und Hannes Ziller verfaßte und 1981 vom Hessischen Sozialminister herausgegebene Schrift »Beziehungsfeld Kindergarten« entstanden. Auch unsere Studie erfuhr durch diese Publikationen und die Diskussion mit den Autoren wesentliche Anregungen.

Natürlich erfuhr seit der Blütezeit der Psychoanalytischen Pädagogik in den zwanziger und dreißiger Jahren auch die psychoanalytische Theorie gerade im Hinblick auf ein tieferes Verständnis der frühen Kindheit und deren Bedeutung für das spätere Leben (vgl. Leber et al. 1983) eine enorme Weiterentwicklung.

Mit der Entfaltung der psychoanalytischen Entwicklungspsychologie und Sozialisierungsforschung (vgl. z.B. Bowlby 1973, 1980; Erikson 1950; Lorenzer 1972, Mahler 1972, 1978; Spitz 1957, 1965, Winnicott 1958, 1965), der Konzeption der Psychoanalyse als Theorie zwischenmenschlicher Beziehungen wie mit der Diskussion über den sogenannten Narzißmus in den sechziger und siebziger Jahren (vgl. z.B. Argelander 1971, Grunberger 1971; Jacobsen 1966; Kernberg 1975, 1976; Kohut 1971, 1977 u. a.) rückten die Eigentümlichkeiten der frühen Entwicklungsphasen und die Bedingungen, unter denen ein Kind aufwächst, verstärkt in den Blick.

Damit wurde – aus unserer Sicht – der Weg bereitet, die hohe Bedeutung des Kindergartenbesuchs für die Entwicklung und die Sozialisation von Kindern in einer viel umfassenderen Weise zu erkennen, als dies vor dem Zweiten Weltkrieg der Fall war.

Hinzu kam, daß eine neue Reflexion der Methode, man kann auch sagen, des psychoanalytischen Paradigmas (vgl. Leber 1985, Trescher 1985a), vollzogen wurde (vgl. bes. Devereux 1967; Habermas 1968; Lorenzer 1970, 1974), die es auch theoretisch legitimierte, die Anwendung der Psychoanalyse außerhalb der »Therapie der Neurosen« (Freud) verstärkt zu vollziehen. Die aus der Sicht unserer Arbeitsfelder fruchtbarsten Anwendungsbereiche der Psychoanalyse liegen in der Psychoanalytischen Pädagogik sowie in der psychoanalytischen Institutionsanalyse (vgl. z. B. Fürstenau 1964, 1970; Wellendorf 1985), obwohl sie darauf sicherlich nicht beschränkt sind.

Was hier als theoretischer und anwendungsbezogener Fortschritt knapp umrissen wurde, führt heute mehr und mehr dazu, daß sich das Interesse der Pädagogen an der Psychoanalyse sowie dasjenige der Psychoanalytiker an der Pädagogik erneut regt. Auch die Zahl entsprechender Veröffentlichungen im deutschsprachigen Raum nimmt zu. Für den Bereich Schule z. B. sind in neuerer Zeit mehrere wichtige Arbeiten erschienen (vgl. z. B. Graf-Deserno 1981; Muck 1980; Neidhardt 1977; Reiser / Trescher 1987 u. a.), die Arbeit mit Dissozialen in pädagogischen und therapeutischen Feldern wird im Lichte neuer Erkenntnisse reflektiert (vgl. z. B. Clos 1982; Hartmann 1977; Rauchfleisch 1981), und die Erkenntnisse aus der psychoanalytischen Kleingruppenforschung werden für die pädagogische Praxis nutzbar gemacht (vgl. Büttner / Trescher 1987). Aber auch allgemeinere Arbeiten, die Selbstverständnis, Standort und Methode der Psychoanalytischen Pädagogik umfassend diskutieren, liegen vor (vgl. z. B. Datler 1983; Gerspach 1981; Trescher 1985 a, 1985 b, 1987 a).

3. Unser Verständnis von Beziehungsproblemen

Wir sind der Auffassung, daß Psychoanalyse eine grundlegend neue Sichtweise einbringt sowohl in die Human- und Sozialwissenschaften als auch in den beruflichen Umgang mit Menschen. Pädagogen tun sich jedoch im allgemeinen bis heute schwer damit, die Bedeutung der Psychoanalyse für ihre Praxis und für ihre wissenschaftliche Reflexion zu erkennen. Psychoanalyse entspricht nicht der bisher gängigen Vorstellung von pädagogischem Handeln, das weitgehend von den »Erziehungszielen« bestimmt und für rational planbar gehalten wird. Hingegen entstand Psychoanalyse, als ein Arzt dem folgte, was seine Patientin ihm unwillkürlich von sich, von ihrem leidvollen Erleben mitteilte. Dies hat Freud aufgegriffen und in den Mittelpunkt seiner Methode gestellt: Der Psychoanalytiker hört mit »gleichschwebender Aufmerksamkeit« zu und nimmt so entspannt, einfühlsam wahr, was sein Analysand ihm gegenüber spontan äußert. Freud fand auf diese Weise so wichtige Erscheinungen wie den »Widerstand«, der immer den freien Redefluß beeinträchtigt, da Angst ins Spiel kommt, wenn man unzensiert über eigene emotionale Erlebnisse spricht, und die »Übertragung«; d. h. daß die Einfälle des Analysanden aus konflikthaften Erfahrungen mit den wichtigsten Personen der Kindheit resultieren. Dabei wird der Psychoanalytiker erlebt, als sei er eine dieser Personen. Diese »Erfindungen« führten zu bis dahin ungeahnten Einsichten und Erkenntnissen über den Menschen, sein – unbewußtes – Erleben, seine psychischen Leiden und deren Äußerungen, über die Beeinträchtigung seiner Entwicklung wie über Muster und Probleme zwischenmenschlicher Beziehungen überhaupt.

Psychoanalytisch vorgehen heißt, den spontanen Äußerungen einer Person oder einer Gruppe nachzugehen, sie dabei zu unterstützen, chronifizierte oder im Augenblick unlösbar erscheinende, schwer zugängige psychische Probleme, die die Erlebnisfähigkeit einschränken, die Weiterentwicklung blockieren und die (künftige) Lebensmeisterung behindern, jetzt anzugehen. Diese Unterstützung – die keineswegs auf den ausgesprochen psychotherapeutischen Bereich beschränkt zu bleiben braucht – ist dadurch möglich, daß der Mensch stets nach Gelegenheit sucht, seine emotionalen Probleme zu äußern, sie unbewußt in Situationen mit anderen Personen einzubringen und diese in seine Bewältigungsversuche einzubeziehen. Im allgemeinen ist das nur dann erfolgreich, wenn jene andere Person erkennt, wozu sie jeweils herhalten muß, und wenn sie sich reflektierend und in professioneller Distanz darauf einstellen kann.

So begreifen wir Psychoanalyse als eine hermeneutische Sozialwissenschaft, die versucht, den – scheinbar – verborgenen Sinn spontaner sprachlicher und nichtsprachlicher Äußerungen im zwischenmenschlichen Umgang herauszufinden. In einer so verstandenen Psychoanalyse wird nicht nach kausalen Erklärungen wie in den klassischen Naturwissenschaften und nicht nach Beweisen gemäß statistischer Häufigkeit wie in der empirischen Psychologie und Soziologie gefragt, sondern vielmehr nach der Bedeutung und den Beweggründen von Verhaltensweisen.

Das Eigentümliche psychoanalytischer Hermeneutik ist, daß der Untersucher selbst zu der Person, der Gruppe, der Institution, die er »analysiert«, in unmittelbarer oder mittelbarer Beziehung steht. Er nimmt an ihrer psychosozialen Situation emotional teil, ist aber darauf bedacht, sich nicht »blind« in sie hineinziehen und verwickeln zu lassen. Er versucht vielmehr herauszufinden, welche Funktion, welche Rolle ihm in der jeweiligen »Szene« zugeschoben wird. Er läßt sich also von dem, mit dem er arbeitet, leiten und geht auf dessen Aktivität ein. Das setzt voraus, daß er seine eigenen Gefühlsreaktionen, die dort bei ihm ausgelöst werden, wahrnehmen und bedenken kann. So gibt es einerseits eigentlich keine distanzierte, von ihrem »Gegenstand« abgehobene psychoanalytische Praxis wie auch Forschung. Der »Gegenstand« ist nämlich die lebendige Beziehung, die der Untersuchte mit dem Untersucher eingeht. So ist der psychoanalytisch vorgehende Beobachter stets *teilnehmender* Beobachter. Andererseits kommt es wesentlich auf Distanz an. Wer psychoanalytisch vorgeht, muß zu einer »Ich-Spaltung« fähig sein, d. h. dabei sein und doch Abstand haben. Es kommt darauf an, daß er die eigenen Gefühlsreaktionen wahrnimmt und reflektiert, sich einfühlt und doch abgrenzt.

Das pädagogische Feld ist jedoch so komplex und stellt an den Pädagogen so vielfältige Anforderungen, daß er seine Tätigkeit nur selten in einem festumrissenen »Setting« – wie der Psychoanalytiker in der klassischen Situation – ausführen kann. Er gerät im Alltag nur allzuleicht in den Strudel von Anforderungen, auf die er reagiert, bevor er die Situation und seine eigenen Gefühlsäußerungen bedenken kann.

Psychoanalytische Hermeneutik, d. h. das Aufdecken des latenten Sinns von Interaktionen, ist gleichzeitig der Versuch einer laufend deutlicher werdenden Formulierung der darin zum Ausdruck kommenden Lebens- und Beziehungsprobleme der jeweiligen Klienten, deren sich diese bisher aus Angst oder Scham nicht bewußt werden durften. Damit sind psychoanalytische Behandlung, Beratung oder Forschung immer auch Unterstützung bei der Überwindung von Angst und Scham und des daraus resultierenden Widerstandes gegen die Erinnerung und Wahrnehmung vergangener und aktueller schmerzlicher und kränkender Erlebnisse. Mit der Aufdeckung von Problemen werden Lösungsmöglichkeiten sichtbar, auch wenn deren Verwirklichung durch die Grenzen im einzelnen Menschen und in der sozialen und gesellschaftlichen Realität nicht ohne weiteres erreicht wird. Das wird an unseren Fallbeispielen deutlich. Mit diesem Verständnis von psychoanalytischer Hermeneutik entwarfen wir einen Plan für unser Kindergartenprojekt, den wir nach diesen Vorbemerkungen skizzieren.

Wie Sigmund Freud (vgl. 1926, S. 293), der Begründer der Psychoanalyse, erkannte, besteht ein »Junktim zwischen Heilen und Forschen«. Auch wenn wir uns im pädagogischen Bereich gerade nicht als Ärzte begreifen, die heilen, so ergibt sich doch auch hier, daß die in diesem Sinne angestellte Erforschung pädagogischer Praxis auch zu deren Veränderung führt.

Wenden wir uns dem psychoanalytischen Verständnis sogenannter »Verhaltensstörungen« zu, die, wie wir zeigen werden, immer zugleich Beziehungsstörungen sind.

Nach in der Psychoanalyse gewonnenen Erkenntnissen sind »auffälliges«, »störendes« Verhalten wie auch Leidenssymptome Folgeerscheinungen und verfremdete Ausdrucksweisen von schwer erträglichen – im psychoanalytischen Sprachgebrauch »traumatischen« – Erfahrungen und Konflikten mit primären Bezugspersonen. Diese konnten bzw. können – entweder umfassend oder nur in einzelnen Bereichen – den elementaren Belangen nach Versorgung, Achtung und Respekt dem Kind gegenüber nicht gerecht werden, haben es z. B. vernachlässigt oder es unbewußt für eigene Zwecke beansprucht und selbst Anforderungen an das Kind gestellt, denen es nicht gewachsen war. In seiner Hilflosigkeit und Abhängigkeit kann es sich jedoch weder wirklich von solchen emotionalen Belastungen distanzieren noch kann es sich dagegen angemessen zur Wehr setzen.

Im Gegenteil, es muß fortan seinen Anspruch auf Befriedigung oder seinen Protest schon im Ansatz als gefährlich und beschämend erleben. Es muß sie ja ebenso »abwehren« wie die Wiederbelebung traumatischer, kränkender, schmerzlicher Erfahrungen. Diese werden deshalb »unbewußt« gehalten. Sie sind damit der Selbstwahrnehmung entzogen, während sie aber gerade deshalb verhaltensbestimmend bleiben. In Situationen, in denen diese unbewußten Gefühle und Vorstellungen berührt werden, werden sie mobilisiert, ohne in ihrer ursprünglichen Qualität wahrgenommen und unmittelbar ausgedrückt werden zu können. Sie werden dann vielmehr in verfremdeter, unverständlicher, mißverständlicher, also symptomatischer Weise zum Ausdruck gebracht. Das führt wiederum nicht zur wirklichen Befriedigung, sondern eher zur Verschärfung der Beziehungskonflikte als zu ihrer Lösung. Es kommt so oft zu dem für die pädagogische Arbeit mit schwierigen Kindern typischen »Teufelskreis«; weil Kinder traumatisch belastet sind, werden sie auffällig, und weil sie auffällig sind, werden sie erneut – und meist im gleichen Sinne – traumatisiert.

Verhaltensauffälligkeit und Leidenssymptome sind also grundsätzlich Folge und Ausdruck von vergangenen und aktuellen, gestörten Beziehungsverhältnissen. Sie resultieren aus unbewältigten Erfahrungen und Problemen mit wichtigen Personen der Lebensgeschichte. Als nicht wirklich zur Lösung führende Versuche werden sie ständig wiederholt, sind sie dem »Wiederholungszwang« unterworfen (vgl. Freud 1920, Leber 1983). Den Wiederholungszwang überwinden setzt voraus, den Sinngehalt der auffälligen Verhaltensweisen und der Leidenssymptome im Kontext der aktuellen Lebenssituation und der Lebensgeschichte aufzuspüren und das Subjekt zu unterstützen, sich der leidvollen früheren Erfahrung zu stellen und sie in das Erleben zu integrieren. Dann braucht es nicht mehr unbesonnen zu »agieren« oder mit Krankheitssymptomen zu reagieren. Nach psychoanalytischen Erkenntnissen werden – vor allem unbewältigte – infantile Beziehungserfahrungen bei Gelegenheit späteren Interaktionspartnern gegenüber neu aufgelegt. D. h., die jetzigen Bezugspersonen werden in konflikthafte »Szenen« verwickelt, deren Entstehungsgeschichte und Ursachen ihnen fremd sind.

Das Verstehen dieses szenischen Geschehens, dieser Interaktionsverläufe als Reproduktionen früher unbewältigter Erfahrungen (vgl. Leber et al. 1983), setzt eine Sensibilisierung für die Wahrnehmung solcher Vorgänge voraus, und zwar gerade auch dann, wenn man sich dabei selbst in die Rolle einer primären Bezugsperson gedrängt fühlt. Die Reflexion dieser »Übertragung« und solcher »Szenen« führt nicht nur zum Verständnis der Verhaltensweisen und Symptome als Ausdruck einer bestimmten psychosozialen Situation jener auffälligen Klienten, sondern auch zu deren sinnvollen und sachgerechten Unterstützung bei der nachträglichen Aufdeckung und Bewältigung bisher ungelöster Probleme.

Diese Sicht- und Verfahrensweise kann auch auf Interaktionen in Gruppen und Institutionen angewandt werden. Sie erweist sich einerseits als Verständigungshilfe zwischen Konfliktpartnern und in der Form der »Supervision« als Möglichkeit zur Förderung der professionellen Kompetenz im oben beschriebenen Sinne. Im Kapitel V zeigen wir differenziert, wie solche »Lernprozesse mit Erzieherinnen« verlaufen können, welche Probleme dabei gelöst und welche Belastungen dabei auftreten können.

Mit Hilfe des skizzierten tieferen Verständnisses für Interaktionsverläufe können Entwicklungsschritte der Kinder im Sinne der Stärkung der Lernfähigkeit und damit der Aneignung von Wirklichkeit umfassender gefördert werden: Der Kindergarten wird besser in die Lage versetzt, seine spezifischen Sozialisationsaufgaben wahrzunehmen und die Kinder angemessen zu unterstützen bei ihren Versuchen, die engen, ihre Entwicklung hemmenden familiären Bindungen altersgerecht zu lockern und die sich dabei ergebenden Ängste, Konflikte und Hemmungen zu überwinden.

Wir haben gesagt, die unbewältigten Probleme der Kinder kommen im Kindergarten zur Darstellung. Die Erzieherinnen werden von einzelnen Kindern oder von der gesamten Gruppe in »Szenen« verwickelt, in denen sie gemäß unbewußter Regieanweisungen die Rolle familiärer Bezugspersonen spielen sollen. Was z. B. bei jenen vermißt wurde, wird hier erwartet. Was vielleicht in den Auseinandersetzungen mit den primären Bezugspersonen vermieden werden muß, wird mit den Betreuern stellvertretend und unerkannt ausgetragen. Erzieher/innen, bei denen dabei eigene Probleme mobilisiert werden, ohne daß sie diese reflektieren können, haben unter den gegebenen institutionellen Bedingungen selten die Möglichkeit und die Fähigkeit, darauf adäquat einzugehen und den Kindern bei der Bewältigung der Probleme effektiv zu helfen (vgl. Bernfeld 1925, Leber 1985; Trescher 1985a, 1987a, 1987b).

Dadurch können sie Kindern mit solchen Schwierigkeiten nicht nur nicht adäquat begegnen, sondern werden entweder selbst unversehens in jene konflikthaften Szenen so hineingezogen, daß sie im Sinne der ihnen zugeschobenen Rollen der primären Bezugspersonen mitagieren. Oder sie wehren sie ab und ziehen sich zurück. Dadurch wird die Chance vertan, den Kindergarten als Einrichtung zu nutzen, Kindern Verständnis entgegenzubringen und Unterstützung zu gewähren bei der Bewältigung von sonst ihre Entwicklung störenden oder verzögernden Beziehungsproblemen. So bleiben Störungen, die bereits zum Zeitpunkt ihres Entstehens verringert oder überwunden werden könnten, nicht nur bestehen, sondern werden eher verschlimmert.

Gelingt es dagegen, die Wahrnehmungsfähigkeit und das Verständnis für die Belange und Probleme der Kinder zu erweitern und den Erzieher/innen zu vermitteln, wie sie auf die Kinder fördernd eingehen können, werden damit die Entwicklungs- und Bildungschancen der Kinder verbessert. Sie sind dann weniger anfällig dafür, immer wieder in der gleichen Weise als Störer zu reagieren und »neurotische« oder psychosomatische Symptome auszubilden.

Wir wollen mit unseren Ausführungen auch einen kleinen Beitrag leisten zum besseren Verständnis der Belastungen und Probleme, welche die Kinder im Kindergarten mit der Institution, ihren Erziehern, den anderen Kindern und den Familienmitgliedern haben können. Im folgenden Kapitel finden sich hierzu sieben Einzelfallstudien sowie die Analyse aktueller Vorgänge in einer Kindergruppe. Wir möchten damit an konkreten Beispielen aufzeigen, wie wir zu verstehen suchten, was Kinder in der jeweiligen alltäglichen Situation Kindergarten mit dem, was als auffälliges Verhalten erscheint, von sich zum Ausdruck bringen. Dabei richteten wir unsere Aufmerksamkeit einerseits darauf, was sich zwischen den betreffenden Kindern und ihren derzeitigen Bezugspersonen, zu denen ihre Betreuerinnen, die anderen Kinder und auch wir gehörten, abspielt. Andererseits vergegenwärtigten wir uns unserer jeweiligen eigenen Gefühlsreaktionen und suchten auch die der Erzieherinnen wahrzunehmen. Daraus kamen wir zu Annahmen darüber, was jene auffälligen Kinder von ihren sie emotional belasteten Beziehungserfahrungen und daraus entstandenen Entwicklungskrisen gerade neu inszenierten.

Wie aus unseren Ausführungen zu ersehen ist, konnten wir die so gewonnenen und im Forscherteam mit den Erzieherinnen reflektierten

Annahmen gerade in dem dörflichen Kindergarten immer wieder verifizieren, korrigieren oder präzisieren; denn dort gehen – vor allem über den ständigen Austausch mit den Eltern der Kinder und der Teilnahme der Erzieherinnen am dörflichen Leben – viele Informationen über wichtige biographische Ereignisse der Kinder, über die Verhältnisse ihrer Familie und deren Situation in der Gemeinde ein. Diese konnten mit unseren Annahmen und vor allem auch mit den Situationen im Kindergarten, in denen das auffällige Verhalten auftrat, in Beziehung gesetzt werden, mit – oft verblüffender – »Evidenz«. Es wurde deutlich, wie das Verhalten der Kinder ihre Erfahrung in der Familie die Situationen im Kindergarten spiegelt und welche Möglichkeiten konstruktiver Bewältigung für sie dabei erschlossen werden können.

Allerdings werden wir im Fortgang unserer Ausführungen im Kapitel IV auch darlegen, auf welche Grenzen solcher Einflußmöglichkeiten wir gestoßen sind, da wir Reaktionen seitens der Institution und überhaupt des Gemeinwesens auf die durch unser Vorgehen ausgelösten emanzipatorischen Prozesse nicht entsprechend vorhergesehen und in unsere Arbeit einbezogen hatten.

Mit den Fallstudien des dritten Kapitels belegen wir, wie Verstehen nicht nur Voraussetzung für sinnvolles pädagogisches Handeln ist, sondern selbst schon als solches begriffen werden kann.

III. Die Kinder

1. Die Zwillinge Felix und Florian

Felix und Florian sind eineiige Zwillinge. Als wir sie erstmals sahen, waren sie drei Jahre und fünf Monate alt. Sie besuchten seit einem Vierteljahr vormittags und nachmittags den Kindergarten. Zu dieser Zeit konnten sie kaum auseinandergehalten werden. Nicht nur, daß sie sich wie »ein Ei dem anderen« glichen, waren sie darüber hinaus auch immer gleich gekleidet. Sie waren so aufeinander bezogen, daß sie untereinander ein privates Verständigungssystem benutzten, das im Kindergarten überhaupt nicht und selbst von der Mutter nur unzureichend verstanden wurde. Es bestand aus Andeutungen, Gesten und vor allem aus für andere nicht zu enträtselnden Lauten.

Sie »strahlten« die Erwachsenen freundlich an und waren – jedenfalls auf den ersten Blick – nicht sonderlich anstrengend. Auch die Erzieherinnen gerieten bald in den Bann der anmutigen Zwillinge. Das wurde nur gestört durch Mißklänge am Morgen, wenn sie sich nicht von der Mutter trennen, oder mittags, wenn sie manchmal nicht nach Hause wollten. Noch eine weitere Besonderheit der Zwillinge störte zunehmend die harmonische Beziehung der Erzieherinnen zu Felix und Florian. Sie sprachen einfach nicht.

Felix

Felix wurde als ein lebhafter und wißbegieriger Junge beschrieben, der regen Anteil an seiner Umwelt nahm und andere an neuen Erfahrungen, die er im Kindergarten gemacht hatte, teilhaben lassen wollte. Bei für ihn neuen Personen und Situationen war er jedoch manchmal abwartend und ließ um sich werben. Die Erzieherin charakterisierte Felix als lustiges, empfindsames Kind, das auch anlehnungsbedürftig sei. So suchte er oft die Nähe der Jahrespraktikantin und wollte auf den Schoß genommen werden. Felix hatte von Zeit zu Zeit einen »Dickkopf«. Wenn er etwas überhaupt nicht wollte, »kann er sich stur stellen wie ein Esel, gibt keine Antwort mehr und läßt einen regelrecht abblitzen«[1], sagte eine Erzieherin.

---

1 Zitate ohne Quellenangabe, die sich in diesem und in den beiden folgenden Kapiteln finden, beziehen sich auf projektinternes Dokumentationsmaterial aus Transkripten von Beratungen und Aufzeichnungen der Beobachter.

Florian

Während Felix damals neugierig auf seine Umwelt zuging, schien Florian eher beschaulich und nach innen gekehrt zu sein. Er wurde als brav und zurückgezogen, schüchtern und manchmal als abwesend beschrieben.

Wenn die Zwillinge morgens von der Mutter in den Kindergarten gebracht wurden, war es Florian, der größere Trennungsschwierigkeiten zeigte. Er klammerte sich an der Mutter fest, so daß sie sich oft mit Gewalt von ihm lösen mußte. Florian weinte dann so lange, bis er die Mutter am Kindergarten vorbeifahren sah. Dann beruhigte er sich und konnte mit Hilfe der Erzieherin in die Gruppe integriert werden.

Florian war sehr auf die Gruppenleiterin bezogen. Verließ sie das Zimmer, so lief er ihr sofort nach. Wenn die Gruppe am Tisch oder im Kreis saß, suchte er sich meist einen Platz dicht bei ihr. Florian war manchmal ängstlich den größeren Kindern gegenüber. Wenn ihm von einem größeren Kind etwas weggenommen wurde, schimpfte er brummelnd vor sich hin. Wenn er einer Anforderung nicht entsprechen konnte, stellte sich Florian, wie die Erzieherin meinte, oft »dumm«.

Die Familie

Die Mutter erweckte damals im Kindergarten manchmal den Eindruck, daß sie mit den beiden Kindern überfordert war. Es fiel ihr sehr schwer, sich auf *beide* Kinder gleichzeitig einzustellen. Die Erzieherinnen waren überzeugt, daß sie gut zurecht gekommen wäre, hätte sie nur *einen* Sohn gehabt. Wenn sie jedoch auf beide achten und eingehen mußte, schien sie sich zu verzetteln und es keinem von ihnen recht machen zu können. Auch waren die Erzieherinnen der Meinung, daß die Zwillinge nach Erkältungskrankheiten »zu früh« und »halb krank« wieder in den Kindergarten gebracht wurden. Es war deshalb leicht zu verstehen, warum die damals zehnjährige Schwester der Jungen für Felix oft Mutterfunktionen übernahm und sich bemühte, so die Mutter zu entlasten.

Der Vater war in seinem Beruf erfolgreich und wurde im Kindergarten geschätzt, weil er »sich viele Gedanken um seine Kinder macht und Hilfen für die Erziehung sucht«.

Wie Felix und Florian in den Kindergarten kamen

Der Übergang vom Elternhaus in den Kindergarten war nach Aussagen der Erzieherinnen für Felix und Florian sehr schwierig verlaufen und mit großen Trennungsschmerzen verbunden. Eigentlich seien die beiden überfordert gewesen, von Anfang an »den ganzen Tag« im Kindergarten zu verbringen.

Die Gruppenleiterin berichtete: »Sie haben geschrien, als sie in den Kindergarten gekommen sind …Das war ganz schlimm …Also wir haben uns echt gewundert, daß die sich so schnell dann an den Kindergarten gewöhnt hatten. Und sie kommen ja morgens und mittags.«

In dieser ersten Woche waren Felix und Florian kaum ansprechbar. Sie warteten augenscheinlich nur auf die Mutter. »Man hat so richtig die Erleichterung gemerkt, wenn die Mutter kam«, erinnerte sich die Erzieherin. Auch nahmen die beiden nicht an Gruppenaktivitäten oder Spielen der anderen Kinder teil. Es hat sie »nichts interessiert«. Zwar gingen die Zwillinge zu anderen Kindern, wollten aber von sich aus nicht mitspielen, sondern standen nur da und schauten den anderen bei ihren Spielen zu.

Nach dieser ersten Woche der Trennung von der Familie begannen die großen Mädchen der Gruppe »Mutterrolle« für Felix und Florian zu übernehmen, versuchten die Zwillinge ständig mit sich »herumzuschleppen« und als ihre »Babys zu behandeln«. Und mit der Zeit begannen sich nun Felix und Florian auch den Erzieherinnen mehr zuzuwenden. Aber noch bis kurz vor Weihnachten wurden die Zwillinge im Spiel mit den anderen Kindern kaum selbst aktiv. Sie verhielten sich damals passiv, ließen sich hätscheln und schmusen, wenn eine der großen Mädchen mit ihnen Baby spielen wollte. Aber sie zeigten kaum sichtbare Reaktionen, wenn die anderen Kinder sie aus ihren Spielen ausschlossen. Auch wenn ihnen z. B. ein Spielzeug weggenommen wurde, wehrten sie sich nicht. Damals konnten beide noch nicht laut weinen, selbst wenn sie sehr gekränkt oder verletzt worden waren. Sie waren dann »nur« traurig, trauerten gleichsam in sich hinein.

Felix und Florian wurden in der Zeit von ihrer Aufnahme in den Kindergarten nach der Sommerpause bis Weihnachten beständig von den Erzieherinnen und den Kindern verwechselt. Selbst die Mutter konnte sie manchmal nur durch deutliche Merkmale (Haarwirbel) unterscheiden.

Die Erzieherinnen geraten in Sorge um die sprachliche Entwicklung von Felix und Florian

Sieht man von den Eingewöhnungsschwierigkeiten ab, die Felix und Florian hatten, sahen die Erzieherinnen zunächst keine Probleme für ihre Arbeit mit ihnen. Sie hatten schnell eine gute Beziehung zu ihnen gewinnen können, und beide wurden keinesfalls als übermäßig anstrengend oder fordernd erlebt. Vielmehr gliederten sie sich gut in die Gruppe ein. Zunehmend jedoch wurden beide »auffällig« in dem Sinne, daß die Erzieherinnen sich Sorgen machten um die sprachliche Entwicklung der beiden. Nachdem Felix und Florian etwa drei Monate im Kindergarten waren, erregten ihre mangelnden sprachlichen Ausdrucksfähigkeiten zunehmend die Besorgnis der Erzieherinnen. Zwar konnten sie sich – wie beschrieben – untereinander gut durch Laute und Gesten verständigen, allein diese »Privatsprache« verstand im Kindergarten niemand. Ansonsten sprachen sie einfach nicht. Dies erschwerte auch eine fortschreitende Integration in die Kindergruppe.

In ihrer Sorge versuchten die Erzieherinnen nun einen raschen sprachlichen Fortschritt bei den Zwillingen zu erzwingen. Sie beschlossen, Wünschen der beiden (etwa nach Spielzeug oder Hilfestellung) nur dann zu entsprechen, wenn sie die Sprache benutzten. Diese Versuche einer (verständlichen, aber trotzdem) uneinfühlsamen und deshalb unangemessenen Sprachförderung dauerten zwei Wochen an. Die Sprachförderung drohte zu einer »Erziehungsschlacht« zu werden; denn die Zwillinge verzichteten lieber auf die Erfüllung ihrer Wünsche oder brachen in Tränen aus, als daß sie sprachen.

Wir stellten zusammen mit den Erzieherinnen Überlegungen an und suchten die Frage zu beantworten, was es bedeuten könnte, daß die beiden Kinder nicht sprachen, während sie verstanden, was sie als an sie gerichtet hörten. Als Antwort ergab sich: Sie sind immer zusammen. Wie auch sonst bei gemeinsam aufwachsenden eineiigen Zwillingen ist der eine für den anderen ein Doppelgänger oder ein Spiegelbild. Die mit dem Paar überforderte Mutter suchte sich zu entlasten, indem sie beide auch stets wie eine Person sah und behandelte. Das zeigte sich in den gleichen Geschenken zu Weihnachten, zu Ostern und zum Geburtstag, wie auch an der gleichen Kleidung. Die überaus schmerzliche Trennung von der Mutter während ihres Aufenthaltes im Kindergarten suchten sie unserer Vermutung nach zu bestehen, indem sie sich aneinander klammerten, ihre Einheit aufrechtzuerhalten versuchten, indem sie sich nur untereinander mit einem eigenen, selbst der Mutter kaum zugänglichen Verständigungssystem austauschten. In diesem Sinne wurde auch eine Szene verständlich, bei der zu Beginn ihres Aufenthaltes eine Erzieherin die beiden fragte: »Wer von euch ist Felix?« Jeder von ihnen zeigte auf seine eigene Brust. Wir kamen miteinander zu der Einsicht, daß beide Unterstützung brauchten, sich als voneinander getrennte, eigenständige Personen wahrzunehmen, die darauf angewiesen sind, sich mit anderen über die allgemein vermittelte Wortsprache zu verständigen.

Kaum hatten wir begonnen, mit den Erzieherinnen solche Überlegungen anzustellen, als sich ein erster, überzeugender Erfolg einstellte, der auch zum Verzicht auf das Sprachtraining führte. Eine Erzieherin berichtete nämlich folgendes:

»Letzten Freitag klingelte das Telefon, und ich bin an das Telefon gegangen. Es war der Verlobte von Evelin am Apparat, er wollte die Evelin sprechen. Der Felix stand neben mir. Ich sagte zu ihm: ›Felix, ruf' mal schnell die Evelin, der Kurt ist am Telefon.‹ Da ist er hinaus in den Gruppenraum gegangen und hat der Evelin – also wirklich – er hat es so herausgebracht, daß es die Evelin verstanden hat. Ja, er hat auch ganz genau ›Evelin!‹ gerufen, und dann hat er gesagt, ›Kurt, Telefon!‹.«

Diese Episode zeigt, daß Felix und Florian nicht nur in der Lage waren, sprachliche Mitteilungen zu verstehen, sondern daß sie sich selbst auch über das Medium Sprache verständlich machen konnten. Auffällig ist, daß nicht ein pädagogischer »Kraftakt« Felix zum Sprechen brachte, sondern die selbstverständliche Erwartung, daß er Evelin in geeigneter Weise darüber Mitteilung machen können würde, ihr Freund sei am Telefon und wünsche sie zu sprechen.

Neue Entwicklungsschritte zeichnen sich ab

Wenn wir in diesem Zusammenhang nochmals kurz an das »Sprachtraining« denken, fällt auf, daß die Forderung der Erzieherinnen nach sprachlicher Artikulation von Wünschen ebenfalls unterschiedslos an Felix und Florian gestellt wurde. Jeder von ihnen sprach aber erst dann, als er als eigenständige Person, als Individuum und nicht als Felix-Florian angesprochen wurde.

Nachdem dieses Grundproblem der wechselseitigen Abgrenzung und jeweiligen Eigenständigkeit von den Erzieherinnen über Gespräche mit uns verstanden wurde, entschlossen sie sich, das auch den Eltern zu vermitteln. Sie konnten diese überzeugen, daß es für die weitere Entwicklung von Felix und Florian notwendig sei, sich voneinander unterscheiden zu lernen, und daß das auch die Umwelt können müßte. Die Erzieherinnen wollten dazu beitragen, indem sie jeden in eine andere Gruppe des Kindergartens gaben.

Im neuen Jahr kamen dann Felix und Florian tatsächlich unterschiedlich gekleidet in den Kindergarten. Auch zu Weihnachten hatte jeder der beiden andere Geschenke bekommen. Die Erzieherinnen konnten sie endlich als Felix und Florian ansprechen. Nun begannen sie immer mehr die Sprache als Medium der Verständigung zu benutzen und steigerten ihre sprachlichen Ausdrucksfähigkeit in einem unerwarteten Ausmaß.

Ein Jahr später

Die Entwicklung von Felix und Florian war seit der Zeit, als wir sie kennengelernt hatten, erheblich vorangekommen. Beide drückten sich nun vorrangig sprachlich aus. Trotz des großen Fortschritts in diesem Bereich war hier noch ein leichter Rückstand gegenüber gleichaltrigen Kindern zu bemerken. Felix und Florian befanden sich nun in unterschiedlichen Gruppen, waren in diese gut integriert und gehörten zum »Mittelbau«; sie waren in ihrem Spiel- und Sozialverhalten nicht mehr den »kleinen Kindern« zuzurechnen. Auffällig war hier im Vergleich zum Beginn ihrer Kindergartenzeit insbesondere, daß beide aktiv auf andere Kinder zugingen, um sie zu gemeinsamen Unternehmungen zu animieren.

Welchen Fortschritt in ihrer Entwicklung Felix und Florian mit Hilfe ihrer Erzieherinnen in diesem Jahr machen konnten, wird auch durch folgende Szene illustriert, die die voranschreitende »Individuation« der Zwillinge belegt. Die Erzieherin berichtete:

Felix und Florian waren am Wochenende mit ihrem Vater und ihrer Schwester auf einem Bauernhof gewesen. »Am nächsten Tag hat mir der Felix das erzählt. Ja, und später am Vormittag habe ich dann auch den Florian getroffen, der dann auf mich zukam. Er hat mir gesagt: ›Hier, Gabi, wir waren auf einem Bauernhof. Wir haben Pferde und Kühe gesehen.‹ Und da sagte ich zu ihm: ›Ja, ich weiß, das hat mir der Felix schon erzählt.‹ Aber er sagt: ›Ja, aber ich noch nicht!‹ Und da stand ich da. (Sie lacht.) Das fand ich unheimlich toll. Da hat er mir tatsächlich die ganze Geschichte noch einmal erzählt.«

2. Bernd, ein in seiner seelischen Entwicklung besonders gefährdetes Kind

Bernd war ein hellhäutiger, bisweilen fast durchsichtig erscheinender zarter Junge, den wir erstmals im Kindergarten sahen, als er dreieinhalb Jahre alt war. Er wurde uns damals von seiner hier Evelin Prinz genannten Gruppenleiterin als das schwierigste Kind bezeichnet, das ihr je begegnet sei.

Die weitere Schilderung dieses Kindes und Überlegungen über seine inneren Schwierigkeiten möchten wir mit einer von seiner Gruppenleiterin berichteten Szene beginnen:

»Bernd kommt am Morgen in Begleitung seiner Mutter in den Kindergarten.

Bernd sagt: ›Guten Tag, ich bin da.‹

Ich begrüße ihn ebenfalls mit: ›Guten Morgen, schön, daß du da bist.‹

Bernd lacht.

Seine Mutter sagt: ›Geh, sag' der Evelin Guten Morgen.‹

Bernd: ›Nein, will nicht!!!‹, und versteckt sich hinter seiner Mutter.

Die Mutter grinst.

Ich versuche, Bernd hervorzulocken.

Die Mutter will sich auf eine mir unnatürlich scheinende, überschwengliche Art von Bernd verabschieden.

Bernd fängt an zu weinen.

Nun sitzt Bernd bei mir auf dem Schoß oder auf dem Arm. Er ist schon etwas abgelenkt.

Die Mutter verläßt den Gruppenraum.

Die Mutter macht die Tür erneut auf: ›Bernd! Tschüß!‹ Bernd fängt nochmals lauter an zu weinen.

Nun läßt er sich innerhalb von wenigen Minuten beruhigen, schnauft, ballt dabei die Hände, als wenn er mich schlagen wollte, lacht dann aber und ist zu einem gemeinsamen Spiel bereit.

Die Tränen sind ganz schnell verschwunden.«

In der von seiner Erzieherin beschriebenen Szene war Bernd zunächst offensichtlich froh, nun im Kindergarten zu sein. Die Erzieherin und Bernd begrüßten sich. Sie zeigte sich erfreut über Bernds Ankunft. Dieser lachte zurück. Nun aber griff die Mutter ein, und als wenn sie ihrem Sohn Anstand beibringen müßte, sollte er noch einmal höflich »Guten Tag« sagen. Was drückte nun Bernd aus, wenn er sich mit »Nein, will nicht!« hinter der Mutter versteckte? Wir vermuten, daß er erlebte, wie ihn die Mutter einerseits im Kindergarten abliefern wollte, andererseits mit heftiger Eifersucht reagierte, als er seine Freude ausdrückte, wieder bei seiner Erzieherin zu sein. Er sollte »höflich« sein, das heißt eine formale, distanzierte und keine herzliche, vertrauensvolle Beziehung zu seiner Erzieherin eingehen. Diese beanspruchte die Mutter allein für sich. So wußte Bernd nicht, ob er auf das Locken der Betreuerin eingehen sollte oder nicht. Wie ein verschrecktes Tier durfte er nicht aus seiner »Höhle« heraus; denn die Mutter zeigte mit Überschwenglichkeit ihren – ausschließlichen – Anspruch an ihn. Um nun zu zeigen, wie »loyal« er ihr gegenüber ist und wie er unter der Trennung von ihr leidet, fing er herzzerreißend an zu weinen. Damit gab er ihr zu verstehen, welche Bedeutung sie für ihn hat. Nun konnte sie ihn verlassen, und er ›durfte‹ von seiner Betreuerin Trost annehmen. Jetzt war diese nicht mehr eine Alternative zu ihr, eine zusätzliche bejahte Bezugsperson, sondern nur jemand, der dafür bezahlt wird, ihm zu helfen, die – scheinbar schlimme – Trennung von der Mutter zu verkraften. Aber eine Loslösung von ihr und eine Hinwendung zu jemand anderem durfte er ihr nicht zumuten, weil er offensichtlich fürchten mußte, daß sie das nicht ertragen würde. Sie pochte auf den ständigen Beweis seiner »Treue«, das heißt, daß er ausschließlich zu ihr gehört.

An dieser kurzen Szene wurde beispielhaft die Art der Beziehung zwischen Bernd und seiner Mutter erkennbar. Es war zu fragen, welche Folgen das für seine Entwicklung hatte. Aber bevor wir darauf eingehen, scheint es angebracht, noch Näheres über Bernd und seine Lebenssituation zu erfahren. Das erleichtert uns herauszufinden, worunter Bernd litt, wie wir ihn verstanden und wie wir ihm zu helfen suchten.

Bernd und seine Erzieherin

Vom Übergang Bernds von der Familie in den Kindergarten wurde von seiner Gruppenleiterin berichtet: »Als er damals kam, ... hat er ganz an mir gehangen und hat geheult und nur ›Evelin, Evelin, Evelin!‹ gerufen.« Bernd konnte es nicht ertragen, daß sich seine Erzieherin auch nur einen Augenblick von ihm entfernte. Er lief ihr immer nach. Als er später doch einmal etwas allein tun wollte, nahm er sich ein Herz, ging von ihr weg, steckte dann aber zwei Finger in den Mund und bemühte sich so, jetzt nicht loszuschreien. Die Erzieherin gab ihm dann mit kleinen Aufträgen – zum Beispiel: ihr ein Taschentuch aus einem anderen Raum holen – Gelegenheit, sich kurz von ihr zu trennen mit der gleichzeitigen Gewißheit, daß sie derweil auf ihn wartet und noch da war, wenn er zurückkam. Allmählich konnte Bernd dann die Erzieherin als »Sicherheitsbasis« benutzen, die er aktiv verlassen, zu der er aber immer wieder zurückkommen konnte, um sich der »tragenden« Beziehung zu vergewissern. So fuhr Bernd beim Spiel der Kinder draußen mit dem Roller um das Gelände des Kindergartens. Bei jeder Runde winkte er seiner Erzieherin zu, und sie winkte zurück. Geriet er außer Sichtkontakt von ihr, rief er in kurzen Abständen immer wieder ihren Namen. Sie antwortet: »Was ist?« und er konnte getrost seiner Beschäftigung nachgehen. Mit der Nennung ihres Namens und dem Hören ihrer Reaktion konnte er sich seine Betreuerin vergegenwärtigen. Dies ermöglichte ihm – ähnlich einem ganz jungen Kind –, erste Trennungsschritte zu wagen.

Womit fiel Bernd besonders auf?

Bernd aß sehr wenig. Im Kindergarten weigerte er sich entweder, das von zu Hause mitgebrachte Frühstücksbrot zu essen, oder er würgte es wieder heraus. Während er so mit der mitgebrachten festen Nahrung umging, nahm er im Kindergarten Milch und warme Mahlzeiten ohne Schwierigkeiten zu sich. Bisweilen wurde beobachtet, wie er etwas vom Frühstück anderer Kinder stibitzte. Wegen seiner Eßstörungen und der sich daraus ergebenden Magerkeit waren die Erzieherinnen um ihn in Sorge. So spielten sich bald nach seiner Aufnahme in den Kindergarten Szenen ab wie die folgende: Während die Vorpraktikantin sich allein mit der übrigen Gruppe befassen mußte, war die Gruppenleiterin ausschließlich mit Bernd beschäftigt. Sie glaubte, ihn überreden zu müssen, das mitgebrachte Frühstück unbedingt zu essen. Dieses bestand aus einem riesigen Brötchen; in für die Erzieherin unerträglich langer Zeit krümelte er es vor sich hin, stopfte und würgte es in sich hinein.

Im Gespräch darüber wurde deutlich, wie dabei eine kaum bemerkte Aggression zwischen der Erzieherin und Bernd aufkam. Einerseits schien sich Bernd tyrannisiert zu fühlen, wenn ihm fast gewaltsam das mitgebrachte Essen aufgezwungen wurde. Andererseits fühlte sich die Erzieherin tyrannisiert, wenn er sich trotzig weigerte, das Essen zu sich zu nehmen oder die Mahlzeit so unendlich lange hinauszögert. Bei einer gemeinsamen Überlegung der Erzieherinnen mit den Beobachtern kam etwas zum Ausdruck, was besser verstehen ließ, weshalb Bernd sich so wehrte, gerade das von zu Hause mitgebrachte Essen zu sich zu nehmen:

Der Erzieherin kam es bei den Essensszenen mit Bernd vor, als ob seine Mutter mit am Tisch säße. Als sie zu ihm gesagt habe, »Bernd, hol' mal deine Tasche, du kannst frühstücken gehen«, ging er zu einer anderen Erzieherin und holte seine Tasche. Auf einmal sah sie ihn hinten im Raum weinend mit Fingern im Mund in der Ecke stehen. Sie fragte ihn: »Warum mußt du denn jetzt wieder weinen?« Da sei es aus ihm herausgebrochen: »Ich muß halt weinen!« Die Erzieherin erlebte Bernd dabei verzweifelt, wie wenn er etwas essen müsse, das »Gift« für ihn war.

Das Verhältnis zu seinem Körper – und überhaupt zu sich selbst

Manchmal vermittelte Bernd den Eindruck, als sei er im eigenen Körper nicht zu Hause. Beim Turnen und bei Bewegungsspielen wirkte er hölzern und eckig. Besonders neue Erfahrungen ängstigten ihn. Ohne

Unterstützung der Erwachsenen traute er sich nicht zu, ein neues Spiel oder eine ihm bisher nicht geläufige Bewegung auszuführen. Er sagte dann rasch: »Das kann ich nicht!« Durch aufmerksame Zuwendung konnte er sich dann doch dazu ermutigt fühlen. Seinen jeweiligen Beziehungspartner nahm er offenbar nicht als eigene, von ihm abgegrenzte Person wahr. Er hatte ihm eher als Werkzeug und Verlängerung seiner selbst zu dienen, wie das bei ganz jungen Kindern zu beobachten ist. Ständig benötigte er die auf ihn zentrierte Aufmerksamkeit des Erwachsenen. So sprach er seine Erzieherin ständig in der Weise an:

»Guck, Frau Waidt, was ich kann!«

Frau Waidt: »Ja, du kannst schon ziehen!«

Bernd wiederholte daraufhin, als wenn er es sich einhämmern müßte: »Ich kann schon ziehen! Ich kann schon ziehen! Ich kann schon ziehen!«

Es war zu beobachten, wie sich Bernds Bewegungskoordination und Handlungsfähigkeit verbesserten, wenn er sich so »gespiegelt« erlebte. Er wirkte dann weniger verloren und verlassen.

Bei seinen Erzieherinnen wie auch bei den »Beobachtern« löste er ständig den Impuls aus, ihn beschützen, ihm Halt geben zu müssen. So verstanden wir immer besser, daß und weshalb ihm es bisher nicht gelang, seine Bewegungen seinem Alter entsprechend zu koordinieren und auf sich selbst zu zentrieren. Welches Wagnis die Wahrnehmung für ihn war, selbst eine eigenständige Person zu sein, die andere nicht als Verlängerung ihrer selbst verwenden muß, sondern als getrennte Wesen mit eigenen von ihm unabhängigen Interessen sehen und respektieren kann. Eine Szene, in die der männliche Beobachter hineingezogen wurde, machte das deutlich:

Die Beobachterin und der Beobachter waren erstmals zusammen in der Gruppe, zu der Bernd gehörte. Während die Beobachterin zwischen zwei Kindern Platz nahm und rasch ins Gruppengeschehen einbezogen wurde, lenkte Bernd – der sich mit einem anderen Jungen in seiner Nähe befand – die Aufmerksamkeit des Beobachters auf sich, indem er ihn aufforderte, ihm aus Teilen von Fischer-Technik-Bausteinen eine »Maschine« zu bauen. Während der Beobachter versuchte, ein Fahrrad herzustellen, das aber merkwürdigerweise aus Mangel an Teilen keinen Lenker bekam, sprach ihn Bernd an. Allerdings war das, was das Kind in Worten auszudrücken versuchte, so »verwaschen«, daß es der Beobachter nicht verstehen konnte. Außerdem merkte er, daß Bernd immer nur ganz kurz Kontakt mit ihm zu halten vermochte. Andererseits spürte er, wie er – entgegen seiner Absicht – die Gruppe aus den Augen verlor und wie sich – sogartig – seine Aufmerksamkeit ganz auf Bernd konzentrierte. Er fühlte sich veranlaßt, sich weiter mit ihm zu befassen, als sich die Kinder später draußen im Gelände des Kindergartens aufhielten. Dabei wurde ihm deutlich, was Bernd »suchte«. Und wie Entwicklungsschritte bei ihm möglich wurden. Folgen wir dem wörtlichen Bericht des Beobachters:

»Bernd steht und ›torkelt‹ verlassen und allein im Garten herum. Manchmal wird er von den Erzieherinnen oder den anderen Kindern an ihren Spielen beteiligt. Das hält nie lange an, obwohl er immer sein Wohlbehagen kundtut. Er stößt Laute aus, schreit unartikuliert, brabbelt. Irgendwann gehe ich auf ihn zu, *hole ihn mir,* setze ihn auf eine der Schaukeln und schaukele ihn. Bernd ist zum ersten Male fasziniert, wird nun selbst aktiv und sagt: ›klein‹.

Ich setze ihn auf die kleine Schaukel: Er krabbelt herunter, legt sich mit dem Bauch auf das Schaukelbrett und läßt sich von mir anschubsen. Nach einer Weile setzt er sich selbst ›richtig‹ auf die Schaukel; ich schubse ihn, bleibe aber nahe bei ihm. Die Schaukelbewegung bringt ihn bis auf wenige Zentimeter in meine Nähe, dann schwingt Bernd wieder zurück, weg von mir

Er kreischt vor Wonne!

Ich stelle mich ganz auf ihn ein und bekunde ihm, daß ich ihm aufmerksam folge und an seiner Freude teilnehme, indem ich zum Beispiel sage: ›Schön! Das macht Spaß! Prima! Nochmal!‹ usw. Überraschenderweise habe ich nun keinerlei Verständigungsschwierigkeiten mehr mit ihm. Im Gegensatz zu der ersten Kontaktaufnahme im Gruppenraum verstehe ich nun seine Anweisungen und Wünsche sofort.

Bernd klettert von der Schaukel herunter und verändert nun das Spiel. Er gibt mir Befehle: ›Weg!‹ Ich gehe weg von ihm.

›Näher!‹ Ich komme wieder näher heran.

Dieses Spiel dauert etwa zehn Minuten. In seinem Verlauf schickt mich Bernd immer weiter weg, so weit, bis ich endlich an der Mauer, die den Kindergarten vom Nachbargrundstück abgrenzt (d. h. etwa fünfzehn Meter entfernt von ihm) stehe. Auf seine Anweisung ›Weg!‹, kauere ich mich ganz nah an die Mauer heran. Nun lautet der Befehl ›Nah!‹. Indem er mit mir ›Nah‹ und ›Weg‹ spielt, bewege ich mich gleichsam zwei Schritte vor und einen zurück. Kurz bevor ich Bernd erreiche, schickt er mich nochmal bis zur Mauer, dann holt er mich ganz zu sich heran.«

Das erinnert an das »Fort – Da – Spiel«, das Freud (1920) seinerzeit bei seinem eineinhalbjährigen Enkel beobachtete, als dieser eine an einem Bindfaden befestigte Garnrolle mit dem Ausdruck »(f)-o-o-o(rt)« weg warf und verschwinden ließ. Dann holte er die Garnrolle wieder zu sich her und begrüßte sie mit einem freudigen »da«. Freud hatte erkannt, wie das Kind hier Weggehen und Rückkehr der Mutter spielte und mit der Verlagerung auf die Garnrolle sich zum »Herren der Lage« macht, um so die Trennung zu bewältigen. Um den Versuch des Kindes, sich entfernen zu lernen, mit Trennung besser fertig zu werden und damit unabhängiger zu werden, dürfte es sich auch in der Szene zwischen Bernd und dem Beobachter gehandelt haben.

Der Beobachter fährt in seinem Bericht fort:

»Ich darf ihn noch ein bißchen schaukeln und versuche ihm dann zu zeigen, wie man selbst schaukeln kann, ohne angeschubst zu werden. Mit meinen Armen ahme ich die notwendige Bewegung seiner Beine nach. Bernd geht darauf ein, kann jedoch nicht selbständig die zum Schaukeln erforderlichen Bewegungen ausführen. Er bleibt auf meine Armbewegung angewiesen. Ich freue mich sehr, daß wir gemeinsam etwas Lustvolles spielen können. Kurz vor Ende des Spiels sage ich ihm, er sei ein ›Weltmeister im Schaukeln‹. Bernd jauchzt: ›Ich bin ein Weltmeister! Weltmeister! Weltmeister!‹ Mit diesem Ehrentitel geht er dann zu den anderen Kindern und zu den Erzieherinnen. Allen sagt er, ›Ich bin ein Weltmeister!‹ Allein, er findet keine Beachtung. Eine Erzieherin sagt: ›Ja, jetzt kannst du im Sand spielen.‹«

Der »Zauber« dieses für Bernd und den Beobachter so wonnevollen Erlebnisses war verschwunden. Bernd wurde wieder ein isoliertes vereinsamt wirkendes Kind. Der Beobachter spürte nun plötzlich, wie anstrengend es für ihn gewesen war, Kontakt mit Bernd zu halten, seine eigenen Bedürfnisse hintan zu stellen und sich von dem Kind »benutzen« zu lassen, und wie er dabei an die Grenze dessen kam, was er selbst ertragen konnte.

Als Bernd danach von seiner Mutter abgeholt wurde, rief er dem Beobachter zu: »Das ist meine Mutti!«, wie wenn er damit einen Unterschied zwischen ihm, dem Beobachter, und ihr markieren müßte. Es taucht die Frage auf, weshalb sich Bernd mit der Aufforderung, ihm eine »Maschine« zu basteln, gerade an den anwesenden Mann richtete. Warum animierte er den männlichen Besucher, sich intensiv mit ihm zu beschäftigen? Wie konnte er ihn so für sich einnehmen, daß dieser alles andere darüber vergaß?

Bernd, sein Vater und der Beobachter

Hier ist vielleicht die Stelle, an der wir nach Bernds Vater fragen müssen. Wir erfuhren über ihn viel weniger als über seine Mutter. Die Erzieherinnen hatten den Eindruck gewonnen, daß er warmherzig und liebevoll mit Bernd umging. Wir vermuteten, daß Bernds Interesse an »technischen Spielen« und sein Geschick dabei mit der Beziehung zu seinem Vater zusammenhing, die sich vor allem im gemeinsamen Umgang mit solchen Gegenständen gezeigt haben wird. So brachte Bernd beim Übergang von der Familie in den Kindergarten nicht ein Schmusetier, sondern ein kleines Auto mit. Er sprach auch für die Erzieher/innen damals unverständlich und zusammenhanglos von einem Feuerwehrauto, wenn er sich allein fühlte und Trost suchte. Der Hinweis, daß der Vater bei der Freiwilligen Feuerwehr war, ließ hier einen Zusammenhang vermuten. Er benutzte also einen Spielgegenstand, der eher mit dem Vater als mit der Mutter in Verbindung stand, wenn er Trost und Hilfe suchte. Der Vater dürfte eine besondere Bedeutung für ihn gehabt haben. Es schien, daß Bernd beim Vater das ersehnte, was er bei der Mutter vermißte. Im Vater mag er den Ausgleich eines Mangels in der Beziehung zur Mutter gesehen haben. Den »Dritten«, der ihn aus dem überwältigenden Anspruch, den er an die Mutter – wie auch diese an ihn – hatte, befreien sollte.

Auf den Beobachter hatte Bernd offenbar übertragen, was er beim Vater suchte. Jener fühlte sich davon so angesprochen, daß er die Rolle fast unwillkürlich übernahm. So fühlte er sich bewogen, Bernd eine »gute« Maschine zu bauen und über diese die Beziehung zu ihm aufzunehmen. Noch beim Niederschreiben des Berichts wollte er sich dafür entschuldigen, daß er mit dem verfügbaren Material nur ein Fahrrad *ohne* Lenker, das heißt ein unvollständiges Gefährt zustande brachte. Bernd zog ihn so in seinen Bann, daß er darüber die gesamte Gruppe, die er eigentlich beobachten wollte, vergaß. In seiner (wie es in der Psychoanalyse genannt wird) »Gegen-Übertragungsreaktion« folgte der Beobachter der nur gefühlsmäßig aufnehmbaren Regieanweisung Bernds: Eine Beziehung sollte der Beobachter mit ihm herstellen, wie Bernd sie sich ersehnte; in der er Wohlbehagen erleben und gleichzeitig jenen längst fälligen Entwicklungsschritt der Trennung und Ablösung erproben könnte. Die beschriebene morgendliche Begrüßungsszene mit der Mutter zeigte, wie schwer es Bernd hatte jenes »Fort – Da« zu spielen. Offenbar spürte er, daß sie seine Abwendung von ihr und die Hinwendung zu einem »Ditten« als Entwertung und Mißachtung ihrer Person und damit als Kränkung erlebte. Als er sagte: »Das ist meine Mutter«, betonte er den Unterschied zwischen ihr und dem »Dritten«, als ob er sich das jetzt eher leisten könnte.

Im Gelände des Kindergartens wirkte Bernd zwar allein und verlassen. Aber er brauchte dabei die Reaktion der Mutter nicht zu fürchten, als er sich von dem Beobachter »holen« ließ, um mittels der Schaukel eine ganz urtümliche befriedigende Erfahrung zu machen. Während er bei jener Begrüßungsszene seine Loyalität gegenüber seiner Mutter demonstrieren mußte, konnte er diese jetzt unberücksichtigt lassen und vor Wonne jauchzen. Der Beobachter fühlte sich mit ihm so gut abgestimmt, daß es zwischen ihnen nun keine Verständigungsprobleme mehr gab. Er »spiegelte«, das heißt, er brachte zur Sprache, wie er an Bernds Glück Anteil nahm. Durch diese gute Erfahrung fühlte sich Bernd so gestärkt, daß er den beschriebenen – von der Mutter unbewußt unterbundenen und von ihm selbst ängstlich gemiedenen – Entwicklungsschritt erproben konnte. Das war ihm möglich, weil er sicher sein konnte, daß sich der Beobachter nicht wie die Mutter gekränkt abwenden, sondern seine Rückkehr freudig erwarten würde.

Bernd und seine Eltern

Es geht uns hier nicht darum zu demonstrieren, daß hier jemand war, der ein besserer Vater oder eine bessere Mutter sein konnte, sondern der verstehen wollte, was das Kind ersehnte und für seine Weiterentwicklung benötigte und wie es ihm vermittelt werden kann. Es deutete alles darauf hin, daß Bernd aus Gründen, die wir noch aufzeigen müssen, damals kaum Gelegenheit hatte, weder bei seiner Mutter diese gute Erfahrung zu machen noch aus ihrem Anspruch freikommen zu können. So setzte er seine Hoffnung auf den Vater, der ihm Ausgleich schaffen und ihn aus der Umklammerung befreien sollte. Die Mutter hatte offensichtlich kein Gespür dafür entwickeln können, was sie dem Kind antat, wenn sie es zu Hause einschloß und so – zum Beispiel, um einkaufen zu gehen – verließ. Dies soll übrigens auch mit dem Vater zusammen vorgekommen sein, wenn beide abends etwa zu einer Veranstaltung gingen und Bernd eingeschlossen allein zurückließen. Die Mutter war dann höchst verwundert, wenn sie bei der Rückkehr in der Nacht Bernd hinter der Wohnungstür auf dem Boden kauernd wiederfand. Wir fragten uns, ob das mit solchen Erlebnissen zusammenhing, wenn wir von der Mutter hörten: »Sagen Sie einmal, Evelin, was hat das denn zu bedeuten? Wenn ich dem Bernd einen Pullover überziehe, fängt er immer an zu würgen, also er kriegt einen Brechreiz.« Auch im Kindergarten wurde beobachtet, daß er sich weigerte, den Reißverschluß an einer Jacke hochzuziehen. Wurde ihm dabei geholfen, »dann schrie er immer: ›Mach nett so hoch!‹« Könnte es sein, daß der enge Kragen ihn an das Eingeschlossensein erinnerte?

Bernd war häufig erkältet. Wir konnten in Erfahrung bringen, daß er vor allem immer dann erkrankte, wenn sein Vater beruflich – bisweilen über eine ganze Woche – abwesend war. Hingegen war er schnell wieder gesund, wenn der Vater wieder zu Hause war. Auch die Mutter sah das, wenn sie sagte: »Dem Bernd geht's schon wieder ganz gut. Der war nur total verschleimt, weil er erkältet war. Er zieht die Nase rauf, und deswegen auch der Brechreiz. Auch hatte er hohes Fieber. Aber es geht ihm schon wieder ganz gut; sein Papa ist ja auch da. Und wissen Sie, wenn sein Papa da ist, dann geht's dem Bernd gleich viel besser.«

Erinnern wir uns aber daran, wie sehr Bernd versuchen mußte, der Mutter gegenüber seine Loyalität zu beweisen; hier schien ihr Bernd bei Abwesenheit seines Vaters geradezu auf eine absurde Weise treu zu sein; denn wenn er krank war, mußte er nicht in den Kindergarten gehen und sie dadurch nicht allein lassen. Die Abwesenheit des Vaters schien für ihn vor allem deshalb gefährlich gewesen zu sein, weil durch sie das psychische Gleichgewicht der Mutter bedroht war. Mit seinem Krank-Sein bot ihr Bernd Gelegenheit zu fühlen, daß wenigstens er für sie da war. Er gab ihr das Gefühl, daß sie sich um ihn kümmern mußte und wichtig für ihn war. Das benötigte wiederum die Mutter. Denn in ihrer Umgebung, besonders von den Eltern des Vaters, speziell von ihrer Schwiegermutter, wurde ihr abgesprochen, eine gute Mutter zu sein. Indem sie Bernd pflegte, pflegte sie auch gleichsam sich selbst, was Bernd auch gespürt haben dürfte. Er konnte sich so nur als Teil der Mutter erleben, der die Pflegeleistung eigentlich gilt und nicht ihm selbst. Jedenfalls dürfte es Bernd nicht nur deshalb besser gegangen sein, weil nun sein Vater wieder für ihn da war. Der Vater war nun gerade auch für die Mutter da, und Bernd konnte an den Vater seine schwere Aufgabe als dessen Stellvertreter zurückgeben.

Die Stellung der Eltern im Dorf

Es klang bereits an, welche völlig unterschiedlichen Rollen Mutter und Vater bei den nächsten Angehörigen wie im ganzen Ort spielten. Die Mutter galt als schwache, unfähige Frau und Mutter, ja einfach als »doof«. Der Vater hingegen tat sich in Vereinen und bei der Feuerwehr hervor und genoß Ansehen zum Beispiel als Organisator gelungener Vereinsfeste, wozu er sogar seinen Jahresurlaub »opferte«. Er selbst war davon überzeugt, einen sehr wichtigen Posten einzunehmen, wofür er auch von seiner Frau bewundert wurde.

Wir sahen, wie Bernd im Kindergarten zwar unterstützt werden konnte, mit den beschriebenen Problemen besser fertig zu werden. Aber das genügte keineswegs. Denn er war einer »Familiendynamik« unterworfen, die für seine Entwicklung gravierende Folgen hatte, während die Erzieherinnen *allein* hier nicht in der Lage sein konnten, Unterstützung für eine bessere Regulierung zu geben. Das war schon deshalb so schwierig, weil diese »Dynamik« offensichtlich wesentlich von einer übergreifenden sozialen Dynamik mitbestimmt wurde. So war die Mutter des Vaters zwar bei der Auswahl der Frau ihres Sohnes maßgeblich beteiligt. Aber sie war auch diejenige, die ihre Schwiegertochter als unfähig abqualifizieren mußte. Wahrscheinlich um selbst als die »bessere« Frau zu gelten; vielleicht um in ihrem Sohn den ausschließlich guten Teil der Familie sehen zu können. Und das war denn auch die Situation des Paares im ganzen Dorf. Der Versuch, die Eltern auf Erziehungsberatung oder Psychotherapeuten zu verweisen, scheiterte, da der Vater um den Verlust seines Ansehens im Dorf fürchtete, und die Mutter, daß sie dann nicht nur als »doof«, sondern auch noch als »verrückt« gelten könnte, wenn die Familie solche Institutionen in Anspruch nehmen müßte. Das konnte bei der in der kleinen Gemeinde herrschenden hohen sozialen Kontrolle nicht verborgen bleiben. So wären hier neue Wege der Zusammenarbeit zwischen Beratungsstellen und Kindergarten erforderlich, um dieses Dilemma zu überwinden.

Wir hoffen, daß es auch dem Leser deutlich geworden ist, wo die Probleme von Bernd und seinen Eltern liegen und wie gefährdet er in seiner Entwicklung damals war. Wie gezeigt, konnte der Kindergarten zwar einiges dazu beitragen, Bernd zu unterstützen. Aber es wäre mehr erforderlich gewesen (z. B. eine psychotherapeutische Hilfestellung für die ganze Familie), damit es Bernd möglich werden würde, sich wirklich zu entfalten.

Wichtig ist dabei, daß alle, die ein solches Kind und seine Eltern bei der Lösung so schwerer, die Entwicklung gefährdender Beziehungsprobleme unterstützen, nicht die besseren Eltern sein wollen und sich den tatsächlichen gegenüber als solche aufspielen. Denn damit würden sie (wie hier bei Bernds Mutter) an der beschriebenen Diffamierung und Ausgrenzung seitens der Großfamilie, ja des ganzen Dorfes, teilnehmen. Aber die Schwierigkeiten der Familie und des Kindes waren nicht zuletzt deshalb so groß, weil die einen versuchten, auf Kosten der anderen ihren Selbstwert zu regulieren.

3. Max – oder »Die Geschichte vom Zappel-Phillip«

Max sahen wir erstmals, als er dreieinhalb Jahre alt war. Er besuchte seit vier Monaten den Kindergarten. Körperlich war er gut entwickelt, für sein Alter groß gewachsen und wirkte älter, als er war. Spontan und offen, wie er sich zeigte, weckte er schnell Sympathie.

An einem der ersten Beobachtungstage machte Max durch ruheloses, hyperaktives Verhalten auf sich aufmerksam. Die Beobachterin notierte:

»Max ist heute sehr aufgeregt. Er wechselt ständig in neue Spielsitua-
tionen über. Gegenstände fliegen herum... Dabei ist er kaum ansprechbar, fällt über etwas, auch über ein Kind oder mich. Scheinbar
ziellos bewegt er sich hin und her, faßt alles an, was eines der anderen
Kinder in der Hand hält. Er entfernt sich von der Spielgruppe und läuft
kurze Zeit darauf wieder hin. Durch ihn wird jedes beginnende Spiel
chaotisiert.«

Die Erzieherinnen sahen in Max keinesfalls ein besonders »auffälliges« Kind. Das hyperaktive Verhalten wurde von ihnen und uns in der
Beratung als ein Symptom verstanden, mit dem Max auf etwas antwortet, das ihn beunruhigte oder ängstigte. Seine motorische Unruhe
wurde immer dann beobachtet, wenn er im Kindergarten Trennungen
ausgesetzt war oder sich dabei bedroht fühlte. Beispielsweise bei Abwesenheit seiner Gruppenleiterin, Frau Berger; oder als Kinder, die
etwas jünger als er waren und damit als zuwendungsbedürftiger galten,
neu in die Kindergruppe aufgenommen wurden.

Was aber beunruhigte und ängstigte Max? Erlebte er vorübergehende
Trennungen von der Erzieherin so, als ob es sich um einen endgültigen
Verlust handelte? Konnte er sich durch die jüngeren »Nachrücker« in
der Gruppe so verdrängt fühlen, und überfiel ihn die Angst derart, daß
er sie in motorische Bewegungen abzuführen suchte? Um ihn besser zu
verstehen, fragten wir nach seinen Vorerfahrungen in der Familie.

Die familiären Vorerfahrungen

Max' Eltern waren etwa dreißig Jahre alt. Der Vater ging einer hand-
werklichen Tätigkeit nach. Die Mutter arbeitete in früheren Jahren in
einem sozialpflegerischen Beruf; nach der Familiengründung wurde sie
Hausfrau. Die Familie lebte in einem vom Kindergarten mehrere Kilometer entfernt liegenden Dorf und galt dort als »alteingesessen«. Die
Großeltern wohnten auch dort. Mit anderen Familien unterhielten die
Eltern eine tägliche Fahrgemeinschaft zum Kindergarten.

Die Erzieherinnen beschrieben die Mutter von Max als offene, aufgeschlossene und liebevolle Frau, die auch »resolut sein kann und weiß,
was sie will«. Sie hatte Max in seinen ersten beiden Lebensjahren viel
Zeit widmen können. Sie soll aber nicht nur zärtlich mit ihm umgegangen sein, sondern habe auch Grenzen gesetzt und Forderungen an ihn
gestellt.

Im Gegensatz zum Bild der Mutter blieb das des Vaters blaß und
unkonturiert. Über seine Beziehung zu Max war der Erzieherin wenig
bekannt. Sie bezeichnete ihn als »ruhigen« Mann.

Max' frühkindliche Entwicklung schien ohne nennenswerte Ereignisse gewesen zu sein. Als herausragenden Einschnitt für Max sahen wir die Veränderungen, die sich mit der zweiten Schwangerschaft der Mutter, der Geburt und der Versorgung der kleinen Schwester ergaben. Max war damals fast drei Jahre alt.

Die Integration in den Kindergarten
im Schatten latenter Verlustangst

Max' Eintritt in den Kindergarten fiel zeitlich etwa mit der Geburt der kleinen Schwester zusammen. Ein den Trennungsängsten von Max entsprechendes Eingewöhnen war durch die neue Beanspruchung der Mutter und durch die Bedingungen des Transportes der Kinder über die Fahrgemeinschaft kaum möglich.

Die ersten sechs Wochen im Kindergarten verliefen zunächst unauffällig. Später weinte Max oft, legte seine Kindergartentasche den Vormittag über nicht ab und verlangte immer wieder, »Baby« zu sein. Vier Monate nach Eintritt in den Kindergarten fiel er uns auf durch die besondere Zuwendung, die er benötigte: z. B. spielte die Kindergruppe im Freien. Seine Gruppenleiterin, Frau Berger, baute mit Max allein drinnen im Gruppenraum auf dem Bauteppich. Diese intensive Betreuung schien Frau Berger notwendig, da durch neuaufgenommene Kinder die Integration von Max und seine erreichte Sicherheit bedroht waren. Sie meinte, Max müsse erneut »eingewöhnt« werden.

Die anfängliche Unauffälligkeit konnten wir nachträglich als einen von Verlustangst bestimmten Anpassungsversuch und als Schutz gegen die Bedrohung, verlassen zu werden, verstehen, was aber im Verlauf von sechs Wochen einem von regressiven Sehnsüchten bestimmten Verhalten Platz machte. Für Max wiederholte sich in den neu hinzugekommenen Kindern und deren Versorgung durch Frau Berger seine Erfahrung des durch das neue Kind in der Familie ausgelösten Getrenntseins von der Mutter. Frau Berger antwortete auf die Verlustangst des Jungen mit dem Versuch, ihm zeitweise eine exklusive intime Zweisamkeit im Kindergarten zu sichern.

Max' konflikthafte Geschwisterbeziehung trat bald in seinem zwiespältigen Verhalten kleineren Kindern gegenüber offen zutage. Mehrfach ging er auf ein körperlich kleineres Kind zu – das aber durchaus so alt wie er selbst sein konnte – und imitierte die Annäherung eines liebevollen Erwachsenen. Er »beugte« sich herab und streichelte es. Dann überwältigten ihn meist aggressive Impulse. Aus dem Streicheln wurde ein Kneifen, oder er schleppte das Kind uneinfühlsam herum und versetzte es damit in Angst.

Der Auftrag der Familie an Max, seine kleine Schwester zu lieben, die zu einer von den Erzieherinnen berichtete »engen liebevollen Beziehung« führte, war für ihn eine Überforderung. Die Nähe von kleinen Kindern, die er so erlebte, als ob sie die Rivalen in der Familie wären, müssen aggressive Impulse bei ihm provoziert haben, wie er sie dieser gegenüber zu Hause nicht zeigen durfte.

Max konnte erst in der Zeit seines Eintritts in den Kindergarten den Verlust der engen frühen Mutter-Kind-Beziehung verarbeiten. Um die Sehnsucht nach der Dyade zu überwinden, muß die Erfahrung des Getrenntseins von der Mutter erträglich scheinen und integrierbar werden. In der Regel lösen Kinder diese Entwicklungsaufgabe am Ende des zweiten und nicht wie Max am Beginn des vierten Lebensjahres. Seine Entwicklung schien jedoch durch die unverarbeiteten Veränderungen in der Beziehung zur Mutter bestimmt zu sein, die er, ausgelöst durch die Hinwendung der Mutter zu einem zweiten Kind, erfuhr. Die Erweiterung der dyadischen Beziehung durch einen Dritten, den Vater, war – so vermuteten wir – noch nicht gefestigt genug, um Max' Angst zu mildern.

Max findet Freunde

Max schloß sich nach einigen Monaten einer kleinen Freundesgruppe von gleichaltrigen Jungen an. Anfänglich konnte er wenig Spielideen beitragen und sich nur beteiligen, wenn er ein anderes Kind imitierte und sich in das Spielgeschehen hineindrängte. Auf die Beobachter wirkte er wie ein »fünftes Rad am Wagen«. Max' Beteiligung war von einer starken motorischen Unruhe begleitet, die auf das Spiel der anderen Kinder übergriff und es zu zerstören drohte. Wir nahmen an, daß Max über die Rolle eines in bestehende Beziehungen Einbrechenden, der sich durch Imitation an die Stelle dessen zu setzen sucht, der vor ihm da war, im Kindergarten seine Erfahrung mit der Schwester wiederholte. Aber so beunruhigend das Verhalten von Max schien, so bewundernswert war seine Fähigkeit, seine unbewältigten Erfahrungen im Kindergarten zu »inszenieren«. Die aktive Wendung der passiv erlittenen Trennungserfahrung erhielt deshalb bereits Ansätze zur Bewältigung, auch wenn diese nur allmählich erfolgen konnte.

Das Spiel mit der Giftschlange

Die bereits beschriebene kleine Gruppe bahnte zur Beobachterin eine besondere Beziehung an. Sie wurde regelmäßig in ein Spiel mit aus Knetmasse geformten Schnecken und Schlangen einbezogen, das immer nach dem gleichen Muster verlief: Die »Schnecken« wurden von einer »Giftschlange« angegriffen. Dabei wurden Schlange und Schnecken so deformiert, daß sie nur noch einen Knetklumpen bildeten. Der Beobachterin oblag es nach der Regieanweisung der Kinder, jeweils die vorherigen Formen sofort wiederherzustellen, so daß das Spiel von neuem beginnen konnte. Als dieses über einen längeren Zeitraum immer wieder mit unverändertem Inhalt aufgenommen wurde, vermuteten wir, daß mit ihm ein unbewußtes Problem dieser vierjährigen Jungen dargestellt wurde, das mit einem derzeit für sie nur schwer zu vollziehenden Entwicklungsschritt zusammenhängen dürfte. Es mußte für sie mit einer elementaren Angst verbunden sein, die sie über die ständige Wiederholung in diesem Spiel unter dem Schutz und mit der Unterstützung der aufmerksam teilnehmenden Beobachterin zu überwinden versuchten. Diese sah die ihr zugewiesene Aufgabe darin, als Rückhalt gebende mütterliche Bezugsperson den guten Ausgang und damit das Überleben der »Schlange« wie der »Schnecken« dadurch zu sichern, daß sie nach der aggressiven Verschmelzung wieder in ihrer ursprünglichen Form erschienen und so die tödlichen Angriffe der Schlange wie nicht geschehen wären.

Wir fragten uns, worum es in diesem Spiel gehen könnte, und kamen zu der Annahme, daß in ihm von den Jungen folgendes Problem verfremdet dargestellt wird: Wie kann ich von der Mutter loskommen, die ich einerseits noch brauche, auf die ich aber – gerade deswegen – große Wut habe, weil sie nicht genug für mich da ist, von der ich mich andererseits aber abgrenzen, der gegenüber ich eigene Gestalt gewinnen möchte? Zerstöre ich mit meiner Wut sie und mich zugleich, oder wäre es nicht besser, mit ihr – wie früher in ihrem Bauch – wieder eins zu werden? Gibt es eine Chance, daß sowohl sie als auch ich überleben und jeder von uns losgelöst vom anderen, eigenständig existieren kann, ohne daß ich sie deshalb verlieren muß? Gerade ein Kind wie Max steckt in dem Zwiespalt, aus Wut über die beschriebene Enttäuschung die Mutter zerstören zu wollen und gleichzeitig sich danach zu sehnen, mit ihr wieder so verschmolzen zu sein, wie er es bei der kleinen Schwester voller Neid mitansehen mußte. Deshalb dürfte sich bei ihm auch der Prozeß der »Loslösung« verzögert haben, während sein Symptom der motorischen Unruhe, der Überaktivität darauf verweist, wie er sich mit dieser davor zu schützen versuchte, sich nicht einer unerträglichen Verlassenheit ausgeliefert fühlen zu müssen.

Indem er engagiert ein Spiel inszenierte und gestaltete, konnte er sich in der ständigen Wiederholung unter dem Schutz und der Assistenz der Beobachterin allmählich auf die damit – unbewußt – beabsichtigte Problemlösung einlassen und einen entscheidenden Entwicklungsschritt riskieren. Er konnte das nur, indem er im Spiel die Mutter und sich selbst durch uns Menschen biologisch so entfernte Tiere wie Schnecke und Schlange ersetzte. Er hatte damit die Möglichkeit, vor sich selbst und anderen so zu tun, als gehe ihn das nichts an, um allmählich zu merken, daß es sich eigentlich um ihn selbst, um seine Loslösung von der Mutter, seine Unabhängigkeit und innere Verselbständigung ihr gegenüber handelte.

Nach einiger Zeit veränderte sich das Spiel. Jetzt wurde die Schlange von den Jungen »zu Hackfleisch« gemacht. Das bedeutete unseres Erachtens ein Wechsel von der beschriebenen Thematik der Ablösung von der frühen Mutter zu der der »Kastrationsangst«. Für andere Jungen könnte der Angriff der Schlange auf die Schnecke auch eine »ödipale« Bedeutung haben. Max jedoch beteiligte sich an dieser neuen Version nicht.

Er blieb vielmehr weiterhin an das Giftschlangen-Schnecken-Thema gebunden und verlor zeitweilig sogar den Zugang zu seinen Freunden. Er zog sich häufig allein zurück zum »Höhlenspiel« oder übernahm wieder Babyrollen im »Mutter-Kind-Spiel« mit Mädchen. Jetzt trat bemerkenswerterweise auch seine Zappeligkeit wieder auf. Er war in Gefahr, sich zu isolieren, vermutlich deshalb, weil er sich auf das in der neuen Spielversion zum Ausdruck kommende Problem noch nicht einlassen konnte und überfordert war, zusammen mit seinen Spielgefährten einen weiteren Entwicklungsschritt anzuvisieren. Statt dessen brachte er die Beobachterin in dieser Zeit dazu, mit ihm ein »Schwimmspiel« zu gestalten. Eine weiche Wolldecke wurde zu »Wasser«. Bäuchlings lag er darauf und bewegte sachte Arme und Beine. Die Decke glitt durch seine Bewegungen mit ihm über dem Fußboden hin und her. Dabei verriet sein Gesichtsausdruck grenzenloses Wohlbehagen. Seine Befriedigung steigerte sich noch, wenn es ihm gelang, die Aufmerksamkeit der Beobachterin zu erringen oder sie zum Dabeisitzen zu bewegen. Sie fühlte sich dann wie eine still zufriedene Mutter, die beglückt den wohligen Lebensäußerungen ihres Babys folgt. Max schien in diesen Spielen und während des Zurückgezogenseins seine Sehnsucht nach frühkindlichen Befriedigungen symbolisch wiederbeleben und erfüllen zu können. Als seine Erzieherin eine solche Spielsituation einmal abrupt beenden mußte, konnte er aufhören, ohne wie zuvor von Verlustangst überwältigt zu werden oder diese mit Hyperaktivität abwehren zu müssen.

Die Suche nach dem männlichen Vorbild

Wie bereits berichtet, hatten wir anfänglich zur Bedeutung des Vaters für Max wenig Informationen. Die Spielinhalte zeigten nach Phasen, in denen Max seine Erfahrung ausgeschlossen zu werden, reinszenierte und, wie beschrieben, die Erfüllung ganz urtümlicher Wünsche suchte, ein neues Thema. Er begann nun, sich seinen früheren Freunden wieder eng anzuschließen. Er identifizierte sich jetzt mit ihnen, indem er zum Beispiel nachahmte, was diese spielten. Er begann sogar, mit seinem Freund Karl – wenn auch während dessen Abwesenheit – zu konkurrieren.

In einer Neuauflage des »Giftschlange-Schnecken-Spiels« übernahm er es beispielsweise anstelle von Karl, die aggressive Schlange zu führen. Katrin, ein gleichaltriges Mädchen, und die Beobachterin wiederholten auf Geheiß von Max mehrmals: »Hoffentlich kommt heute keine Giftschlange«, und steigerten damit seine gleichzeitig angst- und lustbetonte Erregung. Wir beobachteten dann, wie Max nun wieder mit gleichaltrigen Jungen begann, sich mit dem Vater auseinanderzusetzen. Nachfolgend der Bericht der Beobachterin über ein »Vater-Spiel«, in das sie von anderen Jungen einbezogen worden war:

»Max und Karl spielten zwei Väter. Boris und mir werden die Rollen von Kindern zugeteilt. Mütter oder Frauen kommen im Spiel nicht vor. Boris kuschelt sich im (Puppen-)Bett, unsere ›Väter‹ verlassen unangekündigt das Haus. Ich, als Kind, fühle mich unversehens allein und im Stich gelassen. Auch Boris verschwindet. Nach einer ganzen Weile kehren alle drei plötzlich zurück und laufen ziellos herum. Meine Bitte, mit Essen versorgt zu werden, die sonst das beliebte Hantieren mit Geschirr auf Tisch und Herd zur Folge hätte, wird nicht aufgegriffen. Statt dessen schlagen die Väter vor zu schlafen. Im weiteren Verlauf wird das Spiel für mich immer unübersichtlicher und beängstigender. Ich fühle mich wie ein alleingelassenes Kind. Die ›Väter‹ kehren überstürzt zurück und verbreiten eine für mich – als ›Kind‹ – kaum zu ertragende Unruhe. Sie können sich nicht aufeinander beziehen oder sich miteinander besprechen. Sie müssen immer öfter das gleiche tun…«

Das »Vaterspiel« gibt deutlich wieder, wie die Jungen auf das Fehlen des Vaters reagierten. Die Väter sind hier im allgemeinen für die Kinder aufgrund ihrer Beschäftigung außer Haus, der weiten täglichen Anfahrtswege und der Überstunden, die den eigenen Hausbau ermöglichen sollen, wenig präsent. Die Kinder arrangierten die Spielszene mit der Beobachterin so, daß sie sich (in der »Gegenübertragung«) – eben wie ein Kind, das den Vater entbehren muß – immer wieder im Stich gelassen fühlte und durch die nicht verläßliche vorhersehbare An- oder

Abwesenheit des »Vaters« irritiert war. In einer »Umkehrung« gaben die Jungen – vor allem auch Max – an die Beobachterin weiter, was ihnen von ihren Vätern zugemutet wird. Es war aber auch zu erkennen, wie Max die männlich-väterliche Bezugsperson suchte, um sich an ihr zu orientieren und Rückhalt zu finden, bei der Lösung aus der engen und unglücklichen Zweierbeziehung über eine befriedigende Öffnung zu einem »Dritten«, das heißt zum Vater hin. Er nahm die Gelegenheit wahr, Spielgefährten anstelle des für ihn selten anwesenden Vaters zu sehen.

Im Rollenspiel setzte er Kinder und Erwachsene symbolisch ein, um seine Konflikte zu reproduzieren und in der neuen Situation ansatzweise zu lösen. Die Beratungsgespräche der Erzieherinnen mit den teilnehmenden »Beobachtern« ermöglichten das gemeinsame Verstehen der Entwicklungskrise von Max. Insbesondere war auch hier der geschützte Raum wichtig, um sich mit der eigenen Betroffenheit als Erwachsener durch dieses Thema zu konfrontieren. Wie stark Max' Sehnsucht nach Wiederherstellung einer dyadischen Beziehung auch die Interaktion zu seiner Erzieherin gestaltete, beschrieb sie selbst so:

»Es geht mir gut, wenn ich mich mit Max beschäftige. Ich erlebe Freude und Zufriedenheit. Ich glaube, daß Max mich mag und gerne bei mir ist. Ich genieße es, mit Max zu frühstücken und muß mich kontrollieren, um ihn nicht anderen Kindern vorzuziehen.«

Erzieherinnen und Berater verabredeten deshalb, weiter Max' Entwicklung über die Reflexion der eigenen Beziehung zu ihm zu beobachten und zu verstehen. Zu fördern waren die Erfahrungen in der Peer-group, die ihn bei seiner Identifikation mit dem männlich-väterlichen Element unterstützten.

Max gehört nun zu den »Großen«

Ein Jahr später – in einem zweiten intensiven Abschnitt unserer Beobachtungen – erlebten wir Max sehr verändert. Er wirkte gut in die Kindergruppe integriert und häufig im Einklang mit sich. Das noch gelegentlich beobachtbare hyperaktive Verhalten verschwand zunehmend. Gemeinsam mit den anderen ehemals »Kleinen« übernahm er nach dem Weggang der »Großen« zur Schule die vakante Funktion der Spielführer. Der Generationswechsel in der Kindergruppe bewirkte bei Max, wie bei anderen der jüngeren Kinder, einen deutlich beobachtbaren Entwicklungsschub. Seit Ende des Sommers zählte er sich zu den »Großen« und setzte über die von ihm verinnerlichten Regeln der Kindergruppe deren Kultur fort. Auch in den unruhigen Situationen des Übergangs, wie beim Aufräumen oder beim Beginn gemeinsamer Vorhaben, welche die Frustrationstoleranz aller Kinder häufig strapazierten, war Max ruhig und aktiv beteiligt.

Uns beeindruckte die neu entstandene Freundschaft zu Achim, einem starken Jungen, dem unangefochtenen neuen »Gruppenkönig«. Max wurde sein treu ergebener Gefolgsmann und war in dessen »Bande« eingebunden. Obwohl Max sich mit Achim stark identifizierte, blieb er als eigene Person erkennbar. Die eindeutige Zugehörigkeit zur »Bande« bewirkte keine Wiederholung der unglücklichen Rolle eines ausgeschlossenen und hineindrängenden Dritten. Er konnte nun in der Gruppe Verantwortung übernehmen und andere im Spiel führen. Als Mitglied der »Bande« konnte er nunmehr Aggressionen offen zugeben und im Spiel austragen, statt sie im »hyperkinetischen Syndrom« verfremden zu müssen. Es erinnerte nur noch wenig an den durch den mütterlichen Auftrag zur Liebe der Schwester überforderten Jungen.

Max' altersgerechte Teilhabe am Leben des Kindergartens wurde ihm über seine Identifikation mit Achim möglich. Wie Achim gelang es ihm – für beide ungewohnt lange –, ruhig am Tisch zu sitzen, um zu malen und zu zeichnen. Auch Achim war zuvor stets bei ausgreifenden, wilden Spielen zu beobachten. Das überraschende Verhalten Achims könnte etwas mit der zu dieser Zeit entstandenen Verliebtheit in seine Erzieherin zu tun haben.

Max' Bindung an Achim nahmen wir als Hinweis auf eine gelingende »Triangulierung« in der Beziehung zu seinen Eltern. Achim schien Aspekte des Vaters für ihn zu übernehmen. Über die Identifikation mit seinem Freund nahm Max auch teil an dessen »ödipal« gefärbter Beziehung zur Erzieherin und konnte wie Achim deren kulturelle Forderungen übernehmen.

Die Integration des Kindes in den Kindergarten war geglückt, und seine Fixierung in der Entwicklung konnte als weitgehend überwunden betrachtet werden. Der von regressiven Beziehungswünschen und Verlustangst immer wieder überschwemmte »Zappel-Philipp« verschwand und machte endgültig dem lebendigen, aktiven und beliebten Max Platz.

4. Elisabeth, ein dickes Mädchen

Als wir Elisabeth kennenlernten, wurde sie gerade sechs Jahre alt und gehörte zu den ältesten Mädchen des Kindergartens. Elisabeth war stark übergewichtig. Sie wirkte sehr ruhig und still, hin und wieder auch einsam. Im Kindergarten war sie nicht auffällig. Obwohl Elisabeth äußerlich unbeteiligt schien, erlebten wir sie doch als innerlich bewegt. Oft konnte man auch sehen, wie sie das Geschehen um sie herum scharf beobachtete.

Ein halbes Jahr später berichtete ihre Gruppenleiterin eine Szene, in der sie Elisabeths beginnende soziale Isolierung als problematisch empfand und deshalb eingriff:

Elisabeth wollte mit zwei gleichaltrigen und sehr beliebten Mädchen spielen, die sich gerade zu zweit auf eine höhergelegene und abgegrenzte Spielebene zurückgezogen hatten und ein Spiel miteinander verabredeten. Die Spielebene war in der Kindergruppe sehr begehrt, da sie den Rückzug aus der kontrollierten Gruppenaktivität erlaubte. Sie wurde meist durch die älteren, aktiveren und durchsetzungsfähigeren Jungen besetzt, die hier ihre Kampfspiele inszenierten. Die beiden Mädchen schlugen Elisabeths Wunsch mitzuspielen ab. In den Augen der Erzieherin wurde Elisabeth als Spielpartnerin wegen ihres Dickseins abgelehnt. Sie nahm an, daß sich die Mädchen dadurch abgestoßen fühlten. Daraufhin griff sie heftig in die Verhandlungen der drei Mädchen ein. Sie hielt den beiden ihre eigensüchtige, ihre Kameradin verletzende Haltung vor und forderte sie auf, Elisabeth gerade wegen ihres Übergewichts in besonderem Maße anzunehmen.

Die Mädchen änderten unter den Vorwürfen der Erzieherin ihre Absicht und ließen Elisabeth mitspielen.

In dieser Szene verbarg Elisabeth scheinbar ihre Beziehungswünsche, um sie indirekt mit »besonderem Gewicht« über ihre mitleiderregende Körperfülle einzubringen. Warum aber und wie kam Elisabeth dazu, ihre Aktivität zu unterdrücken, ihre Erwartungen zu verleugnen, sie aber über die Erregung von Mitleid bei anderen doch zum Ausdruck zu bringen? Welchen heimlichen »Gewinn« erzielte Elisabeth dabei? Was inszenierte sie im Kindergarten mit Erzieherinnen und Kindern? Wie ist das zu verstehen, und wie könnten daraus Perspektiven für den Umgang mit ihr entwickelt werden? Zur Beantwortung dieser Fragen müssen wir uns mit Elisabeths Entwicklungsgeschichte, ihrem familiären Hintergrund, dem Material aus unseren direkten Beobachtungen und der gemeinsamen Reflexion mit den Erzieherinnen auseinandersetzen.

Elisabeths Entwicklungsgeschichte

Informationen der Erzieherinnen:

Über Elisabeths erste Lebensjahre war im Kindergarten nur wenig bekannt, obwohl schon ihre drei Jahre ältere Schwester dort ihre Kindergartenzeit verbrachte. Auffällig war das bereits in ihrer Baby- und

Kleinkindzeit vorhandene Übergewicht. Die Leiterin ihrer Kindergruppe, Frau Berger, nahm Elisabeths körperliche Erscheinung in dieser Zeit als fast monströs wahr. Sie erinnerte sich, von dem Anblick des Kindes beim Windelnwechseln abgestoßen worden zu sein. Sie habe sich damals gefragt, ob es für Elisabeth nicht einer Spezialanfertigung von Windeln bedurft hätte.

Nach einer schwierigen Eingewöhnungszeit im Alter von drei Jahren, in der Elisabeth oft weinte, lebte sie sich gut in den Kindergarten ein. Sie übernahm gern die Forderungen der Erzieherinnen und suchte deren Erwartungen gefällig nachzukommen. Die Erzieherinnen sagten: »Elisabeth arbeitet eifrig mit, braucht dann aber viel Lob und Bestätigung.« Und: »Sie zeigt nie Desinteresse.«

Elisabeth nahm gern an den Beschäftigungsangeboten des Kindergartens wie Zeichnen, Sticken, Nähen, Fädeln und Kleben teil. Dabei zeigte sie große feinmotorische Geschicklichkeit, die im Gegensatz zu ihrer Unbeholfenheit bei aktiven Bewegungsspielen stand.

Sie beteiligte sich bevorzugt an Gesprächsangeboten, in denen sie ein gut entwickeltes sprachliches Ausdrucksniveau zeigte. Ursprünglich gelang es ihr damit – ihre eingeschränkte Bewegungsfähigkeit kompensierend – auch soziale Anerkennung zu gewinnen. Gegen Ende ihrer Kindergartenzeit jedoch wurden viele ihrer Gesprächsbeiträge, in denen sie nach Auffassung von Frau Berger eine »orthodoxe Religionsauffassung« vertrat, Anlaß für konflikthafte Auseinandersetzungen mit ihrer Erzieherin. Elisabeth sprach nun eifrig über die »Auferstehung des Fleisches« und das »ewige Leben der Gerechten« und malte die »Verdammnis der Sündigen« aus. Der Anschauung der Erzieherin, die diese bedrohlich ausgemalte Vorstellung zu entkräften und als »Mythos« darzustellen suchte, verweigerte sie sich.

Vor dieser Zeit beschrieben die Erzieherinnen Elisabeth als »unheimlich hilfsbereit, lieb, fröhlich, zufrieden, ausgeglichen, brav, lustig und nicht aggressiv«. Sie wurde von ihnen aber auch als »empfindsam, zurückgezogen, abwesend und verloren« erlebt, ohne daß der Zusammenhang mit der zuvor geschilderten angepaßten, scheinbar bedürfnislosen Fröhlichkeit verstanden werden konnte. Als bedrohlich wurde der mögliche Ausschluß aus der Kindergemeinschaft durch »das Fehlen einer Freundin« empfunden.

Übergewicht als Flucht vor Lebendigkeit?

In den Äußerungen der Erzieherinnen zu Elisabeths bisheriger Entwicklung entstand das Bild einer noch wenig autonomen kindlichen Persönlichkeit, die gierig auf Lob und Anerkennung wartete und dies zur Kompensation unterdrückter Bedürfnisse auch dringend benötigte. Hinter äußerer Ruhe, anspruchsloser Fröhlichkeit und Wohlverhalten verbarg sich nach unserer Vermutung unausgelebte und unterdrückte kindliche Lust an körperlicher Bewegung, an spielerischem Gestalten und an aktiven Auseinandersetzungen. Indem sie statt dessen bereitwillig stickte, nähte usw., übernahm Elisabeth auch Verhaltensanforderungen im Sinne eines überkommenen weiblichen Rollenideals. Damit konnte sie auch in ihrer traditionsgebundenen Familie und deren Bezugsgruppe viel Anerkennung finden. Sie verzichtete auf eine aktive Teilnahme am Leben der anderen Kinder und isolierte sich von deren Gemeinschaft. Die ausgeprägte Orientierung am Verhalten Erwachsener brauchte sie offenbar als Schutz vor Wünschen und Impulsen, zu denen sie nicht zu stehen wagte und von denen sie fürchtete, überwältigt zu werden.

Die durch Einschränkung und Ausschluß entstehenden Gefühle von Kränkung und Wut wendete Elisabeth gegen sich selbst und hielt sie hinter ihrer äußerlich bedürfnis- und aggressionsfreien Angepaßtheit verborgen. Ihr scheinbar spannungsfreies, fröhliches Verhalten schien eine äußere Fassade zu sein, die sie brauchte, um damit enorme Bedürfnisse (angenommen und wie selbstverständlich versorgt zu sein) zu verbergen. Das dürfte auch Frau Berger bestätigen, als sie fasziniert und befremdet zugleich von ihrer Gier nach Essen berichtete: »Elisabeth ißt gerne; sie genießt es regelrecht. Sie stiert alles Eßbare so lange an, bis sie es essen kann.«

Ihr Übergewicht war demnach einerseits das Ergebnis ihrer bisweilen maßlosen Gier nach Essen, mit der sie auch ihre anderen ungelebten Wünsche und Impulse kompensierte. Andererseits war sie durch die Körperfülle geschützt, etwa aufkommende aggressive Gefühle zum Ausdruck zu bringen. Sie hatte sich gleichsam mit einem Panzer aus Fett umgeben.

Familiäre Beziehungen und soziales Umfeld

In den Berichten der Erzieherinnen über Elisabeths Familie dominierte die Mutter. Sie wurde uns als eine sehr dicke Frau beschrieben, die stark gehemmt sei und an einem Sprachfehler leide. Sie war in einem helfenden Beruf tätig und arbeitete im Schichtdienst.

Innerhalb der Wohngemeinde wurde über sie und ihre beiden Töchter, Elisabeth und ihre drei Jahre ältere, ebenfalls übergewichtige Schwester, geredet und gespottet. Neben der Körperfülle der drei trug (nach einer Vermutung der Erzieherinnen) die sich als »dogmatisches Eifern« äußernde Religiosität der Mutter bei, von der andere Gemeindemitglieder offensichtlich abgestoßen waren und womit sich die Mutter auch im Kreis der Kindergarteneltern isolierte. Sie geriet in eine Außenseiter-, ja, bisweilen in eine Sündenbockrolle. Ihr Leiden – gerade auch das unter der fehlenden Anerkennung – versuchte sie zu überwinden, indem sie ihm einen höheren Sinn – eine religiöse Bedeutung – gab, derzufolge »Gerechte« nach Jammer und Verfolgung auf Erden ein ewiges Leben erlangen.

Elisabeths Vater war in einem technischen Beruf in einer Firma tätig. Über ihn wurde im Gegensatz zur intensiven Auseinandersetzung mit der Persönlichkeit der Mutter wenig berichtet. Sein Übergewicht wurde als eher normal empfunden. Das Interesse des Vaters an Elisabeth soll gering gewesen sein.

Elisabeths Familie bewohnte gemeinsam mit den Eltern des Vaters ein Haus. Die Großeltern übernahmen häufig, auch wegen der Berufstätigkeit der Mutter, versorgende Aufgaben für Elisabeth und ihre Schwester. Die Erzieherinnen beobachteten Konkurrenz zwischen Mutter und Großmutter um die »bessere« (groß-)mütterliche Nahrung. »Das Essen der Mutter ist vitaminreicher«, sagte die Gruppenleiterin.

In den Gesprächen der Eltern mit den Erzieherinnen hatten sich die Eltern immer wieder gegenseitig die Anerkennung verweigert und die familiäre Intimität verletzt. Sie führten ihre ehelichen Auseinandersetzungen über den taktischen Einbezug von Außenstehenden. Mit den Erzieherinnen begannen sie, Koalitionen zur Verstärkung der eigenen Position zu schließen und den Partner durch Entwertung und Ausschluß zu bedrohen. So versuchte die Mutter beispielsweise über die Leiterin des Kindergartens, ihren Mann stärker an seine religiösen Pflichten zu mahnen. Daneben wurde der sich nach Einschätzung der Erzieherinnen an Elisabeth wenig interessiert zeigende Vater zu deren Ansprechpartner für Diätvorschläge. Das entstandene Bündnis Erzieherin-Vater schloß jedoch die Mutter aus und diskriminierte sie in ihrer Zuständigkeit für die Ernährung der Kinder. Sie mußte die Ratschläge als Einmischung in ihre Aufgaben und als Entwertung erleben, und so blieben diese Diätvorschläge auch fruchtlos.

In die eheliche Auseinandersetzung wurden auch die Eltern des Vaters, von denen dieser noch nicht wirklich abgelöst war, einbezogen. In dem Konflikt zwischen seiner Mutter und seiner Ehefrau um die beste Versorgung der Kinder war der Vater nicht in der Lage, die Position seiner Frau zu stärken. Elisabeths Symptome wurden zu Waffen im Kampf der Eheleute. Sie unterminierten in der Kränkung der Mutter deren Selbstwertgefühl. Elisabeth schien die geschwächte mütterliche Position im familiären Machtkampf zu stützen, indem sie sich gerade auch hinsichtlich der Körperfülle mit der Mutter völlig identifiziert war. Damit belegte sie gleichzeitig auch deren fatalistische Ergebenheit in die scheinbar unveränderlichen biologischen Gegebenheiten des Körpers. So sagt die Mutter resignierend und doch trotzig: »Der liebe Gott hat Dicke und Dünne geschaffen!«

Das Übergewicht wurde zum unausweichlichen Schicksal und bewahrte die Mutter wie die Familie vor der Einsicht in ihre belastenden und konflikthaften Beziehungsprobleme. Die Fettsucht von Elisabeth war somit nicht nur als Folge einer Störung der frühen Mutter-Kind-Beziehung zu sehen, sondern auch als eine wichtige Funktion in der Dynamik der Großfamilie und darüber hinaus in der Wohngemeinde. Auch dort mußte sie mit ihrer Identifikation die Mutter in ihrer schwierigen Position stützen, ohne das selbst durchschauen und in seiner – unbewußt vielleicht beabsichtigten – negativen Auswirkung erkennen zu können.

Elisabeths Ausbruchsversuch

Wir haben oben Elisabeths Fettsucht als eine Kompromißlösung zwischen »Wunscherfüllung« und »Abwehr« beschrieben. Das mit diesen »Symptomen« erreichte – neurotische – psychische Gleichgewicht verlagerte sich während unserer Beobachtungszeit merklich. Wir nahmen an einer Entwicklung teil, in der die bisherige Verzichtshaltung von ihr nicht mehr so selbstverständlich aufrechtzuerhalten war und sie ihre Inaktivität zeitweise aufgeben konnte.

Das läßt sich an einem Spiel demonstrieren, in dem Elisabeth und ein anderes Mädchen Apothekerinnen und die Beobachterin Kundin waren. Diese berichtete darüber:

»Marion und Elisabeth laden mich ein, bei ihnen einzukaufen. Sie haben eine Apotheke eingerichtet. Für das beginnende Verkaufsspiel werden kaum Requisiten gebraucht. Es wird vielmehr alles in Gesten und Worten ausgedrückt. Wir stellen die Gegenstände, die verkauft werden, und das Geld ›symbolisch‹ dar. Das Spiel beginnt mit meinen Kaufwünschen, die die beiden ›Apothekerinnen‹ erfüllen. Sie entwikkeln es durch eigene Ideen weiter: Beispielsweise führen sie mir ein ›Heilpflanzenbuch‹ vor und wollen es mir ausleihen. Statt ›Kasimirs Weltreise‹ sind in ihm Hagebutte und Kamille abgebildet. Die beiden Mädchen treffen keine sie beide bindende Absprache, um voneinander differenzierte oder komplementäre Rollen zu übernehmen. Auch Spielangebote von mir, die den zwei Apothekerinnen unterschiedliche Rolleninhalte zuweisen würden, werden nicht aufgegriffen. *Beide* fragen nach meinen Wünschen, *beide* holen das verlangte und *beide* beraten und verkaufen. Beim Bezahlen und bei der Abrechnung überläßt Marion Elisabeth sogar ganz das Feld.«

In dieser Spielszene zeigte sich Elisabeth ungewohnt lebendig und aktiv. Sie konkurrierte phantasievoll mit Marion, einem selbstbewußten und sehr beliebten altersgleichen Mädchen. Sie gab sich nicht mit einer untergeordneten Position zufrieden, leistete keinen Verzicht, sondern setzte ihren Anspruch kraftvoll durch.

Zu diesem Zeitpunkt konnte Elisabeth sich auch unter den übrigen älteren Mädchen gut behaupten. Wir beobachteten, wie sie sich engagiert an der Bildung einer Mädchengruppe beteiligte, die sich sowohl von den gleichaltrigen Jungen als auch von der restlichen Kindergruppe abgrenzte.

Beim Beginn des neuen Kindergartenjahres übernahm sie, wie die anderen älteren Mädchen, oft die Erzieherinnenrolle in der Betreuung der neuaufgenommenen jüngeren Kinder. Diese wurden durch die großen Mädchen bemuttert und wirkten zeitweise wie deren Puppen oder Körperanhängsel. Elisabeths Verhalten entsprach dem der anderen großen Mädchen. Sie nahm an der gemeinsamen Phantasie der Mädchengruppe teil. Auch sie ergriff eifersüchtig Besitz von einem besonders niedlichen und begehrten Jungen.

Die Mädchen befanden sich in einem Entwicklungsabschnitt, in dem durch die identifikatorische Auseinandersetzung mit dem gleichgeschlechtlichen Elternteil die Bildung einer weiblichen Geschlechtsidentität einen vorläufigen Abschluß findet. Die jetzt aufkommenden Triebwünsche der Mädchen berührten auch die Gefühlslage ihrer Mütter, die auch ihre Vorbilder sind. Gerade die Vorbildfunktion hätte bei jemand wie Elisabeths Mutter nachhaltig erschüttert werden können.

Wir fragten uns, welche Erfahrung als Frau Elisabeths Mutter der Tochter vermitteln konnte, während ihr Leben von Verzicht und Verweigerung geprägt war. Frau Berger wußte zu berichten, daß für die Mutter Elisabeths Geburt extrem schmerzhaft gewesen sein soll. Wir fragten uns, ob dieser große Gebärschmerz nicht beispielhaft dafür war, daß Elisabeths Mutter ihre Weiblichkeit kaum anders als von Gewalt, Schmerz und Unterlegenheit bestimmt erleben und auch keine Erfüllung außerhalb der Mutterschaft finden durfte. Statt Anerkennung als Frau in ihrer Ehe zu erhalten, war sie dort in nicht als solche wahrgenommene Machtkämpfe verstrickt. In den Beziehungen mit ihrer sozialen Umwelt geriet sie immer wieder in Positionen der Unterlegenheit und Ablehnung. Sie blieb offensichtlich in besonderer Weise an das traditionelle Frauenbild fixiert und provozierte damit die beschriebenen Reaktionen.

So war es gerade im Hinblick darauf nicht verwunderlich, daß Elisabeth nach einer Periode eines freieren und aktiveren Verhaltens gegen Ende der Kindergartenzeit wieder in alte Gewohnheiten zurückfiel. Äußerer Anlaß – und vielleicht auch Anzeichen – dieser Entwicklung war ein Bruch des Schlüsselbeins, der sie stark in ihrer Beweglichkeit hemmte. Die Erzieherinnen bemerkten, daß Elisabeth in eine gedrückte Stimmung verfiel und erneut sehr an Gewicht zunahm. In dieser Zeit kam es zu den erwähnten eifernden Äußerungen von Elisabeth, mit denen sie sich, wie ihre Mutter in der Gemeinde, im Kindergarten isolierte. Sie inszenierte nun in den Beziehungen innerhalb der Kindergruppe und mit den Erzieherinnen Situationen, in denen sie stets neu in einer scheinbar unterlegenen Position Ablehnung erfuhr.

Dieser Rückfall in ihre gewohnten Verhaltensweisen konnte fast vergessen machen, mit welcher Kraft sie – wie beispielsweise im Spiel der Apothekerinnen – ihren Macht- und Autonomieanspruch aktiv, einfallsreich und listig durchsetzen konnte. Der Bruch des Schlüsselbeins erhielt beim Scheitern des Ausbruchs aus der starren Familienrolle offensichtlich eine besondere Bedeutung. Ob der Unfall von dem Mädchen als Strafe für verbotene Wünsche nach Selbständigkeit und Lust erlebt oder sogar zur Beruhigung ihrer Schuldgefühle erfolgen mußte, muß hier offen bleiben. Am Ende ihrer Kindergartenzeit waren bei Elisabeth jedenfalls die bekannten psychosomatischen Reaktionen, dick zu werden, wie auch die Neigung zu selbstquälerischem und selbstzerstörerischem Verhalten zu bemerken, was auf eine verstärkte Identifikation mit der Mutter, auch um sich so vor ihr zu schützen, hinweist.

Zur Rolle des Kindergartens

Von den Erzieherinnen unbemerkt, veränderten sich gegen Ende von Elisabeths Kindergartenzeit die Erzieher-Kind-Beziehungen. Sie boten nicht mehr, wie in der davorliegenden Zeit, dem Kind Chancen einer korrigierenden Erfahrung der sehr einschränkenden familiären Beziehungsdynamik.

Elisabeths Suche nach weiblicher Identifikation bezog sich auch auf ihre Gruppenleiterin, Frau Berger. Sie geriet zunehmend in einen Loyalitätskonflikt zwischen der Welt ihrer Mutter und der des Kindergartens. Auch Frau Berger konnte die Mutter nicht anerkennen, sondern mußte ihr vor dem Hintergrund eigener Kindheitserfahrungen wie auch in ihrer Berufsrolle die Anerkennung als Frau und Mutter verweigern.

Über Elisabeths Fettleibigkeit fühlte sie sich an sich selbst als dickes Kind erinnert. Sie sagte: »Elisabeth erinnert mich an meine Kindheit;

da ich auch sehr übergewichtig war, mußte ich genauso viel einstecken wie sie. Ich möchte ihr gern helfen, damit ihr in der Schule einiges erspart bleibt. Dafür ist es notwendig, daß das Kind abnimmt!«

Sie ergriff einseitig »Partei« gegen die Mutter, beteiligte sich stark an Schuldzuweisungen dieser gegenüber und wandte sich gegen deren religiöse Auffassung, der sich auch wie beschrieben Elisabeth zunehmend wieder angeschlossen hatte. Auch fürchtete sie für sich selbst den Einfluß solcher moralisch rigiden, dogmatischen Positionen auf ihren kirchlichen Anstellungsträger.

Jedenfalls war sie offensichtlich daran interessiert, die Beziehungsstörungen des Kindes mit der Fettsucht als rein körperlichem Leiden zu begründen, das von einer geeigneten Mutter mit Diät zu beheben wäre. Somit wurde seitens des Kindergartens auf Elisabeth und ihre Mutter eher sozialer Druck ausgeübt, als ihnen Verständnis entgegengebracht, was wiederum die Reproduktion des eingeschliffenen Verhaltens begünstigte. Es waren auch Erzieherinnen beteiligt, die ohne entsprechende eigene Probleme zunächst stärker Distanz hielten. So assoziierte die zweite Erzieherin der Kindergruppe, Frau Weidt, mit Elisabeth die Märchengestalt des Aschenputtels, ordnete sie als Pflanze den Stiefmütterchen zu und fand die Tiergestalt der Schnecke für sie passend. Sie konnte zunächst Elisabeths Mutter anders wahrnehmen: »Nach einem Gespräch mit der Mutter kann ich nur sagen, daß sie einen netten Eindruck auf mich macht.« Frau Weidt gestaltete jedoch ihre Beziehung zu Elisabeth »oberflächlich«. Zwar mochte sie Elisabeth gern »schon einmal in die Arme nehmen«, doch es »sträubt sich aber auch irgend etwas in mir dagegen«, wie sie sagte. Loyal gegenüber ihrer Kollegin überließ sie ihr weitgehend die Beziehung zu Elisabeth und ihrer Familie und war nicht in der Lage, hier zu einer besseren Verständigung beizutragen.

So blieb dem Kindergarten ein nur geringer fördernder Einfluß auf Elisabeths weitere Entwicklung. Neben der Geschlossenheit der familialen und der sozialen Systeme erwiesen sich dabei auch Kindergartenrituale und die berufsspezifische Abwehr von Erzieherinnen als zu starr.

Zu Beginn des Sommers konnten wir beobachten, wie Elisabeths Erzieherin zunehmend ihr starkes Engagement verringerte. Aber wir erlebten auch den gesamten Kindergarten verändert. Die Intensität der Gefühlsbeteiligung aller Erzieherinnen am Kindergartenleben schien sich – obwohl kaum merklich – zu verringern. Das frühere intensive Eigenleben der Kindergruppen wurde mehr und mehr durch gemeinsame Aktivitäten verdrängt, bis hin zur Dominanz der Vorbereitung von Festen und Feiern im Kindergarten und innerhalb der Gemeinde.

Wir fanden in dieser Atmosphäre kaum die Möglichkeit, mit den sonst so sensiblen und zur Reflexion ihrer Arbeit sehr befähigten Erzieherinnen unsere Wahrnehmung von der Entwicklungsgefährdung von Kindern zu besprechen beziehungsweise ihnen die zusammengefaßten Ergebnisse unserer Bestandsaufnahme zu vermitteln. Insbesondere fanden wir für unsere Einschätzung von Elisabeths Entwicklung kein Gehör. Erst in einem Gespräch der Beobachtergruppe mit der zuständigen Fachberaterin wurde die grundsätzliche Bedeutung dieser Erfahrung erfaßt.

Wir vermuten, daß die Erzieherinnen frühzeitig einen emotionalen Rückzug von den in die Schule überwechselnden Kindern begonnen hatten, um sich vor zu schmerzlicher Trennungs- und Verlustangst zu schützen. Elisabeths gefährdete Entwicklung machte darüber hinaus zu sehr die Begrenzungen des Einflusses von Erzieherinnen deutlich. Für eine Verarbeitung dieser Einsichten und eine Erweiterung des Verstehens blieb den Erzieherinnen, die bereits wieder durch neu in den Kindergarten aufgenommene Kinder belastet waren, wenig Energie übrig.

Das wurde noch verstärkt durch die aktuelle Situation von Elisabeths Gruppenleiterin mit ihrer fortgeschrittenen Schwangerschaft und den davon beeinflußten Phantasien innerhalb der Erzieherinnengruppe. Erst gegen Ende des Sommers konnte sich diese eine partielle Beschäftigung mit Elisabeths Konfliktlage erlauben. Anlaß war erneut eine Auseinandersetzung zwischen Elisabeth und ihrer Erzieherin über die »Auferstehung des Fleisches« und das »jüngste Gericht über Sünder und Gerechte«, die in der »Mittagsrunde« der Erzieherinnen mit den Beobachtern gemeinsam reflektiert wurde. Es gelang den Erzieherinnen dabei nicht, Elisabeths Ansichten nachzuvollziehen. Jede Phantasie zu Elisabeths Weltsicht oder ein probeweises Identifizieren mit ihr schien unmöglich. Die Beschreibung der Beobachter einer bildhaften Darstellung dieser Themen in den Fresken des Domes von Orvieto (Italien), und wie in ihnen eindrucksvoll eine das Dasein der Menschen des Mittelalters bis zum Beginn der Neuzeit bestimmende Weltordnung in Bildern ausgedrückt ist, mußte zunächst ignoriert werden.

In der darauffolgenden Sitzung legten die Beobachter der Gruppe einen farbigen Bildband über diese Fresken vor. Er ging in der innerlich bewegten, aber schweigenden Gruppe von Hand zu Hand, bis die Vorpraktikantin ausrief: »Das glaub ich nicht!« In der nachfolgenden Diskussion wurde deutlich, daß mit diesem Ausruf auch versucht wurde, nochmals die Einsicht in die »Privathölle« Elisabeths abzuwehren und ihre erschreckende innere Realität zu verleugnen. Über die Reflexion der bei ihnen ausgelösten Gefühle verstanden die Erzieherinnen nun, wie sie mit dem ganzen Kindergarten in das Beziehungsgeflecht in der Gemeinde und Elisabeths Familie verstrickt waren. Diese Einsicht entlastete sie auch von dem – auch durch unsere Bestandsaufnahme erzeugten – Erwartungsdruck, mit Elisabeth noch entscheidend vorankommen zu müssen. Es wurde ihnen gerade an diesem Fall bewußt, wo die Grenzen ihrer Einflußnahme liegen und wie leicht die Balance zwischen dem, was sie sich selbst zutrauen und dem tatsächlichen oder vermeintlichen Erwartungsdruck gestört wird.

5. Bei Fritz ist der Geschwisterkonflikt offensichtlich

Bei der Vorstellung von Fritz, eines zu diesem Zeitpunkt etwa viereinhalb Jahre alten Jungen, der vor allem wegen seiner Neigung zu heftigen Aggressionen auffiel, möchten wir mit einigen Szenen beginnen, die sich an einem Vormittag in seiner Kindergartengruppe abspielten und bei denen Fritz unversehens in den Mittelpunkt geriet.

Das Kreis und Singspiel »Dornröschen war ein schönes Kind...« war gerade beendet. Mehrere Kinder gingen nun mit der anwesenden »teilnehmenden Beobachterin« in den Frühstücksraum und verschlossen ihn. Es durfte niemand mehr dort eintreten; denn es schien sich etwas Geheimes anzubahnen. Das gerade noch mit der ganzen Gruppe ausgeführte Singspiel wurde nun in ein Rollenspiel mit zunächst ähnlicher Thematik verwandelt. Fritz spielte den alten König. Der Beobachterin wurde die Rolle der Königin zugeteilt. Tanja sollte das Dornröschen darstellen. Es kam dann aber zu einer Änderung des Märchens. Der Prinz sollte nicht mehr von außen ins Schloß eindringen, um die Bewohner aus dem hundertjährigen Schlaf zu wecken, sondern er war bereits im Schloß und hatte gemeinsam mit dem von Fritz verkörperten »alten König« an das Schloßtor klopfende böse Feinde und wilde Bestien immer wieder zu bekämpfen und zurückzuschlagen.

Zwischen diesen heroischen Taten begann Andreas mehrere von den am Spiel beteiligten Mädchen »zu freien«. »Hochzeiten« fanden statt, und bald bekam eines der Mädchen »ein Baby«. Der »alte König« freute sich nun keineswegs über die Geburt seines »Enkels«. Vielmehr gab Fritz diese Rolle bei dem Stichwort »Baby« auf. Er bekam Bauchschmerzen und war nicht mehr in der Lage, weiter mitzuspielen. Die Beobachterin kümmerte sich um ihn, bettete ihn auf eine im Zimmer stehende Liege und umsorgte ihn fürsorglich. Daraufhin beruhigte sich Fritz und entspannte sich.

Doch plötzlich kam die Gruppenleiterin ins Zimmer und sagte, es sei höchste Zeit Schuhe und Mäntel anzuziehen, denn der Kindergarten sei für heute zu Ende. Die Beobachterin streichelte Fritz noch einmal und versuchte, ihn zu trösten. Dann verließ sie den Raum. Die meisten Kinder folgten ihr in den Vorraum, in dem Mäntel und Schuhe untergebracht waren. Einige Kinder, unter ihnen Fritz, blieben zurück.

Fritz stieß nun voller Zorn die im Gruppenraum wegen des Putztages bereits auf die Tische gestellten Stühle herunter. Weder den Erzieherinnen noch den beiden anwesenden Beobachtern gelang es, Fritz zu beruhigen. In unbändiger Wut warf er mit Geschrei die Stühle durch den Raum und stieß Tische um. Andreas ließ sich nun mitreißen, während die noch anwesenden Kinder betroffen den beiden zuschauten. Fritz und Andreas rannten dann in den Nebenraum, in dem vorher das Rollenspiel stattfand, und richteten dort das gleiche Chaos an. Als sie auch die Liege umwerfen wollten, wurde das von einem anwesenden Erwachsenen unterbunden. Als bei Fritz Erregung und Wut abgeklungen waren, zog er Schuhe und Mantel an und verließ stolz und in offensichtlich gehobener Stimmung den Kindergarten, während ihm die sich ohnmächtig fühlenden Erzieherinnen und Beobachter ratlos nachschauten.

Dieser Wutausbruch von Fritz war keineswegs ein einmaliges Ereignis, wenn auch die anderen nicht immer so spektakulär waren wie dieser. Wir fanden heraus, daß es immer wieder einen vergleichbaren Anlaß gab. Abgesehen davon, daß er in der ersten Zeit seines Kindergartenbesuchs sehr aggressiv war, hatte er sich dann doch bald aktiv und interessiert gezeigt. In den Augen der Erzieherinnen verhielt er sich »fast schon wie ein Großer«. Er kam morgens wohl gelaunt mit strahlendem Gesicht in den Kindergarten. Doch das änderte sich schlagartig, als nach der Sommerpause jüngere, dreijährige Kinder aufgenommen wurden. Fritz war nun in seiner Wut auf diese Kinder kaum noch zu bändigen. Er wurde jetzt als »hinterhältig«, »schadenfroh« und »eifersüchtig« beurteilt. Auch bei der Neuaufnahme nach den Sommerferien des darauffolgenden Jahres wurde beobachtet, daß ihn die Anwesenheit der neuen, jüngeren Kinder so provozierte, daß er sie heftig angriff.

Weshalb löste das Erscheinen des Babys im Spiel und die dann folgende Aufforderung, den Kindergarten zu verlassen, bei Fritz so heftige Reaktionen aus? Warum wurde er jedesmal wieder besonders aggressiv und zudem »hinterhältig«, »schadenfroh« und »eifersüchtig«, als jüngere Kinder neu in den Kindergarten kamen?

Wir erfuhren, daß Fritz im Alter von zwei Jahren und sieben Monaten einen Bruder bekam und bald danach – etwa mit drei Jahren – ganztags in den Kindergarten geschickt wurde. Setzen wir voraus, daß das für ihn (wie im übrigen auch für Max, von dem wir schon berichtet haben) sehr einschneidende Erlebnisse gewesen sein müssen, die seelische Verletzungen und andauernde Belastungen für ihn bedeuteten, so erkennen wir leicht Entsprechungen zwischen der Ankunft des Bruders und dem »Baby« der Prinzessin im Rollenspiel. Übereinstimmungen sehen wir auch zwischen seiner »Abschiebung« in den Kindergarten damals und der jähen Beendigung der für ihn schönen und angenehmen Umsorgung durch die Beobachterin.

Nun könnte der Einwand vorgebracht werden, daß doch viele Kinder solchen Belastungen ausgesetzt sind. Darauf können wir antworten: Viele Kinder reagieren auch ähnlich. Außerdem war es für Fritz nicht einfach, das Erlebnis der Ankunft des Bruders zu bewältigen. Er mußte mit ansehen, welches »Aufheben« um den »Rivalen« fortwährend gemacht wurde, während er sich bisher weniger beachtet und dann auch noch abgeschoben fühlte, als er bald nach der Geburt des Bruders für den ganzen Tag in den Kindergarten gegeben wurde. Das mußte ihn innerlich so bedroht und gekränkt haben, daß er auf Ereignisse, die seine Gefühle von damals neu stimulierten, immer wieder so empfindlich reagierte. Die Heftigkeit seiner Affekte wurde erst verständlich, als wir erfuhren, daß er in einer Zeit geboren wurde, als die Eltern, vor allem die Mutter, noch sehr jung waren und gegenüber der Großfamilie des Mannes kaum zur Eigenständigkeit gelangen konnten. Die Schwangerschaft soll sehr schwer gewesen sein, während bei der Geburt des zwei Jahre und sieben Monate jüngeren Bruders angeblich alles ganz einfach war.

Vermutlich im Zusammenhang mit der Erschöpfung der Mutter traten die Eltern vier Wochen nach der Geburt von Fritz einen längeren Urlaub an, während er der Obhut der resoluten Großmutter überlassen blieb. Diese erhob fortan Anspruch auf ihn. Das erweckte den Eindruck, als müsse sie der Schwiegertochter den Sohn abspenstig machen, nachdem ihr die junge Frau mit der Heirat ihren Sohn genommen hatte. Fritzens Mutter hatte in der Großfamilie eine schwache Stellung und ging auch bald nach seiner Geburt wieder außer Haus zur Arbeit. Hingegen konnte sie sich nun der Pflege des jüngeren Bruders ganz widmen. Außerdem stand der jüngere Bruder im Mittelpunkt der gesamten Großfamilie. Wie die geschilderten Szenen mit Fritz zeigten, mußte er sich damals derart bedroht und gekränkt gefühlt haben, daß er jedesmal, wenn er sich in einer Situation befand, die dieser ursprünglichen auch nur annähernd entsprach, außer Fassung geriet.

Wie wir vermuten, durfte und konnte er zu Hause seine Gefühle nicht mit der gleichen Heftigkeit und Deutlichkeit ausdrücken wie jetzt im Kindergarten. Er hätte riskiert, sich einem noch größeren Verlust an Beachtung und Zuwendung auszusetzen. Da war es schon besser – wie auch bei dem Rollenspiel zunächst –, Bauchschmerzen zu bekommen. Vielleicht kümmerte sich dann einer um ihn.

Die Schwierigkeiten von Fritz bekamen noch dadurch einen besonderen Akzent, daß die Großfamilie ein Geschäft betrieb – Bäckerei / Konditorei und Café – und im Dorf einen nicht ganz leichten Stand hatte. Aus Angst um das Ansehen bei den Kunden wurde Fritz – vor allem vom Vater – im Beisein anderer barsch zurechtgewiesen, um zu demonstrieren, wie er auf gutes Benehmen seiner Kinder achtete. Andererseits geriet Fritz mit seinen Reaktionen in die Rolle des Sündenbocks. Sein schlechtes Benehmen wurde als Grund gesehen, wenn sich die Zahl der Kunden von Bäckerei und Café verringerten. So geriet Fritz in einen »Teufelskreis«. Weil er auf seine erlebte Zurückweisung aggressiv reagierte, wurde er beschuldigt und bestraft. Weil er zum Sündenbock gestempelt, abgelehnt und zurückgewiesen wurde, erhöhte sich seine Reizbarkeit.

Mit erworbener Einsicht und Verständnis konnte Fritz von seinen Erzieherinnen zwar unterstützt werden, mit seinen Belastungen und Kränkungen besser fertig zu werden. Aber das dürfte kaum ausreichen. Auch hier hatten die Eltern aus Angst vor Prestigeverlust in der kleinen Gemeinde Hemmungen, eine Beratungsstelle in Anspruch zu nehmen.

Das legt wiederum nahe, nach neuen Formen der Zusammenarbeit des Kindergartens mit Beratern und Psychotherapeuten zu suchen. Wir werden darauf noch zurückkommen. Ein wichtiger Punkt scheint uns zu sein, daß sich die Erzieherinnen im Kindergarten nicht als die besseren Mütter fühlen, sondern als »Dritte« Hilfestellungen bieten und auch einmal zwischen einem Kind und seinen Eltern vermitteln können. Das gelingt dann, wenn sie sich mit den Belastungen der Kinder *und* der Eltern identifizieren können.

6. Christian – im Widerspruch zwischen der Suche nach Glück
    in der Zweisamkeit und dem Streben
    nach neuer Selbständigkeit mit Hilfe des »Dritten«

Christian war zu Beginn unserer Beobachtung bereits fünfeinhalb Jahre alt. Wir lernten ihn als großgewachsenen, zarten und blaß wirkenden Jungen kennen, den wir gelegentlich lebhaft spielen sahen. Vorwiegend erlebten wir ihn jedoch als ein Kind, das sich von anderen isolierte. Für ihn endete der Tag im Kindergarten oft damit, daß er den Schlußkreis oder ein gemeinsames Spiel verließ, um sich zurückzuziehen. Häufig lag er inmitten eines Spiel- oder Gesprächskreises auf dem Boden oder verkroch sich unter Matratzen und Decken wie in eine Höhle. Dabei wirkte er auf uns wie verloren. Die Erzieherinnen konnten meist nur ratlos zusehen. Sie fanden keine Gelegenheit, ihn in einer solchen Situation anzusprechen. Wurde von ihm verlangt, wie andere Kinder mitzuspielen, kam es stets zu heftigen Auseinandersetzungen, bei denen Christian zum Mittelpunkt des Gruppengeschehens wurde. Er geriet in die Rolle des »negativen Helden«, der unter den anderen Kindern oft Nachahmer fand.

Eltern, die ihre Kinder abholten – unter ihnen auch Christians Mutter –, wurden häufig Zeugen solcher Vorfälle. Dabei wirkte Christians Mutter ebenso hilflos und von den anderen isoliert wie er. Sie äußerte dann resigniert die Absicht, Christian aus dem Kindergarten zu nehmen. Diese Drohung verstärkte wiederum die Hilflosigkeit der Erzieherinnen Christian gegenüber und veranlaßte sie, seine Schwierigkeiten möglichst zu ignorieren. So konnten sie die Konfrontation sowohl mit ihm als auch mit seiner Mutter vermeiden.

Seine Gruppenleiterin bemühte sich, dem Problem zu begegnen, indem sie ihn stärker in gemeinsame Tätigkeiten einzubeziehen versuchte. In solchen von ihr organisierten und beherrschten Situationen konnte sich Christian durchaus ansprechbar und zufrieden zeigen, wenn er dabei Zuwendung und die volle Aufmerksamkeit der Erzieherin für sich allein erfuhr. Dabei brauchte er auch deren körperliche Nähe. Wurde ihm das gewährt, konnte er sich gut in die Kindergruppe einfügen. Seine Gruppenleiterin erlebte ihn dann als ein sympathisches, geschicktes und phantasiebegabtes Kind.

Christian und sein Elternhaus

Einige Informationen über Christians Familie und seine Stellung in ihr ließen uns seine psychosoziale Situation sowie seine Verhaltensweisen und seine sich damit ausdrückende Befindlichkeit besser verstehen.

Über seine Beziehung zum Vater wurde im Kindergarten wenig bekannt. Die Erzieherinnen wußten nur, daß er selbständig ein kleines Unternehmen führte, häufig auswärts zu tun hatte und abends meist spät nach Hause kam. Die Familie war in Christians viertem Lebensjahr in dieses Dorf gezogen. Die bewohnte ein abseits davon gelegenes Anwesen. Neben dem Betrieb des Vaters war die Familie mit gewerbsmäßiger Tierhaltung beschäftigt, um die sich wegen der häufigen Abwesenheit des Vaters vorwiegend die Mutter kümmern mußte. Schon die äußeren Bedingungen – Lage der Wohnung, Status in der Gemeinde als Zugezogene und hohe Arbeitsbelastung beider Eltern – trugen zur Isolation der Familie von den übrigen Anwohnern bei. Hinzu kam, daß die Eltern große Anstrengungen unternahmen, wirtschaftlich voranzukommen. Das ging offensichtlich auf Kosten gemeinsamer Freizeit zusammen mit Christian und der Befriedigung emotionaler Bedürfnisse.

Der Vater war infolge seiner Beanspruchung und seiner häufigen Abwesenheit von der Familie für Christian wenig präsent. Die Mutter wirkte durch Arbeit und Verantwortung überfordert und wurde von den Erzieherinnen als zwar freundlich, aber hilflos und unzufrieden wahrgenommen. Obwohl Christian gern den Kindergarten besuchte, mußte er nachmittags bei ihr bleiben, um ihr Gesellschaft zu leisten. Bei den Erzieherinnen erweckte die Mutter den Eindruck, daß sie infolge ihrer Arbeitsbelastung und bei ihrer psychischen Verfassung wenig einfühlsame und herzliche Zuwendung für Christian aufbringen konnte, während sie ihn selbst zum Ausgleich ihrer mangelnden emotionalen Befriedigung in der Beziehung zu ihrem Mann brauchte.

Wir erfuhren, daß Christian oft bis zur Rückkehr des Vaters etwa um Mitternacht bei der Mutter im Bett blieb, dann aber abrupt von ihm in sein Zimmer verwiesen wurde. Er soll darauf mit rasender Wut reagiert und in seinem Zimmer mit Gegenständen geworfen haben. Die Eltern müssen selbst solch einen umfassenden Anspruch aneinander gehabt haben, daß sie ihm keine Gelegenheit geben konnten, zu ihnen beiden gleichzeitig in Beziehung zu treten. Es durfte in der Familie anscheinend immer nur eine Zweierbeziehung geben, während der »Dritte« ausgeschlossen, »Triangulierung« vermieden werden mußte.

Die für ihn unerfüllte Beziehung zu seiner Mutter und die Festlegung auf eine Zweierbeziehung, aus der ihn kein Dritter – der Vater – herauslösen konnte, ließen Christian auf dem so nur schwer überwindbaren frühkindlichen Anspruch an »symbiotische« Zweisamkeit fixiert bleiben. Diesen Anspruch brachte er auch in den Kindergarten ein und konnte ihn bis zum Schulalter nicht aufgeben. Das bedeutete eine nicht zu überschätzende Gefährdung seiner psychischen Entwicklung. Die Eltern konnten offenbar nicht wahrnehmen, welche tiefe seelische Verletzung es für das Kind mit sich brachte, wenn es bei der nächtlichen Rückkehr des Vaters gewaltsam von der Mutter losgerissen und in sein Zimmer verbannt wurde, nachdem ihn die Mutter bis zu diesem Zeitpunkt gleichsam als Ersatzpartner brauchte.

Christian im Kindergarten

Diese Informationen über die Familiendynamik und über die psychische Belastung des Kindes halfen uns, besser zu verstehen, was Christian mit seinem nur schwer zu ertragenden Verhalten im Kindergarten zum Ausdruck brachte, wie er den Kindergarten zu nutzen versuchte, um einen Ausgleich für seine unerfüllte Sehnsucht und Gelegenheit zur

Neuinszenierung überwältigender Erfahrungen in seiner Familie zu finden. So genoß es Christian, als ihm allein von einer Erzieherin aus einem Bilderbuch vorgelesen wurde. Als andere Kinder auch zuhören wollten, schrie er sofort vor Wut auf. Zusammen mit einem anderen Kind baute er einmal eine Höhle. Als sich andere als Spielgefährten beteiligen wollten, fing er an zu schreien, zu schlagen und mit Gegenständen um sich zu werfen. Ähnlich verhielt es sich, als zwischen Christian und einem neu aufgenommenen jüngeren, lebhaften und charmanten Jungen eine Freundschaft entstanden war. Beide tollten ausgelassen miteinander herum, und der jüngere zeigte sich Christian gegenüber anhänglich. Als dieser Junge dann auch mit anderen Kindern Kontakt aufnahm, fiel Christian in seine frühere Isolierung zurück.

Kontakte zwischen älteren und jüngeren Kindern wurden damals von der Jahrespraktikantin als »didaktische Einheit« zu dem Thema »große und kleine Kinder« – als Aufgabe im Rahmen ihrer Ausbildung – gefördert. Als diese dann im Sinne ihres Auftrags mit den Kindern über die von ihr arrangierten »Patenschaften« sprechen und die Kinder nach den dabei entstandenen Freundschaften fragen wollte, wurde Christian immer unruhiger, bis er sich plötzlich voller Verzweiflung hinfallen ließ und mit dem Kopf auf den Boden schlug. Die Jahrespraktikantin war entsetzt über die von ihr nicht voraussehbare Reaktion Christians auf das ihr so wichtige »Nachgespräch« zu dieser »didaktischen Einheit«.

Warum kam es zu diesem vehementen Ausbruch Christians? Wir vermuteten, daß er bei dieser Befragung zum einen an die Enttäuschung erinnert wurde, die er erlebte, als sich sein gerade gewonnener junger Freund auch anderen Kindern zuwandte und ihm in seinen Augen »untreu« wurde. Dabei sahen wir wieder das Muster der häuslichen Situation, wenn sich die Mutter von ihm ab und dem Vater zuwandte und dieser dann die Mutter ausschließlich für sich beanspruchte, er selbst buchstäblich ausgeschlossen wurde. Zum anderen dürfte ihn in diesem Augenblick »gekränkt« haben, daß die sonst als einfühlsam erlebte Jahrespraktikantin in der Situation, in der sie die ihr aufgetragene Aufgabe erfüllen wollte, weniger auf ihn und sein momentanes Interesse und das der anderen Kinder eingestellt war als auf ihr »Programm«. Wahrscheinlich fühlte er sich hier von der Betreuerin ähnlich enttäuscht wie von seiner mit ihren Aufgaben überforderten Mutter, die ihn als Person dabei nicht nur zu übersehen schien, sondern ihn auch noch für ihre eigene Stabilisierung brauchte.[1]

---

1 An diesem Beispiel wird deutlich, wie ein falsch verstandener, das heißt dann lediglich auf äußere Sachverhalte bezogener »situativer Ansatz« an den Bedürfnissen der Kinder vorbeigehen

Christians Gruppenleiterin erinnerte sich an sein seit seiner Aufnahme in den Kindergarten im Alter von vier Jahren gezeigtes Verhalten. Am Anfang habe er fast nur unter dem Tisch gelegen. Dennoch war es ihm gelungen, sie für sich zu gewinnen. Bei ihrem christlich geprägten Berufsideal fühlte sie sich geradezu herausgefordert, Christian mit seinen Schwierigkeiten nicht nur zu ertragen, sondern ihn anderen gegenüber auch zu verteidigen. Was Christian ihr in der Beziehung entgegenbrachte, hatte sie offenbar als einen Appell an ihre Mütterlichkeit erlebt. Als ihm einmal in ihrem Beisein von Eltern anderer Kinder sein unerträgliches Verhalten vorgeworfen worden sei, habe sie (dem Bericht einer Kollegin nach) »vor dem Christian gestanden wie eine wilde Glucke«.

Die Gruppenleiterin erkannte allmählich selbst, wie sie immer mehr eine Beschützerrolle für Christian übernahm und dabei ihre berufliche Distanz verlor. Sie beschützte ihn auch seiner Mutter gegenüber, wenn diese ungehalten über ihn war. Sie spürte das Bedürfnis, ihr mittags beim Abholen des Jungen mitzuteilen, daß er »heute wieder lieb« gewesen sei. Mit Hilfe unserer Beratung merkte sie, wie sie dabei »erpreßbar« wurde und sich die Verantwortung für Christians Schwierigkeiten aufbürden ließ, zum Beispiel als die Mutter drohte, ihn abzumelden. Es wurde ihr bewußt, wie Christian sie als gute und kompetente Erzieherin entwerten konnte, indem er sich beispielsweise vor den Augen aller Kinder und Eltern wütend auf den Boden warf und sich unter Matratzen vergrub, während sie dabei das Gefühl hatte, hier als Erzieherin zu versagen. An diesen – wie wir das in der Psychoanalyse nennen – »Gegenübertragungsreaktionen« seiner Gruppenleiterin wurde deutlich, was Christian bei ihr unbewußt auslöste und mit ihr zu inszenieren versuchte.

Die Erzieherin erlebte ihn auch als »Unruheherd der Gruppe«, der »den Kasper« spielte oder »ein Programm« abwickelte. Unter ihrem Einfluß vermittelte Christian bisweilen ein bis zwei Wochen lang den Eindruck, als habe er sich beruhigt und sei in die Gruppe integriert, bis er dieses Bild wieder durch einen heftigen Wutausbruch zerstörte. Sie erlebte, wie Christian eine schöne harmonische Situation mit ihr immer wieder durchkreuzte und sie provozierte, ihn nicht mehr zu behalten und wegzustoßen. Wenn er das erreicht hatte, reagierte er mit heftiger Wut. Hier sehen wir deutlich, wie er im Kindergarten immer wieder »inszenieren« mußte, was den beschriebenen, von ihm als kränkend

kann. Wichtig ist hier, die aktuelle Befindlichkeit und die Interessen der Kinder wahrzunehmen, zu verstehen und zu berücksichtigen, wie bestimmte Inhalte Belastungen und Konfliktneigungen aktualisieren können.

und überwältigend erlebten nächtlichen Situationen zu Hause entspricht.

Die Betreuerin, die Christians Verhalten (noch) nicht verstand, meinte, er wolle sie »austricksen« oder »boykottieren«. Das brachte sie dazu, seine Aktivitäten mehr zu steuern und ihn von anderen Kindern mehr zu isolieren. Aber damit wurde das Problem des Kindes keineswegs gelöst. Es wurde eher größer, zumal sich nun Mutter wie Erzieherin als versagend erlebten und sich wechselseitig die Schuld an Christians ständigen Störungen des Gruppenlebens zuwiesen. Und dennoch wurde in einer Situation schlagartig deutlich, was Christian über alle Widersprüche seines Verhaltens hinweg anstrebte und wie das erreicht werden könnte. Doch lag dieses Ziel außerhalb der Möglichkeiten des Kindergartens, zumal seine Einschulung bevorstand. Wir beziehen uns dabei auf folgenden wörtlichen Bericht der teilnehmenden Beobachterin.

»Während des mittäglichen Abschlußkreises aller Kinder mußte Christian mehrmals in der Abwesenheit seiner Gruppenleiterin von den Erzieherinnen ermahnt werden. Die nahe bei ihm stehende Praktikantin nahm ihn, als die Ermahnungen erfolglos blieben, fest an die Hand, um ihn so zu disziplinieren. Doch Christian warf sich auf den Boden in der Mitte des Kreises, den die Kindergruppe gebildet hatte. Hilfesuchend schaute die Praktikantin die Beobachterin an und zuckte mit den Achseln. Die Beobachterin fühlte sich angesprochen, verständigte sich mit der Erzieherin und hob Christian mit beiden Armen auf, drückte ihn an sich und ging mit ihm aus dem Kreis heraus in einen Gruppenraum. Währenddessen sprach sie zu ihm: ›Ich halte dich jetzt so fest, wie man ein kleines Baby festhalten muß, bis das Baby groß genug ist, um alleine sein zu können.‹ Christian hielt zunächst ganz still und antwortete nach einer Weile: ›Groß.‹ Die Beobachterin setzte ihn ab, blieb mit ihm noch eine Weile sitzen, und beide gingen danach zurück zu den anderen. ›Unauffällig‹ endete dieser Kindergartentag für Christian.«

Hier zeigte sich, wie Christian, als er sich von der Beobachterin verstanden fühlte und bei ihr »auftanken« konnte, sich wenigstens vorübergehend altersentsprechend verhielt. Doch diese Unterstützung konnte hier nur von einer außenstehenden, in die Spannungen nicht verstrickte Person – und leider nur situativ – gegeben werden. Gelang es auch sonst über gemeinsame Überlegungen zwischen Erzieherinnen und teilnehmenden Beobachtern – wie die anderen Fallstudien zeigen – Lösungen von Beziehungsproblemen, wie sie Kinder im Kindergarten inszenieren, anzubahnen, so blieben die Erzieherinnen – vor allem die Gruppenleiterin – und Christian durch die Stärke der Bedrängnis, in der sich das Kind befand, und die Intensität, mit der er diese in den Kindergarten einbrachte, so miteinander verstrickt, daß kein Ausweg mehr gefunden werden konnte. Es traten Ereignisse ein, durch die sich die für das Kind außerordentlich belastenden innerfamiliären Erfahrungen im Kindergarten »traumatisch« wiederholten: Bald nach dem Beginn der Schwangerschaft seiner Mutter wurde auch seine Gruppenleiterin schwanger. Danach schlug er einmal der Beobachterin ganz unvermittelt heftig in den Bauch. Nachdem sie vor Schmerz aufgeschrien hatte, stellte ihr Christian die Frage: »Kriegst du auch ein Kind?« Die Beobachterin verstand, was die ängstliche Frage des Kindes beinhaltete und daß der Schlag, den sie erhalten hatte, nicht ihr, sondern einer der schwangeren Bezugspersonen galt, weil er wütend war, wieder der ausgeschlossene Dritte zu sein. Sie antwortete ihm ruhig: »Nein, denn nicht alle Frauen kriegen jetzt ein Kind.«

In der Tat zogen sich sowohl seine Mutter als auch seine Betreuerin mit der Schwangerschaft aus der engen Beziehung zu ihm zurück. Das war es ja auch, worauf er reagierte. In der Schilderung einer Szenenfolge durch die Beobachterin wird deutlich, wie schwer es der Erzieherin wurde, sich in bezug auf die Schwangerschaft einfühlsam auf Christian einzustellen:

»Der Beobachter spielt mit einer laut tobenden Gruppe von Jungen im Puppenhaus. Zum erstenmal erleben wir auch Christian in dieser Gruppe. Christian und ein lebhafter, aggressiver Junge geraten in Konflikt miteinander. Christian erhält einen Schlag von ihm auf die Nase und bekommt sehr starkes Nasenbluten. Alle Kinder sind sehr erschrocken. Später versuche ich (die Beobachterin), den Kindern zu helfen, ihr Erlebnis zu verarbeiten. Christian liegt währenddessen mit blutender Nase in einem Nebenraum auf dem Sofa. Zu uns kommt die Gruppenleiterin. Sie erzählt mir völlig unvermittelt, Christian bekomme im Sommer ein Geschwister. Ich bin entsetzt über die wenig einfühlend vorgebrachte Mitteilung, die die augenblickliche Verfassung des Kindes völlig ignoriert.«

Auch andere Beobachtungen von Christian wurden in dieser Zeit festgehalten, zum Beispiel wie er sich provozierend verhielt, wie er mit Füßen auf Büchern herumtrampelte, indem er sich auf ein kleines Puppenhaus warf, als wollte er es zerstören. Es tauchte ebenso das Thema Sexualität auf, wohl auch als Reaktion auf die Schwangerschaft seiner Mutter und seiner Erzieherin. Dabei kamen die bei ihm mobilisierten Ängste vor dem Verlust der Zweisamkeit zum Ausdruck. So lachte er einen Jungen wegen der Gestalt und der Kleinheit seines Genitale aus. Die Beobachterin notierte auch folgende Szene:

»Christian ist für mich heute kaum ansprechbar. Er erscheint mir besonders blaß, müde und zurückgezogen. Gegen Ende des Vormittags wirft er sich immer häufiger auf den Boden und liegt während des Kreisspiels inmitten der Gruppe. Er rutscht mit dem Kopf in meine Nähe, und ich frage ihn, ob er mir unter meinen Rock schauen wolle. Ich bin aber unsicher, ob es sich um ein sexuelles Interesse oder um eine symbolische Suche nach Geborgenheit und regressiven Rückzug handelt.«

Aus dem, was Christian in dieser Zeit in der beschriebenen Weise zum Ausdruck brachte, ist zu erahnen, was ihn damals existentiell bewegt haben mag. Er mußte auf Büchern, die ihm in der Beziehung zu seiner Gruppenleiterin so viel bedeuteten, herumtrampeln und voller Wut ein Puppenhaus zerstören, vielleicht entsprechend dem, wie er selbst seine Situation in der Familie wie auch im Kindergarten mit der schwangeren Mutter und der schwangeren Erzieherin erlebte, nämlich, daß das bergende Haus zerstört wurde. Es drohte ja auch das Ende der Kindergartenzeit. Und was suchte er unter dem Rock der Beobachterin? Erhoffte er sich hier, die vermißte Geborgenheit wiederzufinden, so als ob er in den Schoß einer Frau zurückkriechen könnte? Oder erwachte bei ihm ihr gegenüber ein aufkommendes – aber mit Sanktionen bedrohtes – männliches, »ödipales« Interesse? Aber mußte er sich in seiner Situation nicht schwach und hilflos fühlen und seine eigene Unterlegenheit beim Vergleich mit dem Vater kompensieren, indem er sich über das kleine Genitale eines anderen Jungen lustig machte? Wir finden kaum Hinweise darauf, wie er sich mit seinem Vater identifizierte und ihm gegenüber sein Interesse an der Mutter zu behaupten versuchte. Oder war die Balgerei mit dem aggressiven Jungen im »Puppenhaus« stellvertretend für eine solche »ödipale« Auseinandersetzung mit dem Vater? Doch das Kräftemessen mit dem anderen Jungen endete mit heftigem Nasenbluten.

Wir wissen nicht, ob er das als Strafe, als – verschobene – »Kastration« für entsprechende Phantasien erlebte, auch nicht, welche Kränkung es für ihn gewesen sein mag, als ausgerechnet in dieser Situation seine Gruppenleiterin über seinen Kopf hinweg über die Schwangerschaft seiner Mutter sprach. Das geäußerte Entsetzen der sich in das Kind einfühlenden Beobachterin könnte eine Resonanz sein von dem, was Christian in der Situation erlebte.

Jedenfalls dürfte das alles nicht zur Bewältigung seiner schweren psychischen Probleme, zur guten Beendigung seines Aufenthaltes im Kindergarten und zu einem gelungenen Start in die Schule beigetragen haben. Wie wir erfuhren, kam es dort auch – wie zu erwarten – zu großen Schwierigkeiten. In einem Gespräch mit dem Schulleiter bedauerte es eine Erzieherin des Kindergartens, daß ihnen die Probleme

Christians und seine psychische Verfassung erst nach seinem Wechsel in die Schule wirklich deutlich geworden seien; sie hätten ihm auch nicht so weiterhelfen können, wie er es gebraucht hätte. Von einer ehemaligen Kollegin hörten die Erzieherinnen, wie diese entsetzt miterlebte, als Christian völlig außer sich mit seinem Fahrrad in eine Viehherde raste und dort eine Panik auslöste, so daß er in Gefahr geriet, schwer verletzt zu werden.

Die Erzieherinnen erfuhren außerdem, daß Christian wohl im Zusammenhang mit einem Konflikt zu Hause auf dem Anwesen der Eltern einen Lastwagen erklettert und voller Verzweiflung gedroht hatte, sich von dort herunterzustürzen!

Erst zu diesem Zeitpunkt konnte sich die Gruppe der Erzieherinnen erlauben, gründlicher über Christian und seine Schwierigkeiten nachzudenken. Sie waren sehr traurig über seine nicht gelungene Entwicklung und glaubten, versagt zu haben. Sie hätten zwar bemerkt, daß Christian und seine Gruppenleiterin ein enges, ja fast geschlossenes System innerhalb des Kindergartens gebildet hätten. Doch hätten sie nicht gewußt, wie sie das hätten zur Sprache bringen können. Sie begriffen nun, wie es während den bei Mutter und Gruppenleiterin gleichzeitig eingetretenen Schwangerschaften notwendig gewesen wäre, daß ein vermittelnder und grenzsetzender »Dritter« geholfen hätte, diese Verstrickung zu lösen. Es blieb auch unbearbeitet, wie weit die Kindergruppe an den Phantasien über die Schwangerschaft und an dem bei Christian deutlich gewordenen Konflikt zwischen dessen frühkindlichen Anspruch und seiner zwar ersehnten aber ängstlich gemiedenen Verselbständigung beteiligt war.

Gerade am Beispiel der in den Kindergarten eingebrachten existentiellen Krise Christians wurde deutlich, mit welch schweren, für Gegenwart und Zukunft von Kindern höchst bedeutsamen Problemen diese Institution im Alltag konfrontiert wird und daß sie oft nicht in der Lage ist, die Kinder und deren Eltern bei ihrer Lösung zu unterstützen oder doch mit Hilfe anderer Institutionen – wie zum Beispiel Erziehungsberatungsstellen – eine Lösung anzubahnen und dabei mitzuwirken. Wie der Bericht über die weitere Entwicklung des Jungen zeigte, war er erheblich gefährdet, nicht mit den schweren Belastungen seiner frühen Kindheit fertig zu werden und hinsichtlich altersgemäßer Entfaltung und künftiger Lebensmeisterung zu scheitern, wenn ihm und seiner Familie nicht nachhaltige Unterstützung durch kompetente Fachleute geboten werden kann.

Wie aus unserer Darstellung zu erkennen ist, kann der Kindergarten dabei zwar mitwirken, allein ist er aber mit einer solchen Aufgabe völlig überfordert, zumal Ereignisse wie die gleichzeitige Schwangerschaft seiner Mutter und seiner Hauptbezugsperson im Kindergarten wie auch eine affektive Verstrickung zwischen einem so gestörten Kind und seiner Erzieherin unvermeidlich sind. Es kann daher auch nicht von »Versagen« die Rede sein. Hier ist jedenfalls die rechtzeitige Klärung durch einen mit der Bearbeitung von Beziehungsproblemen vertrauten »Dritten« notwendig, während das Kind und seine Familie zudem psychotherapeutische Unterstützung brauchen.

7. Christoph: Der Seeräuberkapitän oder »Alarmstufe rot!«

Als wir Christoph kennenlernten, war er bereits fünf Jahre und acht Monate alt. Er war verhältnismäßig klein, aber körperlich kräftig. In seinen wilden Spielen genoß er es, andere Kinder und auch den Beobachter in seine »Gewalt« zu bringen und zu quälen. Er ertrug es kaum, im freien Spiel nicht als »Kapitän«, als Anführer zu fungieren. In Spiele, an denen er nicht beteiligt war, mußte er eindringen, sie stören oder gar zerstören. Das brachte ihm verständlicherweise Ablehnung von Erwachsenen und Kameraden ein. Er wurde schließlich in der Gruppe als untragbar erlebt. Uns wurde er als »typisches Kind mit aggressiven Verhaltensstörungen« von den Erzieherinnen vorgestellt.

Hier eine Spielszene, die ein Beispiel dieser »aggressiven Verhaltensstörungen« gibt:

Der männliche Beobachter war zum erstenmal in der Kindergruppe. In dem Moment, als Christoph ihn zu Gesicht bekam, rief er laut: »Alarmstufe rot! Alarmstufe rot!...« und begann als Spielführer mit vier anderen Kindern und dem Beobachter ein wildes und abenteuerliches Spiel: Die fingen ihren großen Spielgefährten ein und begannen, ihn mit dem am »Galgen« befestigten Seil zu fesseln. (Der »Galgen« war ein Spielgerät, das aussah wie der Ladebaum eines Frachters.)

Hierzu schrieb der Beobachter in seinem Bericht: »Verschiedene Befreiungsversuche meinerseits scheiterten. Karl, der nur dabeistand, hatte augenscheinlich Angst um mich. Irgendwann gab er mir ein kleines Plastikmesser, womit ich mich losschneiden sollte. Nachdem ich mich von meinen Fesseln befreien konnte, begann eine Verfolgungsjagd quer über das Gelände des Kindergartens. Ich wurde dann eingefangen und in einer der kleinen Holzhütten, die als Gefängnis diente, interniert. Christoph wurde mein Bewacher. Es fiel ihm sehr schwer, die Grenze zwischen Phantasie und Realität, zwischen Spiel und ›Ernst‹ zu halten. Im Spiel fühlte sich Christoph mir gegenüber als Gefangenem so mächtig, daß er begann, mir weh zu tun und mich auch mit Sand zu bewerfen. Er ist in solchen Situationen kaum zu bändigen.

(Schon mehrfach in diesem Spiel versuchte er Situationen zu provozieren, in denen ich ihm massiv Grenzen setzen, ihm also meine Stärke und Gefährlichkeit demonstrieren sollte.) ... Während des Spieles hörte ich die Gruppenleiterin rufen: ›Wir wollen wieder hineingehen!‹ Daraufhin floh ich aus meinem Gefängnis und stürmte in Begleitung der an unserem wilden Spiel beteiligten Kinder zurück in das Gebäude des Kindergartens. Dort befanden sich die anderen Kinder schon im Turnraum. Frau Berger wollte mit ihnen ein Sing- und Tanzspiel durchführen.«

Der Beobachter begab sich ebenfalls in den Spielkreis, an seiner Hand hielt er Christoph. Christoph mochte an diesem ruhigen, eher harmonisierenden Spiel nicht teilnehmen. Er verließ den Kreis, wandte sich ab und wurde wütend. »Er forderte mich mehrfach vehement auf, ihm etwas zu trinken zu holen. Meinen Wunsch, doch das Ende des Spieles abzuwarten, beantwortete er damit, daß er seinen Befehl nur verstärkt und trotziger wiederholte.«

Die Interaktion zwischen Beobachter und Christoph begann zunehmend zu eskalieren. Glücklicherweise fiel ihm eine Intervention ein, die Christoph kurzfristig beruhigte. Dabei griff der Beobachter eine Bemerkung Christophs im vorherigen Spiel auf, in der er darauf bestanden hatte, als Seeräuberkapitän angesprochen zu werden. Der Beobachter gab Christoph nun zu bedenken, daß es wohl für einen echten Seeräuberkapitän ein leichtes sei, zehn Minuten auszukommen, ohne zu trinken.

In diesen beiden Interaktionssequenzen wurden bereits zwei typische Konfliktkonstellationen im Umgang mit Christoph deutlich:

Christoph reizte und »quälte« (wie in der ersten Spielsequenz den Beobachter) die anderen Kinder und seine Erzieherinnen so, daß diese massiv gegen ihn vorgingen, daß sie den Impuls verspürten, »zurückzuschlagen«.

Die zweite Szene im Spielkreis zeigte Christophs »Machtansprüche«, seine Versuche, über andere diktatorisch zu verfügen, ohne deren Bedürfnisse berücksichtigen zu können.

Beide Konfliktbereiche waren im alltäglichen Umgang mit Christoph geeignet, beim jeweiligen Gegenüber Gefühle des Mißachtet-Werdens und reaktiv massive Wut auszulösen.

Besonders bei nicht angeleiteten, freien Spielen war Christoph gefährdet, die Rolle des »typisch aggressiv-verhaltensgestörten« Kindes zu übernehmen. Bei diesen Spielen der Kinder wollte Christoph unbedingt dominieren. Er ertrug es kaum, nicht der Spielführer, der »Kapitän« zu sein. Er beteiligte sich aber auch gern an Beschäftigungen mit festem Ablauf, wie an Regel- und Tanzspielen. Feste Regeln bildeten für ihn einen gewissen Schutz gegen Aggressionsdurchbrüche, weil die durch das Spiel gesetzten Grenzen in gewissem Umfang die brüchigen inneren Grenzen stabilisieren konnten. Bei diesen Spielen wurde er seltener in Versuchung geführt, zum Beispiel die jüngeren und kleineren Kinder zu unterdrücken.

Wenn Christoph nicht im obigen Sinne durch einen äußeren Halt gestützt wurde, neigte er dazu, die Spiele und Beschäftigungen der anderen Kinder massiv zu stören. Er nahm ihnen Spielsachen weg oder brach gewaltsam in ihre Spiele ein, wie etwa im folgenden Vorfall: Die Erzieherin legte gemeinsam mit einer Kindergruppe ein Puzzle zusammen. Christoph streifte zunächst um die Gruppe herum, dann rannte er plötzlich über das entstehende Puzzle hinweg und zerstörte es dabei.

Situationen, in denen er sich ausgeschlossen fühlte, konnte er kaum ertragen. Christoph verfügte dann nicht über ausreichende Frustrationstoleranz, um sich in sozial akzeptabler Form zu beteiligen. Er inszenierte scheinbar jene Erfahrung, vor der er große Angst hatte: wirklich ausgeschlossen zu werden. Unbewußt provozierte er Ablehnung im Kindergarten. So wurde Christoph in der Gruppe eins zum Außenseiter, und in der Gruppe zwei – zu der er zum Zeitpunkt unserer Beobachtung seit drei Monaten gehörte – zeichneten sich die nämliche Rollenzuschreibung und -übernahme ab.

Aber was veranlaßte Christoph, seine Beziehungen im Kindergarten so zu gestalten, daß er letztendlich abgelehnt wurde, daß die Erzieherinnen ohnmächtig wütend wurden oder daß die Kinder ihn mieden? Vielleicht finden wir in der häuslichen Situation einen Fingerzeig dafür, Christoph besser zu verstehen. Er selbst wußte ja auch nicht, warum ihm das alles widerfuhr.

Christoph war ein Einzelkind. Seine Eltern mußten schon sehr früh heiraten, weil die damals siebzehnjährige Mutter mit Christoph schwanger war. Die Kernfamilie lebte zusammen mit den Eltern des Vaters in einem Haus. Hier hatten Christophs Eltern keine eigene Wohnung, sondern nur ein eigenes Schlafzimmer. Der Vater arbeitete im Schichtdienst. Wenn er Nachtschicht hatte, schlief Christoph mit der Mutter im Ehebett.

Vom Vater und Großvater wurde berichtet, daß beide vorwiegend im Befehlston mit Christoph umgingen: »Tu' dies, tu' jenes, laß dies sein« usw. Nach Aussagen der Erzieherinnen soll Christoph von seinem Vater auch öfters geschlagen worden sein.

Früher hatte die Mutter mit Heimarbeit zum Familieneinkommen beigetragen, im Beobachtungszeitraum war sie jedoch ausschließlich Hausfrau. Die Familie lebte außerhalb des Ortes in einer kleinen Ansiedlung mit schlechten Verkehrsverbindungen. Nur morgens und abends verkehrte ein Omnibus von und zur nächstgelegenen Kreisstadt. Da der Vater mit dem Auto zur Arbeit fuhr, konnte sich die Mutter auch kaum aus dem Haus entfernen. Frau Prinz war der Meinung, Christophs Mutter sei völlig auf ihren Mann angewiesen.

Christoph, der Beobachter und der Vater

Christoph hatte scheinbar eine konfliktträchtige Beziehung zu seinem Vater. Anlaß für diese Vermutung waren für uns zunächst Beziehungsverläufe zwischen Christoph und dem männlichen Beobachter, wie sie auch oben beschrieben wurden. Einerseits war Christoph – wie berichtet – ein Junge, der leicht den Impuls auslöste »zurückzuschlagen«, andererseits neigte er aber auch dazu, den männlichen Beobachter in die Rolle eines »besseren« Vaters, eines »Gegenvaters« zu drängen. Dieser erschien dann im Sinne der Wunscherfüllung idealisiert: duldsam, aber doch zu wilden und aggressiven Spielen bereit, ohne – trotz beständiger Erprobung – Christoph weh zu tun. In solchen Szenen war Christoph über längere Zeit hinweg in der Lage, zum Beispiel zu basteln oder zu bauen. Auch konnte er dann zulassen, daß andere Kinder gleichberechtigt an diesen »Vater-Sohn-Spielen« teilhatten. Die Vermutung lag nahe, daß Christoph hier zeigte, was er vielleicht bei seinem wirklichen Vater vermißte.

In der nachfolgenden Szene ließ Christoph seinen Vater mit dem »Gegen-Vater« zusammentreffen: Anlaß für die Anwesenheit von Christophs Vater und anderer Eltern im Kindergarten war ein Besuch der Amtsärztin. Die Eltern befanden sich jedoch nicht in den Gruppenräumen, sondern saßen im Erzieherzimmer, von dem sie auch direkten Zugang zum Vorraum (einer großen Freifläche) hatten. Die Beobachter waren nicht über die Anwesenheit von Christophs Vater informiert. Im Bericht des Beobachters war zu lesen:

»Am Vormittag mußte ich für mehrere Jungen, unter anderem für Christoph und Andreas, Papierflugzeuge falten. Da die beiden diese in den Gruppenräumen nicht gut fliegen lassen konnten, gingen sie – mit Erlaubnis der Erzieherin – in den Vorraum des Kindergartens. Dort war auch ein Vater zugegen. (Wie sich später herausstellen sollte: Christophs Vater.) Dieser stand in einer Ecke des Vorraums, nahm aber an dem Spiel der Kinder nicht teil. Einem zufälligen Besucher wäre nicht klargeworden, daß es sich hier um Christophs Vater handelte. Während des Spiels draußen wurde ich von Christoph aus dem Gruppenraum geholt. Sein Flieger hatte sich an der Decke verheddert, und ich sollte ihn für ihn herunterholen.«

Nachdem der Beobachter dem Wunsch entsprochen hatte, kehrte er wieder in den Gruppenraum zurück. Kurze Zeit später kam auch Christoph, der gerade noch ausgelassen und vergnügt war, in gereizter Stimmung in den Gruppenraum, schlug auf andere Kinder ein und wirbelte alles durcheinander.

Was in der Zwischenzeit draußen im Vorraum vorgefallen war, erlebte zufällig die Beobachterin. Im Spielflur nahm sie einen Mann wahr, der mit abgewandtem Gesicht Christoph wütend aus dem Mundwinkel heraus zurechtweisend ausschimpfte und ihm Anweisung gab, sofort in den Gruppenraum zurückzukehren. Ihrem Impuls, einzuschreiten und für Christoph Partei zu nehmen oder zumindest zwischen den beiden zu vermitteln, gab sie nicht nach, weil sie erfahren hatte, daß dieser Mann Christophs Vater war.

Als die Kinder am Ende des Kindergartenbesuchs von den Eltern abgeholt wurden, fiel dem Beobachter – der immer noch nicht wußte, wer der Mann im Vorraum war – auf, daß er im Gruppenraum von Christophs Vater wütend fixiert wurde.

Im nachfolgenden Gespräch in der »Mittagsrunde« zusammen mit den Erzieherinnen ergab sich, daß Christoph nicht nur dem Beobachter seinen Vater »vorgestellt« hatte, sondern allen Erwachsenen des Kindergartens. Alle hatten ihm bestätigt, daß ihm erlaubt worden sei, im Vorraum sein Flugzeuge fliegen zu lassen und daß ihn der Vater zu Unrecht gemaßregelt hatte. Wenn wir an Christophs »typisch-aggressive« Verhaltensweisen denken, fällt auf, daß die Reaktionen seines Vaters auch an die Verhaltens- und Erlebnisweisen von Christoph erinnern.

Auch der Vater löste bei den Erzieherinnen Angst und Ablehnung aus. Dies ging so weit, daß sie für ein geplantes Elterngespräch die Anwesenheit eines Projektmitarbeiters als notwendig erachteten. Eine Erzieherin befürchtete sogar, daß im Extremfall Christophs Vater ihr gegenüber »handgreiflich« werden könnte.

Christoph kommt in eine neue Gruppe

Im Bericht des Beobachters ist zu lesen:

»Nachdem sich Frau Berger über eineinhalb Jahre mit Christoph geplagt hat, ihn auch wenig mag, er Außenseiter geworden ist und sich zwischen Christoph und den anderen Kindern sowie den Erzieherinnen immer wieder massive Schwierigkeiten einstellten, haben die beiden Gruppenleiterinnen beschlossen, Christoph probeweise in die Gruppe von Frau Prinz zu geben. Nachdem Christoph besuchsweise und mit relativem Erfolg über zwei Wochen in der Gruppe zwei war, wurde er am heutigen Tag in diese Gruppe aufgenommen. Die liebevolle Aufnahme in die Gruppe durch Frau Prinz bewirkt bei Christoph massive Reaktionen.«

Diese beschrieb die Beobachterin in ihrem Protokoll:

»Christoph ist total aufgelöst. Er wird von aggressiven Wünschen und Impulsen völlig überflutet. Seine Selbstkontrolle scheint immer geringer zu werden. Zunächst wird dies von Frau Prinz immer wieder erzieherisch aufgefangen. Auch versucht sie, sein Verhalten zu ignorieren, was aber wegen der Intensität bald nicht mehr gelingt. Trotzdem nimmt sie die Gelegenheit wahr, die Kinder auf den Gruppenwechsel von Christoph vorzubereiten. Sie berichtet, daß Christoph für sich zu entscheiden gehabt habe und sich jetzt auch entschieden habe, ganz in der Gruppe zwei zu bleiben.

Die Kinder werden um ihre Zustimmung zum Gruppenwechsel gebeten. Alle stimmen zu, bis auf Natascha. Sie erinnert an ihre körperliche Auseinandersetzung mit Christoph am Vormittag, da habe er sie in den Bauch geboxt. Christoph ist während der ganzen Zeit äußerst aufgeregt, und seine Erregung steigert sich beständig. Entweder ist er besonders aggressiv und wird so zum Ärgernis, oder er verlangt eine Spielführerschaft, die aber nur ihn in den Mittelpunkt der Kindergruppe bringen darf.«

Es war Adventszeit, als Christoph in seine neue Gruppe aufgenommen wurde, und für jedes Kind der Gruppe war ein kleiner Stiefel mit Süßigkeiten darin im Gruppenraum aufgehängt worden. Jeden Tag wurde »ein Kind des Tages« durch Losziehen ermittelt. Während der Auslosung des Kindes, das an diesem Tag seinen Stiefel bekommen würde, wurde Christoph immer aufgeregter. *Er* wollte unbedingt die kleinen Geschenke erhalten. Die Situation war sehr dramatisch, denn er konnte gar nicht ausgewählt werden, weil sich sein Stiefel noch in seiner früheren Gruppe befand. Als endlich ein anderes Kind ermittelt worden war, wurde Christoph »in einen solchen Strudel von antisozialem Verhalten gezwungen, wie ich es bisher bei ihm überhaupt noch nicht erlebt habe. Zwar sind alle beobachteten Verhaltensweisen bei ihm schon einmal aufgetreten, aber hier und heute treten sie gedrängt und gehäuft auf:

– Dominanz der Situation, in der Christoph jedes Ärgernis, alles ›Böse‹ und ›Schlechte‹ bei sich versammelt;
– gleichzeitige Suche und absolutes Verlangen nach Liebeszuwendung, die er sich sogar zu erzwingen versucht;
– Zunahme von terroristischen Forderungen nach absoluter und sofortiger Bedürfniserfüllung;
– Herausforderung von Bestrafung durch Provokationen der Kinder und Erzieherinnen, bis hin zum Bespucken von Frau Prinz.«

Im – durch das vorenthaltene Adventsgeschenk ausgelösten – Konflikt mit Christoph fühlten sich alle anwesenden Erwachsenen hilflos seinen Aggressionen und chaotischen Ausbrüchen ausgeliefert. Der Konflikt eskalierte in einem Maße, daß Frau Prinz schließlich mit Christoph den Gruppenraum verlassen mußte. Kurze Zeit darauf kam er allein in den Gruppenraum zurück und sgate: »Die Evelin weint.« Er forderte Alexander auf, mit ihm zu kommen. Frau Prinz saß tatsächlich völlig aufgelöst im Erzieherzimmer und weinte. Am nächsten Tag erfuhren wir, daß sich Christoph während der Fahrt mit Bernds Vater nach Hause so »aufgeführt« hatte, daß dieser ihn in Zukunft nicht mehr in den Kindergarten bringen wollte.

Warum zeigte Christoph gerade an jenem Tag »aller Welt«, daß er ein unerträglicher, untragbarer und »böser« Junge ist, den man scheinbar nicht gern haben kann, so sehr man sich auch um ihn bemüht?

Christoph war verständlicherweise aufgeregt durch den. Gruppenwechsel. Erlebte er vielleicht diesen Wechsel in der Gruppe zwei (zu Recht) als Ablehnung durch die Gruppe eins und deren Erzieherin? Trug er seine Enttäuschung und seine Kränkung möglicherweise mit den Kindern und den Erzieherinnen der Gruppe zwei verschleiert aus, mußte er erproben, ob er in der neuen Gruppe auch verstoßen werden würde? Das konnten wir zunächst nur vermuten, denn Angst kann aggressiv, sehr aggressiv machen.

Deutlich wurde, wie Christoph versuchte seine Angst zu bewältigen: Die Nähe, die er suchte, mußte er gleichzeitig meiden. Sein Verhalten schien paradox: Je näher er dem Ziel kam, nämlich in seinen vitalen Belangen geachtet, als Person geliebt und anerkannt zu werden, desto vehementer mußte er die Verwirklichung bekämpfen, liebevolle Zuwendung zerstören, sie in Wut, Verzweiflung, Scham und – schließlich – Ablehnung beim anderen verwandeln.

So kam Christoph in seine neue Gruppe und wurde von seiner Erzieherin wir auch von den Kindern liebevoll aufgenommen. Dabei war er so erregt, daß er nicht verstehen konnte, daß sein Nikolausstiefel noch in der »alten« Gruppe hing. In seiner Phantasie nahm er hier schon vorweg, was er später mit den anderen Kindern und insbesondere mit der Erzieherin real zu provozieren versuchte: völligen Ausschluß, Vertreibung.

Eigentlich ist seine Reaktion nur verständlich, wenn wir unterstellen, daß er eben dies unbewußt erwartete: Die Zuwendung ist Lüge, ist nur ein Trick, mit der er von der Erzieherin »gefangen« werden sollte, um später, wenn er ihr vertrauen würde, nur um so mehr von ihr gekränkt zu werden. In diesem Moment schien er sie als jemanden wahrzunehmen, der in Wirklichkeit »böse« und »verfolgend« war, die ihn wegschicken und verstoßen wird.

Diese verzerrte Wahrnehmung – die Psychoanalyse nennt dies eine »Übertragungsreaktion« – bewirkte, daß Christoph weder rationalen Argumenten zugänglich war, noch daß er sich durch liebevolle Zuwendung von Frau Prinz beruhigen konnte. Im Gegenteil: je größer die Zuwendung, je duldsamer die Erzieherin war, je mehr sie sich wirklich auf Christoph bezog und ihn als ganze Person anzunehmen versuchte, desto stärker brachen sein Haß, seine Zerstörungswut, aber auch seine Hilflosigkeit und Angst hervor.

In seiner »alten« Gruppe hatte er sich mit den Kindern und der dortigen Gruppenleiterin arrangiert. Einerseits war er das auffällige Kind, das in seiner »Verhaltensstörung« ein großes Maß an Aggression, Machtansprüchen und unbewußter Rache binden konnte, andererseits wurde er in diesem Arrangement der eher ablehnenden Duldung durch die Erzieherin und die Kinder auch davor bewahrt, zu sehr an seine seelischen Wunden erinnert zu werden. Über die aggressiven Auffälligkeiten gelang Christoph gleichzeitig die Vermeidung von Nähe.

Aus dieser relativen Sicherheit heraus sollte er nun in die neue Gruppe überwechseln. Das labile Gleichgewicht, das Christoph in Gruppe eins erreicht hatte, wurde nun gefährdet. Seine existenzielle Bedürftigkeit artikulierte sich im hilflos-zerstörerischen Versuch, die verfolgende, vernichtende, »böse Mutter« zum Erscheinen zu zwingen. Wäre ihm das gelungen, hätte sich die alte Situation wiederherstellen lassen. Die Suche nach einer idealen Beziehung führte bei Christoph immer dann, wenn neue mögliche Beziehungspartner auftauchten, zur Gefährdung seines seelischen Gleichgewichts und damit zu einer massiven Verstärkung seiner Auffälligkeit in der Interaktion mit diesen neuen Bezugspersonen. Dies wurde sichtbar, als der männliche Beobachter erstmals in den Kindergarten kam (»Alarmstufe rot!!! Alarmstufe rot!!!«) und ebenso bei Christophs Aufnahme in die Gruppe zwei.

Der mögliche »Neubeginn« für Christoph in Gruppe zwei aber war ein wirkliches Alarmsignal. Um nicht alle Orientierung – und das heißt letztendlich alle Sicherheit seiner Welt – zu verlieren, mußte er das innere Chaos, ausgelöst durch seine große Bedürftigkeit, nach außen verlagern. Mit Hilfe unserer Beratung verstand es die Erzieherin, die ihr zugedachte Rolle einer zurückweisenden »Mutter« nicht zu übernehmen. Die Übernahme hätte Christoph zwar kurzfristig »gerettet«, aber das alte Schema seines Arrangements verfestigt. So konnte Christoph ein Stück korrigierender Erfahrung ermöglicht werden, weil sie die Enttäuschung, die Scham und die Kränkung für Christoph – in der Identifikation mit ihm – ausgehalten hatte, ohne sich zu »rächen« und in die Rolle der »bösen Mutter« drängen zu lassen.

Die berichtete Szene zwischen Christoph und seiner Erzieherin konnte als kaum verschleierter Versuch verstanden werden, ursprüngliche Verletzungen zu reproduzieren. Die Spielbeobachtungen, die alltägliche Interaktion zwischen Christoph und den anderen Kindern sowie seinen Erziehern und auch die Analyse unserer spontanen Reaktionen machten uns Christophs Grundangst verständlich, überflüssig zu sein, ausgestoßen und verlassen zu werden, nicht dazu zu gehören, ja vielleicht sogar die tiefe Überzeugung, keine wirkliche Lebensberechtigung zu haben.

Wir wissen, daß Christoph der Heiratsanlaß seiner Eltern war. Er wurde von der Mutter als Grund für ihre Isolierung erlebt. Sie selbst war bei seiner Geburt erst siebzehn Jahre alt. In der Familiengeschichte stoßen wir hier auf eine Wiederholung dessen, was Christoph auch im Kindergarten ständig zu inszenieren versuchte, nämlich unerwünscht und überflüssig zu sein. Hierin fügte sich auch seine Phantasie vom weltumsegelnden Seeräuberkapitän, der nirgends wirklich zu Hause ist.

In der berichteten Szene anläßlich Christophs Eintritt in seine neue Gruppe wurde noch ein anderes Moment deutlich, das in den bisherigen Ausführungen mehr implizit und am Rande Erwähnung fand, das aber Aufschluß über wesentliche Momente der familiären Dynamik der Kernfamilie geben konnte. Der Konflikt zwischen der Erzieherin und Christoph eskalierte auch deshalb in einem solchen Ausmaß, weil die Erzieherin, so wie sie sich verhielt, Christoph gegenüber seinen Zwang zur Aufspaltung seiner Erfahrung in »gut« *oder* »böse« beständig unterlief. Sie zeigte sich Christoph gegenüber zum Beispiel nicht *nur* mütterlich-versorgend, sondern setzte *auch* Grenzen und appellierte an Christoph, vernünftig zu sein. Gerade weil sie sich weigerte, für ihn weder ganz gut noch ganz böse zu sein, schien sie Christoph zu provozieren, so extrem zu reagieren; denn er war – wie ein ganz junges Kind – noch gar nicht in der Lage, die gleiche Bezugsperson sowohl als befriedigend als auch versagend zu erleben. Für ihn gab es bis dahin entweder eine alle Wünsche sogleich erfüllende »gute« oder eine sich ihm gänzlich entziehende ganz und gar »böse« Mutter.

Uns wurde das auch vor dem Hintergrund der familiären Situation von Christoph verständlich. Zwischen den Eltern, die mit den Eltern des Vaters in einem Haus lebten, kam es zu einer großen wechselseitigen Abhängigkeit. Während sich die Mutter bei Abwesenheit des Vaters kaum aus der Siedlung zu entfernen wagte, hielt der Vater die Familie, vor allem seine Frau, mit barschem Verhalten unter Kontrolle. Christoph bedrohte seinen totalen Anspruch an seine Frau, während sich umgekehrt Christoph immer wieder durch den Vater von der Mutter weggedrängt fühlte. Die Schichtarbeit des Vaters ermöglichte jedoch ein Arrangement. Wenn der Vater fort war, hatte Christoph die Mutter für sich allein; wenn Christoph im Kindergarten war, konnte der Anspruch des Vaters an seine Frau erfüllt werden.

Christoph war so bedürftig geblieben wie ein ganz kleines Kind, da ihm seine selbst noch kindlich abhängige Mutter bei weitem nicht die Aufmerksamkeit schenken konnte, die er gebraucht hätte, um sich affektiv altersgemäß zu entwickeln. Seine »Verhaltensstörung« sahen wir als einen Versuch, sich über die frühen Entbehrungen und Kränkungen mit einem Gehabe von Großartigkeit und Stärke hinwegzusetzen und sich seinen ursprünglichen Anspruch mit Gewalt zu erfüllen. Er rivalisierte dann mit seinem Vater, der noch von ähnlichen Gefühlen beherrscht war und deshalb seinen Sohn neben sich nicht gelten lassen konnte.

Acht Monate später

Christoph war vom Schulbesuch zurückgestellt worden und blieb deshalb noch ein weiteres Jahr im Kindergarten. Nachdem wir über eine längere Zeit hinweg die Erzieherinnen bei ihrer Arbeit im Kindergarten beratend begleitet hatten, versuchten wir uns acht Monate später erneut ein Bild von Christoph in seinem Kindergartenalltag zu machen. Wir erlebten Christoph nach wie vor als ein »auffälliges«, schwieriges Kind, das Probleme hatte und seinen Erzieherinnen auch Sorgen bereitete. Trotzdem waren wir von seinen Entwicklungsfortschritten überrascht.

Seine ursprünglich erheblichen Wutausbrüche waren merklich abgeklungen. Er sah nun ein, wenn er sich unbotmäßig verhalten hatte. Es tat ihm leid, wenn er jemand weh getan oder geschadet hatte, und suchte es wiedergutzumachen. Fühlte er sich ausgeschlossen, mußte er das Spiel der anderen Kinder nicht mehr zerstören, sondern konnte seiner Kränkung und Wut sprachlichen Ausdruck verleihen: Er schimpfte, anstatt zu schlagen oder zu zerstören. Frau Prinz, die durch ihre verständnisvolle Art mit ihm umzugehen großen Anteil an diesem Fortschritt hatte, beschrieb Christoph »als weicher, nicht mehr so hart, so verkrampft und manchmal bösartig« wie noch vor acht Monaten.

Auch im Umgang mit den Eltern waren positive Veränderungen eingetreten, und sie hatten eine vertrauensvolle Beziehung zu der Erzieherin entwickeln können. Beide Eltern versuchten den Kontakt zum Kindergarten von sich aus aufrechtzuerhalten. Die ursprüngliche Angst vor dem Vater war bei Frau Prinz gewichen. Sie hatte seine Unsicherheit hinter der starken Fassade sehen und verstehen gelernt.

Sowohl Christoph als auch seine Eltern hatten durch die Vermittlung der von uns beratenen Erzieherinnen viel gelernt. Die für Vater und Sohn zunächst kränkende Zurückstellung des Jungen vom Schulbesuch konnte gut genutzt werden, um Christoph weiterzuhelfen. Allerdings reichte das bis zu diesem Zeitpunkt noch nicht aus. Dazu müßte es noch gelingen, die Familie mit einer Erziehungsberatungsstelle in Verbindung zu bringen.

8. Erregung in einer Kindergruppe

Weshalb waren die Kinder ausgerechnet in der Zeit so erregt, als an zwei Vormittagen im Dezember in einer Gruppe des Kindergartens »Glückborn« ein Videogerät installiert worden war, das aufzeichnete, was sich vor dem »Auge« der Kamera abspielte?

Wie beschrieben, ermittelten wir unsere Untersuchungsbefunde über »teilnehmende Beobachtung«, über Gespräche mit Erzieherinnen und gelegentlich auch mit Eltern wie auch über von uns durchgeführte Supervision mit den Erzieherinnen eines Kindergartens, also stets dort, wo wir am Beziehungsgeschehen unmittelbar beteiligt waren und von Kindern und Erzieherinnen in das Gruppenleben einbezogen wurden. Auch da, wo wir auf Notizen und Antworten zu einem Fragebogen zurückgreifen, handelte es sich um Aufzeichnungen von jemandem, der zu der Person, über die er berichtet, in Beziehung steht.

Lediglich einmal sind wir von diesem methodischen Prinzip abgewichen, indem wir eine Videokamera benutzten und Szenen ohne jede aktuelle eigene Beteiligung aufzeichneten. Damit kamen wir dennoch ohne gezielte Absicht zu höchst interessanten Aufnahmen, die schlaglichtartig zeigten, vor welche, nicht ohne weiteres erkennbare Aufgaben Erzieherinnen im Alltag des Kindergartens gestellt sind. Nur über die Beziehung zwischen der Gruppe der Betreuerinnen und den Beobachtern konnte erarbeitet werden, was die aufgenommenen Szenen bedeuten und wie das dabei gewonnene Verständnis künftig genutzt werden kann.

Die Kinder wirken in den Szenen erregt. Ihre Gespräche und Spielhandlungen haben bedrohliche, gewalttätige, stark auf die Genitalorgane konzentrierte, zusammenhanglos und zunächst sinnlos erscheinende Phantasien zum Inhalt. Die anwesenden Erzieherinnen wirken unbeteiligt, hilflos und aus dem Geschehen ausgeschlossen. Wir fragen, ob das so sein muß oder ob es grundsätzlich möglich wäre, Erzieherinnen einen Zugang zu dem zu verschaffen, was die Kinder so bewegt zum Ausdruck bringen. Welche Aufgabe wächst ihnen damit zu, wenn es ihnen gelingt, zu verstehen, was die Kinder und aus welchem Grund gerade so beunruhigt? Was würde dieses Verständnis für die Kinder jetzt und für ihre weitere Entwicklung bedeuten?

Bevor wir versuchen, diese Fragen zu beantworten, geben wir zunächst einige hier interessierende Szenen auf diesen Videoaufzeichnungen wieder. Diese gehen wir dann noch einmal im einzelnen durch mit der Frage, ob wir verstehen können, was die Kinder jeweils zum Ausdruck bringen. Mit Erkenntnissen über die in der Psychoanalyse erforschte psychosexuelle Entwicklung gerade bei Kindern dieser Altersgruppe und Informationen über zwei Ereignisse, die vermutlich diese Beunruhigung auslösten und diese Phantasien mobilisierten, haben wir den Schlüssel zum Verständnis jener erregenden Vorgänge an den beiden Vormittagen im Dezember. Danach fragen wir, wie hilfreich dieses Verständnis für den fördernden Umgang mit Kindern dieses Alters sein kann.

Zunächst drei charakteristische Szenen:

1. Szene, am frühen Morgen:
Hans: Hebt drohend die Hand gegen Rüdiger: »Ich hab' ein Gewehr mit volle' Patrone!«
Rafael: Eilt zu der Gruppe am Tisch und erzählt: »Ich hab' ein großes Mädchen mit einem Gewehr gesehen. Das war frech zu mir gewesen. Das hat mir mit dem Gewehr auf den Kopf gehauen.«
Max und Hans: Versuchen sich gegenseitig mit Imponiergehabe zu übertreffen: »…schieß tot mit volle' Patrone…!«
Hans: »Ich hab' mein Gewehr im Kindergarten dabei, wenn der Nikolaus kommt…«
Max: Phantasiert und mimt, als ob er mit einem Spaten jemandem den Kopf abhacken würde.
Erzieherin: Leicht entsetzt: »Weißt du eigentlich, was das bedeutet, Max?«
Rafael: »Da kommt man ins Kinderheim!«
Hans: »Soll ich mein volles Gewehr holen? Das hab' ich dabei!«
Volker: »Hol's mal.«
Kind: Singend: »Nikolaus, zieh' dem Hans die Hosen aus!«
Erzieherin: Mit Ärger in der Stimme: »Hans, hast du noch Lust zum Spielen oder nicht?«
Die Szene endet hier. Die Jungen sind noch ziemlich erregt. Tobias geht zurück auf seinen Frühstücksplatz.

2. Szene, gegen 9.30 Uhr desselben Tages:

Gemeinsame Beschäftigung mit der Erzieherin... (konstruktives Bauen von Schiffen mit Lego)

Nach einer Weile:

Rafael: »Wir haben elf Tannenbäume zu Hause!«

Gustav und Max: Stürzen aus der Nachbargruppe kommend drohend und abwehrend in den Raum. Die Jungen messen – verbal – ihre Kräfte miteinander, was die Erzieherin vorsichtig lenkt.

Rafael zu Max: »Unsere Schiffe sind gleich toll. Kann ich deins haben?«

Er bekommt es nicht. Später muß sich Rafael durch Nachäffen abgrenzen.

Rafael und Max: Sie bauen zunächst weiter. Später flüstern sie verschwörerisch mit Rüdiger.

Rafael: »Ich bin ein Steinbock!... Die Marina singt so arschich...«

Kurt: Ein wenig integriertes Kind zeigt zunächst Rafael und Max ein gemaltes Bild.

Uwe: Betritt langsam und zögernd den Raum.

Rafael: »Der Uwe ist wieder da!... Birgit, besuchst du mich heute nachmittag?«

Max: Faxen machend: »Guck mal, Rafi!«

Volker: Schließt sich der »Männergruppe« *an.*

Mehrere Jungen: Singen durcheinander: »Po peia, popeia, der Hahn hat keine Eier... Hosen ausziehen!«

David: Ein jüngeres Kind läuft hinter Uwe her und schlägt ihm mit dem (Spielzeug-) Hammer auf den Kopf. Dann wendet er sich zur Erzieherin und ruft: »Der Uwe weint!«

Erzieherin: »Warum wohl weint der Uwe?«, *und als Max sich einmischen will:* »Laß mal, das ist die Sache von den beiden.«

Uwe: Wirft sich weinend über den Tisch und verbirgt sein Gesicht.

Rafael: Inzwischen singend: »Scheide... Pimmel... Penis.«

Ein Kind: Fragt, sich an die Erzieherin wendend, ob ein auf dem Boden liegendes Mädchen tot sei.

Erzieherin: »Ich glaub' die spielt nur so.«

Die Gruppe löst sich auf.

3. Szene, am folgenden Tag

Max und Volker: »Messen« *sich und ihre Kräfte bereits eine Weile.*

Hans: Findet zunächst keinen Anschluß an die beiden und sagt dann: »Ich hab' einen echten Piratenmann gesehen.« *Damit findet er Zugang zu ihnen.*

Alle drei: laut singend: »Aua mein Pipi... Popo... in der Hose...«

Etwa eine halbe Stunde später:

Volker, Hans und Max: Bauen, von der Kamera nicht erfaßbar. Es wird angenommen, daß sie einer »Schlange« ein Haus bauen.

Hans: »Ich hab' keine Angst vor Schlangen. Hast du schon Schlangen gesehen mit Gift?«

Volker: »Doch, doch!« *Und besänftigend:* »Aber uns machen die Schlangen nichts, gell?«

Hans: »Aber dann hol' ich mein Messer und mach' die Schlange tot.«

Max: »Ich auch!«

Volker: »...Giftschlange...«

Bärbel und Helmut: Eilen zur Gruppe.

Volker: Indem er den Arm hebt und von oben nach unten stößt: »Hans! Und mit dem Messer tust du so machen.«

Hans: Aufgeregt: »Dann machst du die Schlange tot. Die mach' ich mit dem Messer tot. Die Bärbel, die Bärbel, die hat ein ganz scharfes Messer.«

Er verläßt die Gruppe der Jungen und umarmt Bärbel: »Die Bärbel ist nämlich mein Freund.« *Er redet im Flüsterton eindringlich auf Bärbel ein.*

Praktikantin: »Das ist nicht gut, ein Messer!«

Volker: Verläßt den Bauteppich und läuft aufgeregt zu Hans. Hans kehrt mit ihm zu dem Bauteppich zurück.

Hans: »Geh mal weg...!«

Triumphierend: »Ich hab's der Silvia *(Erzieherin)* gesagt!«

Volker: Rufend: »Tina! *(Praktikantin)* Komm mal mit. Tina, wir haben ein Haus gebaut.«

Max: »Für eine Schlange.«

Praktikantin: »O-o-o-ch!«

Hans: Animiert, laut und lustig: »Die lassen wir dann, wenn die Silvia kommt, die lassen wir dann auch...«

Bärbel, Helmut und andere Kinder: Laufen zum Bauteppich.

Alle Kinder: Gemeinsames großes Gelächter.

Praktikantin: Geht auf ihren Platz zurück und ruft Andreas: »Du bist noch nicht fertig mit dem Malen!«

Bärbel: Geht ebenfalls zögernd auf ihren Platz zurück.

Das Haus der Schlange scheint eingestürzt.

Eine halbe Stunde später:

Uwe: Läuft scheinbar ziellos herum. Er stolpert dabei über den Bauteppich.

Volker: Ihn anschreiend: »Das haben wir gebaut!«

Etwa eine weitere halbe Stunde später:

Uwe: Hält eine Schere in der Hand, die halb geöffnet ist. Er beginnt

damit im Zimmer herumzulaufen und begegnet dabei Bärbel, hinter der er nun mit der offenen Schere herläuft.
Praktikantin: Verbietet das Herumlaufen mit der Schere.
Uwe: Räumt die Schere mit Hilfe eines anderen Kindes weg. Dennoch nimmt er zu Bärbel erneut Beziehung auf. Sie beginnen ein Nachlaufspiel, bei dem später auch Hans und Max mitmachen.

Schauen wir uns Gespräche und Spiele der Kinder näher an und fragen uns:

Was meint Hans, wenn er mit seinem Gewehr droht und immer wieder behauptet, sein Gewehr mit »vollen Patronen« dabeizuhaben? Was mag einen anderen dazu bewegen, »Kopf abhauen zu mimen« und seiner Erzieherin, die diese Phantasie wörtlich nimmt, Entsetzen einzujagen? Warum soll denn der Nikolaus, der einige Tage zuvor im Kindergarten in Erscheinung getreten war, dem Hans – also dem Jungen, der gerade mit dem Gewehr geprotzt hatte – die Hosen ausziehen? Liegt da etwa eine Bedrohung in der Luft, die auch die Erzieherin spürt und dazu bewegt, etwas weniger Gefährliches mit den Kindern spielen zu wollen, sozusagen von dem beängstigenden Thema abzulenken? Es gelingt ihr denn auch, das makabre Spiel der Kinder im Augenblick zu unterbinden, aber nicht, sie zu beruhigen.

Warum muß sich Rafael denn mit elf Tannenbäumen, die sie – für das bevorstehende Weihnachtsfest – zu Hause hätten, hervortun? Weshalb muß jetzt verglichen werden, wer das größte Schiff hat? Was mag denn die Kinder veranlassen, Uwe mit betonter Distanz zu registrieren, als dieser, offenbar nach einer Zeit längerer Abwesenheit, langsam und zaghaft den Raum betritt? Wieso grölen sie jetzt: »Popeia, der Hahn hat keine Eier ... Hosen ausziehen«? Was geht in der Gruppe vor, daß ein Junge dem Ankömmling mit einem Spielzeughammer auf den Kopf schlägt und ihn zum verzweifelten Weinen bringt? Wieso kommt es, daß Rafael, der festgestellt hatte, daß Uwe wieder da ist, »Scheide ... Pimmel ... Penis« singt?

Als wäre keine Nacht dazwischen gewesen, greifen die Kinder am nächsten Morgen ihr erregendes Thema in neuen Varianten wieder auf. Sie messen ihre Kräfte. Hans protzt wieder, diesmal mit dem »Piratenmann«. Aber weshalb singen drei Jungen dann laut »Aua mein Pipi ... Popo ... in der Hose«, während die Kamera später registriert, daß sie »der Schlange ein Haus bauen«? Was soll das nach dem Ausruf »Aua, mein Pipi«? Weshalb muß Hans wieder den starken Mann markieren, der vor Schlangen keine Angst hat? Warum müssen sich die Kinder beschwichtigen, daß Schlangen ungefährlich sind, während sich Hans brüstet, sie mit dem Messer tot zu machen? Weshalb muß er im gleichen

Atemzug der Bärbel andichten, im Besitz eines scharfen Messers zu sein? (Warum reagiert die Praktikantin lediglich mit: »Das ist nicht gut, ein Messer!«) Was hat Hans mit triumphierender Miene der Erzieherin gesagt, etwa daß er die Schlange mit dem Messer getötet hat oder daß die Bärbel ein scharfes Messer besitzt? Warum ist er aber dann nach dem Bericht, daß sie der Schlange ein Haus gebaut hätten, so angeregt laut und lustig? Was meint er damit, als er sagt: »Die lassen wir dann, wenn die Silvia (gemeint ist ihre Erzieherin) kommt...« Und weshalb fallen nun die übrigen Kinder in ein schallendes Gelächter ein? Aber warum nimmt die Praktikantin an dem offensichtlichen Spaß der Kinder keinen Anteil und greift statt dessen reglementierend ein?

Was treibt später Uwe, jenen Jungen, der tags zuvor zögernd und langsam den Raum betreten hatte und einerseits so distanziert und unpersönlich und andererseits so aggressiv empfangen wurde, jetzt dazu, ziellos herumzulaufen, bis er ein »Opfer« findet, das er mit offener Schere verfolgt? Ist es zufällig, daß es ausgerechnet jenes Mädchen ist, dem zuvor von Uwe »ein scharfes Messer« angedichtet wurde?

Wer Kinder dieses Alters aus unvoreingenommener Beobachtung kennt, merkt, daß Spiele und Gespräche oft um diese Thematik kreisen. Sie ist für sie ebenso charakteristisch wie der Wechsel zwischen klaren Benennungen wie »Aua, mein Pipi« und symbolischen, bildhaften Ausdrucksweisen. Phantasie und Wahrnehmung sind – wie wir auch hier sahen – oft noch nicht unterschieden. So wird keiner von uns annehmen, daß Hans wirklich ein Gewehr dabei hat, höchstens eine Spielzeugpistole, genausowenig wie seine Freundin Bärbel ein scharfes Messer mitführt. Aber, wie es diese Gegenstände in Wirklichkeit oft nicht gibt, meinen sie diese Gegenstände als solche auch nicht, wenn sie zum Beispiel von einem Gewehr, von Tannenbäumen u. a. sprechen. Jean Piaget (1945, 208) spricht in bezug auf solche Phantasien und Spiele von Kindern dieser Altersstufe von »deformierender bzw. verzerrender Assimilation«. Er meint damit, daß sie etwas dafür ausgeben oder verwenden, wofür sie es gerade brauchen, ohne Rücksicht darauf, ob das auch der wirklichen Bedeutung entspricht oder an den wahren Sachverhalt angeglichen ist. Das macht es schwer, zu enträtseln, was sie wirklich damit meinen.

Jedenfalls ist aus den Szenen zu erkennen, daß sie eine ominöse Gefahr sehr ängstigt und beunruhigt. Es ist weiterhin zu erkennen, wie sie versuchen, diese Angst zu überspielen, mit dem Bedrohlichen fertig zu werden, indem sie den »starken Mann markieren« und protzen oder gewalttätige Handlungen wie Kopfabhacken mimen oder jemand mit der Schere verfolgen. Auch wer nichts von einem bedrohlichen Erlebnis der Jungen weiß, der spürt, welche Angst der Jungen hier vor dem

Verlust des für sie so wichtigen Körperteils – Penis (besser Phallus) – mit dem Ruf »Aua, mein Pipi« ganz unmittelbar und unverhohlen zum Ausdruck kommt. Auch wenn dieser Satz nicht gefallen wäre, wäre deutlich, daß es sich hier um Kinder handelt, die sich in einer Phase befinden, die Freud die phallische nannte. Bei der Angst, die hier vorherrscht, handelt es sich also um sogenannte Kastrationsangst.

Mit der Gestalt eines großen phantasierten Gewehres oder vieler Tannenbäume verbinden sie die Phantasie, selbst einen besonders großen Phallus zu haben, um auf diese Weise die Angst vor seinem Verlust zu kompensieren, diesen in der Phantasie ungeschehen zu machen. Sie dürfen in ihrer Angst nicht wahrnehmen, daß es menschliche Wesen gibt, die keinen Penis haben, da sie dann fürchten müssen, daß ihnen der ihre auch genommen werden könnte. Deshalb muß den Mädchen ein Gewehr oder ein scharfes Messer angedichtet werden. Der Geschlechtsunterschied muß von den Jungen – zumindest in dieser Situation – geleugnet werden. Aber es gibt eine besondere Möglichkeit, mit dem, was einem angetan wird, oder was man meint, daß man es erleiden müßte, fertig zu werden, nämlich der seit je schon bei jüngeren Kindern zu beobachtende Versuch, die Situation umzukehren. So schießt im Struwwelpeter der Hase auf den Jäger und das Kind, das vom Zahnarzt kommt, spielt nun selbst Zahnarzt. Denn so kann es – wie Freud formulierte – zumindest in Phantasie und Spiel »Herr der Lage« sein. Und wie gesagt, in diesem Alter sind Phantasie und Spiel von der Wahrnehmung wirklicher Ereignisse noch nicht klar unterschieden. Der eine Junge spielt »Kopf abhacken«.

Kopf und Penis können in Phantasien und Träumen einander ersetzen, beide werden als enorm wichtige Körperteile empfunden, sind, wie es in der Psychoanalyse ausgedrückt wird, hochbesetzt. Und Uwe, der Bärbel mit offener Schere verfolgt, kehrt die Situation auch um und verfolgt ausgerechnet das Mädchen, dem Hans zuvor das scharfe Messer zugesprochen hatte. Diese Szene erinnert an den Schneider im Struwwelpeter, der auch mit der offenen Schere dem Daumenlutscher die Daumen abschneidet, was auch einer Kastrationsphantasie entsprechen dürfte, zumal in der Zeit, als Heinrich Hoffmann den Struwwelpeter verfaßte, masturbierende Buben verbal mit Kastration bedroht wurden.

Als Uwe tags zuvor langsam und zögernd den Raum betrat, war er – wie wir erfuhren – nach einem Krankenhausaufenthalt erstmals wieder im Kindergarten. Er hatte eine Operation hinter sich. Und zwar wurde ihm ein Hoden, der noch im Leistenkanal steckte – übrigens eine relativ häufige Reifungsstörung –, in den Hodensack geholt. Aus seinem beobachteten Verhalten ist anzunehmen, daß er diese Operation, die ja gerade der besseren Entwicklung seiner Männlichkeit – seiner Potenz – dienen soll und so genau das Gegenteil von Kastration ist, völlig mißverstanden hat und Kastration bei dieser Gelegenheit als an ihm vollzogen erlebt haben muß. Aber wie diese Szenen zeigen, fühlte sich nicht nur er bedroht. Die Erzieherin ging in mehreren Gesprächen mit der Gruppe auf die Operation ein – zumal bei zwei weiteren Jungen solche Eingriffe bevorstanden.

Wie die Videoaufzeichnungen deutlich belegen, wurden bei den Kindern, speziell bei den Jungen, ebenfalls entsprechende Ängste ausgelöst. Das läßt auch verstehen, weshalb Uwe einerseits so distanziert und andererseits so aggressiv von den anderen Jungen empfangen wurde. Ihrer Vorstellung nach ist an ihm geschehen, was jedem von ihnen passieren kann, zum Beispiel durch den Nikolaus, der einige Tage zuvor im Kindergarten war. Was sollen sie anderes meinen, wenn sie geradezu beschwörend rufen: »Nikolaus, zieh dem Hans die Hosen aus!« oder indem sie – wahrscheinlich ohne die Worte in ihrer Bedeutung wirklich zu verstehen – von »Penis – Pimmel – Scheide« reden? Dahinter verbergen sich für sie Fragen, auf die ihnen in dieser Situation niemand antworten kann, obwohl es sich für sie doch um existentielle Probleme handelt, nämlich: Bin ich ein Mann und darf ich einer bleiben oder wird mir der mir so wertvolle »Pimmel« abgeschnitten?

Sie bauen zum Schutz der »Schlange« nicht nur ein Haus, sondern Hans, der Anführer der Gruppe, phantasiert angeregt, lustig und laut, wie er der Gruppenleiterin Silvia die »Schlange« vorführen könnte, woraufhin alle übrigen Kinder in ein schallendes – sicher befreiendes – Lachen ausbrechen. Alle Kinder müssen den Witz dieser Bemerkung irgendwie verstanden haben. Es ist nicht nur (noch) nichts Beängstigendes geschehen, sondern ihnen scheint der Geschlechtsunterschied zu dämmern; denn sie erleben hier ihre Gruppenleiterin als Frau, der man mit der »Schlange«, das heißt dem, was die Schlange hier bedeutet, imponieren, ja sie vielleicht sogar verführen kann. Die Erzieherin gehört zwar auch der Elterngeneration an, aber mit ihr eine sexuelle Vorstellung zu verbinden, ist nicht dem Inzesttabu unterworfen. Und ein Vater, der das nicht duldet und einem mit Kastration drohen könnte, ist hier auch nicht in Sicht, es sei denn, dem Nikolaus wird hier diese Funktion zugeschrieben. Doch der kommt erst im nächsten Jahr wieder.

Man kann fragen: Wie kommt es zu dieser Kastrationsangst bei Jungen und dem Gefühl, verletzt, verstümmelt zu sein, bei Mädchen? Freud hat das Problem an seiner berühmten 1909 erschienenen Krankengeschichte »Analyse der Phobie eines fünfjährigen Knaben« erstmals anschaulich herausgearbeitet. Der Vater dieses als der »kleine

Hans« in die Geschichte der Psychoanalyse eingegangenen Jungen hatte sich an Freud gewandt, weil Hans an einer großen Angst vor Pferden litt, was zu dieser Zeit, wo Pferde das Straßenbild beherrschten, hieß, daß er sich kaum auf die Straße wagen konnte. Freud hat zusammen mit dem Vater versucht, die Äußerungen des Jungen zu verstehen und zu seiner Angst vor Pferden in Beziehung zu setzen. Dabei war er auf die Kastrationsangst des kleinen Hans gestoßen. Sie entstand, weil Hans die Rache des Vaters dafür fürchtete, daß er selbst die Mutter »begehrte« und den Vater weghaben wollte. Zum anderen wurde Hans des weiblichen Genitales ansichtig und stellte hier eine »falsche Verknüpfung« in seiner Phantasie her. (Freud erkannte übrigens damals, daß die Angst vor Pferden einer Verschiebung seiner Angst vor dem Vater auf Pferde entsprach.)

Phantasien und Spielhandlungen des kleinen Hans und der Jungen auf dem Videofilm entsprachen sich in vielen Punkten. Freud hat das Problem unseres Erachtens später differenzierter gesehen und es mit Verlust und Trennung von der Mutter, vor allem der Brust zum Beispiel, als Folge des Abstillens, als Verlust des Kotes, der gerade noch zu einem gehörte und dann weggenommen wird, in Verbindung gebracht. Kann das gleiche nicht auch mit dem in dieser Körperregion befindlichen Penis geschehen?

Der bekannte Schweizer Lehrer, Psychoanalytiker und psychoanalytische Pädagoge der »ersten Stunde« Hans Zulliger hat in seinem berühmten Buch »Umgang mit dem kindlichen Gewissen« die zur sogenannten »Pseudodebilität« führende Kastrationsproblematik eines Mädchens – gleichsam als Pendant zum kleinen Hans von Freud – anschaulich beschrieben. Vergleichbar mit der Szene, in der Uwe Bärbel mit offener Schere nachlief, hatte das Mädchen im Alter von vier Jahren dazu angesetzt, seinen jüngeren Bruder mit einer Schere am Gentiale zu traktieren. Der aufgebrachte Vater (!) soll es dafür »halbtot« geschlagen haben. Wir können hier nur darauf verweisen, daß wir diese Thematik heute weniger wie Freud in den Jahren kurz nach der Jahrhundertwende im anatomischen Geschlechtsunterschied begründet sehen als vielmehr in der Bedeutung, die dem »Phallus« – natürlich wesentlich als Abwehr und Kompensation – in der Gesellschaft zugeschrieben wird. Vielleicht liefert uns die Szene, in der ein Junge den als »kastriert« angesehenen Uwe mit dem Hammer (!) schlägt, einen Hinweis darauf, welche Angst das »Opfer« der Kastration – die Frau – auslöst und deshalb ignoriert, gequält oder unterdrückt werden muß (vgl. Schmideberg 1931). Aber das ist nur ein Aspekt dieses Problems.

In den Äußerungen der Kinder stecken Fragen, die von höchster Bedeutung für ihr Selbstverständnis, ihre Vorstellung von sich selbst und von ihrem künftigen Leben als Frau und als Mann sind. Ist die Kastration wirklich üblich und somit die Angst vor ihr begründet? Sind Mädchen kastrierte Jungen und damit Menschen, denen etwas Wichtiges fehlt, was ein anderer Teil der Menschheit voller Stolz besitzt? Sind sie wegen dieses »Mangels« weniger wert? Oder kann man ebenso selbstverständlich und gleichwertig ein Mädchen wie ein Junge sein? Was aber macht nun den Unterschied aus?

So etwa könnten sich Kinder fragen, wenn sie sich so deutlich ausdrücken könnten. Wer hilft ihnen, die Angst zu überwinden und damit die Wirklichkeit des Geschlechtsunterschiedes kennenzulernen und seine Bedeutung zu begreifen?

Die Irritation der Kinder dieses Alters, wie sie in den wiedergegebenen Szenen zum Ausdruck kommt, ist also weniger im anatomischen Geschlechtsunterschied begründet, wie Freud annahm. Vielmehr liegt die Bewertung bei uns gleichsam in der Luft. Die Kinder spüren sie aus dem Verhalten und den Äußerungen der Erwachsenen auch ihnen gegenüber, je nachdem, ob sie Mädchen oder Jungen sind. So können sie von sich aus den wahren Sachverhalt nur schwer klären. Denn sie fürchten, bei eigenen Nachforschungen auf die Wirklichkeit der Kastration zu stoßen. Das kann durch ein Ereignis, das als Vollzug der Kastration an einem Jungen mißverstanden wird, akut werden, so daß die Angst sie hindert, »die Realität zu prüfen«, das heißt Phantasie von Wahrnehmung zu unterscheiden. Damit fällt es ihnen schwer, eben diesen entscheidenden, etwa im fünften Lebensjahr fälligen Entwicklungsschritt der »Realitätsprüfung« zu riskieren, von dem geistige Entfaltung und Lernfähigkeit abhängen.

Hier befinden sich die Kinder in einer Situation, in der Pädagoginnen und Pädagogen herausgefordert sind. Sie suchen nach Unterstützung in der bangen Frage: Was gilt hier – die Angstphantasie oder das, was davon unterschieden und als wirklich wahrgenommen werden kann? Zum Beispiel: Was hat es auf sich mit Penis und Scheide? Ihrer Erzieherin Silvia trauen sie offenbar zu, daß sie sich ihr gegenüber die sexuelle Anspielung leisten können und daß sie von ihr in ihrer Männlichkeit oder Weiblichkeit bestätigt werden und so »die Realität prüfen« und von (Kastrations-) Phantasien abgrenzen können. Für diesen wichtigen Klärungsprozeß brauchen die Kinder mehr als rein rationale Aufklärung, nämlich verständnisvolles Eingehen auf die in ihren Äußerungen enthaltenen bangen Fragen, die in einer Situation wie der beschriebenen für sie aktuell werden. In unserem Fall könnte ihnen das helfen, sich dem wirklichen Sachverhalt angstfreier zu nähern und zu begreifen, daß es um gleichwertige, ergänzende – biologische – Funktionen geht. Während die Aufwertung der einen Funktion bei Abwertung der anderen als Relikt nicht überwundener Angstphantasien als Aufwertung des Männlichen und Abwertung des Weiblichen unbewußt, das heißt unbemerkt und unreflektierbar ins Erwachsenenalter mitgeschleppt wird. Wird diese Thematik tabuiert und verleugnet, dann werden längst überholte Positionen, falsche Macht- und Herrschaftsansprüche zementiert, weil die kritische Auseinandersetzung mit ihnen unbewußt Angst auslöst.

Vielleicht ist noch ein weiterer Aspekt wichtig:

Ähnlich wie in jener Szene, in der die Jungen sich vorstellen, daß sie der Erzieherin gefahrlos die »Schlange« zeigen können, richten Kinder in diesem Alter die mit ihrer aufkeimenden Sexualität verbundenen Vorstellungen auf den gegengeschlechtlichen Elternteil. Sie können den Geschlechts- wie den Generationsunterschied noch nicht in seiner ganzen Konsequenz erfassen. Wie zum »Übergang« bietet die Erzieherin in der beschriebenen Szene den Jungen eine Alternative zur Mutter. Sie gehört ja auch der Generation ihrer Eltern an. Aber sie ist nicht ihre Mutter, steht außerhalb der Familie. Sich vorzustellen, ihr die »Schlange« zu zeigen, ist keine Verletzung des Inzesttabus. Wie spielerisch ein existentiell bewegendes Thema aufgenommen werden kann und dabei seine aktuelle Bedrohung gemildert wird und scheinbar durch die wechselnde Rollenübernahme von Angreifer und Opfer zumindest im Spiel auflösbar ist, zeigt uns die viereinhalbjährige Bärbel. Sie, die mit zwei Jahren ein Brüderchen bekam, mußte sich früh mit dem »kleinen Unterschied und seinen Folgen« auseinandersetzen. Vielleicht war das Nachlaufspiel mit ihr für Uwe deshalb so geeignet, um relativ offen das, was ihn beschäftigt, in den Kindergarten einzubringen. Bärbel ließ sich zunächst von ihm mit der Schere um einen Tisch herum verfolgen. Dann aber kehrten sie die Rolle von Verfolger und Opfer um und tauschten danach erneut. Diese Jagd wurde immer lustvoller und löste sich in einem befreienden Gelächter beider Kinder auf.

Was es für die Kinder heißt, daß der Vater, der seinen Anspruch an die Mutter erhebt und die vorwitzigen Jungen mit »Kastration« bedroht, hier fehlt, kann nur gefragt werden. Vielleicht muß es gerade deshalb für ihre Phantasie einen »kastrierenden« Nikolaus geben. Aber wie gesagt, der kommt erst im nächsten Jahr wieder, wenn überhaupt.

IV. Trennungskrisen –
Ein institutioneller Konflikt

Wir wollen nun – unsere bisherigen Darstellungen erweiternd – institutionelle Bedingungen des Kindergartens »Glücksborn« einbeziehen. Anlaß wurde ein Konflikt in diesem Kindergarten, dessen Auswirkungen auf die Interaktionen zwischen Kind–Familie–Erzieher–Institution–soziale Gemeinde sowie Supervision und Forschungsprojekt zu beobachten waren und der deren Zusammenhänge und wechselseitige Abhängigkeiten offenlegte.

Plan, Anlage und Methoden der Forschung waren ursprünglich an der Untersuchung der konflikthaften Beziehungsverläufe von Kindern im Kindergarten und der angemessenen Unterstützung dieser Kinder durch ihre Erzieherinnen orientiert. Davon erhoffen wir uns auch, Zugang zu den sozialen Konstellationen und institutionellen Gegebenheiten zu erhalten, die sich vermittelt sowohl in innerpsychischer als auch interpersonaler Dynamik niederschlagen.

Der Verlauf der krisenhaften Ereignisse in »Glücksborn« während bzw. am Ende der Untersuchung, in deren Mittelpunkt die Institution Kindergarten, der Träger, die Mitarbeiter, Kinder und Eltern gerieten, machten jedoch für eine abschließende Beschreibung der Ergebnisse die Erweiterung des Untersuchungsgegenstandes und der Zugangsweise um einen institutionsanalytischen Ansatz notwendig. Die im Konfliktverlauf beobachteten komplexen institutionellen und sozialen Interaktionen waren nicht allein über ihren Niederschlag in den Subjekten zu verstehen. Die konflikthaften beruflichen Handlungen und sozialen Prozesse mußten einer institutionell und sozial orientierten Analyse zugänglich gemacht werden.

Über die sich im Konfliktverlauf stellende Frage nach der Rolle der Beobachter und Berater und der Funktion, die dem Forschungsprojekt zur sinnvollen Förderung aller Kinder zugemessen wurde, erhielten wir neue wichtige Zugänge und Einsichten. Das heißt, wie die Beobachter und Berater erlebt wurden, wie mit ihnen als Repräsentanten einer auf Verstehen und Integration von auffälligem und abweichendem Verhalten gerichteten Interaktion umgegangen wurde und welche »Störung« der überkommenen sozialen Prozesse und institutionellen Strategien davon ausging, eröffnet den Zugang zur verborgenen Struktur und Dynamik des Untersuchungsfeldes.

1. Bevölkerung und soziale Struktur

Untersucht wurde ein kirchlicher Kindergarten in einem dörflichen sozialen Umfeld. Das Tausendseelendorf war im Rahmen einer Gebietsreform einer Großgemeinde angegliedert worden, behielt aber seinen ländlichen Charakter.

Eine Auswertung der Angaben zur Wohnsituation der Kinder (Erhebung vom Dezember 1982) bestätigte das zu erwartende Bild von der Bebauung in einer ländlichen Gemeinde. Bis auf wenige Ausnahmen wohnten alle Familien in Ein- bzw. Zweifamilienhäusern, die sich im Eigen- oder Familienbesitz (Groß- und Urgroßeltern) befanden. Fast die Hälfte der Familien lebte mit den Großeltern gemeinsam in einem Haus; einige führten sogar einen gemeinsamen Haushalt. Im übrigen lebten vielfach zumindest eine, manchmal sogar beide großelterlichen Familien in der Nähe (nebenan oder gegenüber) oder zumindest in der selben Wohngemeinde.

In einigen Fällen wurde ausdrücklich auf die hohe finanzielle Belastung hingewiesen, die durch den Bau eines der sozialen Norm entsprechenden Hauses (häufig in Eigen- bzw. Nachbarschaftshilfe erstellt) für die Familie entstand.

Nach der oben genannten Erhebung zeigte sich hinsichtlich der Erwerbsstruktur folgendes Bild:

Die Väter waren überwiegend abhängig beschäftigt, meist als Facharbeiter, einige in angelernten Tätigkeiten. Ganz gering waren Berufe der Mittelschicht (Architekt, Studienrat) vertreten. Niemand der Eltern gab einen Arbeitsplatz in der Landwirtschaft an. Bekannt war allerdings, daß noch einige Eltern (bzw. im gleichen Haus lebende Großeltern) eine kleine Nebenerwerbslandwirtschaft betreiben.

Mehr als die Hälfte der Mütter waren ausschließlich Hausfrauen. Ein weiteres Viertel übte untergeordnete, unqualifizierte Aushilfstätigkeiten aus, manche nur gelegentlich. Einzelne dieser Frauen hatten eine Berufsausbildung, die eine höher qualifizierte Tätigkeit ermöglicht hätte.

Eine kleine Gruppe der Mütter half im eigenen Betrieb mit. Nur wenige Frauen übten eine qualifizierte Tätigkeit aus; die geringen Arbeitsmöglichkeiten für Frauen in dieser Region schienen meist nur eine untergeordnete Tätigkeit zuzulassen.

Aus den Angaben zur Bebauung und der Erwerbsstruktur ließ sich ein Bild gewinnen, nach dem viele Familien in einem engen Lebenszusammenhang mit den Großeltern standen. Selbst die geringe regelmäßige Erwerbstätigkeit wie auch die Aushilfstätigkeiten der Frauen wären ohne die Mithilfe der ortsansässigen Großeltern nicht möglich gewesen. So schloß zum Beispiel der Kindergarten während der zweistündigen Mittagszeit.

Ökonomischer Druck, unter den die jungen Familien vielfach, unter anderem durch den Erwerb von Wohneigentum, geraten waren, machte die Frauenerwerbstätigkeit und die Mithilfe der Großeltern bei der Versorgung der Enkelkinder notwendig. Sie sicherte ihnen mehr bzw. länger andauernden Einfluß in den jungen Familien, als dies bei einer städtischen Population zu beobachten ist.

Die dörfliche Kultur und ihr Niederschlag in der Familienstruktur förderten in traditioneller Weise eine strenge Rollenaufteilung. In unserem Untersuchungsfeld waren komplementäre, scharf voneinander abgegrenzte Rollenverteilungen erkennbar zwischen Männern und Frauen, Erwachsenen und Kindern. Die Schärfe der Polarisierung war für uns überraschend und ließ uns einen deutlichen Gegensatz zwischen der Entwicklung in städtischen und ländlichen Regionen erkennen.

Die strenge Arbeitsteilung zwischen den Geschlechtern wurde zudem unterstützt durch die geringen Möglichkeiten der Frauen zu qualifizierter Erwerbstätigkeit und die umfängliche – täglich um lange Anfahrzeiten verlängerte – Abwesenheit der Männer zur Berufsausübung. Das geringe Angebot an Arbeitsplätzen in der nächsten Umgebung und der wenig ausgebaute öffentliche Nahverkehr schränkte die Mobilität der Frauen ein und trug zur Aufrechterhaltung ihrer Abhängigkeit bei.

Darüber hinaus förderte die Mitarbeit der Männer im Leben der Vereine (unter anderem Sportverein und Feuerwehr) eine Spaltung in eine öffentliche, männlich dominierte Kultur und eine familiäre von Frauen und Kindern. Dem wirkte nur die Kommunikation unter den Kindergarteneltern entgegen. Weitere Aktivitäten beispielsweise der Kirchengemeinde, um junge Familien zu erreichen, sind uns nicht bekannt geworden. Beklagt wurde vom Pfarrer allerdings ein geringer Besuch der Gottesdienste durch jüngere Gemeindemitglieder und die Kindergarteneltern.

Der kirchliche Kindergarten war die einzig verbliebene Einrichtung in örtlicher Trägerschaft, zu der es innerhalb der Wohngemeinde keinerlei Alternativen gab. Die Besucher des Kindergartens kamen im Untersuchungszeitraum fast ausschließlich aus Familien des Einzugsgebietes und nur zum ganz geringen Teil – allerdings zunehmend – auch aus Familien, die die eher einschränkende Pädagogik der Kindergärten in den Nachbargemeinden mieden. Zu den Besuchern gehörten auch einige wenige Kinder aus randständigen Familien, die durch Sozialarbeiter an diesen Kindergarten wegen der hier bekannten Unvoreingenommenheit seiner Erzieherinnen vermittelt wurden, wie zum Beispiel das Kind einer alleinerziehenden jungen Mutter aus einer bekannten Problemfamilie des Nachbardorfes.

Der institutionelle Auftrag des Kindergartens

Traditionell wird dem kirchlichen Kindergarten ein Auftrag zu christlicher Erziehung zugebilligt. Wie eine neuere Umfrage unter evangelischen Kirchenmitgliedern zeigt, wird sie in steigendem Maß von Eltern ausdrücklich gewünscht[1].

Während der ersten zwei Jahre des Untersuchungszeitraumes wurde die Prägung des Kindergartens durch die kirchliche Trägerschaft wenig spürbar. Nur einige Eltern, die aber nicht in den Kindergartengremien (Elternbeirat) in Erscheinung traten, wünschten eine Erziehung mit betont christlicher Prägung. Die Erzieherinnen erwarteten von diesen Eltern nur wenig Einfluß auf die Meinungsbildung innerhalb der Kirchengemeinde. Die Erwartung des Pfarrers – »Erzieherinnen müssen Kindergottesdienst gestalten und Eltern zum Kirchgang anhalten« – wurde von den Erzieherinnen als vom sozialen Konsens abweichend und deshalb als wenig ernstzunehmend gewertet. Die geringe Bedeutung, die sie seinen Äußerungen beimaßen, wurde von den Erzieherinnen mit persönlichen Besonderheiten des Pfarrers und seiner sozialen Isolierung begründet.

Vorrangig in der Außendarstellung und der Wahrnehmung der Beobachter wurde der Kindergarten bestimmt durch die Verbundenheit der Mitarbeiterinnen mit den Inhalten der Kindergartenreform. Ein Merkmal der Reformbemühungen im Kindergarten in den letzten zwanzig Jahren war der Anspruch auf Veränderung von sozialen Prozessen im Umfeld des Kindergartens. Innerhalb der untersuchten Gemeinde darf jedoch daraus nicht auf eine bewußte oder zielgerichtete sozialpolitische Intention von Erzieherinnen und Eltern geschlossen werden. Der Einfluß, den der Kindergarten – bzw. die Erzieherinnen – in der Gemeinde ausübte, war kaum bewußt geplant.

Im Kindergarten und um ihn gruppiert entwickelte sich ein Bezie-

---

1 Egbert Haug-Zapp macht auf die gestiegene Bedeutung aufmerksam, die dem kirchlichen Profil des evangelischen Kindergartens im Bewußtsein der Gemeindemitglieder zukommt. Er stützt sich auf eine Umfrage unter Kirchenmitgliedern, nach der er sich 54 % für den kirchlichen Kindergarten entschieden; 1972 waren es 41 %. Die Befürworter des kirchlichen Auftrages erwarten eine Heranführung an die Kirche (37 %), das Lernen von biblischen Geschichten, Liedern und Gebeten (50 %). Es wird angenommen, im evangelischen Kindergarten werde auf anständiges Betragen Wert gelegt (30 %). 30 % der Kirchenmitglieder betrachten die Erzieherin (vor Kirchenmusiker und Religionslehrer) als wichtigste Mitarbeiterin (vgl. Haug-Zapp 1985a, 106 ff.).

hungsfeld, das tendenziell von einer größeren Offenheit, als sie in der traditionellen Dorfkultur herrschte, und von Versuchen zur Integration und Verständigung geprägt war. Hier entstand eine Art »soziale Nische« für eine eher weiblich-mütterliche Kultur. Es entstanden neue Umgangsformen unter den Frauen und innerhalb der Familien. So gab es beispielsweise über den Kindergarten Initiativen zu einem Café für Mütter, zu gemeinsamen Wochenenden für die Familien, zu einem Tanzkreis der Eltern und zu einer Zeitschrift für Kindergarteneltern. Der Kindergarten wurde zu einem Mittelpunkt für Eltern, die der Enge der überkommenen, starren Verhältnisse im Dorf und vor allem seiner dort noch herrschenden sozialen Kontrolle zu entgehen suchten. Es entwickelte sich eine der aufgeklärten städtischen Mittelschicht entsprechende Atmosphäre der Toleranz, die unversehens in Widerspruch zur eher patriarchalischen Ordnung der alten Dorfgesellschaft mit ihren engen Anpassungs- und Kontrollmechanismen geriet und dort als bedrohlich erlebt werden mußte.

Personalstruktur und Institutionskultur

Diese Entwicklung wurde überwiegend von zwei Erzieherinnen getragen. Sie gründete in deren zum Teil langjährigen intensiven Beziehungen zu den Eltern. Die geringe Größe des Kindergartens mit zwei Kindergruppen und vierzig Plätzen ermöglichte nur eine geringe Stammbesetzung mit Fachkräften und bewirkte einen meist jährlichen Wechsel der Zweitkräfte in den Kindergruppen durch neue Praktikantinnen. Während des Zeitraums der Untersuchung blieben jedoch zwei Praktikantinnen länger. Die Vorpraktikantin über zwei Jahre; die Berufspraktikantin, Frau Weidt, verlängerte ihre Zugehörigkeit unter anderem über die Schwangerschaftsvertretung beider Gruppenleiterinnen und Personalwechsel auf etwa zweieinhalb Jahre.

Das Fehlen anderer traditioneller örtlicher Kulturträger, wie sie Lehrer, Ärzte, Apotheker, Gemeindeschwestern etc. darstellen, erhöhte die soziale Anerkennung dieser Erzieherinnen und verhalf ihnen zu einem hohen Status innerhalb der Gemeindehierarchie. Motor der Entwicklung war die Leiterin des Kindergartens, Frau Berger. Ihr gelang es über Jahre hinweg – ungeachtet latenter Diskrepanzen zu den Vorstellungen von christlicher Kindergartenerziehung – in der Zusammenarbeit mit Pfarrer und Kirchenvorstand dem Kindergarten einen eigenen »Spielraum« zu verschaffen. Gemeinsam mit ihrer Kollegin, Frau Prinz, prägte sie über fünf Jahre das Leben im Kindergarten und die Zusammenarbeit mit den Eltern.

Im Gegensatz zum alten Pfarrer, der für die jungen Gemeindemitglieder insbesondere in ihrer Rolle als Eltern kaum orientierende Funktion ausüben konnte, wurden die Erzieherinnen zum Vorbild der jungen Frauen, besonders in deren Bestreben, sich von ihren häufig im gleichen Haus oder in der Nachbarschaft lebenden Müttern bzw. Schwiegermüttern und aus der engen geschlechtsspezifischen Rollenzuteilung zu lösen, sich zu emanzipieren, gerade um dann auch Partnerbeziehungen und Elternschaft neu gestalten zu können.

Diese Vorbildfunktion konnten die beiden Erzieherinnen nicht zuletzt deshalb ausüben, weil sie selbst Gelegenheit zur Kooperation mit zwei externen Personen hatten, nämlich mit der zuständigen sozialpädagogischen Fachberaterin und mit einem Psychologen einer Erziehungsberatungsstelle. Beide berieten und förderten die Mitarbeiterinnen und Eltern des Kindergartens über mehrere Jahre. Bei der Fachberaterin fanden sie nicht nur in pädagogischen Fragen, sondern auch bei Auseinandersetzungen mit dem Träger, das heißt der Kirchengemeinde, Unterstützung.

Das Einzugsgebiet der Fachberaterin umfaßte 100 bis 120 Kindergärten. Neben der Beratung der Träger lag ihr Schwerpunkt in der Förderung der fachlichen Kompetenz der Erzieherinnen. Sie schuf viele Gelegenheiten zum Erfahrungsaustausch, zu kollegialer Beratung und zur Fortbildung für die Erzieherinnen der Region. Dabei entstand innerhalb ihres Zuständigkeitsbereichs eine Zusammenarbeit zwischen engagierten Erzieherinnen, die in Fragen der Konzeption sozialpädagogischer Arbeit wie der religiösen Erziehung einander Rückhalt gaben und Orientierung vermittelten. Voraussetzung für die sich entwickelnde Offenheit und Lernbereitschaft untereinander war die hohe persönliche und fachliche Kompetenz dieser Fachberaterin. Damit hatte sie auch für die Erzieherinnen im untersuchten Kindergarten wichtige Funktionen für deren berufliche und persönliche Entwicklung.

Die überraschend hohe Bereitschaft und Fähigkeit der Erzieherinnen zur Mitarbeit an unserem Forschungsprojekt stützte sich unter anderem auf die in der Beratung durch diese Personen geförderte Selbstwahrnehmung.

2. Zur allgemeinen Ausgangslage der Institution Kindergarten und der Entwicklung des Forschungsvorhabens

Wie bereits erwähnt, wurde der Kindergarten in den beiden letzten Jahrzehnten zur regelhaften Erziehungs- und Betreuungseinrichtung ausgebaut. Zunehmend beklagten die Berufsangehörigen emotionale

Beziehungs- und Entwicklungsstörungen, die die Integrationsfähigkeit des Kindergartens extrem belasteten und die Reichweite der beruflichen Kompetenz von Erzieherinnen in Regeleinrichtungen in Frage stellten. In der Folge wurden bei Kindern im Kindergartenalter zunehmend Verhaltensauffälligkeiten beobachtet bzw. diesen zugeschrieben, wie zum Beispiel auf einer vom Bundesminister für Bildung und Wissenschaft (1983) herausgegebenen »Pilotstudie« hervorgeht. Mit dieser »Etikettierung« versuchten sich wohl auch viele Erzieherinnen von als unerträglich erlebten Konflikten mit Kindern zu entlasten.

Den Ergebnissen dieses Forschungsprojekts nach wurden Häufigkeit und Schwere der beklagten Störungen der Kinder zunächst mit frühen unbewältigten Erfahrungen innerhalb der Primärgruppe begründet. Sie wurden des weiteren mit der frühen Belastung der Kleinkinder durch institutionelle Rituale und Anpassungszwänge in Zusammenhang gebracht. Die Institution Kindergarten selbst wurde als (Mit)-Verursacher und Verstärker frühen psychischen Leidens gesehen, indem dort zugewiesene Rollen – zum Beispiel die des Störenfrieds – und soziale Prozesse der Ausgrenzung den Einstieg in eine Karriere der »Stigmatisierung« und Aussonderung in frühe Lebensphasen verlagern.

Die Balance sozialer Systeme im Gemeinwesen und das Forschungsprojekt als ›Störung‹

Am Ende der Phase der teilnehmenden Beobachtung im Untersuchungsfeld entstand ein institutioneller Konflikt, der weit in das Gemeinwesen ausstrahlte. Forscher und Berater sahen sich rückblickend vor die Frage gestellt: War der Konflikt vorhersehbar? Und was war durch das Vorhaben selbst unbeabsichtigt ausgelöst, das heißt »blind« mitbewirkt worden?

Folgendes war passiert: Gegen Ende unseres Forschungsprojektes trat im Kindergarten Glücksborn ein »Machtvakuum« ein. Es wurde erzeugt durch den Weggang der bisherigen Leiterin, Frau Berger, und den Mutterschaftsurlaub der Erzieherin, Frau Prinz. Mit einer Personalentscheidung zur Neubesetzung der Stelle der Leiterin unterbrachen Kirchenvorstand und Pfarrer die bisherige Kontinuität der Kindergartenarbeit. Sie beschlossen, die dritte Erzieherin, Frau Weidt, die in den zurückliegenden Jahren zunächst als Berufspraktikantin, später als Gruppenleiterin tätig gewesen war und während der Schwangerschaften von Frau Berger und Frau Prinz diese vertreten hatte, nicht mit der vakanten Leitungsfunktion zu beauftragen, obwohl Frau Weidt nach der Vorstellung des Teams und der Eltern aufgrund der Entwicklung der letzten Jahre die selbstverständliche Nachfolgerin in der Leitung des Kindergartens war. Auch eine zweite Bewerbung von ihr, ein halbes Jahr später, nun um die freiwerdende Stelle von Frau Prinz, wurde zurückgewiesen. Ebenfalls abgelehnt wurde später die Bewerbung einer weiteren Erzieherin, die im Kindergarten bisher gelegentlich Vertretungen übernommen hatte, mit den Erzieherinnen befreundet und mit den Eltern bekannt war. Die Fachberaterin versuchte vergeblich zwischen dem Träger einerseits und Eltern und Erzieherinnen andererseits zu vermitteln, um eine durch eine solche Entscheidung zu erwartende Zuspitzung des Konflikts zu vermeiden.

Die brüske Haltung des Trägers war verbunden mit einer umfangreichen Kritik an der bisherigen Leitung des Kindergartens. Insbesondere wurde die Auffassung von religiöser Erziehung und der Rolle des Kindergartens in der Kirchengemeinde beanstandet.

Trotz heftiger Proteste der Eltern wurde nach einer Ausschreibung der Stelle der Leiterin eine von außen kommende Bewerberin eingestellt. Wie die neue Leiterin sagte, hoffte der Träger mit ihr eine Person ausgewählt zu haben, die ihm Aussicht auf eine völlige Veränderung des pädagogischen Konzepts insbesondere hinsichtlich Teamarbeit und Kooperation mit den Eltern bot. Die Beobachter hatten sich zu diesem Zeitpunkt wie geplant aus dem Untersuchungsfeld zurückgezogen. Jedoch boten sie den Beteiligten, insbesondere Leiterin und Erzieherin, Unterstützung durch Beratung an. Davon machte regelmäßig nur die bald ausscheidende Frau Weidt Gebrauch.

Der Erwartung des Trägers zu entsprechen und gleichzeitig den eigenen pädagogischen Vorstellungen von Kooperation folgen zu wollen, führte für die neue Leiterin – verstärkt durch die nicht endenwollende Kritik der Eltern an der Entscheidung des Kirchenvorstandes und deren kritische und aggressiv geführte Auseinandersetzung mit ihr – zum Scheitern. Sie geriet dabei so in Bedrängnis, daß sie nach einem halben Jahr freiwillig ausschied, so daß die Kinder wieder eine Bezugsperson verloren.

Für die Erzieherinnen wurde das durch den Konflikt zwischen Kirchenvorstand und Eltern – nach dessen Personalentscheidung – herrschende Klima ebenso unerträglich wie für die Eltern selbst. Es entstand zum einen aus der großen Verärgerung wegen der Entwertung der bisherigen erfolgreichen Zusammenarbeit zwischen Kindergarten und Elternschaft, wegen der Distanzierung ausgerechnet von der Erzieherin, die diese bis dahin noch repräsentierte, zum anderen resultierte es aus dem Widerspruch zwischen den Erwartungen des Trägers an die neue Leiterin und deren eigenen Vorstellungen von ihrer Aufgabe. Ihre Kompetenz wurde an ihrer Bereitschaft zur Abkehr von der bisherigen Konzeption und der Ausgrenzung der sie vertretenden Personen gemessen.

Bei der Beratung von Frau Weidt kam zur Sprache, wie auch die Kinder den institutionellen Konflikt wahrnahmen und in der Beziehung zu ihren Betreuerinnen reproduzierten. Leiterin und Erzieherin sahen sich durch auffälliges Verhalten von Kindern so herausgefordert, daß sie wiederum über ihre unterschiedlichen Reaktionen miteinander in Konflikt gerieten. Als besonders schlimm erlebte es Frau Weidt, wenn die Leiterin durch die massive Kritik der Eltern und den gegensätzlichen Auftrag des Trägers so verunsichert war, daß sie sich gegen Kinder, die sie ablehnten und zurückwiesen, in gänzlich ungeeigneter Weise unbedingt durchzusetzen versuchte. Dabei gewann Frau Weidt den Eindruck, daß gerade jene Kinder, deren Entwicklung beim Eintritt in den Kindergarten gefährdet schien und die von den Erzieherinnen mit unserer Unterstützung gefördert waren, nun von der neuen Leiterin besonders streng behandelt wurden. Dies war offenbar deren Reaktion auf die Vertrautheit dieser Kinder mit ihrer bisherigen Erzieherin.

Der Fachberaterin gelang es dann während der neuerlich eingetretenen Vakanz in der Leitung des Kindergartens, eine sehr qualifizierte Fachkraft zur Mitarbeit zu gewinnen, die nun von dem wegen der früheren Personalentscheidung wieder unter den Druck der Eltern geratenen Träger nicht mehr zurückgewiesen wurde. Die angebahnte Entwicklung läßt auf Eingrenzung des schädigenden Einflusses der Auseinandersetzung auf die Kinder hoffen.

Wir wollen uns dennoch ausführlicher mit der Frage beschäftigen, wie sich dieser institutionelle Konflikt im Zusammenhang mit der Entscheidung und den Absichten des Trägers auf die Kinder auswirkte.

Folgen des institutionellen Eingriffes für die Kinder

Die Frage, welche bereits bestehenden psychischen Belastungen durch die beschriebenen Ereignisse verstärkt und welche Konflikte mobilisiert wurden, erscheint im Zusammenhang mit der Bestimmung der Entwicklungs- und Sozialisationsaufgabe des Kindergartens sehr wichtig zu sein, gerade auch im Hinblick auf das, was wir bei unserer Untersuchung herausfinden wollten, nämlich ob Jungen und Mädchen im Kindergarten angemessen bei der Bewältigung ihrer dort zur Austragung kommenden psychischen Konflikte unterstützt werden können. Die Wirkung der als Willkür erlebten Trennung von allen vertrauten Personen im Kindergarten ist im Zusammenhang mit der Aufgabe des Kindergartens zu betrachten, sie bei der – inneren – Lösung von den frühen familiären Bindungen zu unterstützen.

Aus dem Aufenthalt im Kindergarten ergibt sich für dessen junge

Besucher eine zeitweilige Trennung von den nächsten Bezugspersonen. Mit der allmählichen Anbahnung neuer sicherheitsvermittelnder Beziehungen zu den Erzieherinnen und zur Kindergruppe verändern sich auch die familiären Bindungen der Kinder. Abhängigkeit wird gemildert und das Selbstvertrauen des Kindes gestärkt. Das Kind wird seiner selbst – in Abgrenzung von den nächsten Angehörigen – besser bewußt.

In welcher Weise diese ersten außerfamiliären Sozialerfahrungen verlaufen, ist sowohl abhängig von dem, was das Kind an Vorerfahrungen mitbringt, als auch davon, wie im Kindergarten darauf geantwortet wird. Kann die Erzieherin beispielsweise auf die aus seiner frühen Erfahrung erworbene Art, auf Trennungen zu reagieren, individuell eingehen und darauf verzichten, die Angst des Kindes über berufliche Rituale zu leugnen, wird das Kind bei seinen ersten Erfahrungen in dieser Institution gewahr, daß es selbst Einfluß auf das Zusammenleben in der Gemeinschaft nehmen kann. Es kann seine Eigenständigkeit im Kindergarten nur dann entfalten, wenn es dort neue Bezugspersonen findet, die diese respektieren und es unterstützen, einerseits unabhängiger von seiner Familie zu werden, andererseits sich den Zwängen der Institution nicht unbedingt unterwerfen zu müssen. Dann kann sich das Kind selbst als Partner und nicht als hilfloses fremdbestimmtes Objekt erfahren.

Institutionelle Eingriffe in das Beziehungsfeld Kindergarten durch das Ingangsetzen eines »Personalkarussells« (Der Hessische Sozialminister 1981, 47 und Kap. V dieses Bandes) und eine radikale Veränderung der Institutionskultur, wie sie in dem untersuchten Kindergarten geschah, bedrohen demnach mit den dadurch ausgelösten Ängsten die Entwicklung der Gemeinschaftsfähigkeit der Kinder. Die neuerlichen Trennungserlebnisse können frühere Traumatisierungen wiederholen und verstärken.

In der Vergangenheit und während des Zeitraums unserer Beobachtung von 1982 bis 1984 mußten die Kinder mehrmals Trennungen von ihren Erzieherinnen bei Mutterschaftsurlaub und am Ende eines Praktikums hinnehmen und verarbeiten. Kinder mit Erfahrung von früher Vernachlässigung und gestörter Beziehungen zeigten Angst bei Verlust ihrer außerfamiliären vertrauten, sicherheitgebenden Bezugsperson. Diese wurde aber durch die Kontinuität anderer Bezugspersonen und eine gleichbleibende Atmosphäre der Achtung vor den kindlichen Gefühlen gemildert. Die verbleibenden, ihnen bekannten Erzieherinnen boten über die Bearbeitung der Trennung den Kindern durchaus auch besondere Entwicklungschancen, insofern die Kinder dabei fähig werden, künftig mit schicksalhafter Trennung von Bezugspersonen besser fertig zu werden, trauern zu können und nicht mit mehr oder weniger schweren Krankheitssymptomen reagieren zu müssen. Demgegenüber lag die Schädlichkeit der erlebten willkürlichen Trennungen von den Erzieherinnen nach unserer Vermutung auch in der Ablehnung und Entwertung begründet, die die bisher anerkannten Erzieherinnen nachträglich erfuhren. Damit können die von diesen Erzieherinnen ermöglichten Entwicklungsschritte für diese Kinder bedeutungslos und die erreichten Fähigkeiten wieder aufgegeben werden.

Zur Überprüfung unserer Annahmen wurde eine kurze Nachuntersuchung notwendig. Sie konnte erst im Sommer 1985 begonnen werden, um dem Kindergarten während seiner Konsolidierungsphase keine neuen Beunruhigungen zuzumuten und der neuen Leiterin Einarbeitung und Anbahnung der Beziehung zu den Kindern zu ermöglichen.

Es wurde ein großer Unterschied zu früher festgestellt. Durch die Befragung der neuen Erzieherinnen und durch die teilnehmende Beobachtung war die tiefe Beunruhigung aller Kinder während des Verlaufs des Konflikts nachvollziehbar. Jedoch konnte die überwiegende Zahl der Kinder den neuen einfühlsamen Betreuerinnen gegenüber an das gute Einvernehmen mit den früheren Erzieherinnen anknüpfen. Einige Kinder, in deren fehlender Anerkennung im Kindergarten sich familiäre und soziale Zuschreibungen und Abgrenzungen widerspiegelten, schienen sogar die Chance des Neubeginns mit den fremden, von außen kommenden und außerhalb der sozialen Dynamik des Dorfes stehenden Erzieherinnen für sich nutzen zu können.

In einigen Fällen waren jedoch Rückschläge und Verfestigungen bei Kindern mit Beziehungsstörungen zu erkennen. Wir erlebten sogar neue Zuschreibungen von »Verhaltensstörungen« an Kindern, deren psychische Stabilität und soziale Integration bisher außer Frage stand. Gerade bei diesen Kindern schien uns der Prozeß der Auseinandersetzung mit den früheren Erzieherinnen noch nicht abgeschlossen.

Symptomatisch für die Bedrohung der Entwicklung als Folge eines institutionellen Eingriffs schien uns die aktuelle Situation von Silvia, einem nunmehr sechsjährigen psychosomatisch chronisch kranken Mädchen zu sein. Wir beobachteten ihre Entwicklung seit ihrem Eintritt in den Kindergarten und berieten die Erzieherinnen in den entstandenen Krisen. Silvia war immer zart und zurückhaltend, ja sie schien anfänglich stumm und unberührbar. Kontaktversuche der Erzieherinnen führten zu weiterem Rückzug. Sie konnte den Kindergarten erst für sich nutzen, als ihr ihr eigener Rhythmus der Annäherung zugestanden wurde. Silvia wurde uns bei unserer Kontaktaufnahme mit der neuen Gruppe der Erzieherinnen sofort als Problemkind genannt. Sie spreche nicht, weine häufig und klammere sich hilflos an Gegenstände oder ihr bekannte Kinder. Den Anforderungen der Schule, die jetzt auf sie zukomme, sei sie keinesfalls gewachsen. Wir waren tief beunruhigt, da Silvia zu ihren früheren Interaktionspartnern im Kindergarten ihre familiäre Erfahrungen erweiternde und verändernde Beziehungen entwickelt hatte, die, obwohl die Familie keine therapeutische Hilfen in Anspruch nehmen konnte, ausreichend die soziale Anpassung und Integration zu gewähren schienen. Jedoch konnten wir bei unserer Beobachtung die Einschätzung der Erzieherinnen keinesfalls bestätigen. Silvia hatte sich für uns altersgerecht entwickelt, sprach mit uns und schien nach wie vor in die Kindergruppe integriert. Das Gespräch mit der Mutter brachte ebenfalls keine anderen Hinweise, ließ jedoch eine Verschlechterung ihres Gesundheitszustandes annehmen.

Die Erzieherinnen waren völlig verwirrt von dem für sie ganz neuen Verhalten des Kindes im Umgang mit den Beobachtern. Immer wieder bestätigten sie sich und belegten sie ihre gänzlich anderen Erfahrungen mit diesem Kind. Wir kamen gemeinsam zu der Annahme, daß Silvia erst über die Anwesenheit der Beobachter wieder an ihre früheren Erfahrungen mit außerfamilialen Bezugspersonen anknüpfen konnte.

Durch diese wurde für das Kind die Förderung seiner Entwicklung angebahnt, was durch den Verlust der sie repräsentierenden Personen jäh unterbrochen wurde und zu dem beschriebenen Rückfall führte. Die für es unverständlichen und überwältigenden Ereignisse im Zusammenhang mit der institutionellen Krise dürften bei ihr ähnliche frühe belastende Erlebnisse mobilisiert und damit alte für überwunden gehaltene Verhaltensweisen ausgelöst haben. Die Bereitschaft Silvias, sich uns jetzt so zu zeigen, wie wir sie aus jenen »guten« Zeiten kannten, läßt hoffen, daß sie bei entsprechender Unterstützung in der Schule gegenüber den dortigen Bezugspersonen daran anknüpfen kann.

3. Der institutionelle Faktor in Wechselbeziehung zur Personalsituation

Die bisherigen Überlegungen legen die Vermutung nahe, daß sowohl Forscher wie Berater den institutionellen Faktor und die soziale Dynamik im Untersuchungsfeld unterschätzten und deshalb den beschriebenen Konflikt bzw. die »Reaktion« nicht vorhersahen. Zwar berücksichtigte der Untersuchungsansatz gesellschaftliche *und* psychosoziale Bedingungen und deren Wechselwirkungen bei der Entstehung von psychischem Leiden und sozialer Behinderung. Auch wurde die in den Falldarstellungen sichtbare Symptomatik immer auch im Zusammenhang mit den sich in ihnen manifestierenden sozialen Verhältnissen gesehen, unter denen sie entstanden waren. Aber wir haben nicht hinreichend berücksichtigt, wie wir auf das soziale Gefüge und die gegenläufigen Strömungen Einfluß genommen haben, vor allem indem wir nur einseitige Unterstützung anboten.

Heute nehmen wir an, daß der Kindergarten mit seiner Tendenz, seinen Spielraum für Innovation und Emanzipation zu erweitern, ohnehin mit den Vertretern traditioneller Vorstellungen vom Zusammenleben im Dorf und deren Machtanspruch in Konflikt geraten wäre. Doch schien uns der Zeitpunkt des Ausbruchs des offenen Konflikts durch eine Reihe von Faktoren bestimmt zu sein, die im nachfolgenden näher untersucht werden sollen.

Der Ausbau der fachlichen Kompetenz der Erzieherinnen

Die im Zusammenhang mit dem Forschungsprojekt und durch dieses erfolgte »Aufklärung« und die sich dabei zunehmend für Kinder und Eltern ergebenden neuen Perspektiven für Entwicklung und Sozialisation erwiesen sich – auch in diesen kleinen Ansätzen – als Herausforderung gegenüber einem in überkommene Strukturen verhafteten Gemeinwesen. Traditionelle Machtstrategien und Mechanismen von sozialer Kontrolle im Dorf sind in ihrer extremen Ausprägung durch Abspaltung, Stigmatisierung und Ausgrenzung gekennzeichnet. In ihrer besonderen Wirkung wurden sie in Fallstudien im Rahmen des Projektes beschrieben. Den Forschern begegneten archaische Spaltungstendenzen und Stigmatisierung in der Auseinandersetzung von »Gerechten und Sündern« und im Kampf des Pfarrers gegen das »Böse«. Der immerwährende, unermüdliche Kampf der Hausfrauen gegen Schmutz und die ausgeprägte und irrationale Angst vor scheinbar die soziale Integration bedrohenden Infektionskrankheiten schienen uns ebenfalls nur in diesem Zusammenhang verständlich.

Die Vorgeschichte kollektiver Abwehr innerhalb zwischenmenschlicher Beziehungen führt zu den frühen »primitiven« Abwehrmechanismen innerhalb der individuellen Entwicklung. In der kollektiven interpersonalen Abwehrkonstellation wird es möglich, eigene, sozial aber verpönte Anteile in einen gesellschaftlich »Anderen« zu projizieren, dort zu kontrollieren oder zu verfolgen. Der »Andere« übernimmt dann mit seiner komplementären Identität stabilisierende Funktionen für das Sozialsystem (vgl. Mentzos 1976, S. 89–110).

Anzunehmen ist, daß diese kollektive Abwehrkonstellation in der Gemeinde durch die Diffusion und Desintegration von traditionellen Rollen und die Bedrohung von patriarchalischer Autoritätsstruktur bestimmt war. Das Rollensystem im untersuchten Gemeinwesen erwies sich als vom Zerfall bedroht. Beispielsweise wurde ein Pfeiler dörflicher Hierarchie, die Großfamilie, zunehmend ökonomisch dysfunktional über ihre unterbundene Weiterentwicklung und die Flexibilität der jungen Generation.

Im Gegensatz zu den starren sozialen Handlungsmustern des Dorfes entwickelte sich im Kindergarten und über den Kindergarten hinaus Gelegenheit zu freierer Interaktion: Statt Ausgrenzung wurde zunehmend Verstehen und Integration erprobt. Diese gegenläufige Tendenz des Kindergartens wurde durch das Forschungsprojekt unterstützt. Der Kindergarten wurde aufgewertet und erhielt durch aufgeschlossene und artikulationsfähige Eltern Zulauf. Insbesondere dieser Gruppe von Eltern gegenüber drohten die traditionellen Instrumente der Regelung von sozialer Anerkennung und Kontrolle zu versagen. Vermutlich entwickelten sich hieraus Gefühle von Bedrohung bei örtlichen Machtträgern. Das Forschungsprojekt, das mit seinem Vorhaben unbeabsichtigt in die traditionelle Machtbalance des Dorfes eingriff, indem es einseitig emanzipatorische Kräfte unterstützte, löste kollektiven Widerstand im Gemeinwesen aus.

Verlassen wir nun die eher abstrakte Analyse der institutionellen Struktur und Dynamik und wenden uns den konkreten Beziehungen zwischen den Beteiligten zu, so wird es notwendig, die Interaktion auf der Ebene der Gruppe zu beschreiben. Dann müssen wir der Frage nachgehen, welche personalen Bedingungen den Verlust der früheren sozialen Balance störten.

Die Entwicklung der Beziehungen zwischen Institution
und Forschungsprojekt

Mit der Entwicklung positiver (Übertragungs-)Beziehungen der Erzieherinnen und interessierter Eltern zu Forschern und Beratern wurde die bisher auf Verständigung und Kooperation ausgelegte Kommunikation der Erzieherinnen mit dem Pfarrer und dem Kirchenvorstand, die wir hier auch als Vertreter traditioneller Machtstruktur und als Träger des kollektiven Bewußtseins ansprechen können, unterbrochen. Erfahrungen mit veränderter Interaktion in der Beratungssituation ließen die bisherige Kommunikation für die Erzieherinnen nachträglich als starr und wenig befriedigend erscheinen. Die neuen Beziehungen boten statt dessen Handlungsalternativen und versprachen möglicherweise eigene, bisher ungelöste Anteile, beispielsweise »verbliebene Kindlichkeit«, zu überwinden. Eher personalisiert statt als Signal einer massiven Bedrohung verstanden wir Szenen, in denen bisherige Einflußträger um ihre Macht bangten. Dafür sollen zwei Beispiele stehen:

Szene mit Christoph, Christophs Vater und Forscher:
In dieser Szene wird die Spaltung in einen »guten« und »bösen« Vater, die Idealisierung des »guten Forscher-Vaters« und die Ausgrenzung des Vaters des Jungen als »schlechter Vater« erkennbar.

Einer der älteren, wegen seines aggressiven Verhaltens stets von sozialer Ausgrenzung und Stigmatisierung bedrohten Jungen bittet den Beobachter, ihm einen Flieger aus Papier zu falten. Er läßt ihn zunächst im Gruppenraum fliegen, später davor im Flur. Nach einer Weile bittet er den Beobachter, ihm den Flieger von dem Adventskranz herunter zu holen. Während dieser dem Wunsch des Jungen nachkommt, wird beobachtet, daß der ihm unbekannte Vater des Jungen wütend in der Nähe sitzt und dem Jungen Verhaltensregeln zuzischt.

Im Fliegenlassen des Papierfliegers und Verlassen der Gruppe muß der Vater eine erneute Dokumentation der Störenfried-Rolle des Sohnes annehmen. Der Sohn scheint das gewährende Verhalten des Beobachters dem Vater vorzuführen, ihn zu denunzieren und sich zu rächen. Es wurde die Spaltung in einen »guten« und »bösen« Vater, die Idealisierung des »guten Forscher-Vaters« und die Entwertung des Vaters als »schlechter Vater« erkennbar (vgl. Kap. III, 7).

Szene mit dem Pfarrer:
Bei unabgesprochener Teilnahme an Beratungssitzungen oder bei Elternabenden hielt der Pfarrer von niemand erbetene und den geplanten Ablauf störende Monologe, unter anderem über die vermeintliche »Bedrohung durch das Böse«. Für ihn materialisierte sich darüberhinaus aktuell sein »Kampf gegen die Gottlosen« in der Auseinandersetzung mit Psychologie und Psychotherapie. Davon bedroht, sah er den Auftrag zur christlichen Seelsorge. Unverstanden blieb die hinter seiner Phantasie über die Psychotherapie – und als solche begriff er das Forschungsvorhaben – versteckte und sicher auch berechtigte Angst seiner Berufsgruppe vor einem Säkularisierungsprozeß und einem ihm zugemuteten Machtverlust.

Auch in vereinzelten Äußerungen von Eltern begegnete uns die kollektive Phantasie eines durch uns gestützten Klimas von verwöhnendem Gewährenlassen. Vermutlich speiste sich dieses Vorurteil aus Beobachtungen eines offenen und wechselseitig akzeptierenden Umgangs zwischen Erzieherinnen, Kindern und Eltern einerseits und Forschern und Beratern andererseits. Dieser andere Umgang verstieß gegen den traditionellen dörflichen Konsens. Forscher und Berater gerieten bereits durch ihre Anwesenheit und als Projektionsschirme für Phantasien zunehmend in die Funktion von »Analysatoren« dörflicher Kultur (vgl. Lappasade 1972).

Die Forscher erschienen möglicherweise auch als Vertreter einer städtisch-permissiven Kultur. Gespeist wurden die Ängste vor Konkurrenz und dem Einbruch fremder, verunsichernder Interaktionen dadurch, daß die Kommunikation mit den bisherigen Einflußträgern eingeschränkt bzw. ohne neue Auseinandersetzungen um gemeinsam auszuhandelnde Erwartungen und Bedeutungen einseitig durch die Erzieherinnen verändert wurde. In dieser Sicht wird nachträglich der Sinn des Vorwurfs von Pfarrer und Kirchenvorstand verständlich, es würde zunehmend der institutionelle Auftrag einer kirchlichen Einrichtung verlassen bzw. von den Erzieherinnen im Sinne einer reformierten Kindergartenpädagogik uminterpretiert.

Die von den Erzieherinnen miteingeleiteten emanzipatorischen Prozesse standen im Gegensatz zum Auftrag der traditionsverhafteten Vertreter des Trägers. Anstatt auf deren Autorität stützten sich die Erzieherinnen zunehmend auf die fachliche Autorität ihrer Berater. Auf der Beziehungsebene etablierten sich in den komplementären Rollenzuschreibungen an Berater und Pfarrer Beziehungen, in denen Zuweisungen und Erwartungen polarisiert und aufgespalten wurden. So konnten Berater und Forscher zu neuen »guten« Autoritäten idealisiert, die traditionellen Autoritäten entwertet werden. Hier spiegelt sich auch die zuvor bereits beschriebene kollektive Abwehr mit Spaltungs- und Entwertungsmechanismen wider. In diese Dynamik eingeschlossen, verstrickten sich dann auch die Berater und Forscher. Sie blieben zeitweilig »blind« gegenüber diesen unbewußten Übertragungsbeziehungen und deren längerfristigen Folgen. Es kann nicht ausgeschlossen werden, daß die »Blindheit« auf Seiten von Forschern und Beratern einerseits aus der bereits beschriebenen und nicht in der ganzen Tiefe verstandenen Dynamik – charakterisiert durch den Stadt-Land-Gegensatz und die Resistenz der dörflichen Kultur gegenüber Veränderungen – herrührte.

Andererseits schienen Berater und Forscher an einem Ablösungskampf gegenüber den elterlich-väterlichen Autoritäten über Erzieherinnen und Eltern unbewußt beteiligt gewesen zu sein. Diese Ablösung erinnert in ihrer Dramatik und Ausgestaltung an Konflikte, in die Adoleszente mit ihren familiären Autoritätspersonen verstrickt sind. Und wie vom baldigen Verlassen durch die Kinder bedrohte

Eltern schien auch der Träger herausgefordert, seine Machtansprüche erneut zu demonstrieren und sie endgültig durchsetzen zu wollen. Die Herausforderung lag in der gemeinsamen Verleugnung vorhandener Machtstrukturen im sozialen Feld. Die von der Kommunikation zunehmend isolierten Vertreter traditioneller Autoritäten blieben dadurch von einer vielleicht möglichen gemeinsamen Entwicklung ausgeschlossen. Sie wurden sogar durch den Konflikt, den sie »siegreich« für sich entschieden, in ihrer überkommenen Macht bestätigt. Möglicherweise wurde dies durch das Zusammenspiel mit dem verborgenen Autoritätskonflikt der Beteiligten, mit der »Institution in uns«, begünstigt.

Forscher und Berater wurden durch ihre Geeignetheit als positive Identifikationsträger und den davon ausgehenden Gewinn zur Parteilichkeit verführt. Unbemerkt waren sie in die unbewußte Beziehungsdynamik im Feld einbezogen. Sie zeigten sich zwar beunruhigt, in welcher Weise die Nachfolge der Leiterin durch das Team und die Eltern zu regeln versucht wurde. Ihre Zuständigkeiten waren jedoch geteilt. Sie erstreckten sich auf seiten der Forscher stärker auf den Fokus »Förderung der pädagogischen Fähigkeit im Umgang mit Trennungen« – auf seiten des Supervisors auf das Ziel, das er sich für den im Projektzeitraum liegenden zweiten Abschnitt des Supervisionsprozesses gesetzt hatte, nämlich die »Rollendifferenzierung im Team zu fördern«. Dabei wurden jeweils Gefahrensignale auf der Ebene der Institution übergangen. Sie wurden nicht verstanden als Ausdruck einer tiefgreifenden sozialen Dynamik im Gemeinwesen. Es läßt sich sogar eine unbewußte Funktionalisierung von Beratern und Forschern annehmen. Daß sie dem allem gegenüber »blind« waren, ist für die in Institutionsberatung erfahrenen Professionellen verwunderlich. Das weist auf die nicht zu überschätzende Stärke von überwunden geglaubter Beharrung traditioneller Strukturen und Systeme hin.

Es kann auch ein unbewußtes Zusammenspiel mit den traditionellen Autoritäten in ihren sozialen und persönlichen Zusammenhalt versprechenden Funktionen angenommen werden. Dann wäre die unglückliche Intervention des Trägers auch durch die latenten Schuldgefühle und Strafbedürfnisse der Beteiligten mitbegünstigt worden. Haben Erzieherinnen und Eltern einerseits und Pfarrer und Kirchenvorstand anderseits stellvertretend für das soziale Gemeinwesen die »Verführung« durch eine freiere, eher städtische Kultur der Mittelschicht und über deren »Niederlage« eine Entlastung vor der Angst vor Veränderung erreicht? Gerade die abgelehnte Erzieherin Frau Weidt verkörperte perspektivisch in ihrer professionellen Kompetenz die Entwicklungschancen, die Kinder und Erwachsene innerhalb des Kindergartens erhielten. Insbesondere aber dürften sich durch sie – unterstützt durch ihr zwar behutsames, aber selbstbewußtes Auftreten ebenso wie ihr ansprechendes Äußeres – die aufbrechende Jugend des Dorfes und die sich emanzipierenden jungen Frauen vertreten fühlen. Es scheint nachträglich unverständlich, wie wenig die Beteiligten die Provokation antizipieren konnten, die gerade diese Persönlichkeit für die traditionelle dörfliche Hierarchie darstellte.

Die Leitung des Kindergartens und die Balance im Gemeinwesen

Während des Forschungszeitraumes konnte eine Vielzahl von persönlicher Veränderung beobachtet werden. Deutlich erkennbar waren Veränderungen auf der Ebene der psychosozialen Dynamik der Erzieherinnengruppe. Diese wandelte sich in ihrer Charakteristik von einer »Harmonie-Gruppe« mit einen eher warmen, Geborgenheit vermittelnden Atmosphäre zu einer Gruppe, in der Auseinandersetzung, Differenzierung und eine Lockerung der früheren bedingungslosen Loyalität möglich wurde. Auf der Individualebene wurde diese Veränderung von einer partiellen Veränderung der Berufsmotivation begleitet. Altruistische Hingabe und ausschließliche, parteiliche Indentifikation mit den Kindern milderten sich. Rolle und Funktion der Eltern konnten durch die Erzieherinnen verstanden und angenommen werden. An der zunehmenden Reife der Gruppe partizipierten nicht alle Erzieherinnen in gleicher Weise. Insbesondere die Leiterin wurde von Trennungs- und Verlustangst bedroht. Loslösung und Verselbständigung von Kindern lösten Ängste aus, und ein daraus begründetes Bindungsverhalten wurde als personaler wie berufsspezifischer Konflikt erlebt.

Die geplante Übernahme der Leitung durch die Erzieherin Frau Weidt war als Fortsetzung der bisherigen, aber durch Trennung und Veränderung bedrohten Gruppenkultur gedacht. Die Chance eines Neubeginns wurde damit wie eine Gefahr zu umgehen versucht. Die für die Situation des Trägers uneinfühlsame »Vorentscheidung« der Neubesetzung der Leiterinnenstelle im Team bildete den Anfang des offenen Konflikts. Möglicherweise kam Pfarrer und Kirchenvorstand die Funktion zu, eine Trennung von Leiterin und Kindergarten und der Erzieherinnen untereinander herbeizuführen. Fiel eine solche Trennung der Gruppe wegen des noch nicht abgeschlossenen Prozesses innerer Differenzierung und Abgrenzung aus sich heraus zu schwer?

Versuche der Leiterin zur Einflußsicherung über ihr Ausscheiden hinaus waren für sie auch persönlich und in ihrer aktuellen Situation begründet. Sie kehrte nach dem Ausscheiden an ihren Heimatort zurück, der eine vergleichbare dörfliche Struktur hatte. Nur dem Ehemann war es zum Zeitpunkt des Umzugs gelungen, eine gleichwertige Arbeit zu finden. Ihre Selbsteinschätzung war in hohem Maße bestimmt von der sozialen Bedeutung, die sie aus ihrer Arbeit gewann. Möglicherweise benötigte sie bei der Rückkehr an den Heimatort ihren Einfluß auf das dörfliche Geschehen während des Konflikts in Glücksborn auch, um sich vor Bedeutungsverlust und neuerlicher Abhängigkeit von ihrer Herkunftsfamilie zu schützen.

Zeitlich parallel verlief innerhalb der Gemeinde Glücksborn eine weitere, aus Altersgründen notwendige Trennung. Auch der Pfarrer verließ seine Gemeinde, die er weit über seine Pensionsgrenze hinaus betreut hatte. Vermutlich erleichterte auch er sich unbewußt durch die mit dem Konflikt einhergehenden Aggressionen und Entwertungen seinen Abschied.

Angenommen werden kann sogar ein weitgehend unbewußtes Zusammenspiel der beiden Personen, Leiterin und Pfarrer, in einer besonderen Beziehung zueinander. Erinnert sei nochmals an die hohe Bedeutung, die die Leiterin als Vermittlerin zwischen den sich zunehmend entfremdenden Welten des Kindergartens und des Dorfes einnahm. Vielleicht gelang ihr dies deshalb über eine längere Zeit so erfolgreich, weil sie damit einer möglichen Phantasie über eine besondere, der Vater-Tochterbeziehung analogen Beziehung zwischen ihr und dem Pfarrer Nahrung gab. Der Pfarrer wies ihr, der Leiterin – auch in der nachträglichen Kritik und Entwertung noch erkennbar – eine besonders hohe Bedeutung unter anderem in der christlichen Gemeindearbeit zu. Damit bestätigte er die Erwartungen der Gemeindemitglieder zum institutionellen Auftrag eines kirchlichen Kindergartens.

Zusätzlich war aber auch zu beobachten, wie der Pfarrer trotz der zunehmend entgleisenden Kommunikation das Zusammensein mit dieser lebendigen, kraftvollen Frau (und ihren Kolleginnen) benötigte und sie als Gesprächspartnerin in Gemeindefragen und in der Seelsorge schätzte. Hierüber vermochte er sich möglicherweise die zunehmend schwindende Gewißheit über seine persönlichen und beruflichen Fähigkeiten wieder herzustellen. Aus diesen Überlegungen wird jetzt auch einfühlbar, welche tiefe persönliche Kränkung aus der Abwendung der Erzieherinnen von traditionellen Autoritäten und der idealisierenden Zuwendung zu Beratern und Forschern für den Pfarrer erwuchs. Es schließt sich die Frage an, ob beide ausscheidenden Personen unter dem Druck ihrer persönlichen Belastung durch die Krise der Trennung über die unbewußte Inszenierung des Konfliktes unbemerkt einen »Dienst« für das Gemeinwesen zum Erhalt des sozialen Status quo übernahmen.

Der Weggang des Pfarrers kündigte einen neuen jungen Gemeindepfarrer an. Der Weggang der Leiterin brachte den Verlust einer »Gelenkstelle« als Vermittlerin zwischen den beiden »Welten« mit sich. Unvermittelt war die Gemeinde nun konfrontiert mit den Anforderungen aus der Integration eines jungen Pfarrers und einer Erzieherin, die als Vertreterin des emanzipatorischen Teils sowohl der Kindergartenpädagogik als auch der Dorfbevölkerung gelten konnte.

Die Beziehung zwischen Pfarrer und Leiterin repräsentierte in der Vergangenheit einen »historischen Kompromiß« zwischen alter und junger Generation, zwischen patriarchalischem und weiblichem Prinzip, zwischen traditionell dörflicher und aufgeklärter städtischer Kultur. Auch darüber, daß in ihre Beziehung Übertragungsphänomene unbemerkt einflossen, wurde die Auseinandersetzung mit der äußeren Realität erschwert bzw. abgewehrt.

Veränderungen schienen notwendig, da die Diskrepanz zwischen den formalen Vertretern sozialer Interessen, die in dieser Gemeinde mit den Institutionsvertretern weitgehend identisch waren, und neuen informellen Repräsentanten veränderter sozialer Interaktionen nicht mehr durch Anpassung und Austausch verringert werden konnte. Im Sinne der notwendigen Veränderung des sozialen Systems dieser Gemeinde und der Funktionszuweisung an den Kindergarten ist bei Ende der Untersuchung die scheinbare Dominanz von rigiden Institutionsvertretern nur eine vorübergehende Position, welche die Realitätsanpassung von Institution und sozialem System im wesentlichen nur aufschiebt.

Dem Forschungsteam ist es nicht gelungen, die komplexen sozialen Verflechtungen und Beziehungen in ihrem Einfluß auf den Forschungsgegenstand einzugrenzen. Ausgangspunkt war einerseits die Absicht, möglichst geringe Störungen im Feld selbst zu bewirken. Anderseits sollte es sich möglichst unbeeinflußt dem »eigentlichen« Untersuchungsgegenstand zuwenden. Vermutlich lag dieser Absicht eine erste Einsicht in die latente Krise der institutionellen und sozialen Strukturen zugrunde. Unterschätzt wurden, so wird nachträglich deutlich, 1. der soziale Veränderungsdruck, 2. die Möglichkeiten zur Veränderung bei den Beteiligten und 3. jene Wirkungen, die vom Forschungsvorhaben selbst ausgingen.

Als »Auslösereiz« konnten die veränderten Interaktionen mit Beratern und Forschern betrachtet werden, welche die brüchige Legitimität traditioneller Autorität offenlegte. Unbemerkt geriet das Forschungsvorhaben deshalb in die soziale Dynamik. Zukünftige Forschungsvorhaben und Beratungsprozesse können nur auf unsere Erfahrungen mit einem »verkürzten« Ansatz, das heißt einer nicht hinreichenden Berücksichtigung des institutionellen und gesellschaftlichen Faktors, hingewiesen werden. Die beschriebene Entwicklung im Forschungsfeld ist sicher situativ und von den besonderen personalen und regionalen Gegebenheiten einer kleinen dörflichen Gemeinde bestimmt. Aber gerade deren Überschaubarkeit ließ es zu, Einsicht zu gewinnen in Möglichkeiten und Grenzen von auf Veränderung zielender beruflicher Weiterentwicklung in Abhängigkeit von institutionellen Strukturen und sozialen Prozessen. Im Auseinanderfallen der Entwicklung der Beteiligten in diesem Feld und der konfliktauslösenden Wirkung, die ein auf Verständigung und Integration ausgelegtes Forschungsvorhaben enthält, spiegeln sich durchaus auch gesellschaftliche Gegebenheiten, die über diesen kleinen Bereich hinausweisen. Letztlich zeigt das Schicksal der Reformen im Bildungs- und Gesundheitswesen, wie abhängig diese von einem gesellschaftlich veränderten Klima und sie tragenden sozialen Bewegungen sind.

V. Lernprozesse mit Erzieherinnen

Mit dem Erzieherinnen-Team eines kirchlichen Kindergartens in Freudenberg wurde die Begleitung ihrer pädagogischen Arbeit durch Supervision vereinbart. Innerhalb von fast zwei Jahren wurden in vierzehntägigem Abstand 33 doppelstündige Sitzungen psychoanalytischer Supervision mit zwei Gruppenleitern – einer Frau und einem Mann – durchgeführt. Die Vereinbarung zur längerfristigen Zusammenarbeit wurde nach einer ersten Kontaktphase von fünf Sitzungen getroffen. Danach fanden weitere 28 Sitzungen statt.

Die Supervision erfolgte in der Annahme, daß über Fallbesprechungen Beziehungsprobleme, wie sie Kinder in den Kindergarten einbringen und wie sie dort in Erscheinung treten, genauer erfaßt und in ihrer Bedeutung für das jeweilige Kind und dessen weitere Entwicklung begriffen werden können. Aus vergleichbaren Erfahrungen war zu erwarten, daß mit dem hier angewandten Gruppenverfahren bei den Erzieherinnen ein besonderer Lernprozeß in Gang kommt, der ihre Sensibilität erhöht, die in den Verhaltensweisen der Kinder zum Ausdruck kommenden spezifischen Bedürfnisse und Probleme besser zu verstehen. Das steht im engen Zusammenhang mit der sich dabei erweiternden Fähigkeit, eigene Gefühlsreaktionen in konflikthaften pädagogischen Situationen wahrzunehmen, zu reflektieren und für das Verständnis der Kinder sowie den fördernden Umgang mit ihnen zu nutzen.

Schließlich erwarteten wir, aus den Schilderungen der beteiligten Erzieherinnen genauere Erkenntnisse über das »Beziehungsfeld Kindergarten« zu gewinnen, die es uns ermöglichen würden, zu Aussagen zu kommen über die Aufgabe des Kindergartens, die Entwicklung der Kinder zu fördern, und zur Art und Weise, wie er diese Aufgabe erfüllen kann. Wir konnten feststellen, daß psychoanalytische Team-Supervision durch außenstehende Supervisoren wesentlich zur Professionalisierung von Erzieherinnen beiträgt. Ebenso zeigte sich, daß sich Erkenntnisse und Ergebnisse von teilnehmender Beobachtung in Kindergruppen und Supervision wechselseitig bestätigen und ergänzen.

Im Verlauf der Supervision wurde intensiv – und zum Teil wiederholt – über aktuelle und wohl auch zentrale Beziehungsprobleme von 19 Kindern gesprochen. Darüber hinaus wurde auch der aktuelle Gruppenprozeß – soweit erforderlich – Gegenstand der gemeinsamen Diskussion und Reflexion.

Wir werden nun in exemplarischer und geraffter Form wiedergeben, wie bereits in der ersten eigentlichen Supervisionssitzung – nach den fünf vorangegangenen Sitzungen zum Kennenlernen – über ein Kind mit einer besonders hohen Problembelastung berichtet wurde, was sich daraus für das Verständnis seiner Verhaltensauffälligkeiten ergab und welche Perspektiven für seine weitere Betreuung und Eingliederung erkennbar wurden.

Außerdem versuchen wir zu verstehen, was die Gruppe der Erzieherinnen dazu bewog, gerade dieses Kind einzubringen, und wie sie über diesen Fall ihre eigene Verfassung, ihre eigene Belastung und Problematik unbewußt zum Ausdruck brachte.

Entsprechend den Ergebnissen psychoanalytischer Kleingruppenforschung nahmen wir an, daß aus der Beobachtung der Wechselbeziehung bzw. den Parallelen zwischen der Problematik eines in der Gruppe besprochenen Kindes und der jeweiligen Situation der Supervisions-Gruppe selbst besondere Einsichten zu gewinnen seien und daß die Reflexion des Gruppenprozesses das Verständnis der Teilnehmerinnen für Vorgänge in den von ihnen betreuten Kindergruppen vertiefen würde.

1. Die erste Sitzung: Benjamin

Die erste Sitzung ist von besonderem Interesse,
1. weil in ihr über ein Kind gesprochen wurde, das seine Erzieherinnen außerordentlich beanspruchte und sie mit nur schwer zu verstehenden Verhaltensweisen konfrontierte;
2. weil mit der Besprechung gerade dieses Kindes von den Beteiligten unbewußt das derzeitige Hauptproblem der Teamgruppe selbst thematisiert wurde und auch bereits Lösungsmöglichkeiten angedeutet wurden.

In jener ersten Sitzung wurde von den Erzieherinnen – auf Veranlassung der Leiterin des Kindergartens – über ein Kind gesprochen, das zum damaligen Zeitpunkt zwar gerade abwesend war, dennoch seine unmittelbaren Erzieherinnen, die Leiterin wie das gesamte Team, außerordentlich beschäftigte.

Benjamin – wie wir den Jungen hier nennen werden – war zum Zeitpunkt der Sitzung drei Jahre und neun Monate alt. Er wurde in den Sommerferien davor – das heißt im Alter von knapp drei Jahren – in den Kindergarten aufgenommen. Von Angst vor Verlassenheit total beherrscht, reagierte er auf jede Trennung äußerst empfindlich. Das wurde durch häufige Trennungserlebnisse – die gerade auch im Zusammenhang seiner Eingliederung in den Kindergarten aktualisiert wurden – wie durch große psychische Belastungen noch sehr verstärkt. So konnte es Benjamin nicht einmal für kurze Zeit ertragen, daß sich seine Erzieherin aus seiner Nähe entfernte. Er folgte ihr auf Schritt und Tritt. Das belastete sie natürlich sehr.

Auf Veranlassung seiner Eltern wurde er wegen seines Schielens mehreren Augenoperationen unterzogen, die jedoch – bis zum Zeitpunkt der Sitzung – alle erfolglos blieben. Anscheinend wurde ausschließlich eine organische Ursache angenommen und nicht geprüft, ob das Kind darüber hinaus auch einen Grund haben könnte, seine Partner nicht anzuschauen und deshalb sozusagen nach innen schauen mußte. Es blieb offen, weshalb seine Eltern unbedingt zu diesem Zeitpunkt die Korrektur der Augenstellung vornehmen lassen wollten und nicht wahrnehmen konnten, was die Operationen für Benjamin bedeuteten, wie er sich überwältigt fühlen mußte. Das wurde an dem Bericht über den ersten Versuch, ihn zu operieren, deutlich. Dieser mißlang, weil sich Benjamin in panischer Angst davor, was ihm da angetan werden sollte, so gegen die Narkosespritze wehrte, daß er fast vom Operationstisch gefallen wäre.

Seinen Erzieherinnen vermittelte Benjamin, daß er seinen Vater als weit weg, abgeschirmt durch einen großen Schreibtisch und zwei Sekretärinnen, und als schwer erreichbar erlebte.

Es wurde beobachtet, daß er schon bei kurzen Trennungen von seiner Mutter in unerträgliche Angstzustände verfiel. In dieses Bild paßte, daß er zu Fastnacht ein Tintenfisch sein wollte, an dem ihm die Saugnäpfe besonders wichtig waren. Mit den Supervisoren verstand die Gruppe, was das für ihn heißen sollte: »Wenn ich Saugnäpfe hätte, könnte ich mich an der Mutter festsaugen. Sie könnte sich mir dann nicht immer wieder entziehen.« Das führte zu der Frage, ob Benjamin leicht in Panik geriet und »Saugnäpfe« brauchte, weil er die Mutter als für ihn nicht wirklich präsent, als nicht einfühlsam und zuverlässig genug erlebte. Weshalb mußte er sich sonst noch nach Manier eines ganz kleinen Kindes an jeden klammern, jedem ständig folgen, sich an jedem gleichsam festsaugen, der für ihn gerade erreichbar war? Hatte er kein Grundvertrauen gewinnen können und kein inneres Bild von der Mutter in sich errichten, keine »Objektkonstanz« ausbilden können, was ihm helfen würde, ihre zeitweilige Abwesenheit besser zu überstehen?

Benjamin knüpfte zu seiner Erzieherin, Frau D., eine besondere Beziehung und verhielt sich ihr gegenüber fast wie ein ganz junges Kind zu seiner Mutter (zu seiner wichtigsten Bezugsperson). Das führte wiederum zu den Fragen: »Nahm Benjamin Frau D. deshalb so in Anspruch, weil er in ihr fast gewaltsam eine Ergänzung oder gar eine –

bessere – Alternative zu seiner Mutter suchte, weil er bei dieser Verständnis, Halt und Resonanz, wirkliches Eingehen auf ihn und Einvernehmen mit ihr vermißte? Ließ seine Neigung zu Panikreaktionen vermuten, daß er sich trotz Anwesenheit der Mutter verlassen und damit in seiner Existenz bedroht fühlte, das heißt große Angst hatte, sich selbst zu verlieren, ja den Verlust nicht zu überleben?«

Den Mitteilungen der Erzieherinnen nach waren Benjamins Eltern sehr um seine Zukunft besorgt. Sein gegenwärtiges Wohlbefinden schien dabei aber eher außer acht gelassen zu werden. Um sich die Zuneigung der Eltern zu erhalten, versuchte er als »großer Junge« ihre Erwartungen zu erfüllen und »vernünftig« zu sein. Das wurde in der Sitzung als eine »Flucht nach vorn« verstanden, als ein wenig überzeugender Versuch, mit seiner panischen Angst vor Verlassenheit und der Überwältigung – durch die mehrfachen Operationen – fertig zu werden. Seine Erzieherinnen nahmen seine sehr beachtlichen »intellektuellen« Anpassungsversuche wahr, schätzten seine weitere Entwicklung aber eher pessimistisch ein.

Allerdings war auch ein Hoffnungsschimmer zu sehen. Benjamin lernte, die Zeit zwischen dem täglichen früheren Weggehen seiner Erzieherin – wegen der Versorgung ihrer hilfsbedürftigen Schwester – und der Ankunft seiner Mutter, um ihn abzuholen, zu überbrücken. Er entwickelte eine für sein Alter erstaunliche Fähigkeit, die ihm auferlegte Wartezeit genau zu erfassen. Er versuchte präzise mitzuvollziehen, was sich ereignete, wenn seine Erzieherin ihn verlassen hatte, während seine Mutter noch auf dem Weg zu ihm war. Er mußte genau wissen, was Frau D. für ihre Schwester zu tun hatte, und ließ sich sogar ein Bild von dieser geben. Über kleine Aufmerksamkeiten und Telefongespräche stellte er selbst Kontakt zu ihr her. Mit persönlichen Andenken von Frau D. und kuscheligen Spieltieren ließ er sich trösten. Daraus war ein erster Ansatz zu erkennen, wie Benjamin im Kindergarten geholfen werden konnte, seine sehr ernst zu nehmende Angst vor Verlassenheit besser zu bewältigen.

Diese erste Sitzung zeigte darüber hinaus, daß die Erzieherinnen bereits über eine Vielzahl von Informationen über die Lebensgeschichte des Kindes verfügten. Es war ihnen mit Hilfe der durch die Supervision geschaffenen besonderen Gesprächssituation möglich, sich auf einen Prozeß einzulassen, der diese »Daten« in einen inneren Zusammenhang brachte und ein tieferes Verstehen der Bedeutung für das Kind ermöglichte. Das veränderte notwendig auch die Beziehungen Benjamins im Kindergarten.

Mit der Erörterung und Reflexion eines Falles wie dem von Benjamin wird von den Teilnehmerinnen der Supervisionsgruppe nicht nur die psychosoziale Situation eines Problemkindes besser erkannt. Es entsteht auch ein die Gefühlsreaktionen der Erzieherinnen miterfassender Prozeß. In seinem Verlauf erweitert und vertieft sich das Verständnis der daran Beteiligten für Kinder allgemein, speziell für die »Szenen«, die diese im Alltag des Kindergartens herstellen und in die sie ihre Erzieherinnen einbeziehen. Es kann dann verstanden werden, daß in diesen »Szenen« die meist in der Familie entstandenen psychosozialen Probleme der daran beteiligten Kinder – in übertragenem Sinn – dargestellt werden. Die Teilnehmerinnen und Teilnehmer lernen vor allem auch ihre eigenen Gefühlsreaktionen auf diese »Inszenierungen« der Kinder besser wahrzunehmen, zu überdenken und für einen förderlichen Umgang mit den Kindern auszuwerten.

2. Die erste Sitzung: Die Gruppe

Was die Erzieherinnen in den Supervisionssitzungen berichten, kann aber auch unter der Frage betrachtet werden, was sie – die Gruppe der Teilnehmerinnen im ganzen – mit diesen Schilderungen von sich selbst mitteilen und welche Beziehungen zwischen der Gruppe und den Supervisoren dabei zum Ausdruck kommen. Es ist eine Grunderkenntnis der Psychoanalyse, daß Menschen in Beziehungen – insbesondere in offen gehaltenen, »unstrukturierten« Situationen – geneigt sind, über ihre eigene Befindlichkeit und Problematik verfremdete Mitteilungen zu machen. Eine Gruppe entwickelt gemeinsame Ausdrucksweisen und Vorstellungen. Sie greift gelegentlich, vor allem unter dem Druck besonderer Belastungen, auf ganz frühe (archaische) Gefühlseinstellungen zurück, ohne sich dessen bewußt zu sein. Die erste Sitzung ist – wie für jeden offenen Beratungsprozeß – insofern von besonderer Bedeutung, als in ihrem Verlauf, in der Themenauswahl, im Umgang der Erzieherinnen untereinander und mit dem eingebrachten Material sowie mit den Beratern die besondere Struktur der Gruppe, ihre Hierarchie und Rollenverteilung, ihre Fähigkeit zur wechselseitigen Kooperation und Unterstützung, aber auch ihre spezifischen Konflikte, Ängste und Hemmungen dem geschulten Beobachter sichtbar werden. Diese »Selbstdarstellung« von Gruppen in der ersten Sitzung geschieht zum allergrößten Teil unbewußt und ist eine Reaktion auf das oben angesprochene Prinzip der Minimalstrukturierung.

Daß dadurch die Gruppe gleichsam zur unbewußten Selbstdarstellung und Problemformulierung »verführt« wird, ist leicht verständlich, wenn wir bedenken, daß die Gruppe mit einer neuen, unbekannten Situation und neuen, unbekannten Personen, den Beratern, konfrontiert wird. Aufgrund dieser unstrukturierten Beziehungssituation ist die Gruppe auf ihre Phantasien über Erwartungen, Hilfestellungen, »richtiges« Verhalten usw. verwiesen, deren Inhalte einerseits auf ihrem Beratungsbedürfnis für die Arbeit und andererseits aus ihren Erfahrungen mit anderen Beratern und Autoritäten gespeist und nun auf die aktuelle Situation übertragen werden.

Das Prinzip der Minimalstrukturierung führt also dazu, daß die Gruppe von sich aus Beziehungssituationen herstellen muß, womit sie auch ihre spezifischen Ressourcen, ihre Hemmungen und Problemlagen zwangsläufig offenbart. Daß dies unbewußt geschieht, ist zu erkennen, wenn wir uns kurz den Erwartungen der Erzieherinnen hinsichtlich des vorgestellten Falls an die Supervisoren zuwenden: Sie selbst schienen keine Erwartungen zu haben. Weder wurde eine bestimmte Fragestellung formuliert noch sprachen die Erzieherinnen von sich aus eigene Belastungen durch Benjamin oder Veränderungswünsche an. Nachdem etwa die Hälfte der Sitzung vergangen war, teilte die Supervisorin ihre Überlegung hinsichtlich der Frage, warum Benjamin heute vorgestellt worden war, der Gruppe mit. Sie fragte: »Wird Benjamin deshalb vorgestellt, weil er die Grenzen der Betreuungsmöglichkeiten des Kindergartens aufzeigt?«

Von dieser Überlegung grenzte sich die Gruppe jedoch ab: »Wir ziehen ihn ja durch. Dann muß er halt auch 'mal weinen. Er tut mir schon leid, aber es muß sein!« Das manifestierte Bedürfnis der Gruppe schien also nur zu sein, daß über ein »schwieriges« Kind einmal mit Fachleuten gesprochen wird. Diese Reaktion war schon ein deutlicher Hinweis darauf, welche hohen Anforderungen die Erzieherinnen an sich selbst stellten, wie schwer es ihnen möglicherweise fallen würde, Überlastungen zurückzuweisen, sich mit den Grenzen ihrer Arbeit auszusöhnen, das heißt sich einzugestehen, manchmal auch hilflos und überfordert zu sein. Auch wurde ja ein Junge vorgestellt, der »ohnehin im Moment nicht da«, das heißt nicht im Kindergarten war. Dieser Umstand konnte als deutliche Mitteilung an die Berater verstanden werden, die übersetzt etwa folgendermaßen lautete: »Wir kommen mit unserer Arbeit schon zurecht. Es gibt nichts, was uns unter den Nägeln brennt.« Die Erzieherinnen vermieden mit dieser Haltung, in eine Abhängigkeitsposition zu den Beratern zu kommen, das heißt sich als jemand darzustellen, welcher der Hilfe bedurfte.

Betrachten wir deshalb genauer, wie die Gruppe mit der neuen Situation umging. Die Arbeit begann zögernd: Schweigen, unsicheres Lachen, auch Irritation durch das Tonband, mit dem die Sitzungen aufgezeichnet wurden. Die Erzieherinnen erwarteten offensichtlich eine Strukturierung durch die Supervisoren. Da diese nicht »die Sache in die

Hand nahmen«, übernahm schließlich die Leiterin Führungsfunktion und sagte, es sei über Benjamin zu sprechen. Sie forderte Frau D. und Frau B. auf, diesen Jungen vorzustellen.

Frau A., die Leiterin des Kindergartens, reagierte also entsprechend ihrer Funktion und Position. Sie erteilte Frau B. und Frau D. den Arbeitsauftrag, Benjamin vorzustellen. Dies war insofern bemerkenswert, als diese beiden Erzieherinnen die gegensätzlichen Pole in der Gruppe mit ihrer jeweiligen Persönlichkeit repräsentierten: Frau D. war eine im guten Sinne mütterliche, sensible, spontane und verständnisvolle Frau, die, wie sie in einer der letzten Sitzungen sagte, damals »schreckliche Angst« vor der Supervision hatte. Sie war in der Gruppe primäre Trägerin des affektiv-emotionalen Aspekts des Gruppenprozesses. Demgegenüber war Frau B. eine junge Frau, die vorwiegend durch die intellektuelle Durchdringung von Problemen und durch hohe Anforderungen an sich selbst versucht hatte, den vielfältigen Aufgaben ihrer Praxis gerecht zu werden. Entsprechend war sie im Gruppenprozeß mehr die Protagonistin von (strengen) moralischen Forderungen und verstand als Auftrag der Gruppe, anstehende Probleme mit rationalen Überlegungen zu lösen.

Daß diese beiden Frauen Benjamin vorstellten, deutete vielleicht auf den Wunsch der Gruppe, daß mit Hilfe der gemeinsamen Arbeit beide Positionen sich nicht gegenüberstehen, sondern vielmehr integriert werden sollten.

Auffällig war – allerdings nur im nachhinein – auch, daß Frau E. nicht an dieser entscheidenden ersten Sitzung teilnahm. Wie sich später herausstellte, bestand seit langem ein massiver Konflikt des Teams mit ihr, der dazu führte, daß ihr Arbeitsvertrag nicht verlängert wurde. Von diesem Konflikt war den Supervisoren zu dieser Zeit nichts bekannt gewesen. Sie erfuhren erst nach der Sommerpause (in der 5. Sitzung) davon, als Frau E. bereits nicht mehr im Kindergarten arbeitete. Mit der Abwesenheit von Frau E. war also bereits eine Entscheidung vorweggenommen worden: Sie stand außerhalb der Gruppe. Das Team präsentierte sich mit den Mitgliedern, die dazu gehörten.

Soweit einige erste Hypothesen, die sich aus den sogenannten »Randphänomenen« (jenen Ereignissen, die sich am Rande und nicht während der konkreten Arbeit ereignen) ableiten lassen. Wenden wir uns nun dem freien Gesprächsverlauf und den Diskussionsinhalten zu. Auch hier ist zu bedenken, daß der Dialog einem unbewußten, latenten Gesprächskontext folgt, der den Teilnehmern nicht unmittelbar zugänglich ist. Indem die Erzieherinnen von sich aus über spezielle Probleme der Praxis, über für sie in besonderer Weise schwierige Kinder reden, sprechen sie auch darüber, worunter *sie* leiden, was *sie* belastet und wie sie damit umgehen. Auf der Ebene der Gruppendynamik heißt das: Mit dem Bericht über ein bestimmtes Kind wird nicht nur von diesem Kind gesprochen, sondern auch von den Problemen und Phantasien der Gruppe. Die Falldarstellung ist auf der Beziehungsebene auch eine unbewußte Problemformulierung und enthält Aussagen über die Konfliktlage der Gruppe und ihre Beziehungswünsche bzw. ihre Beziehungsängste hinsichtlich der Leiter, der Gesamtgruppe und der einzelnen Mitglieder.

Aber nun zum Gesprächsverlauf und den Gesprächsinhalten. Benjamins Problematik wurde schon beschrieben, wir werden deshalb hierauf nicht mehr gesondert Bezug nehmen, sondern uns mehr den Gesprächszusammenhängen zuwenden.

Nachdem der Arbeitsauftrag durch Frau A. formuliert war, wurde das Gespräch primär durch Frau D. bestritten, die gelegentlich sekundiert wurde von Frau B.; Frau A., Frau C. und Frau G. zeigten eine sehr geringe Gesprächsbeteiligung, obwohl sie offensichtlich am Diskussionsverlauf Anteil nahmen.

Dabei war das zentrale Thema der Gruppe in der ersten Sitzung Trennung, Verlassenwerden, panische Angst vor Überwältigung, Benjamins gescheiterte Operation und die Folgen unverarbeiteter Trennungs- und Überwältigungserfahrungen.

Zunächst wurde über Benjamins Trennungserlebnisse und seine Beziehung zu Frau B. gesprochen, die auch durch besondere Trennungserfahrungen am Nachmittag gekennzeichnet war. (Sie mußte vor dem Ende des Kindergartentages weggehen, um ihre kranke Schwester zu versorgen.) Ebenso wurden Benjamins Versuche, die Trennungsangst zu bewältigen, diskutiert. In dieser Situation ermunterte die Supervisorin die Gruppe zur Reflexion der eigenen Betroffenheit. Sie fragte nach der Bedeutung des Themas für die Erzieherinnen, nach ihren Belastungen und ihren Grenzen. Darüber wollten die Erzieherinnen jedoch – noch – nicht sprechen. Vielmehr wurde festgestellt: »wir ziehen ihn – Benjamin – ja durch«. Aber die Prognose der Erzieherinnen für Benjamins weiteren Lebensweg war düster: In der Schule und im späteren Leben würde er es schwer haben. Gerade der Kontrast zur Schule und zum weiteren Leben machte deutlich, welch hohe, ja vielleicht strenge Anforderungen die Gruppe an sich stellte.

Benjamin war eine große Belastung für die Erzieherinnen; sie verstanden seine Überforderung und seine Hilfsbedürftigkeit. Aber für sich selbst durften sie bewußt noch keine Hilfe in Anspruch nehmen. Und dies wurde auch gleich unter Beweis gestellt. Die Erzieherinnen teilten den Supervisoren ihre Überlegungen zur Unterstützung Benjamins im Kindergarten mit. Obwohl die Mutter erwartete, daß der Kindergarten eine weitere Betreuung ablehnen würde, möchten sie Benjamin weiter »durchziehen«. Wie auch Benjamin, versuchten die Erzieherinnen »vernünftig« zu sein, das heißt, alle, auch die schwerwiegendsten Belastungen und Überforderungen auszuhalten. Nachdem die Gruppe die Bedeutung Benjamins im Hinblick auf eigene Belastungsgrenzen nicht diskutieren wollte, akzeptierten die Supervisoren diesen Wunsch und bemühten sich – zusammen mit den Erzieherinnen –, Benjamins besondere Problemlage, seine Befindlichkeit und sein soziales Umfeld besser zu verstehen, ohne nochmals Aspekte der Problemsituation der Gruppe anzusprechen. Die restlichen Gesprächssequenzen dienten der Bewältigung dieser Aufgabe. Benjamins Überforderung (»Von ihm wird mehr Leistung gefordert, als daß er Spielkind sein darf«, sagte Frau B.), seine Unsicherheit bezüglich der Tragfähigkeit von Beziehungen (woraus seine Trennungsängste resultierten) und die Angst um seinen Körper (Operationen) wurden verstanden und in Beziehung zu seiner Entwicklung und zum familiären Umfeld gebracht.

Wir haben gesagt, daß die Falldarstellung der Gruppe immer auch auf der Beziehungsebene eine unbewußte Problemformulierung darstellt. Betrachten wir auf diesem Hintergrund die zentralen Themen der ersten Sitzung der Supervisions-Gruppe: Besonders auffällig waren die Themen Trennung und Belastung (durch Benjamin, aber auch durch die eigenen, hohen Ansprüche). Weniger auffällig zeigte sich ein weiteres Thema, das im Kindergarten von hoher Bedeutung ist, nämlich die Rivalität mit den Eltern, die häufige, scheinbar unverständliche Neigung von Erzieherinnen, die »besseren Eltern« bzw. die »besseren Mütter« für Kinder mit Beziehungsproblemen sein zu wollen. Dieses Thema klang an im einfühlsamen Umgang von Frau D. mit Benjamin. Eigentlich möchte man ihm eine solche Mutter wünschen. Ihr gelang es in vorbildlicher Weise, auf Benjamins Trennungsängste einzugehen und ihm zu helfen, in ihrer gemeinsamen Beziehung damit Schritt für Schritt besser umgehen zu lernen. Benjamin hatte in den Kindergarten immer sein kleines Schäfchen, ein Schmusetier, mitgebracht. Indem sich die Beziehung zu Frau D. entwickelte, wählte Benjamin ein weiteres Lieblingstier, einen Teddybären, den er von Frau D. erhalten hatte. Der Kindergarten ging also sehr auf Benjamin ein, und die Erzieherinnen machten deutlich, daß dies im Gegensatz zur häuslichen Atmosphäre zu stehen schien: Bei einem Hausbesuch fand Frau B. ausschließlich eine »Erwachsenenumwelt« vor.

In dieser ersten Sitzung standen also drei Themen im Vordergrund: Trennung und Trennungsfolgen (Überwältigung), hohe Anforderungen und der Vergleich, vielleicht die Rivalität mit den Eltern.

Betrachten wir die Geschichte der Gruppe, ist es nicht verwunderlich, daß das Trennungsthema in der Dynamik der Teamgruppe eine bedeutende Rolle spielte. Etwa ein halbes Jahr vor Beginn der Supervision mußte die damalige Leiterin, an die die Erzieherinnen sehr gebunden waren, den Kindergarten plötzlich verlassen. Und auch die Supervisoren, die zunächst im Projekt mit der Gruppe zusammenarbeiteten, mußten ihre Arbeit, kaum daß sie begonnen war, aus äußeren Gründen abbrechen. Beiden Trennungserlebnissen war die Gruppe unvorbereitet ausgesetzt – und indem dieses Thema der ersten Sitzung über Benjamin, der ja auch schon zwei Operationen hinter sich hatte, so deutlich benannt wurde, fragten wir uns, was die Gruppe den Supervisoren unbewußt auf der emotionalen, das heißt der Beziehungsebene mitteilte. Vielleicht hätte eine Mitteilung, wenn sie den Teilnehmern bewußt gewesen wäre, wie folgt lauten können:

»Auch wir fühlen uns derzeit verlassen und durch häufige Trennungserlebnisse (und Enttäuschungen) wie auch unter dem Druck der Anforderung, gute Erziehungsarbeit leisten zu müssen, überaus belastet; denn wir haben es ja vielfach mit uns so beanspruchenden Kindern zu tun, wie mit Benjamin. Deshalb brauchen wir unbedingt jemand, an den wir uns selbst anlehnen können, der uns Orientierung und Rückhalt gibt und uns von der Angst, wieder verlassen zu werden und zu versagen, entlastet. Werdet ihr – die Supervisoren – uns das bieten können? Oder wird der (männliche) Supervisor unerreichbar bleiben, sich hinter dem Schreibtisch des Forschers verschanzen und von Sekretärinnen abschirmen lassen wie Benjamins Vater? Wird die Supervisorin so wenig einfühlsam und zuverlässig sein wie seine Mutter? Wir fürchten, daß ihr uns mit einer ›Augenoperation‹, das heißt mit eurer unverständlichen und für die Praxis ungeeigneten Theorie (wie sie den Supervisoren in der ›Übertragung‹ unterstellt wurde) überwältigt, obwohl wir doch nur voller Angst, unsere Aufgabe mit solchen schwierigen Kindern nicht erfüllen zu können und aus Scham, von Ihnen als untüchtig verurteilt zu werden, den Blick senken?

Am liebsten würden wir uns an der Supervisorin festsaugen, damit wir sie in allen schwer zu bewältigenden Situationen bei uns haben. Aber wir geben uns einen Ruck und zeigen uns den Anforderungen und den selbstgestellten Aufgaben gewachsen und hoffen so, von den Supervisoren für gut und wertvoll befunden zu werden. Aber dennoch, ja gerade deshalb sind wir auf verständnisvolle Unterstützung angewiesen, auch weil wir durch den Verlust ganz wichtiger Personen und durch ständige Trennungserlebnisse sehr belastet sind.«

So oder ähnlich könnte die Übersetzung der Falldarstellung in die der aktuellen Befindlichkeit der Gruppe lauten. Diese Entschlüsselung des unbewußten Sinnes – der zunächst weder denen, die berichteten, noch denen, die zuhörten, verständlich war – wurde für die Supervisoren dadurch erleichtert, daß sie über das jüngste Schicksal des Kindergartens informiert waren. So waren sie in der Lage, den Bericht über Benjamin mit der Gruppe in Beziehung zu setzen und zu verstehen, was die Erzieherinnen damit über die derzeitige Verfassung und Problematik ihrer Arbeitsgruppe »chiffriert« zur Sprache brachten. Die Erzieherinnen hatten (wie erwähnt) kurz zuvor ihre langjährige Leiterin, die den Kindergarten im Geist ihrer religiösen Überzeugung geprägt hatte und ganz in ihrer Tätigkeit aufging, wegen deren überraschender Verpflichtung zur Übernahme einer größeren, verantwortungsvolleren Aufgabe verloren. Sie wurde von den meist jüngeren Mitarbeiterinnen als starke Persönlichkeit und fähige Pädagogin sehr geschätzt und in ihrem Anspruch hinsichtlich der erzieherischen Arbeit anerkannt. Sie gab den Erzieherinnen Halt und Orientierung.

Es ist leicht nachfühlbar, welchen Schock dieser kaum zu überschätzende Verlust bei den Erzieherinnen und damit auch bei den Kindern bis hin zu den Eltern ausgelöst haben mußte.

Unter dem Eindruck der so entstandenen Verunsicherung waren die neue Leiterin und die Erzieherinnen des Kindergartens erleichtert, als ihnen angeboten wurde, an unserem Projekt teilzunehmen und von zwei mit Arbeit und Problemen von Kindergärten vertrauten Mitarbeiterinnen einer Erziehungsberatungsstelle Supervision zu erhalten. Die Zusammenarbeit war bereits mit gegenseitiger Zuversicht für ein gutes Gelingen angelaufen, als sie aus internen Gründen der Beratungsstelle jäh beendet wurde. In dieser Situation hatten eine Mitarbeiterin und ein Mitarbeiter des Projektes angeboten, die Supervision zu übernehmen.

Auch in einer am Kindergarten durchgeführten Bestandsaufnahme, in die Ergebnisse anderer Mitarbeiter im Projekt eingingen, spiegelte sich die Situation des Kindergartens nach dem gravierenden Verlust der Leiterin und dem Scheitern der Zusammenarbeit mit Vertreterinnen der Erziehungsberatungsstelle. Die Beobachter (die nicht identisch mit den Supervisoren waren) erlebten die Gruppe, der sie zugewiesen wurden, »abgeschottet wie in einem U-Boot«. Interessanterweise wurde bei einem Fest »Arche Noah« gespielt. Die Beobachter erlebten, wie Erwachsene und Kinder sich in das »U-Boot« oder in die »Arche« zurückzogen, um die Überschwemmung (durch Angst) zu überleben. Die fremden, unvertrauten Beobachter wurden mit Beklommenheit und Argwohn wahrgenommen. Es entstand große Angst, von oben herab in dieser unsicheren Situation beobachtet und dabei beurteilt, ja verurteilt zu werden. Vor allem der männliche Beobachter wurde anfänglich gemieden. Er schien für Erzieherinnen und Kinder die bedrohende Welt draußen – außerhalb der Arche – zu vertreten.

Hier muß erwähnt werden, daß bei dieser »Bestandsaufnahme« ein besonderes Problem jeder Direkt-Beobachtung im pädagogischen Feld deutlich wurde: Unvertraute Beobachter werden, vor allem dann, wenn gerade unter Erziehern und Kindern eine Verunsicherung herrscht, eher als bedrohlich, feindselig und verurteilend denn als hilfreich erlebt. Dies belastet die Arbeit im Kindergarten über Gebühr und verzerrt möglicherweise auch die Beobachtungsdaten.

In den folgenden Sitzungen wurde intensiv über Beziehungsprobleme im Kindergarten gesprochen und gemeinsam über die Gruppe selbst – gerade auch in ihrer Beziehung zu den Supervisoren – nachgedacht.

Im weiteren Verlauf der Supervision zeigte sich, wie die Erzieherinnen allmählich mit der großen emotionalen Belastung durch einzelne Kinder wie auch in besonderen konfliktbeladenen Situationen angemessener umgehen konnten. Darüber hinaus gelang es ihnen, die Wahrnehmung eigener Reaktionen in bestimmten konflikthaften Szenen für ein besseres Verständnis des jeweils besprochenen Kindes und seiner familiären Beziehungen zu nutzen. Sie konnten zunehmend auch für die Probleme und das Verhalten von Müttern Einfühlungsvermögen und größeres Verständnis finden. Die Teilnehmerinnen lernten, sich Konflikten in den Kindergruppen wie im Team zu stellen, trotz der damit verbundenen Belastung, Beziehungsprobleme zu klären. Sie gewannen zunehmend Vertrauen in ihre berufliche Kompetenz und brauchten die Supervisoren weder als »gelehrte Damen und Herren« zu idealisieren noch sie als praxisfremde Theoretiker zu entwerten und konnten sich schließlich von ihnen lösen.

Damit hatten sie nicht nur den Verlust der früheren Leiterin bearbeitet, sondern waren in der Lage, wechselseitig Rat und Unterstützung, ohne Angst vor Verlust an Ansehen, in Anspruch zu nehmen. Allerdings führten diese neuen Fähigkeiten durchaus auch zu Konflikten, wie die neu entstehenden Schwierigkeiten in der Verständigung innerhalb einer Arbeitsgemeinschaft von Erzieherinnen zeigten. Bei ihren Kolleginnen lösten sie mit ihrer offenen Art, über Schwierigkeiten im pädagogischen Alltag zu sprechen, auch Angst aus.

3. Phasen der Entwicklung und Entwicklungskrisen

In diesem Abschnitt werden wir auf den gemeinsamen Lernprozeß von Erzieherinnen und Supervisoren näher eingehen. Wir haben bereits ausführlich von der ersten Sitzung der Gruppe und von Benjamin berichtet. Auch erwähnten wir, daß die Gruppe regelmäßig in vierzehntägigem Rhythmus – mit Ausnahme der Ferien – zusammenkam und fast zwei Jahre zusammenarbeitete. Insgesamt fanden achtundzwanzig Sitzungen von jeweils neunzig Minuten statt. In dieser Zeit wurde intensiv über die Beziehungsprobleme von neunzehn Kindern – teils mehrmals – gesprochen. Die Gruppe selbst wurde in elf Sitzungen Gegenstand ausführlicher gemeinsamer Reflexion, was eine Fallarbeit in diesen Sitzungen nicht notwendig ausschloß.

Die Analyse der ersten, sogenannten Initialsitzung zeigte bereits zentrale, die Gruppe belastende Problemfelder und nicht zureichend verarbeitete Beziehungskonflikte. Wir werden im folgenden zeigen, wie sich die Gruppe im gemeinsamen Lernprozeß mit den Supervisoren diesen Schwierigkeiten stellte bzw. wie und unter welchen Konflikten es den Erzieherinnen gelang, ein höheres Maß an beruflicher Kompetenz, Identität und Autonomie zu gewinnen.

Die Beschreibung des Prozeßverlaufs ist vorwiegend an zwei Problembereichen der Gruppe orientiert:
– dem Umgang mit Trennungserfahrungen und Trennungsfolgen und
– dem Umgang mit sehr hohen beruflichen Ansprüchen, sich selbst und anderen gegenüber, also auch mit der Abwehr eigener Wünsche nach Unterstützung und Versorgung.

Die erste Phase der Verunsicherung – Wert und Selbstwert

Die erste Phase der Verunsicherung durch die Supervision begann in der 4. Sitzung deutlich zu werden. Im Hinblick auf Peter, ein vernachlässigtes, verschüchtertes und ängstliches, aber auch aggressives Kind, von dem bereits in der dritten Sitzung gesprochen worden war, hatten die Supervisoren bemerkt, er würde vielleicht in »zwei Welten« leben: im Kindergarten und zu Hause. Und in jeder dieser »Welten« würde er sehr unterschiedliche, ja sich widersprechende Erfahrungen machen.

Wie sich im Gespräch herausstellte, faßten die Erzieherinnen diese Bemerkung als Kritik auf, so als hätten die Supervisoren festgestellt, sie würden Peter im Kindergarten eine »Scheinwelt« bieten, und das dürfe man nicht. Zwei jüngere Erzieherinnen verglichen die Supervision mit dem früheren Psychologieunterricht an der Fachschule für Erzieher/innen.

Frau G.: »Ich denke immer wieder an die Schule. Wir sind halt noch nicht so lange von der Schule weg. Ich weiß nicht, wie es dir (Frau B.) geht?«

Frau B.: »Es erinnert mich ganz stark an unseren Psychologieunterricht. Ich möchte das gar nicht als etwas Negatives sehen, nur muß ich manchmal aufpassen, daß ich nicht das Gefühl bekomme, hier wird bewertet.«

Durch den Supervisionsprozeß waren die Erzieherinnen mit einer Methode konfrontiert, die in letzter Konsequenz ein traditionelles erzieherisches Selbstverständnis – Erzieher versus Zögling – massiv in Frage stellt, weil dem Verstehen der Vorrang vor dem Erziehen gegeben wird. Diese Konfrontation verunsicherte, und so suchten die Erzieherinnen – ohne sich dessen bewußt zu sein – nach bekannter und verläßlicher Orientierung: Wenn die Supervision so war wie der Psychologieunterricht in der Schule, dann wußten sie, wie die »Regeln« sind, deren Entsprechung Verhaltenssicherheit und Selbstwert als Erzieherin garantierten.

Immer wieder im weiteren Gesprächsverlauf wurde die Suche nach Orientierung deutlich: Zur Frage stand etwa, ob eine bestimmte Erzieherreaktion »richtig oder falsch« war. In diesem Zusammenhang fiel Frau B. eine Szene mit Peter ein. Peter war, wie erwähnt, ein in der Kindergruppe aufgrund seiner Aggressivität und seines ungepflegten Äußeren abgelehntes Kind. Er entsprach nicht den allgemeinen Normen und Wertvorstellungen des Kindergartens; ja, er galt – zumindest bei den Kindern – nicht als »wertvoll«. Die Erzieherinnen versuchten dem entgegenzuwirken.

Im Rahmen einer religionspädagogischen Einheit hatte Frau B. mit den Kindern darüber gesprochen, was wertvoll sei, und in der Supervision berichtete sie nun davon.

Frau B.: »Hände sind wertvoll, Spielen ist wertvoll, oder auch der Mensch ist wertvoll. Und dann kann es doch nicht dabei bleiben, im Stuhlkreis darüber zu sprechen. Und dann habe ich den Kindern gesagt: Der Peter ist doch wertvoll. – Ja? – So wie er ist, so ist er doch auch wertvoll. Man muß das immer auch aufgreifen, Kindern das auch ein Stück bewußt zu machen.«
Frau A.: »Das sind die konkreten Situationen, wo Kinder auch lernen, was wertvoll ist.«

Wie die Kindergruppe saß auch die Supervisionsgruppe in einem »Stuhlkreis« und beschäftigte sich mit der Frage, wie man sein müßte, um »wertvoll« zu sein und angenommen zu werden. Diese Unsicherheit machte Angst, die dadurch hätte gemindert werden können – so die unbewußte Phantasie der Gruppe –, wenn die Gruppenleiter sich wie die Lehrer im Psychologieunterricht verhalten würden. Wie im Psychologieunterricht sollten sie beurteilen und werten und damit klare Orientierung geben. Die Erzieherinnen versuchten die Kinder durch Ermahnung und auch mit moralischem Druck dazu zu bewegen, Peter anzunehmen – und ähnlichen Handlungsmaximen schienen die Erzieherinnen selbst zu folgen und von den Gruppenleitern zu erwarten.

Nicht zu vergessen ist jedoch, daß die Erzieherinnen nicht nur – negative – Wertungen von außen befürchteten, auch sie selbst maßen ihre Kompetenz an eigenen – inneren – hohen Ansprüchen. So war in dieser Sitzung häufig vom »Auftrag« des Kindergartens die Rede, den es zu erfüllen gelte, und von den vielfältigen Anforderungen, denen die Erzieherinnen nicht nur durch die Kinder, sondern auch durch die Eltern ausgesetzt waren. Und offensichtlich wurde die Supervision in dieser Phase als Belastung erlebt. Manchmal waren die Erzieherinnen auch über die Sitzung hinaus mit den Inhalten noch »enorm lange beschäftigt«.

Die vierte Sitzung war die letzte Sitzung vor der Sommerpause. Gegen Ende des Gesprächs überlegte die Gruppe, ob sie weiterhin am bislang gewählten Modus festhalten wollte, daß immer schon vor Beginn der Supervision die Erzieherinnen festlegten, von welchen Kindern dann in der Sitzung gesprochen werden sollte. Die bisher gewählte feste Strukturierung diente unbewußt dem Schutz vor Angst, die mit nicht festgelegten, unvorhersehbaren Inhalten verbunden war. Daß die Gruppe nun den bisherigen Modus in Frage stellte, zeigte an, daß sie mehr innere Sicherheit gefunden hatte und der äußeren Absicherung nicht mehr im bisherigen Umfang bedurfte. Daß die Offenheit der Gruppe und ihr Vertrauen in die Supervision trotzdem noch nicht sehr groß waren, zeigte sich jedoch in der nächsten Sitzung, auf die wir gleich zu sprechen kommen werden.

Das Trennungsthema

Bei der Durchsicht der dominanten Themen der einzelnen Sitzungen (vgl. Abschnitt 4) zeigte sich, daß das Trennungsthema zu Beginn – in der 1. und 2. Sitzung wurde über Kinder mit Trennungsproblemen, in der 5. bis 7. Sitzung über Gruppenprobleme im Umgang mit Trennung gesprochen – und in der Endphase der gemeinsamen Arbeit (in der 22. Sitzung am Beispiel von Kindern, in der 23., 27. und 28. Sitzung im Hinblick auf die Gruppe) überrepräsentiert scheint.

Daß in der Endphase einer Gruppe die bevorstehende Trennung thematisiert wird, ist nicht ungewöhnlich, insofern der Gruppenprozeß selbst auch Gegenstand der Reflexion und Bearbeitung ist. Vielmehr ist dies ein wichtiges Indiz dafür, daß die Gruppe dazu in der

Lage ist, die Belastungen durch die bevorstehende Trennung zu antizipieren und zu diskutieren.

Unterliegt hingegen die damit einhergehende affektive Belastung, die notwendige Trauer der Verdrängung, wird sie also nicht gemeinsam in der Gruppe bearbeitet, dann führt dies häufig zu einer verschleierten, den Beteiligten nicht zugänglichen Umsetzung des Konflikts in unterschiedliche Symptome. Häufig sind die Gruppen dann nicht mehr oder nur eingeschränkt arbeitsfähig und verharren in einer lustlos-depressiven Stimmung, die durchaus der »Kindergartenmüdigkeit« der Sechsjährigen vergleichbar ist. Oder es ergeben sich plötzliche Terminschwierigkeiten, vereinbarte Sitzungen werden abgesagt, und einzelne Teilnehmer müssen unvorhergesehen wichtige andere Termine wahrnehmen. Wenn die bevorstehende Trennung also nicht der gemeinsamen Reflexion und Bearbeitung zugänglich gemacht wird, neigen Gruppen dazu, das Trennungsproblem zu »agieren«, indem sie die Trennung zum Beispiel emotional (Arbeitsstörung, Lustlosigkeit usw.) oder real vorwegnehmen (Terminschwierigkeiten usw.).

Es ist also nicht ungewöhnlich, wenn das Trennungsthema am Ende der Arbeit mit einer Gruppe zum zentralen Gegenstand der Beziehungsdynamik wird. Ungewöhnlich in der hier vorgestellten Gruppe war jedoch, daß das Trennungsproblem bereits zu Beginn einen solch hohen Stellenwert einnahm. Hier zeigte der Gruppenprozeß ein durchaus atypisches Bild, das nur auf dem Hintergrund der Vorgeschichte der Gruppe verständlich wurde. Die Erzieherinnen waren zwei nicht voraussehbaren Trennungserfahrungen passiv ausgesetzt gewesen, der plötzlichen Trennung von der langjährigen Leiterin und von den ursprünglich ausgewählten Supervisoren, die mit den Erzieherinnen hatten arbeiten sollen.

In der neuen Arbeitsbeziehung stellten die Erzieherinnen nun unbewußt eine Konstellation her, in der nicht sie plötzlich und unvorbereitet einer Trennung ausgesetzt waren, sondern die Gruppenleiter: Nach der Sommerpause (in der 5. Sitzung) wurden die Supervisoren damit konfrontiert, daß der Arbeitsvertrag von Frau E. aufgrund eines massiven Konflikts im Team nicht verlängert worden war. Frau E. hatte den Kindergarten bereits zum Beginn der Sommerpause verlassen, war also in dieser Sitzung nicht mehr anwesend. Die Supervisoren wurden mit der bereits vollzogenen Trennung konfrontiert. Sie fragten sich, ob die Teilnehmerinnen ihnen damit unbewußt jenen Schrecken einjagten, den sie selbst bei dem plötzlichen Verlust der Leiterin erlebt hatten. Zum erstenmal anwesend war Frau F., welche die Stelle von Frau E. übernommen hatte. Über die Veränderung der Gruppe waren die Supervisoren nicht informiert worden.

Den Erzieherinnen war weder bewußt, daß sie damit die gemeinsame Arbeitsvereinbarung verletzt hatten – die mit *allen* Teilnehmerinnen der Gruppe geschlossen worden war –, noch daß dies ein unangemessener Umgang mit Teamkonflikten innerhalb einer Supervisionsbeziehung war. Die Supervisoren waren entsprechend irritiert und fühlten sich und die gemeinsame Arbeit entwertet. Sie fragten nach, ob sie nur als »Schönwetter-Supervisoren« tauglich seien. Im Verlauf der Sitzung wurde deutlich, daß die Erzieherinnen mit der Verleugnung der Arbeitsvereinbarung und des Konflikts in der Supervision nicht nur sich selbst vor einer Konfrontation mit dem Trennungsthema zu schützen suchten, sondern auch die Supervisoren und die Beziehung zu ihnen nicht belasten wollten. Die Gruppe hatte die Phantasie, daß die Supervisoren mit Erzieherinnen, die massive Teamkonflikte haben, nicht arbeiten wollten. Es bestand die Angst vor einer negativen Bewertung durch die Gruppenleiter.

Frau C.: »Glauben Sie nicht auch, daß das Vertrauen noch fehlt, daß dafür ein halbes Jahr noch nicht reicht, im Grunde? Und nur alle vierzehn Tage Supervision, eineinhalb Stunden? – Also mir wäre das sehr schwer gefallen. Sie sind für mich – in der Beziehung, ich weiß, wie Sie heißen, und Sie sind Supervisoren –, aber ich weiß nicht mehr von Ihnen. Ich kann so ein Zutrauen einfach nicht fassen, um so schwere Konflikte, die mich tief betreffen, um die Ihnen dann zu sagen.«

Und Frau A. bestätigte, daß die Erzieherinnen Angst vor einer neuerlichen und (supervisions-) öffentlichen Auseinandersetzung mit Frau E. gehabt hatten. Sicherlich hätte sich das Team in dieser Konfrontation nicht harmonisch und kooperativ gezeigt, ein Anspruch, dem die Erzieherinnen über die gesamte Gruppenarbeit hinweg versucht hatten zu genügen.

Frau A.: »Und wenn das in der Supervision... zur Sprache gekommen wäre, dann hätte jeder von uns hier innerlich gezittert.«

Im weiteren Gesprächsverlauf gelang es, über Kränkungen zu sprechen, die dann entstehen, wenn man an wichtigen Entscheidungsprozessen nicht beteiligt ist und nur mit dem Ergebnis konfrontiert wird. Die Gruppenleiter verknüpften dieses Thema mit der Vorgeschichte der Gruppe:

SVR[1]: »Es gab hier eine Situation, in der die Kollegen der Erziehungsberatungsstelle aus der Arbeit mit Ihnen herausgedrängt wurden. Da
waren Sie ja in einer ähnlichen Situation... wie wir beide jetzt.
...Da wird irgend etwas entschieden; Sie werden nicht gefragt, sondern mit den Entscheidungen konfrontiert. Auch mit Ihrer früheren
Leiterin haben Sie ähnliches erlebt. Auch sie wurde kurzfristig ab-
berufen.«

Frau A.: »Wir hatten schon Gespräche, aber es war alles doch sehr
kurz; wir wurden im November damit konfrontiert, im Dezember
war sie weg. Auf der anderen Seite ist es aber auch etwas, was wir
gerade wieder erlebt haben: Viele von unseren Kindern sind in die
Schule gekommen. Wir müssen ein Stück damit auch leben – und
fertig werden.«

Gegen Ende der Sitzung fragten die Supervisoren, ob die gemeinsame
Arbeitsabsprache noch bestehe und wieder Gültigkeit habe. Frau C.
fragte zurück, »ob Sie (die Supervisoren) noch mit uns arbeiten wollen?«

Die Supervisoren legten nun nochmals die Arbeitsvereinbarung mit
den Erzieherinnen fest. Insbesondere wurde verabredet, daß die Gruppenleiter bei Störungen in der Gruppe mit einbezogen werden. Es
schien, als hätten die Erzieherinnen die Bedeutung der Arbeitsvereinbarung erst jetzt verstanden...

Frau B.: »Mir kommt gerade ein Gedanke, wenn man Regeln aufstellt.
Wenn Regeln verletzt werden, bei den Kindern zum Beispiel, und
ich sage dann die Regel noch einmal klar und deutlich, dann werden
die Regeln auch klar, und ich habe den Eindruck, jetzt ist es verstanden. So, wie es vorher vielleicht noch nicht war.«

Die Sitzung endete damit, daß Frau G. ihr baldiges Ausscheiden aus
dem Kindergarten ankündigte und die Gruppe über ihr zukünftiges
Arbeitsfeld sprach.

Die offene Besprechung des Konflikts mit den Supervisoren, die anhand dieser Situation erst möglich war, führte zu einer Reduzierung der
Angst und zu einem stärkeren Vertrauen: Es konnte vereinbart werden,
daß die Erzieherinnen das Thema der Sitzung nicht mehr bereits vor
Beginn festlegten, das heißt die Gruppe konnte sich nun auf einen unvorhersehbaren, also auf einen offenen Lernprozeß einlassen.

Daß die Vertrauensbasis nun tragfähig geworden war, zeigte der Ver-

1 SVR = Supervisorin bzw. Supervisor

lauf der 6. und 7. Sitzung. Die Erzieherinnen hatten ausreichend Mut, die Gruppe und ihre Supervisoren zum »Fall« zu machen.

In der 5. Sitzung hatte Frau G. ihre Trennung vom Kindergarten angekündigt. In der 6. Sitzung war sie nun zum letztenmal in der Supervision anwesend. Neben dem Versuch, Ursachen der vielfältigen Probleme der neuen Kinder im Kindergarten besser zu verstehen und für sie Hilfen zur Bewältigung der morgendlichen Trennung von ihren Müttern zu finden, sprach die Gruppe über ihre eigene Belastung durch den Weggang von Frau G. Besonders betroffen von der bevorstehenden Trennung war Frau B., die Frau G. freundschaftlich verbunden und durch das Thema der Sitzung emotional sehr bewegt war.

Auch in der folgenden 7. Sitzung machte die Gruppe das Trennungsthema zum Gegenstand der gemeinsamen Arbeit. Bei dieser Sitzung war Frau H. (Jahrespraktikantin) zum erstenmal anwesend, die Supervisorin war verhindert. Nachfolgend ist ein relativ ausführliches Protokoll der ersten Hälfte der Sitzung wiedergegeben, in der dieses Thema behandelt und abgeschlossen wurde.

SVR beginnt die Sitzung, indem er sich der neuen Erzieherin vorstellt und kurz über das Projekt und die Funktion der Supervision im Projekt spricht.

Frau H. stellt sich ebenfalls vor.

Es entsteht eine ca. zweiminütige Pause.

Die Gruppe artikuliert, daß sie durch die Abwesenheit der Supervisorin irritiert ist, die einen leichten Unfall hatte.

Frau A. beginnt, nach einer neuerlichen kurzen Pause, über die letzte Sitzung zu sprechen. Die Trennung von Frau G. sei doch etwas Unabänderliches gewesen, etwas, »was mit dem realen Leben zu tun hat. Ob das immer so intensiv und ausführlich besprochen werden muß?... Und jetzt bei Frau H. geht es uns genau so. Wir wissen, sie ist für ein Jahr da. Und dann müssen wir uns auch von ihr trennen, weil eine Übernahme in den Kindergarten wahrscheinlich nicht möglich ist. – Und so war es mir das letzte Mal echt ein bißchen zu viel«.

Auch Frau B. fand es »ein bißchen viel, ich hatte schon die Tränen in den Augen, es war doch zu viel Abschiedszeremoniell«. Die Gruppe fühlte sich von den Supervisoren in dieses Thema hineingetrieben. SVR gibt zu bedenken, daß über zwei Drittel der Sitzung nicht vom Abschied von Frau G. gesprochen worden sei. In dieser Zeit habe die Gruppe über Trennungserlebnisse der Kinder und ihre Schwierigkeiten der Eingewöhnung in den Kindergarten gesprochen.

Frau A. sagt, sie würde sich lieber mit solchen Sachen abfinden und nicht so viel darüber sprechen, »einfach weil das Leben auch weitergeht. Ich kann sie ja nicht festhalten, und ich finde dieses Abschied-nehmen-Können, dieses Loslassen-Können eine wichtige Sache, die man in meinem Beruf lernen muß«.

Die Erzieherinnen (besonders Frau B.) sprechen nun bewegt über den letzten Tag von Frau G. im Kindergarten. Ausführlicher wird von einem Jungen berichtet, der augenscheinlich von der Trennung über-fordert war. Frau B., die an diesem Tag selbst sehr traurig war, nahm insbesondere seine Trauer wahr, während Frau A. das Ganze eher für eine »Show« hielt.

SVR bemerkt, daß die Gruppe deutlich gemacht hätte, daß in der letzten Sitzung zu viel über Trennung und Trauer gesprochen worden sei. Merkwürdigerweise aber könne man auch heute dieses Thema nicht loslassen.

Die Gruppe spricht nun darüber, daß es einfacher ist, über eine voll-zogene, als über eine bevorstehende Trennung zu sprechen.

Die Teilnehmerinnen diskutieren dann, ob man auch sagen kann, daß einem ein bestimmtes Thema zuviel wird und man nicht mehr dar-über reden möchte. Sie fragen sich, warum das in der letzten Sitzung nicht geschehen konnte. Die Erzieherinnen meinen, daß sie aus Angst, andere zu verletzen, sehr vorsichtig miteinander umgehen.

Frau B. verknüpft nun die Erfahrungen in der letzten Sitzung mit denen in der vorletzten (Trennung von Frau E.), und Frau D. gibt zu bedenken, daß die Schwierigkeiten im Umgang mit Trennung vielleicht auch von Trennungserfahrungen des Teams abhängig seien.

Erneut wird die Belastung durch die beiden vorangegangenen Sit-zungen thematisiert. Wieder fragt die Gruppe, ob sie auch das Recht hat, sich gegen (vermutete) Erwartungen der Supervisoren abzugren-zen. Diese Frage wird aber auch verquickt mit der Frage, wie weit sich die Erzieherinnen gefahrlos öffnen dürfen.

Die Gruppe spricht erneut über die Belastungen durch die Supervi-sion. Frau B. meint, daß sie dadurch »manchmal unheimlich« mitge-nommen sei. Auch vom Vergleich mit der Schule und dem Psycholo-gieunterricht sei sie abgekommen. »Es gibt manchmal Abende, da hat es mir überhaupt nichts ausgemacht, da hat es mir eine echte Freude gemacht, und ich habe es auch gern getan – und dann wieder gibt es solche Sitzungen, da verkrafte ich das irgendwo nicht, dann ist es mir irgendwo zuviel. – Und da möchte ich dann auch einmal sagen können, es ist mir jetzt zuviel.«

Die Erzieherinnen betonen, daß diese Aussage nur Gültigkeit habe für die letzten beiden Sitzungen (in denen die Gruppe selbst der »Fall« war). In den Fallbesprechungen sei man »immer ein Stück reicher« ge-worden und hätte viel daraus gelernt.

SVR bedankt sich dafür, daß heute »Klar Schiff« gemacht wird. Er sagt auch, daß das Schwierige an der gemeinsamen Arbeit sei, daß die Erzieherinnen nicht so genau wissen, wohin die gemeinsame Reise gehen werde.

Frau B. sagt, daß sie die Gewißheit brauche, »daß die Arbeit uns alle weiterbringt«.

Sie vergleicht die Gruppe mit einem Kind: »Wenn ein neues Kind in die Gruppe kommt, dann merkt man vielleicht erst nach zwei Jahren, wie sehr es sich entwickelt hat, und zwischendrin, da hat man vielleicht auch das Gefühl, daß nichts passiert. Mir ist das bei Kindern oft so gegangen. Und vielleicht ist es mit uns auch so.«

Die Gruppe bleibt noch kurze Zeit bei diesem Thema, dann artikuliert sie ihre Erleichterung darüber, »daß die ganzen Probleme jetzt so richtig gut angesprochen« worden sind. Sie vergewissern sich nochmals, daß der Supervisor der heute abwesenden Supervisorin auch den Gesprächsinhalt der Sitzung vermitteln kann.

Nach dieser Sitzung kam dem Trennungsthema weder auf der Fall- noch auf der Gruppenebene im weiteren Verlauf der Supervision besondere Bedeutung im Vergleich zu anderen Problemfeldern zu. Offensichtlich war es in diesen drei Sitzungen möglich, eine ausreichende Auseinandersetzung und Verarbeitung zu erzielen, die in der Artikulation der Autonomiewünsche der Erzieherinnen und deren Respektierung durch die Supervisoren einen vorläufigen Abschluß fand.

Ein auffälliger Kontrast wird im Vergleich der 5. und der 7. Sitzung sichtbar. Während sich die Erzieherinnen in der 5. Sitzung zunächst noch hinter der Sorge um die Supervisoren, die sie nicht durch Teamkonflikte belasten wollen, verstecken, wagen sie in der 7. Sitzung eine offene Auseinandersetzung.

Die zweite Phase der Verunsicherung
und die Erweiterung der beruflichen Kompetenz –
Von Scheinriesen, Pseudozwergen und normalen Menschen

In den folgenden vier Monaten der gemeinsamen Arbeit bemühte sich die Gruppe im wesentlichen, die vielfältigen Belastungen und Konflikte der alltäglichen Praxis in der Supervision zur Sprache zu bringen und besser zu verstehen. Vorrangige Themen in den Sitzungen waren Problemkinder und die Elternarbeit.

In der 14. Sitzung tauchte dann im Gruppenprozeß ein neues Thema – zunächst auf der Fall-Ebene – auf: Die Erzieherinnen artikulierten ihre Bedrohung und Überlastung durch Mara, ein dreijähriges Mädchen, das seit vierzehn Tagen im Kindergarten war und alles schluckte, dessen sie habhaft wurde (im Kindergarten zum Beispiel Kleister, zu Hause Tabletten usw.). Mara war zudem körperlich beeinträchtigt, sie hatte einen »Herzklappenfehler«. Ihre Erzieherin hatte »erhebliche Angst vor der Verantwortung« und sagte mehrfach, wie sehr sie sich durch die ständige Bedrohung überlastet fühlte. Auch das bessere Verständnis, das die Gruppe für Maras Befindlichkeit und ihre psychosoziale Situation erarbeitete, verschärfte eher noch die Gefühle der Ohnmacht und Überlastung. Obwohl die Gruppe intensiv arbeitete, blieb zum erstenmal am Ende der Sitzung bei den Supervisoren das Gefühl zurück, die Problematik nicht zureichend bearbeitet, keine Perspektive gefunden zu haben.

In der folgenden 15. Sitzung berichteten die Erzieherinnen über den weiteren Verlauf der Arbeit mit Mara. Die Erzieherin fühlte sich nun etwas sicherer, hatte aber immer noch Angst, daß »etwas passieren« könnte. Die Diskussion wendete sich dann Bernhardt zu, einem aggressiv-destruktiven Kind. Weder mit ihm, noch mit seiner Mutter war zu reden. Die Erzieherin war ohnmächtig und hilflos.

Die SVR verknüpften die Erfahrungen mit Mara und mit Bernhardt dahingehend, daß die Erzieherinnen ohnmächtig und sehr wütend gemacht werden, »weil Sie im Grunde nichts machen können, immer an Ihre Grenzen kommen, das Gefühl haben, daß Sie im Kreise laufen«.

Dies wurde mit der Frage verbunden, warum die Erzieherinnen das alles mit sich machen lassen: »Es könnte sein, daß Sie ein extrem hohes Maß an Anforderungen an sich selbst stellen, nämlich allem nachkommen zu müssen; und daß Sie den Eltern dies mitteilen, ohne daß Sie es selbst merken.« Frau B. bestätigte und sagte, sie sei manchmal geneigt, ihre Belastungsgrenzen zu überschreiten.

In der 16. Sitzung setzte die Gruppe das Thema Überforderung fort, so als hätte es keine vierzehntägige Pause zwischen den Sitzungen gegeben: Die Erzieherinnen fühlten sich überlastet. Fasching stand bevor, Bastel- und Elternabende waren vorzubereiten und durchzuführen. In der Supervision gab es »Mißverständnisse«. Die Gruppe befürchtete, daß durch den Transfer des Beobachteten und Erlebten aus der Kindergruppe in die Sitzungen wichtiges Material verlorengehe. Die Vollständigkeit sei aber wichtig für die Supervisoren wie für die Erzieherinnen: »Für uns, daß wir nichts weglassen, was entscheidend sein kann, was wir vielleicht nur als Kleinigkeit ansehen, was aber ganz bedeutungsvoll sein kann, und für Sie, um reagieren und antworten zu können, um mitsprechen zu können«.

Kurz darauf kam Frau B. auf die gemeinsame Erfahrung im Projekt, auf Wissenschaftlichkeit und Psychologie zu sprechen.

Sie hat manchmal das Gefühl, »es wird alles so unwahrscheinlich wissenschaftlich gemacht, so psychologisch dargestellt – es ist unheimlich theoretisch, und wenn ich in der Gruppe stehe, erlebe ich genau das Gegenteil, daß ich nämlich mit Menschen arbeite und daß ich in der Gruppe mit der Wissenschaft gar nicht so viel anfangen kann... und erst 'mal vom rein Menschlichen handeln muß. Da kann ich noch so viel Theorien im Kopf haben... da sehe ich einfach eine Diskrepanz... so viele Theorien und so viele Vorstellungen. Wenn man das alles auf ein Kind anwenden will, wird man ganz schön verunsichert... Da gibt es die Tiefenpsychologie, die Lerntheorien – und was es da noch alles auf dem Gebiet gibt.«

SVR: »Verkaufen wir Ihnen denn Theorien?«

Frau B.: »Ich rede nicht von Ihnen, aber von diesem ganzen Pädagogischen hier, das ist eine wissenschaftliche Sache.«

SVR: »Ich sag' es mal ganz offen, was ich denke. Sie sagen damit vielleicht, diese Wasserköpfe, diese Theorielastigen von der Universität, wenn die in meiner Kindergruppe stünden, dann könnten sie ihre Theorie durch den Schornstein jagen.«

Frau B.: »So halbwegs würde ich das bestätigen.«

Immer falle ihr dieses Auseinanderklaffen von Theorie und Praxis auf, so zum Beispiel beim letzten Praxisleitertreffen oder auch in einer Arbeitsgemeinschaft von Erzieherinnen. Frau B. spricht von ihrer Schulzeit und dem »riesigen Idealismus«, mit dem sie in den Kindergarten kam mit der Absicht, »jetzt alle Theorie in Praxis zu übersetzen – und damit bin ich gescheitert«. Sie spricht davon, daß sie oft an ihre eigenen Grenzen kommt, »oder wie Sie es in der letzten Supervision schon gesagt haben: Wie sieht das aus mit unseren Forderungen? Forderungen, die wir an uns selbst stellen?... (Wir) müssen wirklich aufpassen, daß wir uns dann nicht noch die Vorwürfe machen, eine schlechte Erzieherin zu sein«.

Zwischen Schulabschluß und Projektbeginn hatte Frau B. eine Phase, in der sie mehr Abstand von solchen Ansprüchen hatte. Jetzt merkte sie, daß sie oft wieder die gleichen Anforderungen an sich stellt. Es wurde deutlich, wie sehr Frau B., die hier als Sprecherin der Gruppe zu sehen ist, durch die Supervision verunsichert worden war. Sie beschrieb, wie sie versucht hatte, diese Krise ihrer beruflichen Identität zu bewältigen: »Ich habe es wirklich gemerkt, daß ich durch das Projekt oder durch diese Gespräche hier wieder diesen ganzen Theoriewust ausgegraben habe. Und wieder die Arbeitsblätter ausgegraben habe und plötzlich eigentlich mit meinem Handeln wieder so war, wie am Anfang.«

Mittlerweile hatte Frau B. für sich einen Weg gefunden, besser mit Überforderungen durch eigene Ansprüche umzugehen und Grenzen des pädagogischen Handelns sehen zu lernen und zu akzeptieren.

»Also, ein ganz deutliches Zeichen ist auch, wenn man mit einem Kind in der Gruppe plötzlich gar nicht mehr zurecht kommt. Daß man da erst einmal still wird und wegläßt von all dem, was man denkt und fordert, die Forderungen, die man an sich selbst und an das Kind stellt – unbewußt. Und diese Grenze erst mal akzeptiert und ein bißchen wartet und nicht immer mehr fordert und fordert und meint, es muß doch irgendwie gehen. Wenn ich merke, daß ich dann auch so eine Sache ruhen lasse, dann kann ich plötzlich mit so einem Kind wieder ganz anders umgehen, Dinge klären sich, ohne daß ich alles mögliche versuche.«

Und Frau D. ergänzt: »Wir haben uns gerade heute nachmittag noch unterhalten. Alle Fälle, die ich hier eingebracht habe, haben sich eigentlich ganz gut aufgelöst. Der erste Fall war doch der Benjamin, der hat sich dann ganz prima gemacht. Dann mit Sonja – genauso.«

Frau B. sagt, Frau D. habe diese Fähigkeit, einfach auf die Kinder zuzugehen.

SVR möchte die Differenz zwischen »sich viel Gedanken machen und dem spontanen oder natürlichen Umgang« besser verstehen.

Frau B.: »Das ist die Diskrepanz, die in mir ist: So wie ich sein müßte und so wie ich bin... Weil ich soviel in der Schule gelernt habe, wie ein guter Erzieher sein muß. Ich bin aber nicht so, und das macht mir immer schwer zu schaffen, weil ich mir dann hinterher sage: Jetzt hast du wieder nicht pädagogisch reagiert. Das ist bei Frau D. so nicht.«

Sie beschreibt, wie sie versucht hat, sich Frau D. zum Vorbild zu nehmen und ihre »pädagogischen Hintergedanken« oder die Erwartungen der Eltern auszublenden, um »einfach nur Spaß zu haben mit dem Kind«.

Anhand der Protokollausschnitte können wir deutlich sehen, in welche (vielleicht notwendige) Krise Frau B. durch die Arbeit in der Supervision geriet, in der sie mit einem gänzlich anderen Verständnis sinnvoller pädagogischer Arbeit bekannt gemacht wurde, als dies in der Ausbildung geschah.

Daß diese Erschütterung der bisherigen beruflichen Identität jedoch nicht einfach ein »Problem« von Frau B. war, sondern die ganze Gruppe betraf, zeigte der weitere Gesprächsverlauf:

Frau B. berichtet nun von der Erzieherschule, an der sie ausgebildet worden ist, und den vielfältigen Lernzielen, die ihr dort im Hinblick auf ihre Arbeit im Kindergarten vermittelt worden sind. Und in Bezug auf die Umsetzung sagt sie: »Es muß alles vorstrukturiert, es muß alles vorgeplant sein!«

Die meisten der jüngeren Erzieherinnen sind an derselben Schule ausgebildet worden und bestätigen den Eindruck von Frau B. Frau C. weiß noch gut, daß ihr Minuspunkt immer die fehlende genaue Vorausplanung gewesen war.

SVR verknüpft dieses »Erbe« mit der von Frau B. oft geäußerten Assoziation Supervision-Psychologieunterricht.

Die Gruppe spricht weiter über die Ansprüche, die durch das Projekt mobilisiert worden sind.

SVR erinnert die Gruppe an die Anfangsphase der gemeinsamen Arbeit. Er hat die Gruppe so erlebt, als hätte sie sich immer einer Bewertung ausgesetzt gefühlt. Und sie habe sich bemüht, sich sehr strebsam darzustellen.

Er führt das auch auf die Sozialisation während der Ausbildung zurück, aber das Projekt habe diese Ausbildung auch in Frage gestellt, weil die Supervision eben jenen Erwartungen nicht entsprochen habe.

Frau B. sagt, daß sie sich bewußt geworden sei, daß sie an diesem Gefühl des Bewertetwerdens für sich arbeiten müsse, verweist aber auch darauf, daß sie oft, zum Beispiel von Eltern, real bewertet wird.

Die Erzieherinnen berichten von Müttern in ihren Gruppen, die behaupten, daß im Kindergarten »nichts« gemacht würde, oder die täglich nachfragen, was denn mit den Kindern gemacht wurde.

SVR lenkt das Gespräch nochmals auf die Frage des Bewertetwerdens im Hinblick auf die Mitarbeit im Projekt: Die Erzieherinnen fühlten sich wohl »gewogen« durch die beiden Supervisoren, durch die Eltern und vielleicht auch durch die Kinder, auf deren Anerkennung man ja auch angewiesen sei. Dies sei ein großes Problem bei allen Pädagogen... »Wie muß man sein, daß man anerkannt wird?«

Die Erzieherinnen diskutieren, daß es falsch sei, irgendwelchen Bildern entsprechen zu wollen. Auch weisen sie nochmals darauf hin, daß das in der Schule Gelernte wenig hilfreich für die tägliche Praxis ist.

SVR spricht an, daß dies auch eine Auseinandersetzung mit Autoritäten sei, die etwas kleiner gemacht werden müssen, damit man auf gleicher Höhe mit ihnen ist. Sie fragt: »Wann werden wir (die SVR) kleiner? Oder sind wir schon ganz klein?« Und der andere Supervisor ergänzt, »wir kommen ja sogar von der Universität«.

Frau D. spricht nun von ihrer Belastung am Projektbeginn. Sie dachte damals: »Oh Gott, da kannst du nie mitreden! Ich habe es immer mal wieder gesagt bekommen, eben nur Kinderpflegerin und Ausbildung... und ich hab gedacht ›Psychologen‹, und da sollst du mitreden. Ganz ehrlich!... Ja, also es hat mich wirklich belastet. Das kannst du nie, das ist unmöglich und – ich muß feststellen, es geht ganz gut.«

SVR: »Wir sind keine Riesen?«

Frau D: »Nein. Und – ich rede halt so, wie ich immer bin. Heute ist auch einiges an mir abgeplätschert, nicht weil ich es nicht verstanden habe, sondern weil ich echt müde bin.«

SVR vergleicht den Lernprozeß mit der Geschichte vom »Scheinriesen« (in: »Jim Knopf« von M. Ende), der, je näher man ihm kommt, um so menschlicher, auf menschliche Maße »reduziert« wird.

Frau F.: »Er ist ein Zwerg!«

SVR: »Das ist Ihr Wunsch, so steht das nicht in der Geschichte!« (Die ganze Gruppe lacht laut!)

Frau B. berichtet von einem Lieblingsbuch ihrer Gruppe, das heißt: Riesen sind nur halb so groß.

Später spricht die Gruppe nochmals das Thema »Groß-Klein« an, daß Kinder sich oft groß und mächtig phantasieren müssen, um von den Eltern – den Riesen – nicht bedroht zu werden.

Die Erzieherinnen sprechen auch über Eltern, »vor denen wir immer noch so ein bißchen klein dastehen, einfach, weil wir selber noch keine Kinder haben«, und von anderen Situationen, in denen sich die Erzieherinnen »klein« fühlen.

Anschließend wird in der Gruppe darüber gesprochen, daß bei diesen Problemen immer zwei Seiten beteiligt sind, daß nicht immer nur einer sich groß macht oder ein anderer sich klein fühlt, sondern daß sich beide Positionen ergänzen. Im Rückgriff auf die Schwierigkeiten in der Elternarbeit versucht der SVR die Bedeutung der eigenen Phantasien über die Eltern und über die Supervisoren hervorzuheben. Er schließt damit, daß er sagt, man müsse den Titel des vorher genannten Buches wohl ergänzen und sagen: »Riesen sind nur halb so groß und Zwerge sind nur halb so klein.«

Frau B.: »Also, wenn man die Geschichte liest, dann merkt man das auch. Denn der kleine Junge ist nicht so klein, wie er dann dargestellt ist. Der beweist schon ganz schön viel Mut. Und man merkt auch immer, daß Schwäche nicht unbedingt etwas Negatives ist.«

Auch die Teilnehmerinnen der Supervisionsgruppe mußten in dieser Sitzung »ganz schön viel Mut« zeigen, um sich dem Problem der sich verändernden beruflichen Identität zu stellen.

Soweit die 16. Sitzung. Das Thema Überforderung und damit einhergehend die Frage nach dem Selbstwert tauchten in den folgenden

Sitzungen immer wieder auf. Jedoch waren es zunehmend weniger die eigenen Vorstellungen darüber, wie eine »gute« Erzieherin sein muß, das heißt die eigenen Ideale, aus denen unerfüllbare Ansprüche erwachsen und die die Erzieherinnen entsprechend belasteten –, sondern die realen Probleme im Umgang mit schwierigen Situationen. Jetzt hatten sie auch weniger Neigung, die Kinder an einem abstrakten Ideal zu messen.

Die hohe emotionale Belastung, der die Erzieherinnen in ihrer täglichen Arbeit ausgesetzt waren, zeigte sich nun im weiteren Supervisionsverlauf primär fallspezifisch, am Bericht von Konflikten mit Kindern in alltäglichen Situationen. Darüber hinaus gelang es den Erzieherinnen, nun ihre eigenen Gefühlsreaktionen in solchen Szenen besser wahrzunehmen und für das Verständnis des jeweiligen Kindes und seiner Eltern zu nutzen. Dadurch verringerten sich die Schuldzuschreibungen erheblich; denn es ging jetzt nicht mehr darum, zum Beispiel die Mutter eines Problemkindes uneinfühlsam und verständnislos zur eigenen Entlastung als »schlechte Mutter« abzustempeln.

So wurde beispielsweise in der 22. Sitzung unter anderem von einem Kind gesprochen, das intellektuell von der Mutter gefördert wurde und entsprechende Leistungen zeigte, das aber im Beziehungsbereich unsicher und oft kleinkindhaft erschien. Die Mutter des Kindes war selbst Erzieherin und machte ihre berufliche Kompetenz auch im Kindergarten deutlich. Die Konkurrenz zwischen Mutter und Erzieherin erschwerte eine konstruktive Zusammenarbeit zwischen beiden, da die Mutter durch die Schwierigkeiten ihres Kindes im Kindergarten auf doppelte Weise verunsichert wurde: nicht nur in ihrer Rolle als Mutter, sondern auch in ihrer beruflichen Selbsteinschätzung. Es bedurfte in dieser Sitzung keiner besonderen Unterstützung durch die Supervisoren, um zu verhindern, daß die Erzieherin (Frau B.) in Konkurrenz zur Mutter trat. Vielmehr gelang es ihr, sich in die schwierige Situation der Mutter einzufühlen und zu akzeptieren, daß sie damit Probleme hatte, von Frau B. »etwas anzunehmen«.

Auch in der folgenden Sitzung zeigten die Teilnehmerinnen die wachsende Fähigkeit, über sich selbst nachzudenken und auch die anvertrauten Kinder und deren Eltern zu verstehen. Diese 23. Sitzung war die erste nach der Sommerpause. Die Teilnehmerinnen wurden sich bewußt, daß nunmehr nur noch fünf Sitzungen zur Verfügung standen und dann die gemeinsame Arbeit beendet sein würde. Das machte sie traurig. Sie kamen auf ihre Bezugsgruppe, eine Arbeitsgemeinschaft von Erzieherinnen der Region, an der sie schon seit Jahren mitarbeiteten, zu sprechen. Hierzu trafen sie sich im monatlichen Turnus mit Kolleginnen aus verschiedenen Kindergärten.

In der Supervision verglichen die Teilnehmerinnen die Arbeit hier mit der in der Arbeitsgemeinschaft. Es wurde deutlich, daß sie dort zunehmend in eine Außenseiterposition geraten waren. Sie sahen das als Folge ihrer im Verlauf der Supervision gewonnenen neuen Sichtweise von ihrer Arbeit und fragten sich, ob sie dadurch ihren Kolleginnen gegenüber »überheblich« geworden seien.

Frau A.: »Ich habe so das Gefühl, daß wir durch die Supervision den anderen ein Stück voraus sind.«
Frau B.: »Ja, kritischer.«

Die Erzieherinnen verhielten sich in der Arbeitsgemeinschaft so wie in der Supervision, das heißt, Zuschreibungen wurden hinterfragt, und es wurde versucht, Beziehungskonflikte und die daran Beteiligten zu verstehen. Zudem hatten sie sich auch neuere sozialpädagogische Ansätze schon erarbeitet, bevor diese in der Arbeitsgemeinschaft zum Thema wurden.

Frau A.: »Ich nehme an, daß es für sie (die Kolleginnen) schwierig war zu sehen, daß das, was sie sich erarbeiten, bei uns schon fix und fertig war.«

Es kam zur Sprache, daß die Mitglieder der Supervisionsgruppe beschämt waren, als »die Besserwisser« dazustehen. Frau B. glaubte, sie hätten auf die Kolleginnen so gewirkt, als wollten sie sie belehren. Frau G. sagte, heute wäre sie viel vorsichtiger. Auch hätte sie verstanden, daß sie den andern ihren Informationsvorsprung nicht einfach »wie eine Glucke überstülpen« könne.

Die Teilnehmerinnen an unserer Gruppe bemerkten auch, wie es zwischen ihnen und ihren Kolleginnen von der Arbeitsgemeinschaft zu einer Entfremdung kam, als sie immer professioneller auf psychosoziale Probleme eingehen konnten und eine neue Einstellung zu ihrer beruflichen Aufgabe gewannen. Es war ihnen aufgefallen, wie sich jene Kolleginnen durch sie in ähnlicher Weise mit Konflikten konfrontiert fühlten, wie sie es selbst hier erlebt hatten, und wie sie bei diesen die gleiche Verunsicherung auslösten, in die sie am Anfang der Supervision geraten waren. So tauchte dieses Problem – gleichsam in einer »Neuauflage« – noch einmal auf, was für die Endphase des Gruppenprozesses keineswegs ungewöhnlich ist.

In der 24. Sitzung wurden Probleme der beruflichen Identität im Hinblick auf Abgrenzung und Setting (Rahmenbedingungen professioneller Arbeit) zum Thema. Dies wurde am Beispiel eines Kindes diskutiert, zu dessen Eltern die Erzieherinnen auch freundschaftliche Beziehungen unterhalten hatten. Wie sich im Verlauf der Sitzung zeigte, wurden die Erzieherinnen von den Eltern gebeten, ihren Sohn, ein braves, aber überfordertes Kind – mit Schwierigkeiten, Beziehungen anzunehmen – in der Supervision vorzustellen.

Wenn wir uns erinnern: Mit der Beschreibung »brav, aber überfordert« und mit »Schwierigkeiten, Beziehungen aufzunehmen« konnten entscheidende Aspekte der Problemlage der Gruppe während der Anfangsphase beschrieben werden.

In der 25. Sitzung thematisierte die Gruppe nun die völlige Überbelastung einer Erzieherin durch Stefan, ein Kind, das schwerwiegenden Trennungserfahrungen ausgesetzt war. Wie bei Benjamin – dem Kind, über das in der ersten Sitzung gesprochen wurde – fand sich auch bei diesem Jungen das Trauma, verlassen worden zu sein. Die Erzieherin fühlte sich durch ihn wie auch durch die Problematik, die Vater, Mutter und Pflegemutter des Jungen beständig in den Kindergarten trugen, so überlastet, daß sie überlegte, ob Stefan nicht besser in einem Sonderkindergarten gefördert werden könne als in ihrer Gruppe.

Mit Unterstützung der Supervision versuchte nun die Gruppe konkrete Hilfestellungen für die Erzieherinnen zu finden (zum Beispiel Übernahme der täglichen Elternkontakte durch Frau A.), die eine Verlegung in den Sonderkindergarten zunächst verhindern sollten, zumindest so lange, bis endgültig geklärt sei, ob Stefan wirklich nicht in den Kindergarten integriert werden konnte.

Im Verlauf der folgenden Sitzung wurde unmißverständlich deutlich, daß in der Tat Aspekte der Anfangsphase der gemeinsamen Arbeit unter dem Eindruck der bevorstehenden Trennung unbemerkt wiederholt wurden. Die Erzieherin sagte, daß sie sich in der vergangenen Sitzung von den Supervisoren überfordert und falsch beurteilt fühlte. Sie hatte die Diskussion um den Sonderkindergarten so verstanden, als würden die Gruppenleiter glauben, sie wolle Stefan abschieben: »Und diese Aussage hat mich persönlich sehr tief getroffen, sehr tief verletzt.«

Sie meinte, da wäre ein Urteil über sie gefällt worden. »Das war für mich sehr schlimm, diese Aussage, wie sie bei mir angekommen ist. Das hat aber nicht die anderen betroffen, das war etwas zwischen Ihnen und mir.«

Solche Mißverständnisse gab es auch in der Anfangsphase der gemeinsamen Arbeit. Nun aber war die Gruppe in der Lage, auf höherem Niveau mit solchen Konfliktkonstellationen umzugehen: Die Supervisoren verknüpften die Kränkung mit der bevorstehenden Trennung von ihnen. Die Teilnehmerinnen verstanden nun, daß bei ihnen Erleben von Kränkung und Ärger verhindern sollten, den Schmerz des Abschieds zu spüren. Wäre man nur »richtig« wütend, fiele die Trennung leichter.

Der nachfolgende kurze Protokollausschnitt zeigt, wie die Gruppe den Konflikt bearbeitete.

SVR: »Ich glaube, wenn man so ins ›Fettnäpfchen‹ tritt, am Ende einer so langen Arbeit, das macht es einem vielleicht leichter, und zwar allen Beteiligten, nicht nur Ihnen, sondern auch uns beiden, sich zu trennen.«

Auch bei den Kindern im Kindergarten sei es ja so. Diese würden im letzten Jahr »kindergartenmüde«.

Frau B. meint, bei den Kindern wäre es anders, dort könne man die Trauer spüren und sie auch ein Stück weit ausleben. »Das heißt nicht (lacht), daß hier am letzten Tag die Tränen fließen sollen.«

Man sollte die Traurigkeit nicht nur dadurch ausdrücken, daß man ungewollt ins »Fettnäpfchen« trete. Die Teilnehmerinnen sprechen nun über die bevorstehende Trennung, man müßte sich auch fragen, ob die eingangs gestellten Ziele erreicht worden seien.

Frau D.: »Irgendwo schließt sich der Kreis jetzt. Wir haben angefangen mit dem Trennungsschmerz und plötzlich sind wir wieder da.«

Es wird deutlich, nicht die Supervisoren verlassen die Gruppe, sondern die Erzieherinnen trennen sich aktiv von den Supervisoren.

Die Erzieherinnen sprechen nun darüber, ob sie in der Supervision gelernt haben, auch alleine mit den Konflikten der täglichen Praxis fertig zu werden.

Frau D.: »Dann sind wir wieder auf uns alleine gestellt. So konnten wir immer mal ›rückfragen‹.«

Frau B.: »Die Kinder sind auch auf sich alleine gestellt, die wir wegschicken.« (Lachen in der Gruppe)

SVR: »Ich denke schon, daß die Kinder, die Sie, wie Sie sagen, wegschicken, daß diese Kinder etwas mitnehmen aus dem Kindergarten.«

Die Gruppe spricht weiter über das bevorstehende Ende der Supervision. Frau B. möchte wissen, wie es dabei den Supervisoren geht. SVR: »Ich verlasse die Gruppe mit einem lachenden und einem weinenden Auge. Einerseits bin ich ganz stolz, und es ist auch das heutige Gespräch, was mich ganz stolz macht, daß Schwierigkeiten benennbar und besprechbar sind, trotz des Schmerzes, sich so mißverstanden zu fühlen.«

Frau D. erinnert sich nochmals an ihre große Angst zu Beginn der Supervision, etwas einzubringen: »Ach du lieber Gott. Und da kann ich nicht reden in so einem Kreis, mit so gelehrten Damen und Herren, kann ich ja nicht reden. Das hat sich so gut für mich entwickelt, das muß ich ganz ehrlich sagen. Ich habe nie das Gefühl gehabt, daß ich anders bin als die anderen. Ich weiß nicht, wie ich das erklären soll. Ich habe früher immer so ein bißchen geglaubt, das, was ich gesagt habe, würde nicht für ernst und voll genommen. Da habe ich mich so in mein Schneckenhaus verkrochen... Bei Dienstgesprächen habe ich nie sehr viel gesagt. Ich habe immer eins auf den Deckel bekommen, und dann habe ich gedacht: Nein, was soll's! Ich habe mich wirklich geärgert. Und meine ganze Einstellung zu dem hat sich eigentlich gewandelt... Mir hat das Ganze schon einiges gebracht, für die Gruppe und ich finde auch für mich persönlich.« (In ihren Anmerkungen zu den Dienstgesprächen bezieht sich Frau D. auch auf weiter zurückliegende Erfahrungen.)

Die Diskussion in der Gruppe wendet sich nochmals der letzten Sitzung zu. Die Teilnehmerinnen verstehen nun besser, daß dort eigentlich schon ein Stück der Trennung unbewußt vorweggenommen worden ist. Auch Frau B. sagt, daß sie in den letzten zwei Jahren einen Lernprozeß mitgemacht habe: »Nicht nur, was die Supervision anbetrifft, sondern auch in unserem Zusammenarbeiten im Team, daß wir spüren, wie wichtig es ist, daß man miteinander reden kann, egal in welcher Position oder wie gut oder wie schlecht, oder was weiß ich, der eine reden kann und der andere nicht, daß wir mit den Fähigkeiten, die wir alle haben, miteinander eine Gruppe werden.«

Hier wurde nun deutlich, daß die Gruppe als Gruppe gelernt hatte, sich Konflikten zu stellen, sie trotz der Hemmungen und der affektiven Belastung zu benennen, auszutragen und zu klären und auch, daß ein – notwendiger – Dehierarchisierungsprozeß in der Gruppe stattgefunden hatte. Die Gruppenleiter erschienen den Erzieherinnen nicht mehr wie zu Beginn der Arbeit als die »gelehrten Damen und Herren«, von deren Wissen und Präsenz die Gruppe und ihre Arbeitsfähigkeit abhängig sind.

Gegen Ende der Sitzung sprachen die Teilnehmerinnen nochmals über ihren gemeinsamen Lernprozeß. Sie kamen auf die damals hohen Erwartungen an sich selbst und an die Supervisoren zu sprechen und den Prozeß der sukzessiven Desillusionierung. Frau B.: »Da hatte ich oft so das Gefühl: Wir wissen ja noch mehr (als die Supervisoren), so irgendwo (lacht auf).« Und Frau D. ergänzt: »Ich glaube, daß bei uns das Praktische überwiegt.«

Frau F. berichtete, wie sie das erste Mal im Forschungsplan gelesen habe und ihre Reaktion gewesen sei: »Um Gottes Willen, da machst du nicht mit, das schaffst du nicht.« Und nachdem sie die beiden ersten Male an der Supervision teilgenommen hatte, sagte sie zu Frau A.: »Ich mache das nicht mehr mit. Das geht mir zu sehr an die eigene Person. Da sagte sie: Mach doch noch mal weiter, es wird bestimmt noch anders. Und je weiter es ging, desto froher war ich, daß ich dabeigeblieben bin, aber am Anfang dachte ich: Das schaffst du nicht, da gehst du dran zugrunde.«

Daß der Konflikt um die Überlastung durch Stefan und die Kränkung der Erzieherin durch die Supervisoren wesentlich durch das Trennungsthema der Gruppe provoziert wurde, zeigte nicht nur der Gesprächsverlauf dieser Sitzung, sondern auch die Inhalte der nachfolgenden, vorletzten Sitzung.

In dieser Sitzung gab die Gruppe den Supervisoren folgende Rückmeldung zum Verlauf der Arbeit mit Stefan, seinen Eltern und der Pflegemutter: Die in der 25. Sitzung erarbeiteten und getroffenen Arbeitsabsprachen zwischen den Erzieherinnen klappten gut. Die Erzieherin war entlastet, und Stefan schien erste Fortschritte in der Integration in den Kindergarten zu machen. Die Gruppe arbeitete dann weiter an einem besseren Verständnis für Stefan, und schließlich wurde noch über ein weiteres Kind gesprochen. Gelegentlich wurde auch über die Gruppe geredet, über die Aussöhnung mit den Begrenzungen eigener Möglichkeiten und auch über die Notwendigkeit der kollegialen und wechselseitigen Hilfestellung.

Die Erzieherinnen stellten fest, daß sie sich jetzt schon – auch ohne die Supervision – gegenseitig unterstützen könnten. Auch wurde darüber gesprochen, welche Hilfestellungen von dritter Seite (etwa von der Erziehungsberatungsstelle) in Notlagen in Anspruch genommen werden können.

In dieser Sitzung zeigte die Gruppe, daß sie durchaus ohne besondere Hilfe durch die Supervisoren arbeitsfähig war.

In der letzten Sitzung zogen die Mitglieder der Gruppe nochmals eine positive Bilanz der gemeinsamen Arbeit (die ähnlich derjenigen der 26. Sitzung war und deshalb hier nicht nochmals gesondert wiedergegeben wird). Durch die Supervision hätten sie gelernt, über Schwierigkeiten »einfach auch zu sprechen«, und untereinander eine größere Offenheit und Toleranz entwickelt. Den Erzieherinnen war ihr Lernprozeß besonders im Vergleich zu ihren Kolleginnen der Kindergarten-Arbeitsgemeinschaft aufgefallen. Weil jene nicht den gleichen Lernprozeß wie sie mitgemacht hätten, seien sie selbst wohl zu Außenseitern geworden. Die Teilnehmerinnen der Supervision konnten verstehen, daß sie in der Arbeitsgemeinschaft leicht Angst vor Leistungsdruck auslösten. Frau B. sagte, ihr selbst sei es in der Supervision ja oft auch so ergangen, und auch sie habe sich dagegen gewehrt. Die Erzieherinnen überlegten, welche Beiträge sie in die Arbeitsgemeinschaft einbringen könnten, ohne Angst auszulösen. Dann wurden einige Szenen aus dortigen Diskussionen berichtet, zum Beispiel, wie zweieinhalb Stunden nur über Läuse gesprochen worden sei.

SVR: »Tja, und wir haben Ihnen auch so eine Laus eingeschleppt. Da kommen Sie zu ihren Kolleginnen, und die sagen: Ihh! Ihr habt Läuse.«

Frau D.: »Im Kopf.«

Frau A.: »Im Kopf Läuse, ja.« (Lacht.)

SVR: »Ganz schlimme, die bekommt man nicht durch Zupfen und Auskämmen weg.«

Frau D.: »Aber irgendwann springen sie einen doch an.«

Auf welchem Weg gewinnen die Erzieherinnen an Sensibilität und beruflicher Kompetenz? Wie verläuft nun ein solcher Lernprozeß? Anhand der ersten Sitzung war zum Beispiel zu sehen, daß sich in der Supervision gewissermaßen die Dynamik der Kinder-Erzieherinnen-Beziehung spiegelt. In der Supervision aber fühlten sich die Erzieherinnen in der »Kinder«-Rolle und gelangten darüber zu besserer Einfühlung in die Befindlichkeit der Kinder.

Ihre eigene Problematik als Erzieherinnen (zum Beispiel die Großen, Mächtigen etc. sein zu müssen) konnten sie zunächst ungehindert an die Supervisoren delegieren und erhielten durch deren Reaktion und die gemeinsame Diskussion den notwendigen professionellen Abstand, um aus den häufig unerkannten Verstrickungen herauszufinden.

Ebenso diente das Verhalten der Supervisoren als Modell für den professionellen Umgang mit der Konfliktdynamik in der Kindergruppe.

Schließlich konnten sie sich mit den Supervisoren, mit der Art, wie diese Überlegungen anstellten und wie sie überhaupt mit ihnen arbeiteten, identifizieren. Das erleichterte die Trennung von ihnen, war wohl aber auch deren Ergebnis, nämlich sich nun selbst als kompetent zu erweisen.

Das diente wiederum als Modell für die »Angebote« an die Kinder, deren Beziehung zu den Erzieherinnen ja von Anfang an auf Trennung eingestellt ist.

Die Supervision »wirkt« somit auf dreifache Weise:
1. Auf der manifesten, eher kognitiven Arbeitsebene. Hier werden ge-

meinsam pädagogische Probleme diskutiert, Fälle besprochen, Interventionen erarbeitet, Diagnosen erstellt etc.

2. Auf der mehr unbewußten Beziehungsebene. Hier werden die Rollen vertauscht, unbewußte Erwartungen thematisiert, Wünsche und Enttäuschungen mobilisiert usw. Auf dieser Ebene ist die unbewußte Beziehungsdynamik (Übertragung, Projektionen, Identifikationen etc.) zwischen Gruppe und Supervisoren von größter Bedeutung.

Ziel des fortschreitenden Supervisionsprozesses ist es, immer mehr beide Ebenen zu integrieren, womit eine elastische Wechselseitigkeit oder dynamische Einheit zwischen kognitiven (theoretisches Wissen) und emotionalen Anteilen der Professionalität erreicht wird.

3. Gleichzeitig können im Schutze der Supervision Ängste vor Konkurrenz, Versagen und Blamage gemindert werden, und die Erzieherinnen können wechselseitig immer besser wirkliche Diskussions- und Beratungspartner sein. Das heißt, sie können einander nun einfühlsamer unterstützen, Probleme der alltäglichen Praxis zu verstehen und zu bewältigen. Das hängt mit dem »Dehierarchisierungsprozeß« zusammen und verweist auf die Entwicklungslinie der Gruppe, in der die Supervisoren zuerst als »gelehrte Damen und Herren«, dann als »Scheinriesen« und schließlich als kollegiale Partner erlebt wurden. Mit letzterem werden nicht die spezifischen Kompetenzen der Supervisoren wie der Erzieherinnen geleugnet. Die Supervisoren bleiben Spezialisten für die Wahrnehmung und Reflexion von Beziehungsverläufen, die Erzieherinnen bleiben Spezialistinnen für die Gestaltung von Erziehungsprozessen im Kindergarten. Wird diese Ebene erreicht, dann können sich sowohl die Supervisoren als auch die Erzieherinnen als Lernende begreifen, die sich gemeinsam um Möglichkeiten angemessener Förderung des Dialoges im »Beziehungsfeld Kindergarten« im Sinne verstehender und konfliktverarbeitender Pädagogik bemühen.

Nachfolgend haben wir in Sichworten die Inhalte der insgesamt 28 Sitzungen wiedergegeben. Bei der Lektüre wird deutlich werden, daß unser Bericht nur Ausschnitte aus der Themenfülle und der Dynamik des gemeinsamen Lernprozesses von Erzieherinnen und Supervisoren zeigte.

4. Themenübersicht des Supervisionsverlaufes

1. Sitzung: *Thema:* Trennungsprobleme und ihre Schein-Lösung durch Groß- und Vernünftig-sein-Müssen (Benjamin).
2. Sitzung: *Thema:* Trennungsfolgen: Umgang mit Aggression, der der Kinder und der eigenen.
   Mit Benjamin hat sich nichts verändert. Bernhardt (ein sehr aggressives Kind) ist nach der Trennung von der Erzieherin (Krankheit) plötzlich »unheimlich lieb« geworden.
   Erika ist ein aggressives Kind ohne Vater. In diesem Zusammenhang wird auch die Sexualität der Kinder Thema.
3. Sitzung: *Thema:* Bedeutet Fortschritt Aggression?
   Peter ist ein vernachlässigter, fast verwahrloster Junge, der sich vom verschüchterten, ängstlichen zum aggressiven Kind wandelt.
4. Sitzung: *Thema:* Überforderung, wann ist man wertvoll, wie darf man sein?
   Scheinwelt: Empfindlichkeit gegen Kritik. Überforderung durch das Projekt (Bestandsaufnahme) und durch die Eltern.

Sommerpause

5. Sitzung: *Thema:* Konflikt um die Trennung von Frau E.
6. Sitzung: *Thema:* Schwierigkeiten im Umgang mit Trennung. Neue Kinder in der Kindergruppe. Trennung von Frau G.
7. Sitzung: *Thema:* Autonomie der Erzieherinnen.
   Supervisorin fehlt, Frau H. ist erstmals im Kindergarten. Die Fokusierung der Trennung von Frau G. in der letzten Sitzung war den Erzieherinnen zu viel.
   Schwierigkeiten im Umgang mit den Eltern und Auswirkungen auf die Kinder.
8. Sitzung: *Thema:* Überforderte Kinder.
   Sozialpädagogische Beratung und Supervision.
   Kurzer positiver Bericht über Benjamins Entwicklungsverlauf.
   Fabian verweigert das Essen, hat eine »gewaltige Mutter«, die ihn überfordert.

9. Sitzung: *Thema:* Erschütterung der beruflichen Identität: Schule oder Projekt-Erfahrung?

10. Sitzung: *Thema:* Angst und Aggression.

Bernhardt, ein geschlagenes und aggressiv-destruktives Kind, zeigt Begeisterung für Science-fiction- und Horror-Geschichten.

11. Sitzung: *Thema:* Angst und Hoffnung.

Veränderungen mit Bernhardt: Er fragt beständig: »War ich lieb?«

Seine Beziehung zur Erzieherin keimt; sie soll werden wie eine »riesengroße Sonnenblume«.

12. Sitzung: *Thema:* Trennungsfolgen.

John, sechs Jahre, alleinerziehende Mutter, »Zuwendungsmangel«.

Er ist (mäßig) sinnlos aggressiv und nicht zu erreichen (zu beeinflussen).

Probleme mit der Scheidung der Eltern: John muß »zwei Herren dienen«, ist hin- und hergerissen.

13. Sitzung: *Thema:* Adoption, »geschenkte« Kinder und die Folgen.

Fortschritte bei John.

Die adoptierten Zwillinge Sabine und Sonja. Sonja hat Angst vor Männern. Doktorspiele, Sexualität und Adoption.

14. Sitzung: *Thema:* Bedrohung und Überforderung durch ein »Unfallkind«.

Fortschritte bei den Zwillingen.

Mara, drei Jahre alt, schluckt alles, was sie in die Finger bekommen kann. Sie ist ein Unfallkind.

15. Sitzung: *Thema:* Ohnmacht.

Kurzer Bericht über den weiteren Verlauf der Arbeit mit Mara.

Bernhardt, ein destruktives Kind (vgl. 10. und 11. Sitzung). Weder mit ihm noch mit der Mutter ist zu reden. Ohnmacht, Hilflosigkeit und die Gefahr, eigene Belastungsgrenzen aufgrund der Ansprüche zu überschreiten.

16. Sitzung: *Thema:* Überforderung und Verunsicherung, Angst vor Bewertung, Auseinandersetzung mit Autoritäten.

Die Gruppe ist überlastet. In der Supervision gibt es Mißverständnisse. Problem der »Wissenschaftlichkeit« und Unzufriedenheit mit dem Projekt.

»Riesiger Idealismus«, mit dem eine Erzieherin in den Kindergarten kam und gescheitert ist. Überforderung durch eigene Ansprüche.

Das Projekt und die Ausbildung für Erzieherinnen.

Lernprozeß in der Gruppe: Von den Scheinriesen zu normalen Menschen.

17. Sitzung: *Thema:* Bedrohung des Kindergartens durch Diebe, Rowdys und Kindesentführer und die Abwehr dieser Bedrohung.

Ausgelöst durch den Diebstahl der Handtasche der Leiterin im Kindergarten, spricht die Gruppe über ihre Ängste vor realen Bedrohungen von außen. Besondere Angst besteht vor Kindesentführung. Die Erzieherinnen sind im Zwiespalt darüber, ob der Kindergarten abgeschlossen werden soll (Verantwortung für die Kinder) oder nicht. Die Gruppe ist so betroffen von diesem Thema, daß es erst gegen Ende der Sitzung mit Hilfe der Supervisoren gelingt, die eigene Betroffenheit der Erzieherinnen im Hinblick auf Ohnmacht und Wut, aber auch in bezug auf die Faszination des Bösen zu thematisieren.

18. Sitzung: *Thema:* Bedrohung des Kindergartens durch Kindesentführer.

Das Thema der 17. Sitzung wird fortgesetzt. Die Gruppe bemerkt, daß ihre Angst sehr mit den eigenen Phantasien in Zusammenhang steht und daß es keine Möglichkeit gibt, das »Böse« draußen zu halten.

19. Sitzung: *Thema:* Hohe Anforderung (Überforderung) durch Eltern, deren Kinder nach der Sommerpause in die Schule kommen werden (»Lernmappen«).

Kindergartenmüdigkeit der Kinder als Symptom der Belastung durch die bevorstehende Trennung. Fallarbeit über den Sohn einer intellektuelle Leistung und Entwicklung fordernden Mutter. Obwohl geistig weit entwickelt, ist er ein sehr gehemmtes Kind, das kaum Beziehungen aufnehmen kann und überfordert ist.

20. Sitzung: *Thema:* Erfahrungen während der Projekttagung.
Die Mitglieder der Gruppe fühlten sich dort von den Supervisoren wenig unterstützt, verschieben aber ihren Ärger auf Kolleginnen einer anderen Einrichtung. Nachdem dies erarbeitet wurde, zeigten sie sich gleichwohl über die (im Vergleich zu anderen Supervisoren) größere Distanz »ganz froh«.

21. Sitzung: *Thema:* Überforderung durch »Selbstlosigkeit«, Schwierigkeiten, »nein« zu sagen, und Ängste, sich abzugrenzen.
Beschrieben wird die Überlastung durch ein Kind mit sehr bedrohlicher Symptomatik.

22. Sitzung: *Thema:* Trennungsprobleme von Erzieherinnen und Kindern, die in die Grundschule überwechseln.
Probleme der Elternarbeit (Konkurrenz) und mit den eigenen Erzieheridealen.

Sommerpause

23. Sitzung: *Thema:* Trauer und Belastung durch das bevorstehende Ende der gemeinsamen Arbeit zum Jahresende.
Vergleich der Arbeit in der Gruppe mit den Möglichkeiten in einer Erzieherinnen-Arbeitsgemeinschaft. Die Erzieherinnen sind in der Lage, sich selbstkritisch in die Kolleginnen einzufühlen.

24. Sitzung: *Thema:* Probleme der beruflichen Identität im Hinblick auf Abgrenzung und Setting am Beispiel eines Kindes, zu dessen Eltern die Erzieherinnen auch freundschaftliche Beziehungen unterhalten. Wie es sich im Verlauf der Sitzung herausstellt, baten die Eltern die Erzieherinnen, ihren Sohn, ein braves, aber überfordertes Kind (mit Schwierigkeiten, Beziehungen aufzunehmen), in der Supervision vorzustellen.

25. Sitzung: *Thema:* Totale Überlastung durch Stefan, ein Kind mit schwerwiegender Symptomatik (über das bereits in der 21. Sitzung gesprochen wurde) sowie durch die Problematik, die Vater, Mutter und Tagesmutter in den Kindergarten tragen. Die Erzieherin kann soweit unterstützt werden, daß eine Verlegung in einen Sonderkindergarten vermieden wird.

26. Sitzung: *Thema:* In der letzten Sitzung fühlte sich die Erzieherin Stefans überfordert und (von den Supervisoren) falsch beurteilt. Die Gruppe scheint in dieser Sitzung ein zentrales Problem in ihrer Geschichte zu wiederholen. Dies ist thematisierbar. Daraufhin wird die bevorstehende Trennung und die Autonomie der Erzieherinnen besprochen.
27. Sitzung: *Thema:* Rückmeldung zu Stefan (vgl. 25. und 26. Sitzung): Die getroffenen Arbeitsabsprachen zwischen den Erzieherinnen klappen gut. Die Erzieherin ist entlastet, und Stefan scheint erste Fortschritte zu machen. Die Gruppe spricht zunächst noch über ein weiteres Kind und über »merkwürdige« Eltern, dann über das bevorstehende Ende der Arbeit.
28. Sitzung: *Thema:* Es ist die letzte Sitzung, die Gruppe zieht Bilanz. Die Entwicklung der Gruppe ist den Erzieherinnen besonders im Kontrast zu ihrer Erzieherinnen-Arbeitsgemeinschaft aufgefallen. Sie seien sensibler und offener geworden. Probleme der Entfremdung von anderen Erzieherinnen. Die Gruppe spricht über den gemeinsamen Lernprozeß, oft im Kontrast zur Arbeitsgemeinschaft.

VI. Ergebnis und Ausblick

Indem wir uns mit »teilnehmender Beobachtung« und Beratung oder Supervision eines Erzieherteams in Kindergärten begaben, konnten wir erkennen, was sich dort im pädagogischen Alltag »abspielt«, wozu die jungen Besucher den Aufenthalt hier zu nutzen suchen. Dabei kam ins Blickfeld, welche bisher kaum formulierte Aufgabe für Entwicklung und Bildung wie auch für jetzige und künftige »seelische Gesundheit« der Mädchen und Jungen sich dem Kindergarten stellten. Den Begriff »seelische Gesundheit« verwenden wir deshalb, weil unsere Untersuchung durch die Bundestagsenquête »Über die Lage der Psychiatrie in der Bundesrepublik Deutschland« mitveranlaßt ist.

Mit unserem Projekt sollte erprobt werden, welche Möglichkeiten sich aus der Kooperation zwischen »Kindergarten und sozialen Diensten«, speziell zwischen Kindergarten und Erziehungsberatungsstellen ergeben, um Auffälligkeiten des Verhaltens und damit psychischen Störungen von Kindern so früh als möglich zu begegnen. Es sollte ergründet werden, wie den in quantitativen Untersuchungen festgestellten hohen Symptombelastungen von Jungen und Mädchen im Kindergartenalter und darüber hinaus im Schulalter durch eine solche Zusammenarbeit entgegengewirkt werden kann. Aber unter dem Aspekt seelischer Gesundheit oder psychischer Erkrankung ist nur teilweise zu erfassen, welche zentrale Aufgabe sich dem Kindergarten stellt.

Wie unsere Fallberichte sowie die Auswertung der Supervision mit Erzieherinnen belegen, suchen Kinder schmerzliche, kränkende und überwältigende Erlebnisse von außerhalb des Kindergartens hier zu reproduzieren, um sich damit zu entlasten und mit ihnen besser fertig zu werden. Treffen sie dabei auf Verständnis und Unterstützung, werden sie offener und freier für neue Erfahrungen und mutiger für Aktivitäten, durch die es zum – bis dahin oft behinderten oder blockierten – Fortschreiten in der Entwicklung und zur Ausbildung von Grundfertigkeiten kommt, die nicht nur Voraussetzung für den künftigen Schulerfolg, sondern auch für Beziehungsfähigkeit und Lebenstüchtigkeit sind.

Das geht aber nur, wenn die Erzieher/innen die Kinder ernst nehmen und sie mit dem, was sie aus individuellen Beweggründen zum Ausdruck bringen und im Austausch und im Zusammenspiel mit ihnen wie auch mit ihren Gefährten zu gestalten versuchen, akzeptiert werden. Unsere Ausführungen zeigen, welche hohen Anforderungen an die Erzieherinnen in einer Institution gestellt werden, wenn sie auf die Belange der Kinder fördernd eingehen; denn sie müssen sich dabei, auch heute noch, von einem eher von außen bestimmten, die Wirklichkeit des Kindes und seine psychische Situation nur begrenzt berücksichtigenden Arbeitsauftrag und daraus resultierendem Druck zum »pädagogischen Handeln« befreien. Diese »Emanzipation« führt – wie am Beispiel deutlich wurde – bei den Erzieherinnen selbst zunächst zu Verunsicherung, da nunmehr das bisherige berufliche Selbstverständnis in Frage gestellt wird und ein neues noch nicht gewonnen ist. Zum anderen werden sowohl bei den Verantwortlichen der Trägerschaft als auch bei Kolleginnen und Kollegen Reaktionen ausgelöst, durch die dem praktizierten Konzept der Boden entzogen zu werden und das kollegiale Einvernehmen verloren zu gehen droht.

Mit dem Gewinn eines neuen pädagogischen Selbstverständnisses wird es dann besser möglich, Vertreter des Trägers, der Trägerverbände und der Behörden wie auch Kolleginnen und Kollegen zu überzeugen, worum es hier geht. Gerade an dem beschriebenen Konflikt der Erzieher- und Elternschaft mit maßgeblichen Vertretern eines Trägers wurde deutlich, mit welchen Komplikationen und wie langsam solche Prozesse vonstatten gehen können.

Unsere Schilderungen verallgemeinernd, läßt sich sagen: Je besser es dem Kindergarten gelingt, den Kindern offen und flexibel zu gestatten, ihre bisherigen Erfahrungen dort einzubringen – zu »inszenieren« –, desto eher kann er seine Verpflichtung erfüllen, Entwicklung zu unterstützen, Bildungsprozesse anzuregen und Integration in die Gesellschaft anzubahnen. Andernfalls geraten viele Kinder in Gefahr, sich schon im Kindergarten nicht in eine Gruppe integrieren zu können und als auffällig, gestört oder gar als »untragbar« ausgegrenzt zu werden. Es wäre einseitig, störendes Verhalten oder Leidenssymptome allein auf die Lebens- und Sozialisationsbedingungen des Kindes in seiner Familie zurückzuführen; denn auch die Rahmenbedingungen, die von Mädchen und Jungen – oft ohne Rücksicht auf ihre psychosoziale Situation – erwarteten Anpassungsleistungen sowie die herrschenden Verhältnisse im Kindergarten selbst tragen zu deren seelischer Belastung bei und lösen »Symptome« aus.

Im Kindergartenalter setzen sich die Mädchen und Jungen auf der gerade erworbenen »symbolischen Ebene« unter starker Gefühlsbeteiligung mit ihren familiären Beziehungsproblemen und den Anforderungen der jeweiligen Entwicklungsphase auseinander. Die oft unter heftigen Affekten in den Kindergarten eingebrachten (normalen) Entwicklungs- und Beziehungskrisen rühren häufig an eigene unbewältigte kindliche Erfahrungen der dort tätigen Erwachsenen. Das erschwert ihr Verständnis für die Kinder. Solche Verständnisbarrieren sind aber – auf Wegen, wie wir sie beschrieben haben – überwindbar.

In unseren Ausführungen sind wir auf Krisen im Kindergarten in dreifacher Hinsicht eingegangen: 1. zwischen einzelnen Kindern mit erwachsenen Bezugspersonen und Gefährten; 2. zwischen Eltern- und Erzieherschaft einerseits und Vertretern des Trägers und des Gemeinwesens andererseits; und schließlich 3. zwischen den Erzieherinnen und ihren Beratern beziehungsweise Supervisoren, denen gegenüber sich die Krisen mit den beiden erstgenannten spiegelten.

Im dritten Kapitel haben wir uns auf jene Schwierigkeiten konzentriert, die primär einzelne Kinder in den Kindergarten hineintragen und diesen gleichsam als Bühne zur Inszenierung ihrer (unbewußten) Konflikte zu erproben suchen. Wir haben konkret dargestellt, wie sich Entwicklungskrisen und Beziehungsstörungen im Kindergarten zeigen, was ihnen zugrunde liegen kann und wie schwierig es bisweilen ist, die Kinder in ihrer Entwicklung angemessen zu unterstützen. Dabei zeigte sich, daß einzelne Kinder nicht einfach als Störer abgestempelt werden können, sondern daß ihr auffälliges Verhalten aus der Wahrnehmung von Interaktionsprozessen zu verstehen ist, an denen auch die Pädagogen beteiligt und die auch von den Verhältnissen im Kindergarten beeinflußt sind. Auf letzteres sind wir im vierten Kapitel näher eingegangen. Vor allem im fünften Kapitel haben wir dargelegt, wie die Reflexion der Wechselbeziehung zwischen Erziehern und Kindern – im Rahmen von Beratung und Supervision – das Verständnis für die Kinder mit ihren Konflikten verbessern, neue Handlungsperspektiven eröffnen und so zu ihrer angemessenen Förderung beitragen kann. Das wird besonders dann ersprießlich, wenn im Rahmen psychoanalytischer Supervision eine angstfreie Atmosphäre für die Beschäftigung mit psychosozialen Problemen, wie sie sich in der konkreten Situation des pädagogischen Alltags stellen, geschaffen werden kann.

An unseren Fallbeispielen wird deutlich, wie Kinder in der Institution unwillkürlich veröffentlichen, was sie im Familienleben belastet. Einschränkungen, Erschütterungen und Konflikte, denen sie dort ausgesetzt waren oder noch sind, werden in der Institution aktualisiert. Hier neigen Kinder dazu – besonders wenn sie durch bestimmte Ereignisse dazu veranlaßt werden –, ihre familiären Beziehungserlebnisse in verfremdeter, auf Anhieb nicht zu durchschauender Weise zu wiederholen, zum Beispiel wie sie sich dort tief gekränkt und zurückgesetzt gefühlt haben. Oder sie suchen nach Alternativen zum Erleben in ihrer Familie. Was sie dort vermißt haben, soll sich hier nun in idealer Weise erfüllen, beispielsweise die zärtlich-einfühlsame Nähe zu einer neuen Bezugsperson, die Herstellung einer »symbiotischen Einheit« mit ihr.

Aus unserem Bericht geht auch hervor, wie die Kinder in der Gruppe ausprobieren, inwiefern sie jetzt in der Familie verpönte, als böse und schlecht diffamierte Wünsche und affektive Reaktionen zum Ausdruck bringen können. Dabei entscheidet sich für sie, ob solche Äußerungen weiterhin verpönt bleiben oder ob diese akzeptiert und auf ihre Bedeutung für das einzelne Kind oder für die jeweilige Gruppe hinterfragt werden. Sind die Erzieherinnen im Kindergarten in der Lage, auf solche verbalen und nichtverbalen Selbstmitteilungen der Mädchen und Jungen verständnisvoll, unterstützend und orientierunggebend einzugehen, wird diesen damit Gelegenheit geboten, ihre Beziehungsprobleme zu lösen und sonst stagnierende Entwicklungskrisen zu überwinden. Wird im Kindergarten hingegen die Praxis, solche Lebensäußerungen, solche – versteckte Problemformulierungen enthaltende – Ausdrucksweisen weiterhin zu unterdrücken oder zu ignorieren, fortgesetzt, werden Kinder nicht nur daran gehindert, mit Gefühlserlebnissen besser fertig zu werden, sondern auch »die Realität zu prüfen«, wie Sigmund Freud jenen entscheidenden – normalerweise ins Kindergartenalter fallenden – Schritt der seelisch-geistigen Entwicklung bzw. die Ausbildung jener Fähigkeit nennt. Mit ihrem Erwerb beginnt das Kind innere Vorgänge von äußerer Wahrnehmung zu unterscheiden. Bleibt es aber zum Beispiel auf die Angst vor »Kastration« fixiert, wird es gehindert, die Wirklichkeit des Geschlechtsunterschieds zu prüfen, weil es fürchten muß, eben auf die Kastration zu stoßen. Diese Angst sucht es dann mit Phantasien und Aktionen, die den wahren Sachverhalt verfälschen, zu überspielen (vgl. Freud 1938, 84; Laplanche/Pontalis 1967, 431 ff.). Das bedeutet wiederum, daß ein entscheidender Schritt der affektiven und der kognitiven Entwicklung nicht gewagt werden kann. Welche Rolle das im Kindergarten spielen kann, wurde anhand der oben wiedergegebenen und interpretierten zufälligen Videoaufzeichnung aus dem Gruppenleben exemplifiziert.

Impulse und Vorstellungen, die verpönt werden, können weder ins Bewußtsein und in das Selbstverständnis aufgenommen noch in Überlegungen einbezogen werden. Sie bleiben vielmehr dem »Wiederholungszwang« unterworfen. Aber gerade dann treten sie überhaupt oder vor allem bei charakteristischen Anlässen als Leidenssymptome oder als störende Auffälligkeiten unversehens in Erscheinung, ohne daß der, der solche Symptome zeigt, noch der in der Situation damit Konfrontierte begreifen kann, was damit zum Ausdruck kommt. Solange im Elternhaus, im Kindergarten, in der Schule usw. die pädagogische Praxis fortgesetzt wird, bestimmte Verhaltensweisen der Kinder als »Unart« abzuwerten, zu ignorieren oder einfach zu unterdrücken, fühlen sich die Kinder mit dem, was sie »existentiell« bewegt, zurückgewiesen. Das führt nur allzu leicht zu einer Chronifizierung und nicht selten zu einer Verschlimmerung der Problematik. Sie ist dann – auch bei heilpädagogischer oder psychotherapeutischer Unterstützung – um so schwerer zu bewältigen, je stärker nicht nur die persönliche, sondern auch die »interpersonale und institutionalisierte Abwehr« (Mentzos 1976) aufrechterhalten wird und je länger es dauert, bis das Kind – auch später als Jugendlicher oder Erwachsener – Gelegenheit findet, sich mit seinem unbewältigten Leben auseinanderzusetzen.

In der »antiautoritären Erziehung« wie in der »Antipädagogik« wurde und wird bis heute übersehen, daß nicht einfach im Gewährenlassen »das Heil« liegt, sondern daß es primär auf das aufmerksame Wahrnehmen von Lebensäußerungen und Aktivitäten der Kinder und auf das Verstehen der dazu bewegenden affektiven Befindlichkeit wie auch der sachlichen Interessen ankommt, um eine Verbesserung der ersteren und eine Realisierung der letzteren zu ermöglichen.

Das führt zu der Frage, ob der Kindergarten bereits auffälligen, problem- und symptombelasteten Mädchen und Jungen überhaupt den »Spielraum« bieten kann, um sie nachhaltig zu fördern. Oder sind jene institutionellen Zwänge so übermächtig, daß die familiären Belastungen nicht nur aufrechterhalten, sondern die Not der Kinder dort – wie in einem Teufelskreis – durch Reaktion und Gegenreaktion weiter verstärkt wird? Kann in das pädagogische Konzept des Kindergartens einbezogen werden, daß auffälliges, bisher als »Unart«, Bosheit oder Krankheit aufgefaßtes und bisweilen als »untragbar« befundenes Verhalten nun als deren chiffrierte Mitteilung über ihre Befindlichkeit – über ihre psychosoziale Situation – verstanden werden muß und weder durch pädagogische noch durch ärztliche Maßnahmen rasch geändert werden kann? Sollte nicht vielmehr auch analysiert werden, inwiefern der Kindergarten mit seiner jeweiligen, von übergeordneten Institutionen und Prinzipien bestimmten Ausrichtung, seiner Organisation, seiner personellen und materiellen Ausstattung, seinen spezifischen Anforderungen und seinen »Ritualen« nicht nur zum Austragungsort für Beziehungs- und Entwicklungskrisen wird, sondern sie auch auslöst und verstärkt, wenn nicht gar bisweilen erzeugt? Wir haben dargelegt, wie durch besondere Umstände eingetretene Verhältnisse in einem Kindergarten ein bereits bei seinen Besuchern erreichtes Entwicklungsniveau wieder in Frage gestellt wurde. Es war zu ersehen, welche Auswirkung institutionelle Gegebenheiten und Veränderungen – gerade auch den Wechsel von Bezugspersonen betreffend – auf Kinder haben, bei denen Fortschritte noch nicht stabil sind.

Der im Kindergarten ausgeübte Zwang auf seine jungen Besucher, sich den gesetzten Forderungen und Einschränkungen einfach zu unterwerfen, schließt sie von partnerschaftlicher Mitgestaltung aus. Das bedeutet für sie auch Zurücksetzung und Kränkung. Deshalb ist es einseitig, die sich daraus ergebenden Folgen für die Entwicklung des Kindes – und damit für seine gegenwärtige und künftige seelische Gesundheit – nur auf Verhältnisse und Erlebnisse in der Familie zurückzuführen.

Die Entbehrung des Vaters oder gar die Vaterlosigkeit vieler Kinder weist dem Kindergarten die entwicklungsfördernde Funktion des »Dritten« zu. Damit ist jene besondere Beziehung gemeint, die das junge Kind der Person oder der Personengruppe gegenüber ausbildet, die ihm Gelegenheit gibt, sich aus der engen »symbiotischen« oder »dyadischen« Beziehung an die Mutter zu lösen und in differenziertere »triadische« Beziehungen eintreten zu können, ohne Angst, damit die Beziehung zur Mutter zu gefährden. In unserem Kulturkreis bietet sich dafür vor allem der Vater an.

Der – auch über spezifische Krisen verlaufende, in der Psychoanalyse als Ödipuskomplex bezeichnete – Prozeß der »Triangulierung« ist äußerst wichtig für die weitere Entwicklung des Kindes. Er hängt eng mit der Ausbildung der Geschlechtsidentität und der Anerkennung der Generationenschranke zusammen. So ergibt sich mit der Feminisierung des Berufsfeldes Kindergarten ein besonderes Problem; denn die Ausübung der beschriebenen – väterlichen – Funktion des »Dritten« scheint damit erschwert zu sein. Wie auch aus unseren Schilderungen hervorgeht, sind Erzieherinnen leicht in Gefahr, entweder in die Rolle der »besseren« Mutter gedrängt zu werden oder diese unbewußt und unversehens zu beanspruchen. Dadurch treten sie in Konkurrenz zu den Müttern vor allem der Kinder, die in der Beziehung zu ihrer Mutter Enttäuschungen erlebt haben und in ihrer Erzieherin nun eine ideale Mutter sehen, mit der sie die unerfüllt gebliebene »Symbiose« herzustellen versuchen. Wie an Fallbeispielen deutlich wird, begeben sich die Erzieherinnen damit in eine schwierige Situation. Einerseits können sie diesen Anspruch des Kindes nicht einfach übergehen oder abwehren, suchen sie ihm andererseits zu entsprechen, geraten sie in eine offene oder versteckte Rivalität zu seiner Mutter. Kann die Erzieherin nun aber den »regressiven« Anspruch des Kindes als »Übertragung«, das heißt als *Verlagerung* auf ihre Person und damit als *Übergang* verstehen, vermag sie der Mutter zu helfen, ihre Funktion für das Kind neu zu begreifen und gleichzeitig das Kind zu unterstützen, aus einer unglücklichen Verstrickung mit seiner Mutter herauszufinden. Die in eine solche Situation geratene Erzieherin braucht ihrerseits den »Dritten« – in Beratung oder Supervision –, um selbst zu verstehen, wie ihr die verführerische Rolle der besonders guten Mutter zugeschoben und was ihr damit zugemutet wird.

Am Beispiel Bernd wird deutlich, wieviel leichter es der Berater als männliche Bezugsperson hatte, auf die regressiven Bedürfnisse des Jungen einzugehen und ihm dennoch in der – väterlichen – Funktion des Dritten zu begegnen. An der spezifischen Bedeutung, die der männliche Beobachter für die Jungen wie auch für die Mädchen gewann, zeigt sich, wie sie auch Identifikation und Auseinandersetzung mit Vertretern des männlichen Geschlechts suchen, die für sie den »Dritten« repräsentieren.

Im Verlauf unserer Studie ist uns immer klarer geworden, daß die gesellschaftliche Anerkennung, die der Kindergarten und die dort Tätigen finden, in keinem Verhältnis zu der Bedeutung steht, die ihm und ihnen in der Tat zustehen. Vielleicht hängt das in unserer Kultur mit der nur schwer korrigierbaren Auffassung zusammen, daß der Umgang mit kleinen Kindern leicht und wenig voraussetzungsvoll ist, vor allem, solange man nicht auch dort schon Unterricht einführt und diese Institution als Vorschule versteht. Doch die von Sigmund Freud begründete Psychoanalyse und die von Jean Piaget konzipierte genetische Psychologie haben längst als ihr fundamentales Ergebnis das Gewicht der frühen Kindheit für das spätere Leben und seine Bemeisterung herausgestellt. Aber so wie wir Menschen Angst haben, uns mit Enttäuschungen und Kränkungen, ja auch mit den Schrecken unserer frühen Kindheit zu konfrontieren, können wir uns auch nur schwer auf die alltäglichen Probleme und Nöte kleiner Kinder einlassen; denn sie rühren nur allzu leicht an eigene – »verdrängte« – Erlebnisse. Das führt auch zu jener abwehrenden Verharmlosung dieser Forderung und der Vermeidung, zu ergründen, wie ihr entsprochen werden könnte.

Wir haben erörtert, welchen Fortschritt der »Situationsansatz« dem Kindergartenwesen brachte, konnten dann aber auch exemplifizieren, wie sehr es über das sinnliche Wahrnehmen äußerlich feststellbarer Gegebenheiten hinaus auf das einfühlsame Verständnis für die emotionale Befindlichkeit, die *psychosoziale* Situation eines Kindes ankommt, um es wirklich fördern zu können.

Indem wir unsere eigenen, über »teilnehmende Beobachtung«, eine Videoaufzeichnung und Beratung im Kindergarten sowie bei der Supervision mit Erzieherinnen gewonnenen Erfahrungen anschaulich wiederzugeben und unter psychoanalytischen Aspekten auszuwerten versuchten, wollten wir die Aufmerksamkeit der Öffentlichkeit, vor allem der Eltern und der mit den Kindern dieses Alters beruflich befaßten Personen darauf lenken, vor welchen, bisher wenig berücksichtigten Aufgaben pädagogische Institutionen wie der Kindergarten stehen und wie die Voraussetzungen zu ihrer Erfüllung zu schaffen wären.

Literaturverzeichnis

AICHHORN, A.: 1925, Verwahrloste Jugend. Bern, Stuttgart, Wien ⁹1977; 1932, Erziehungsberatung. Zt. f. psa. Päd 6, 445–488.

AMMON, G. (Hrsg.): 1973, Psychoanalytische Pädagogik. Hamburg.

AMT FÜR VOLKSBILDUNG/VOLKSHOCHSCHULE FRANKFURT/M.: 1976, Modellversuch: Vorbereitungslehrgänge auf die externe Erzieherprüfung – integriertes Modell einer erwachsenengemäßen theoretischen Ausbildung. Berichtszeitraum: Okt. 1974 – Sept. 1976. Frankfurt.

ARBEITSGRUPPE VORSCHULERZIEHUNG (HABERKORN/HAGEMANN/SEEHAUSEN): 1976, Anregungen III: Didaktische Einheiten im Kindergarten. München; 1979, Curriculumentwicklung in den Modellkindergärten des Landes Hessen. München.

ARBEITSKREIS VORSCHULE (Hrsg.): 1971, Dokumentation Vorschulkongreß 1970 in Hannover. Velber.

ARGELANDER, H.: 1980, Die Struktur der »Beratung unter Supervision«. Psyche 34, 54–77.

AUTORENKOLLEKTIV: 1970, Die Ehe ist Hauptlebensziel – Kindergärtnerinnen über sich und ihren Beruf. In: betrifft: erziehung, Heft 9, 30–31.

BALINT, E.: 1959, Gruppenmethoden in der Fortbildung von Sozialfürsorgern. Psyche 13, 229–239.

BALINT, M.: 1957, Der Arzt, sein Patient und die Krankheit. Stuttgart.

BARRES, E.: 1972, Erziehung im Kindergarten. Eine empirische Untersuchung – zugleich ein hochschuldidaktischer Versuch. Weinheim/Basel.

BERNFELD, S.: 1925, Sisyphos oder die Grenzen der Erziehung. Frankfurt/M. 1973; 1927, Das Massenproblem in der sozialistischen Pädagogik. In: Antiautoritäre Erziehung und Psychoanalyse. Bd. 3. Frankfurt/M. ²1971; 1929, Der soziale Ort und seine Bedeutung für Neurose, Verwahrlosung und Pädagogik. In: Antiautoritäre Erziehung und Psychoanalyse. Bd. 1. Frankfurt/M. ⁴1971.

BETTELHEIM, B.: 1950, Liebe allein genügt nicht. Stuttgart (Klett) ²1971; 1955, So können sie nicht leben. Stuttgart (Klett) 1973; 1967, Die Geburt des Selbst. München (Kindler) 1977.

BETRIFFT: ERZIEHUNG: 1970, Vorschulerziehung auf dem Jugendhilfetag 1970. In: b:e, Heft 9, 41 ff.

BIENUSSA, P.: 1986, Heimliche Regeln pädagogischen Handelns. Weinheim.

BITTNER, G.: 1967, Psychoanalyse und soziale Erziehung. München ³1973; 1973, Psychoanalyse und das Handeln des Erziehers. Zt. f. Päd. 19, 7–89.

BITTNER, G., REHM, W. (Hrsg.): 1964, Psychoanalyse und Erziehung. Bern, Stuttgart, Wien.

BITTNER, G., SCHMID-CORDS, E.: 1968, Erziehung in früher Kindheit. München.

BÖHME, I.: 1985, Ausländische Kinder auf der Suche nach sich selbst. Gruppenarbeit als Unterstützung ausländischer Schulkinder. In: Leber, A., Trescher, H.-G. und C. Bütter (Hrsg.): Die Bedeutung der Gruppe für die Sozialisation. Band I. Kindheit und Familie. Göttingen; 1986, Wissen Sie vielleicht wie weh das tut? Heh! – Szenen aus der pädagogischen Arbeit mit ausländischen Kindern. Frankfurt/M.

BOTT, G.: 1970, Kinderschule Frankfurt. In: Ders. (Hrsg.): Erziehung zum Ungehorsam. Kinderläden berichten aus der Praxis antiautoritärer Erziehung. Frankfurt/M.

BOWLBY, J.: 1961, Die Trennungsangst. *Psyche* 15, 411–464; 1973, Trennung. München 1976; 1980, Verlust, Trauer und Depression. Frankfurt/M. 1983.

BÜTTNER, C., LEBER, A. (Hrsg.): 1982, Kinder in Institutionen. Themenheft der Zeitschrift »Kindheit«. Heft 4.

BÜTTNER, C., TRESCHER, H.-G. (Hrsg.): 1987, Chancen der Gruppe. Mainz.

BUNDESMINISTER FÜR ERZIEHUNG UND WISSENSCHAFT: 1983, »Pilotstudie« – Verhaltens- und Beziehungsprobleme – Eine Herausforderung an den Kindergarten. Bonn.

BUND-LÄNDER-KOMMISSION FÜR BILDUNGSPLANUNG: 1974, Bildungsgesamtplan, Bd. 1. Stuttgart.

CLOS, R.: 1982, Delinquenz – Ein Zeichen von Hoffnung? Frankfurt/M.

CORELL, W.: 1970, Programmiertes Lernen in der Vorschulerziehung und seine Bedeutung für die Grundschule. In: Schwartz, E. (Hrsg.): Grundschulkongreß '69. Begabung und Lernen im Kindesalter, Bd. 1. Frankfurt/M.

CREMERIUS, J. (Hrsg.): 1971, Psychoanalyse und Erziehungspraxis. Frankfurt/M.

DATLER, W.: 1983, Was leistet die Psychoanalyse für die Pädagogik? Wien, München.

DER HESSISCHE SOZIALMINISTER (Hrsg.): 1981, Beziehungsfeld Kindergarten. Zur psychischen Situation des Kindergartenkindes. Wiesbaden; o. J., Situationsansatz im Kindergarten. Wiesbaden.

DERSCHAU, D. V.: 1974, Die Erzieherausbildung, Bestandsaufnahme und Vorschläge zur Reform. München; 1976, Die Ausbildung der Erzieher für Kindergärten, Heimerziehung und Jugendarbeit an den Fachschulen/Fachakademien. Marburg.

DEUTSCHER BILDUNGSRAT: 1970, Empfehlungen der Bildungskommission: Strukturplan für das Bildungswesen. Stuttgart.

DEUTSCHER BUNDESTAG: 1975, Bericht über die Lage der Psychiatrie in der Bundesrepublik Deutschland. Zur psychiatrischen und psychotherapeutisch/psychosomatischen Versorgung der Bevölkerung. Bonn.

DEVEREUX, G.: 1967, Angst und Methode in den Verhaltenswissenschaften. Frankfurt/M., Berlin, Wien 1976.

DIERGARTEN-HAMM, A.: 1985, Bei mir macht Christoph das nie! – Aus der Praxis einer Balintgruppe für Erzieher. *Welt des Kindes*, 4, 284–289.

167

EKSTEIN, R.: 1970, Der Einfluß der Psychoanalyse auf Erziehung und Unterricht. In: Ammon, G. (Hrsg.) a. a. O.

EKSTEIN, R., MOTTO, R. L.: 1963, Psychoanalyse und Erziehung – Vergangenheit und Zukunft. *Praxis der Kinderpsychologie und Kinderpsychiatrie* 12, 213–224.

ENDE, M.: 1970, Jim Knopf und Lukas der Lokomotivführer. Stuttgart.

ENGLER, R., HACK, J.: 1978, Heilpädagogik in der Spielstube. Vorschularbeit mit Kindern einer sozialen Randgruppe. Frankfurt/M.

ERIKSON, E. H.: 1950, Kindheit und Gesellschaft. Stuttgart [3]1971.

ERDHEIM, M.: 1982, Die gesellschaftliche Produktion von Unbewußtheit. Frankfurt/M.

ERTLE, C.: 1971a, Erziehungsberatung. Stuttgart; 1971b, Praxisanleitung durch Fortbildung. Gruppendynamische Fallbesprechungen mit Kindergärtnerinnen. *Sozialpädagogik* 16, 50ff.; 1976, Erziehungsberatung. Stuttgart; 1980, Schwierige Kinder und ihre Erzieherinnen – Praxisanleitung als konkrete Weiterbildung. *Praxis der Kinderpsychologie und Kinderpsychiatrie*, 8.

ETTL, T.: 1977, Erfahrungsbericht. In: Magistrat der Stadt Neu-Isenburg (Hg.): Bericht über die besondere Problematik der pädagogischen Arbeit in den städtischen Kindertagesstätten. Stadtverordneten-Drucksache Nr. 605. Neu-Isenburg; 1980, Wer nicht hören will, muß fühlen. In: Leber et al. (1983). A. a. O.; 1982a, Geliebter Störenfried. In: Leber et al. (1983). A. a. O.; 1982b, Ausflug ins Überschwemmungsgebiet. In: *Kindheit*, 4, 297–320; 1987, »Kein Vater, keine Mutter, kein Geld!« In: Reiser, H., Trescher, H.-G. (Hrsg.) a. a. O.

ETTL, T., WALTENBERG, D., ZILLER, H.: 1981, Beziehungsfeld Kindergarten. Zur psychischen Situation des Kindergartenkindes. Informationsbroschüre des Hessischen Sozialministers. Kindergarten 4. Wiesbaden.

FENICHEL, O.: 1935, Über Erziehungsmittel. Zt. f. psa. Päd., 9, 117–126.

FISCHER, H.: 1976, Supervision – Professionalisierungshilfe für den Kindergarten. *Sozialpädagogische Blätter* 5.

FISCHER, E., LEHMENKÜHLER-LEUSCHNER, H.: 1985, Muß ich wirklich Ahmeds Schuhe suchen? – Supervision für Erzieherinnen – Hilfestellung oder Belastung? *Welt des Kindes* 4, 292–296.

FLAAKE, K., JOANNIDOU, H., KIRCHLECHNER, B., RIEMANN, J.: 1978, Das Kita-Projekt. Ergebnisse einer wissenschaftlichen Begleitforschung zu einem Reformmodell öffentlicher Vorschulerziehung. Frankfurt.

FLITNER, A.: 1970, Diskussionsbemerkungen zu den Kindergartenuntersuchungen und zu den Einstellungsskalen von Anne-Marie Tausch. Zt. f. Päd. 16, 243–246.

FREUD, A.: 1927, Einführung in die Technik der Kinderanalyse. München/Basel [4]1966; 1935, Psychoanalyse für Pädagogen. Bern/Stuttgart/Wien 1971; 1965, Wege und Irrwege in der Kinderentwicklung. Stuttgart 1968.

FREUD, A., BURLINGHAM, D.: 1949/50, Heimatlose Kinder. Frankfurt/M. 1971.

FREUD, A., BERGMANN, T.: 1965, Kranke Kinder. Frankfurt/M. 1972.

FREUD, S.: 1909, Analyse der Phobie eines fünfjährigen Knaben. GW XII Frankfurt/M.; 1920, Jenseits des Lustprinzips. GW XII; 1926, Die Frage der Laienanalyse. GW XIV; 1927, Nachwort zur »Frage der Laienanalyse«. GW XIV; 1938, Abriß der Psychoanalyse. GW XVII.

FÜCHTNER, H.: 1978, Psychoanalytische Pädagogik. *Psyche* 32, 193–210; 1979, Einführung in die Psychoanalytische Pädagogik. Frankfurt/M., New York.

FÜRSTENAU, P.: 1964, Zur Psychoanalyse der Schule als Institution. In: Ders. (1974), a. a. O.; 1970, Institutionsberatung – ein neuer Zweig angewandter Sozialwissenschaft. *Gruppendynamik*, Heft 3, 219–233; 1974, Der psychoanalytische Beitrag zur Erziehungswissenschaft. Darmstadt.

GERSPACH, M.: 1981, Kritische Heilpädagogik. Frankfurt/M.; 1987, Über Psychoanalytische Pädagogik. In: Archiv für Wissenschaft und Praxis 18.

GEWERKSCHAFT ERZIEHUNG UND WISSENSCHAFT: 1968, Denkschrift zum Bildungsnotstand in den Kindertagesstätten für Kleinkinder (Kindergärten). Frankfurt/M.

GRAF-DESERNO, S.: 1981, Gestörtes Lernen – gestörte Beziehungen. Bensheim.

GROSSMANN, W.: 1974, Vorschulerziehung. Historische Entwicklung und alternative Modelle. Köln.

GROTENSOHN, H., HUTH, W., RITTER, J., SCHNEIDER, B.: 1979, Praxisbezogene Gruppenarbeit mit Erzieherinnen in Kindertagesstätten. *Wege zum Menschen* 10, 398–413.

GROTENSOHN, H., RITTER, J.: 1981, Teamberatung im Kindergarten und in der Kindertagesstätte. *Theorie und Praxis der Sozialpädagogik*, Heft 4, 220–222.

GRUNBERGER, B.: 1971, Vom Narzißmus zum Objekt. Frankfurt/M. (Suhrkamp) 1976.

HABERKORN, R., HAGEMANN, U., SEEHAUSEN, H.: 1988, Kindergarten und soziale Dienste. Freiburg.

HABERMAS, J.: 1968, Erkenntnis und Interesse. Frankfurt/M. 1971.

HAMM-BRÜCHER, H.:1971, Eröffnungsreferat des Vorschulkongresses 1970 in Hannover. In: Arbeitskreis Vorschule (Hrsg.), a. a. O.

HARTMANN, K.: 1977, Theoretische und empirische Beiträge zur Verwahrlosungsforschung. Berlin, Heidelberg, New York.

HAUG-ZAPP, E.: 1985a, Christliche Erziehung erwünscht. *Theorie und Praxis der Sozialpädagogik*, Heft 2, 106–107; 1985b, Von der Fallbesprechung zum »Szenischen Verstehen«. *Theorie und Praxis der Sozialpädagogik*, Heft 6, 326–329.

HEIDE, CH.: 1972, Notstand im deutschen Kindergarten. In: *Stern*, 41, 10. 10. 1972, 47 ff.

HEINSOHN, G.; KNIEPER, R.: 1975, Die Notwendigkeit staatlicher Kleinkinderziehung und ihre ungelösten Probleme. In: Baumgartner A. und Geulen D. (Hrsg.): Vorschulische Erziehung, Bd. 1. Weinheim/Basel.

HOFFMANN, E. (Hrsg.): 1968, Friedrich Fröbel. Ausgewählte Schriften, Bd. 2. Die Menschenerziehung. Heidelberg.

HORKHEIMER, M. ET AL.: 1936, Autorität und Familie. Bd. 1, Paris (F. Alcan). Institut für Frühpädagogik: 1972 Bibliographie zur Frühpädagogik. München.

JACOBSON, E.: 1964, Das Selbst und die Welt der Objekte. Frankfurt/M.

KARSTEN, M. E., RABE-KLEBERG, U.: 1979, Sozialisation im Kindergarten. Bensheim.

KERNBERG, O.: 1975, Borderline-Störungen und pathologischer Narzißmus. Frankfurt/M. 1978; 1976, Objektbeziehungen und Praxis der Psychoanalyse. Stuttgart 1981.

KIPP, H., SEMMLER, CH., BÄR, E.: 1980, Gruppenarbeit mit Erziehern als Praxisberatung im Kindergarten und Hort – Stadtteil Waldau. (unveröffentlichtes Manuskript) Kassel.

KLEIN, G., KREIE, G., KRON, M., REISER, H.: 1987, Integrative Prozesse in Kindergartengruppen. München.

KLEIN, M.: 1932, Die Psychoanalyse des Kindes. München ²1971; 1955, Die psychoanalytische Spieltechnik: Ihre Geschichte und Bedeutung. In: Dies.: Das Seelenleben des Kleinkindes und andere Beiträge zur Psychoanalyse. Reinbek 1972; 1961, Der Fall Richard. München 1975.

KLÜWER, K.: 1972, Arbeit mit Heimgruppenleitern in E-Gruppen. In: *Gruppenpsychotherapie und Gruppendynamik* 5. 227–232.

KÖRNER, J.: 1980, Über das Verhältnis von Psychoanalyse und Pädagogik. *Psyche* 34, 769–789.

KOHUT, H.: 1971, Narzißmus. Frankfurt/M. 1973; 1977, Die Heilung des Selbst. Frankfurt/M. 1979.

LAPASSADE, G.: 1972, Gruppen, Organisationen, Institutionen. Stuttgart.

LAPLANCHE, J., PONTALIS, J.B.: 1967, Das Vokabular der Psychoanalyse. Frankfurt/M. 1972.

LEBER, A.: 1958, Psychotherapie und Psychagogik in der Jugendfürsorge. *Unsere Jugend* 10, 498–508; 1962, Psychologische Beratung in der Heimerziehung. *Praxis der Kinderpsychologie und Kinderpsychiatrie* 11, 184–187; 1968, Das psychotherapeutische Heim. In: Brem, K. (Hrsg.): Pädagogische Psychologie der Bildungsinstitutionen Bd. 1: Die Erziehungsinstitutionen. München/Basel; 1970, Die Rolle der Erziehungsberatung in der Jugendhilfe. *Blätter der Wohlfahrtspflege*, 117, 99–101; 1971, Von der Fürsorgeerziehung zur Soziotherapie. *Archiv für Wissenschaft und Praxis der sozialen Arbeit*, 2, 17–37; 1972a, Psychoanalytische Reflexion – ein Weg zur Selbstbestimmung in der Pädagogik und Sozialarbeit. In: Leber, A./Reiser, H. (Hrsg.): Sozialpädagogik, Psychoanalyse und Sozialkritik. Neuwied, Berlin; 1972b, Kriterien für Entscheidungen über Familien- und Heimpflege. In: Deutscher Verein für öffentliche und private Fürsorge (Hrsg.): Unterbringung von Kindern und Jugendlichen außerhalb der Familie. Frankfurt/M. Kleinere Schriften des Deutschen Vereins für öffentliche und private Fürsorge. Bd. 44; 1975, Psychoanalytische Projektseminare in der Ausbildung von Heilpädagogen. In: Leber, A. (Hrsg.), a. a. O.; 1977, Psychoanalytische Gruppenverfahren im Bildungsbereich – Didaktik oder Therapie? *Gruppenpsychotherapie und Gruppendynamik*, 12, 242–254; 1978, Die Sozialisation von Pflegekindern. In: Junker, R., Leber, A., Leitner, U. und Bieback, C.: Pflegekinder in der Bundesrepublik Deutschland – ein Forschungsbericht. Frankfurt/M. (Deutscher Verein für öffentliche und private Fürsorge); 1979, Heilpädagogik – was soll sie heilen? In: Schneeberger, F. (Hrsg.): Erziehungserschwernisse – Antworten aus dem Werk Paul Moors. Luzern; 1980, (Hrsg.) Heilpädagogik. Darmstadt; 1983, Frühe Erfahrung – späteres Leben. In: Leber et al. (1983). A. a. O.; 1985, Wie wird man psychoanalytischer Pädagoge? In: Bittner, G. und Ertle, Chr. (Hg.): Pädagogik und Psychoanalyse. Würzburg; 1986, Psychoanalyse im pädagogischen Alltag – Vom szenischen Verstehen zum Handeln im Unterricht. *Westermanns Pädagogische Beiträge*, Heft 11/1986.

LEBER A. ET AL.: 1983, Reproduktion der frühen Erfahrung. Frankfurt/M.

LEBER, A., TRESCHER, H.-G.; BÜTTNER, D.: 1985, (Hrsg.) Die Bedeutung der Gruppe für die Sozialisation. Band I. Kindheit und Familie. Göttingen.

LEHMENKÜHLER-LEUSCHNER, A.: 1984, Supervision für Erzieherinnen in Tageseinrichtungen für Kinder. *Supervision* 5.

LOCH, W.: Perspektiven der Psychoanalyse. Stuttgart.

LORENZER, A.: 1970, Sprachzerstörung und Rekonstruktion. Frankfurt/M.; 1972, Zur Begründung einer materialistischen Sozialisationstheorie. Frankfurt/M.; 1974, Die Wahrheit der psychoanalytischen Erkenntnis. Frankfurt/M.

MAHLER, M.: 1968, Symbiose und Individuation. Stuttgart (Klett). 1972.

MAHLER ET AL.: 1972, Die psychische Geburt des Menschen. Frankfurt/M. 1978.

MENG, H.: 1973a, (Hrsg.) Psychoanalytische Pädagogik des Kleinkindes. München; 1973b, (Hrsg.) Psychoanalytische Pädagogik des Schulkindes. München.

MENTZOS, S.: 1976, Interpersonale und institutionalisierte Abwehr. Frankfurt/M.

MUCK, M.: 1980, Psychoanalyse und Schule. Stuttgart.

NEIDHARDT, W.: 1977, Kinder, Lehrer und Konflikte. München.

PIAGET, J.: 1945, Nachahmung, Spiel und Traum. Stuttgart 1969.

RAUCHFLEISCH, U.: 1981, Dissozial, Göttingen.

REDL, F.: 1932, Erziehungsberatung, Erziehungshilfe, Erziehungsbehandlung. *Zt. f. psa. Päd.* 6, 523–543.

REDL, F., WINEMANN, D.: 1951, Kinder, die hassen. München 1979.

REHM, W.: 1968, Die psychoanalytische Erziehungslehre. München [2]1971.

REISER, H., TRESCHER, H.-G. (Hrsg.): 1987, Wer braucht Erziehung? Mainz (Grünewald).

ROBERTSON, J., ROBERTSON, J.: 1975, Reaktionen kleiner Kinder auf kurzfristige Trennung von der Mutter im Lichte neuer Beobachtungen. *Psyche*, 29, 626–664.

ROTH, R. K.: 1984, Hilfe für Helfer: Balint-Gruppen – Konflikte im Beruf verstehen lernen und wirksam helfen können. München, Zürich.

ROTHGANG, B.; WURZBACHER, G.: 1973, Die Übernahme familialer Erziehungsaufgaben und -ansprüche durch gesellschaftliche Institutionen. In: Schleicher, K.: Elternmitsprache und Elternbildung. Düsseldorf.

SCHMALOHR, E.: 1974, Fortbildung für Kindergartenerzieher. Hannover.

SCHMAUCH, U.: 1985, Frühe Kindheit und Geschlecht. In: B. Naumann und E. Böhmer (Hrsg.): Theorien weiblicher Subjektivität. Frankfurt/M.; 1987, Anatomie und Schicksal – Zur Psychoanalyse der frühen Geschlechtssozialisation. Frankfurt/M.

SCHMAUS, M., SCHÖRL, M.: 1964, Die sozialpädagogische Arbeit der Kindergärtnerin. München.

SCHMIDT, W.: 1923, Psychoanalytische Kindererziehung in Rußland. In: Schmidt, W., Klein, M., Ferenczi, S.: Antiautoritäre Erziehung. Berlin (Raubdruck).

SCHRADER, H.: 1973, Professionalisierung der Erzieher im Rahmen vorschulischer Curriculumentwicklung. In: Zimmer, J. (Hrsg.). A. a. O.

SCHWARTZ, E. (Hrsg.): 1970, Grundschulkongreß '69. Begabung und Lernen im Kindesalter, Bd. 1, Frankfurt/M.

SCHWARZMANN, J.: 1963, Psychologische Mitarbeiterbesprechungen im Heim. Mitteilungsblatt der Ehemaligen der Schule für soziale Arbeit. Zürich.

SEIFERT, M.: 1969, Zur Theorie antiautoritärer Kindergärten. In: *Konkret*, 3, Hamburg.

SPITZ, R.: 1957, Nein und Ja. Die Ursprünge menschlicher Kommunikation. Stuttgart (Klett) [2]1970; 1965, Vom Säugling zum Kleinkind. Stuttgart [2]1969.

TRAPP, E.: 1982, Frauen in der Kindertagesstätte. Vom Beitrag der Supervision zur Berufsidentität der Erzieherin. Unveröffentlichte Diplomarbeit, Gesamthochschule Kassel.

TRESCHER, H.-G.: 1981, Überlegungen zur Psychoanalytischen Pädagogik heute. *Psychoanalyse* 2, 2–33; 1985a, Theorie und Praxis der Psychoanalytischen Pädagogik. Frankfurt/M./New York; 1985b, Was ist Psychoanalytische Pädagogik? In: Bittner, G. und C. Ertle (Hrsg.): Pädagogik und Psychoanalyse. Würzburg; 1985c, Was ist bloß mit Tobias los? – Psychoanalytische Beratung im Kindergarten. *Welt des Kindes* 63, 278–283; 1987a, Selbstverständnis und Problembereich der Psychoanalytischen Pädagogik. In: Reiser, H. und H.-G. Trescher (Hrsg.) a. a. O.; 1987b, Bedeutung und Wirkung szenischer Auslösereize in Gruppen. In: Büttner, C. und H.-G. Trescher (Hrsg.): a. a. O.

TRESCHER, H.-G., LEBER, A., BÜTTNER, C. (Hrsg.): 1985, Die Bedeutung der Gruppe für die Sozialisation. Band 2: Beruf und Gesellschaft. Göttingen.

ULSHOEFER, H.: 1970, Praxisprobleme der Kindergärtnerin. München.

WEISS-ZIMMER, E.: 1985, Selbstbewußte Frau oder hingebungsvolle Mutter? – Lebensgeschichte von Frauen in der Beratung von Erzieherinnen. *Welt des Kindes*, 4, 297–302.

WEISS-ZIMMER, E., HANKE, F.: 1985, Zur beruflichen Sozialisation und

Psychodynamik in Arbeitsgruppen von Erzieherinnen. Ergebnisse aus der Arbeit unter Supervision. In. Trescher, H.-G., Leber, A., Büttner, C. (Hrsg.) a. a. O.

WELLENDORF, F.: 1985, Zur Bedeutung der Gruppe im Konfliktfeld sozialer Institutionen. Erfahrungen aus der Institutionsberatung. In: Trescher, H.-G., Leber, A., Büttner, C. (Hrsg.), a. a. O.

WINNICOTT, D. W.: 1958, Von der Kinderheilkunde zur Psychoanalyse. München 1976; 1965, Reifungsprozesse und fördernde Umwelt. München 1974.

WOLFFHEIM, N.: 1930, Psychoanalyse und Kindergarten. München/Basel 1966.

WOLFRAM, W. W.: 1983, Ein Berater ermutigt Erzieher, sich Hilfe zu holen. *Theorie und Praxis der Sozialpädagogik*, Heft 1, 150–153; 1984, Im Vorfeld der Erziehungsberatung: Psychologischer Dienst für Kindertagesstätten. *Praxis der Kinderpsychologie und Kinderpsychiatrie*, Heft 6, 239–243.

ZIMMER, J.: 1970, Wider die falsche Vorschulerziehung. *b:e*, 9; 1973, (Hrsg.) Curriculumentwicklung im Vorschulbereich, Bd. 1. München.

ZULLIGER, H.: 1951, Schwierige Kinder. Bern 1977; 1952, Heilende Kräfte im kindlichen Spiel. Stuttgart [6]1979; 1953, Umgang mit dem kindlichen Gewissen. Frankfurt/M. 1969; 1966, Bausteine zur Kinderpsychotherapie. Bern, Stuttgart.

Nachwort

Die vorliegende Veröffentlichung ist auf der Grundlage der Ergebnisse des Modellversuchs »Kindergarten und soziale Dienste« entstanden, den das Institut für Sonder- und Heilpädagogik der Johann Wolfgang Goethe-Universität, Frankfurt am Main (Prof. Dr. Aloys Leber) und das Deutsche Jugendinstitut München, Außenstelle Frankfurt am Main (Dr. Dietrich von Derschau), im Auftrag des Hessischen Sozialministeriums durchgeführt haben. Der Bundesminister für Bildung und Wissenschaft hat das Projekt gefördert.

Der vollständige Titel des Projekts – »Vorbeugende und stützende Maßnahmen zur Förderung von Kindern mit Verhaltens- und Beziehungsproblemen im Elementarbereich unter besonderer Berücksichtigung der Zusammenarbeit mit sozialen Diensten« – bezeichnet umfassend den Gegenstand und die Zielrichtung des Vorhabens: Ausgehend von den Ergebnissen des Berichts der Bundesregierung über die Lage der Psychiatrie in der Bundesrepublik Deutschland (sog. Psychiatrie-Enquête, Bundestagsdrucksache 7/4200), denen zufolge bei einem hohen Prozentsatz (20–25 %) aller Schulkinder sogenannte Verhaltensauffälligkeiten feststellbar seien, sollte der Frage nachgegangen werden, wie der Kindergarten als Elementarbereich des allgemeinen Erziehungs- und Bildungswesens Kinder mit Verhaltens- und Beziehungsproblemen angemessen fördern kann. Dabei sollte es nicht um eine breit angelegte empirische Untersuchung gehen; vielmehr sollte in einigen nach soziologischen und regionalen Gesichtspunkten ausgewählten Kindergärten exemplarisch erprobt werden,

1. wie die Fähigkeit des Regelkindergartens gestärkt werden kann, Entwicklungsverzögerungen und -störungen bei Kindern zu erkennen und pädagogisch angemessen darauf zu reagieren;
2. wie ein verbindlicher Arbeitszusammenhang zwischen Regelkindergärten und sozialen Beratungsdiensten (insbesondere Erziehungsberatungsstellen) hergestellt werden kann, um deren besondere Kompetenzen und Erfahrungen für die Arbeit im Kindergarten nutzbar zu machen.

Das Projekt steht in der nun schon langen Reihe hessischer Modellversuche zu Fragen der Erziehung im Elementarbereich auf der Grundlage des Erprobungsprogramms.

Es sollte nicht dem Ziel dienen, eine neue »Sonder-Pädagogik für

Verhaltensstörungen« zu entwickeln, sondern es sollte vielmehr einen Beitrag dazu leisten, dem Anspruch des sogenannten Situationsansatzes zu entsprechen, dem einzelnen Kind in seiner je besonderen Lebenssituation besser gerecht zu werden. Daß mit der Erweiterung der Möglichkeiten des Kindergartens, die psychosoziale Entwicklung des Kindes zu fördern, gleichzeitig der Tendenz zur Ausgrenzung in Sondereinrichtungen entgegengewirkt wird, entspricht den Zielsetzungen einer insgesamt auf Integration ausgerichteten Politik.

Die fachliche Spannweite der angesprochenen Fragen ließ die Zusammenarbeit zweier Institute mit jeweils eigenen Arbeitsschwerpunkten in der wissenschaftlichen Begleitung als geboten erscheinen. So hatte das Institut für Sonder- und Heilpädagogik vor allem seine auf dem Boden psychoanalytischer Pädagogik erarbeiteten spezifischen Möglichkeiten des Verständnisses kindlichen Verhaltens einzubringen, während sich das Deutsche Jugendinstitut auf seine langjährigen Erfahrungen in der praxisnahen Erprobung pädagogischer Arbeitsformen stützen konnte. Die Ergebnisse beider Teilgruppen, die aus fachlichen und drucktechnischen Gründen als selbständige Veröffentlichungen entstanden sind, müssen denn auch als komplementäre Beiträge ein- und desselben Projekts aufgefaßt werden. Das hier vorliegende Buch wird also durch den Beitrag von Haberkorn, R., Hagemann, U. und H. Seehausen: Kindergarten und soziale Dienste (Lambertus Verlag, Freiburg 1988) ergänzt. Beide Veröffentlichungen erscheinen in der vollen fachlichen und wissenschaftlichen Verantwortung ihrer Verfasser.

Es ist zu hoffen, daß sie das Interesse der Fachöffentlichkeit, insbesondere der Mitarbeiter/innen in den Kindergärten und Erziehungsberatungsstellen, finden.

Das Hessische Sozialministerium dankt allen, die bei der Durchführung des Projekts und bei der Entstehung dieser Veröffentlichung mitgewirkt haben.

Dr. Peter Mollenhauer,
Hessisches Sozialministerium

Geist und Psyche
Begründet von Nina Kindler 1964

Kinderpsychologie

Hans Aebli
**Über die geistige Ent-
wicklung des Kindes**
Band 42321

Gordon W. Allport
Werden der Persönlichkeit
Band 42127

Bruno Bettelheim
Die Geburt des Selbst
Band 42247

Gerd Biermann (Hg.)
**Handbuch der
Kinderpsychotherapie**
Band 42299

John Bowlby
Trennung
Band 42171
Bindung
Band 42210
Verlust
Band 42243

Urie Bronfenbrenner
**Die Ökologie der
menschlichen Ent-
wicklung**
Band 42312

Dorothy Burlingham
Labyrinth Kindheit
Band 42256

Anna Freud
**Einführung in die Technik
der Kinderanalyse**
Band 42111

Herbert Goetze /
Wolfgang Jaede
**Nicht-direktive
Spieltherapie**
Band 42262

Hans Gustav Graber
Pränatale Psychologie
Band 42123

Klaus E. Grossmann (Hg.)
**Entwicklung der Lern-
fähigkeit in der
sozialen Umwelt**
Band 42177

Fischer Taschenbuch Verlag

Michail Ryklin
Räume des Jubels
Totalitarismus und Differenz

Essays

Aus dem Russischen von
Dirk Uffelmann

Suhrkamp

Die Originalausgabe erschien 2001 unter dem Titel
Prostranstva likovanija. Totalitarizm i različie
im Verlag Logos, Moskau
Die Zusammenstellung für die deutsche Ausgabe umfaßt
etwa die Hälfte der Texte und wurde vom Autor getroffen.
Erzählung meiner Mutter wurde von Gabriele Leupold übersetzt,
Metrodiskurs II von Anke Hennig.

edition suhrkamp 2316
Erste Auflage 2003
© Suhrkamp Verlag Frankfurt am Main 2003
Deutsche Erstausgabe
Satz: Jung Crossmedia Publishing, Lahnau
Druck: Nomos Verlagsgesellschaft, Baden-Baden
Umschlag gestaltet nach einem Konzept
von Willy Fleckhaus: Rolf Staudt
Printed in Germany
ISBN 3-518-12316-5

1 2 3 4 5 6 – 08 07 06 05 04 03

Inhalt

Einleitung
Die Totalitarismus-Metapher

Die Totalitarismustheorie wurde auf der Basis des Vergleichs zweier politischer Systeme formuliert – des sowjetischen und des nationalsozialistischen. In ihrem Buch *Elemente und Ursprünge totaler Herrschaft* schreibt Hannah Arendt 1949: »Wir kennen bisher nur zwei wirklich totalitäre Herrschaftsapparate, die Diktatur des Nationalsozialismus nach 1938 und die Diktatur des Bolschewismus seit 1930. Diese Herrschaftsformen unterscheiden sich wesentlich von anderen Arten diktatorischer, despotischer oder tyrannischer Gewalt, und wenn sie sich auch aus Parteidiktaturen mit einer gewissen Folgerichtigkeit entwickelt haben, so sind doch die eigentlich totalitären Züge ihrer Herrschaft neu und aus den Einparteisystemen nicht ableitbar.«[1] Der Zeitpunkt, da der Bolschewismus zum Totalitarismus wurde, fällt demnach mit der Kollektivierung zusammen und die Stunde der Geburt des Totalitarismus aus dem deutschen Faschismus mit der »Reichskristallnacht«. Die Ähnlichkeit der beiden Systeme ist augenfällig: Beide kennzeichnet Mißachtung des Rechts und Gewaltorientierung, beide etablieren sich über die Einschränkung (oder Vernichtung) der Zivilgesellschaft, einen Kult der Einheit von Volk und Führer u. a. m. Jede dieser Ähnlichkeiten aber ist schon auf der Ebene der Ähnlichkeit selbst unterschiedlich; von totaler Ähnlichkeit oder Identität kann nicht die Rede sein. Der für Berlin geplante Kuppelpalast sollte die Größe des deutschen Volkes symbolisieren, während der Palast der Sowjets in Moskau dazu bestimmt war, die Größe der progressiven Menschheit darzustellen. Im einen Fall funktioniert die Totalität einschrän-

---

1 Hannah Arendt: Elemente und Ursprünge totaler Herrschaft. Frankfurt a. M. 1962, S. 614.

kend und partikular, im anderen inklusiv und universell. Qua Totalität analog, divergieren die beiden Systeme in ihren übrigen Merkmalen.

Festzuhalten, daß die Welt des Totalitarismus Unterschiede enthält, daß sie nicht allein durch das strukturiert ist, was dieser totalitären Welt entgegensteht und sie negiert, bedeutet nicht nur, die Konzeption von Hannah Arendt, Raymond Aron, Alain Besançon und vielen anderen zu ergänzen, sondern auch ihren Geltungsbereich einzuschränken und den Fuß auf unbekanntes Terrain zu setzen. Wobei es – was nicht leicht ist – darauf ankäme, keine neuen Wertkriterien einzuführen. Nationalsozialismus und Bolschewismus näherten sich einander darin an, daß sie einen Massenterror ausübten, auf den Begriffe des Maßes nicht anwendbar sind; das Maßlose aber gilt, einer alten philosophischen Tradition gemäß, als unstrukturiert und undifferenziert, als »Abgrund ohne Unterschiede und Eigenschaften«. Wenn man nun diese Einheitlichkeit bestreitet und Differenzen einführt, kommt es darauf an, Hierarchisierung und Wertungen soweit wie möglich zu vermeiden. Jedes System von Differenzen organisiert sich vor allem in sich selbst und berührt sich nie direkt und unmittelbar mit einem anderen Differenzensystem. Wenn das kontextualisierende Verfahren aber dennoch seine Berechtigung hat, bewirkt die Existenz von Berührungspunkten keineswegs, daß die Differenzen verschwinden, sondern daß sie sich im Gegenteil vervielfachen. Der hier versuchte Zugang bedeutet die Absage an alle Versuche, über die Exzesse der Vernunft von der Warte irgendeiner »Realität« aus zu urteilen, wie es die Totalitarismustheorie für sich in Anspruch nimmt. Deren Vertretern stellt sich der Totalitarismus als Erfindung, als illusorische, rein sprachliche Konstruktion dar, die der »Realität«, der »Wirklichkeit« oder dem »gesunden Menschenverstand« den Kampf auf Leben und Tod ansagt. Da hier kein Kompromiß möglich ist, dauert dieser Krieg bis zur völligen Vernichtung einer der kämpfenden Seiten, was Alain Besançon in *Umgang mit Sowjetrussen* treffend zum Ausdruck bringt: »So wie die ideologische Überrealität hinsichtlich ihrer Intensität nicht zur Ruhe kommen kann, ehe sie nicht die Realität, die sie beherrscht, vollständig absorbiert hat, so wird sie, was ihre Ausdehnung betrifft, nicht zufrieden sein und sich nicht sicher fühlen, solange ihre Grenzen nicht mit denen des Universums zusammenfallen.«[2] Alle Kompromisse mit dem gesunden Menschenverstand wären dann vom Totalitarismus lancierte Tricks, dazu bestimmt, die auf dem festen Boden der »Wirklichkeit« stehenden Beobachter hinters Licht zu führen.

Im Gegensatz dazu gehe ich in diesem Buch von der Annahme aus, daß der Status der Realität nicht unverändert bleibt, wenn der Totalitarismusbegriff von innen heraus in kleine und eher bizarr miteinander verbundene Bestandteile differenziert wird. Wenn aber selbst die Welt des Exzesses differenziert ist, wenn die vom Exzeß hervorgebrachten Ähnlichkeiten ihrem Wesen nach unterschiedlich sind, dann gibt es auch keine einheitliche Welt des gesunden Menschenverstands, von der aus man über diese andere Welt urteilen könnte. Was über lange Zeit hinweg Bestand hat und seine Gegner erfolgreich assimiliert, von dem kann deswegen längst nicht behauptet werden, daß es auch noch einen zusätzlichen Vorzug besitze – den der Realität. Im Kampf aufeinander bezogener Systeme kann es nicht angehen, daß eines gegen das andere das Argument *ad realitatem* in Anschlag bringt. Denn dieses ist genauso ein Ausdruck von Logozentrismus wie die Weigerung, das Moment der Differenz in die Gewaltwelten der Diktaturen einzuführen. Da nun aber ohne Logos Denken unmöglich ist, bleibt nur zu versuchen, den Logozentrismus gegen diesen selbst zu wenden, d. h. jene

---

2 Alain Besançon: Court traité de soviétologie à l'usage des autorités civiles, militaires et religieuses. Dt.: Umgang mit Sowjetrussen. Aus dem Französischen von Brigitte Weitbrecht. Frankfurt a. M. 1977, S. 65.

Geste zu wiederholen, zu der die Philosophie seit Nietzsche systematisch immer wieder Zuflucht genommen hat. Letztlich ist diese Geste zwar dazu verdammt zu tilgen, wogegen sie sich richtet, doch zwischen Herausforderung und Tilgung geschieht nichtsdestotrotz etwas Aufschlußreiches, und die logozentrische Maschine gerät für einen kurzen Moment ins Stocken.

Der Kommunismus in seiner bolschewistischen Verkörperung nahm für sich nicht nur in Anspruch, radikal alle Widersprüche der vorangegangenen Geschichte zu überwinden, sondern behauptete auch, daß der daraus resultierende Zustand die Einlösung der in der Geschichte angelegten Hoffnungen sein würde (also superhuman, überfrei wäre usw.). Seine »universalistischen Ambitionen« (François Furet) faszinierten die westlichen Intellektuellen über lange Zeit; fasziniert, wie sie waren, vermochten diese »Mitläufer« in der Regel hinter dem revolutionären Aufschwung die banale Faktizität nicht mehr wahrzunehmen; wenn dies dennoch geschah, so beschimpfte man sie in der Heimat (wie etwa André Gide) als Renegaten. Indem sich der Bolschewismus den äußeren Anschein des Kommunismus gab, verübte er Böses ausschließlich im Dienste eines höheren Guten und verkannte die von diesem Endziel unabhängige Eigenlogik des Bösen – eine typisch psychotische Auffassung.

Hannah Arendt behauptet, daß eine der unmittelbaren Folgen des Totalitarismus die vollständige »Atomisierung« der Gesellschaft sei, die aus ihr eine amorphe Masse von terrorisierten Individuen mache. Die sowjetische Gesellschaft der Stalinzeit jedoch war in höchstem Maße kollektivistisch verfaßt. Jene psychotische Rede, welche Ideologie genannt wurde, schweißte die Menschen zusammen, schuf in großer Menge exotische, früher ungekannte Bande. Der einsame Mensch war in dieser Gesellschaft praktisch tot; Teilnahme am sozialen Leben war ein derart tiefgreifender Imperativ, daß er gar nicht eigens diskutiert werden mußte. Selbst noch das Mißtrauen gegeneinander verband die auf dem engen Raum einer Kommunalwohnung zusammengewürfelten Menschen. Die Rede von der Atomisierung hingegen setzt voraus, daß die Angst noch nicht jenem Entsetzen gewichen ist, das neue, nie gekannte Bande in großer Zahl knüpft. Was die Angst trennt, vereinigt das Entsetzen auf völlig neuer Basis. Das Entsetzen aber nimmt die Form des Jubels an, und dieser wird vom außenstehenden Betrachter leicht als Ausdruck von Lust und Vergnügen mißdeutet.

Hannah Arendt entwickelte ihre Konzeption von Totalitarismus vor allem anhand deutschen Materials und projizierte eine Reihe von Eigenschaften, die den Nationalsozialismus charakterisierten, mechanisch auf die sowjetische Geschichtserfahrung. Seinerzeit wurde eine Projektion wie die Arendtsche als provokativ und mutig wahrgenommen: Das unterlegene, zur Gänze diskreditierte und durch die Nürnberger Prozesse offiziell abgeurteilte nationalsozialistische Regime wurde mit der Gesellschaftsordnung der Siegermacht Sowjetunion, die ja gerade erst infolge des Krieges ihre Einflußsphäre beträchtlich erweitert hatte, auf eine Stufe gestellt.

Erst in den letzten Jahren macht sich eine andere Tendenz im Totalitarismusvergleich bemerkbar: Der Nationalsozialismus wird zunehmend als schwaches Glied betrachtet im Vergleich zum Stalinismus, der hinsichtlich der Dauer seiner Existenz, der Folgen für das Bewußtsein der Menschen, der Zahl der Opfer u. a. »führend« sei. Was jedoch die »universalistischen Ambitionen« des Stalinismus angeht, so werden diese nach dem Zerfall der Sowjetunion nicht mehr als »Vorteil« (Furet) begriffen. In den Augen der Außenwelt gilt das utopische Potential des sowjetischen Systems mittlerweile als erschöpft, weshalb Furet sein Buch über die »kommunistische Illusion« mit folgenden Worten eröffnen konnte: »Das sowjetische Herrschaftssystem ist sang- und klanglos von der historischen Weltbühne abgetreten, auf der es einst glorreich Einzug gehalten hatte.«[3] Heutzutage ist kaum noch jemand imstande, hinter den Bergen von Leichen die uneingelösten Hoffnungen der gesamten »progressiven Menschheit« auszumachen. Die Basis für den Systemvergleich wurde im Grunde nicht im Jahr 1949 gelegt, als Hannah Arendt ihr Buch über die totale Herrschaft abschloß, sondern erst im Verlaufe der letzten zehn Jahre, als die sowjetischen Archive zugänglich wurden. Infolgedessen wird nicht mehr ein unterlegenes Regime mit einer Siegermacht verglichen, sondern zwei mehr oder weniger abgeschlossene Archive einander gegenübergestellt. Auf der Ebene des Archivs aber beginnen die Ähnlichkeiten (wie etwa das Problem der Schuld in ihrer deutschen und russischen Spielart) als Unterschiede zu funktionieren und tendieren nicht mehr, wie die Totalitarismustheorie angenommen hatte, in Richtung Identität und völliger Übereinstimmung.

Interessanterweise kommt Hannah Arendt in ihrem Buch mehrfach auf das Thema des Moskauer Metrobaus zu sprechen, das ihrer Ansicht nach besser als alles andere die Problematik des sowjetischen Totalitarismus illustriere. Auf die Moskauer Metro wird hier später ausführlicher eingegangen, daher lohnt es sich, Arendts Position genauer zu betrachten: »Die Behauptung, daß nur Moskau eine Untergrundbahn habe, ist nur so lange eine Lüge, als die Bolschewisten nicht die Macht haben, alle anderen Untergrundbahnen zu zerstören. [...] die Beherrschung des Erdballs [ist] das notwendige Endziel der totalitären Bewegungen [...]; denn nur in einer vollständig kontrollierten und beherrschten Welt kann der totalitäre Diktator alle Tatsachen verachten, alle Lügen in die Wirklichkeit umsetzen und alle Prophezeiungen wahr machen.«[4]

3 François Furet: Das Ende der Illusion. Der Kommunismus im 20. Jahrhundert. Aus dem Französischen von Karola Bartsch, Eliane Hagedorn, Christiane Krieger und Barbara Reitz. München/Zürich 1996, S. 7.
4 Arendt, Elemente und Ursprünge totaler Herrschaft, S. 520f.

Später kehrt Arendt bei der Erörterung der Unterschiede zwischen den Ansichten der Eliten der totalitären Gesellschaften und denen der einfachen Bürger zum Metro-Thema zurück: Während die einfachen Bürger noch von dem überzeugt werden müßten, was dem gesunden Menschenverstand widerspreche, vermöchten die Vertreter der Elite zwischen den Zeilen zu lesen und propagandistische Verlautbarungen nicht wörtlich, sondern als chiffrierte Botschaften zu entschlüsseln, deren eigentliche Bedeutung niemals die direkte sei: »Im Unterschied zu den gewöhnlichen Parteimitgliedern, die man etwa zum Mord an den Juden am besten dadurch bringt, daß man die Minderwertigkeit von Juden ›beweist‹, versteht die Elite unmittelbar, daß die Erklärung ›Juden sind minderwertig‹ bedeutet ›Juden werden ausgerottet‹. Die bolschewistischen Eliteverbände verstehen, daß die Feststellung ›Nur Moskau besitzt eine Untergrundbahn‹ in Wahrheit bedeutet, alle Untergrundbahnen müssen zerstört werden, und sie sind keineswegs besonders überrascht, wenn sie eine Untergrundbahn in Paris antreffen.«[5]

Aber das ist längst nicht alles: Am Schluß der *Elemente und Ursprünge totaler Herrschaft* kommt die Autorin wieder auf ihr Lieblingsthema zu sprechen: »Totalität ist nicht der Anspruch des revolutionären Rußland, daß unter den gegebenen Umständen die Diktatur des Proletariats die beste Staatsform sei, sondern die Kette von Schlußfolgerungen, die erst der totalitäre Machthaber aus diesem Anspruch zieht und die etwa besagt, daß hieraus logisch folge, daß man ohne dieses System niemals eine Untergrundbahn bauen könne, daß daher jeder, der die Pariser Untergrundbahn kennt, verdächtig ist, weil er ja an der ersten Folgerung zweifeln könne, und daß man daher, wenn irgend möglich, die Pariser Untergrundbahn zerstören müsse, welche ›eigentlich‹ gar nicht hätte existieren dürfen.«[6]

5 Arendt, Elemente und Ursprünge totaler Herrschaft, S. 569.
6 Arendt, Elemente und Ursprünge totaler Herrschaft, S. 252.

In *Zurück aus Sowjet-Rußland* berichtet André Gide, die Moskauer Bürger hätten ihm wiederholt die Frage gestellt, ob es in Paris eine U-Bahn gebe. Wenn er ihnen dann entgegnete, daß es eine solche dort schon seit langem gebe, blickten sie ihn mißtrauisch an, so als ob er etwas ganz Unerhörtes gesagt hätte. Diese Anekdote liegt offensichtlich auch Hannah Arendts Reflexionen über die Moskauer U-Bahn im Vergleich mit der Pariser Metro zugrunde. Allein durch Zerstörung aller Untergrundbahnen der Welt – so formuliert sie ihre These – könne sich die fiktive, erdachte Welt des Totalitarismus als letztgültige Wirklichkeit behaupten. Denn wenn die Moskauer Metro nicht die einzige auf der Welt wäre, so nähme der Superlativ der ihr zugeschriebenen Qualitäten irreversiblen Schaden. Indem die Bolschewiken ihre Metro die beste nannten, hielten sie diese praktisch schon für die einzige, so daß für sie die Zerstörung des Metro-Rivalen nur noch eine Frage der Zeit darstellen würde. Der Metrodiskurs der Stalinzeit räumt aber dem *Vergleich* der Moskauer Untergrundbahn mit denen anderer Länder (insbesondere mit denen von Paris, New York, London und Berlin) beträchtlichen Raum ein. Auf der Folie der unermüdlich betonten Ärmlichkeit der Pariser Metro sollten die einzigartigen Qualitäten der »besten Metro der Welt« (vgl. S. 87ff. in diesem Band) besonders plastisch vor Augen treten.

Die Totalitarismusmetapher vereinfacht die Lage. Die von den betroffenen Regimes deklarierte Aggressivität darf man keinesfalls für bare Münze nehmen: Wenn die Außenwelt eines schönen Tages verschwände, büßte auch der Totalitarismus seine Daseinsberechtigung ein, insofern er einerseits jenes Bild von einem »objektiven« Feind verlöre, das ihn konstituiert, und andererseits seines Publikums beraubt wäre, dessenthalben dieses ganze Schauspiel veranstaltet wird. Das Erhabene, unter dessen Knute sich diese dem Terror ausgelieferten Gesellschaften befinden, würde ohne Zuschauer und ohne Feind nicht existieren – und das, obgleich

die Akteure dieses Schauspiels unentwegt den selbstmörde-
rischen Wunsch äußern, allein zu bleiben und alles Äußere
loszuwerden. Doch muß man den zutiefst arbiträren, thea-
tralischen Charakter solcher Deklarationen verstehen, anstatt sie auf ihren unrealisierbaren Wortsinn einzuengen. Die
Abhängigkeit des Totalitarismus von der Außenwelt ist viel
höher, als er es sich selbst einzugestehen wagte. Rituelle Be-
schwörungsformeln dürfen nicht wörtlich genommen werden.

Als qualitativ andere und ideale (»Das ist kein gewöhnliches Transportmittel, sondern Ausdruck der Stalinschen
Sorge um den neuen Menschen«, schickt Kaganovič voraus)
zerstört die Moskauer U-Bahn ihre Konkurrenten *diskursiv*,
ist aber andererseits stets auf sie angewiesen, ja, wird durch
ihre Existenz erst konstituiert. Man könnte sagen, daß die
ideologische Rede innerhalb der Dekonstruktion die Konkurrenten destruiert; daß sie mit Hilfe der verkündeten Destruktion eine Dekonstruktion vollzieht.

Dasselbe gilt für die »Ausstellung der Errungenschaften
der Volkswirtschaft« (VDNCh). Es mag scheinen, als seien
diese »Räume des Jubels« einzigartig, als könnte niemand mit
ihnen konkurrieren. Das stimmt aber nicht. Der in der
VDNCh verkörperte landwirtschaftliche Diskurs ist undenkbar ohne dasjenige, dem er sich manisch entgegenstellt –
ohne die konkurrierende Vorstellung von einem rationellen
Landwirtschaftsbetrieb im kapitalistischen Sinn. Indem er
seine »Hypereffektivität« im Kontrast zu den »alten Methoden« theatralisiert, begehrt der neue Diskurs nicht nur gegen
einen äußeren Bezugspunkt auf, sondern gerät in völlige Abhängigkeit von diesem. Die Anhänger der Totalitarismustheorie hingegen streichen unentwegt die erste, deklarato-
rische Seite heraus und vergessen die zweite, zumindest ebenso
bedeutsame unbewußte Dimension. Der Illusionismus der
»Räume des Jubels« von der Art der VDNCh zielt ab auf die
Liquidierung dessen, was diese Räume erst möglich macht;

das Spektakel wird nicht nur um des »neuen Menschen« willen realisiert, sondern gerade auch um des Äußeren willen, das scheinbar radikal abgelehnt und destruiert wird. Im Gegensatz zu Besançons Auffassung[7] läßt sich die Propaganda (die angeblich ausschließlich für den Gebrauch im Außenbereich bestimmt war) von der Fiktion (in Arendts Worten: dem »Suprasinn«), mit welcher der ideologisch umgemodelte Teil der Menschheit traktiert wird, nicht trennen. Beides sind zwei Seiten einer Medaille. Der Betrug hat so lange Sinn, wie man jemanden betrügen kann. Der militante Gestus der totalitären Destruktion ist deklaratorischer Natur und kapituliert immer wieder vor den bescheideneren und unauffälligeren dekonstruktiven Prozeduren, die die Ideologie im Grunde zu einem Diskurs machen, welcher weit über den Bereich des Intendierten hinausgeht. Die oberflächlichen Absichten müssen natürlich berücksichtigt werden, doch dürfen sie uns nicht den nüchternen Blick verstellen und uns daran hindern, ihre zutiefst simulative Stoßrichtung zu erkennen.

François Furet zählt in seinem Buch *Das Ende der Illusion* eine Reihe von Gründen auf, weshalb die »universellen Ambitionen« kommunistischen Typs für die westeuropäischen Intellektuellen attraktiver erschienen als die nationalsozialistische Ideologie. Dazu gehört sowohl die Analogie mit der Französischen Revolution als auch die Errungenschaften des ersten Jahrzehnts nach der Oktoberrevolution; dazu gehören die ungewöhnliche Virtuosität und Effizienz der Komintern-Propaganda gleichermaßen wie die deutlich geringere Transparenz des sowjetischen Systems für die Außenwelt und die Notwendigkeit einer wirkmächtigen Alternative zum Nationalsozialismus. Bei aller scheinbaren Universalität der Ziele und der Einschreibung in europäische intellektuelle Traditionen war das sowjetische System auf der Ebene seines prak-

7 Besançon, Umgang mit Sowjetrussen, S. 65 - 68.

tischen Funktionierens archaischer als das nationalsozialistische (das auf eine derart radikale Geste wie die umfassende Enteignung des Privateigentums verzichtete, deren Finale in der UdSSR die Kollektivierung bildete). Diese archaische Note wurde im übrigen kunstvoll verborgen und das Pathos der Universalität von der Propaganda um ein Vielfaches verstärkt.

Furet schreibt weiter, daß die bolschewistische Revolution den Sympathien der westeuropäischen Intellektuellen nicht nur in Gestalt ihrer »universalistischen Ambitionen« verpflichtet gewesen sei, sondern auch durch das enorme Potential der Ablehnung des *status quo* durch die Bourgeoisie – jenes *status quo*, den sie selbst geschaffen hatte. Diese Spur wird auch bei Hannah Arendt ausführlich verfolgt.[8] Der Nationalsozialismus hingegen verknüpfte Kapitalismus und Kommunismus als Teile einer »jüdischen Verschwörung« miteinander und wurde dadurch in den Augen der Intellektuellen schlicht unglaubwürdig und isoliert. Seine Existenzform wurde – wie es Walter Benjamin am Ende seines berühmten Essays »Das Kunstwerk im Zeitalter seiner technischen Reproduzierbarkeit« prophezeite – der Krieg. Der Nationalsozialismus war das Produkt des Ersten Weltkrieges und gipfelte im Zweiten. Anders als der Stalinismus konnte der Nationalsozialismus aber unter Friedensbedingungen keinen totalen Bürgerkrieg entfesseln, weil er die Zivilgesellschaft nicht vollends zerstörte und den Bereich der Güterproduktion nicht so radikal umbaute, vor allem aber keine landesweite Enteignung wagte. In der UdSSR hingegen waren die Verluste an Menschenleben in der »Friedenszeit« der dreißiger Jahre mit Kriegsverlusten vergleichbar. Paradoxerweise ließ eben dies die Sowjetunion friedliebender erscheinen als Nazi-Deutschland, wo die Möglichkeit eines Bürgerkrieges von der zwar terrorisierten, aber nicht zur

8 Furet, Das Ende der Illusion, S. 17-30; Hannah Arendt, a. a. O., Kapitel »Die politische Emanzipation der Bourgeoisie«, S. 193-243.

Gänze ausgeschalteten Bürgergesellschaft beschränkt wurde. Und obwohl in beiden Fällen Gewalt in gigantischem Ausmaß angewendet wurde, war die Natur dieser Gewalt verschieden. Das Phänomen Sowjetgesellschaft prägte, gleichgültig ob akzeptiert oder abgelehnt, den intellektuellen Horizont Europas über drei Generationen mit. In einem tiefergehenden Sinne mußten auch diejenigen darauf Bezug nehmen, die für sich reklamierten, dieses Phänomen zu ignorieren. So mußte das Verschwinden der Sowjetunion zwangsläufig eine intellektuelle Krise auslösen: Verloren ging jener riesige theatralisierte Raum, auf den die kühnsten Hoffnungen und die radikalsten Formen der Ablehnung des Bürgerlichen projiziert worden waren. Schon die gewaltigen Dimensionen dieser Projektionsfläche sind einzigartig. Allem Anwachsen virtueller Realitäten zum Trotz ist die postindustrielle Welt seit dem 1. Januar 1992 sich selbst bei weitem immanenter geworden; sie wurde der Lust an der Grenze beraubt, die eine unauffüllbare Leerstelle zurückließ. Das postsowjetische Rußland wird noch lange die Ernte der Enttäuschung und Trauer über den Tod dieses großen, schrecklichen Vorgängers einfahren; daher wird die Nostalgie nach dem Sowjetischen nicht nur von innenpolitischen Erwägungen diktiert, sondern auch von der schmerzlichen Reaktion der Außenwelt auf die Tilgung dieser einst für sie so bedeutsamen Grenze.

Mit der militärischen Niederlage des Nationalsozialismus war nichts Vergleichbares verbunden. Sowie in den fünfziger Jahren das Programm zur Versorgung der (west)deutschen Bevölkerung mit den entscheidenden Zivilisationsgütern in die Tat umgesetzt war (ein Programm, das die Nationalsozialisten beharrlich angekündigt, aber nicht realisiert hatten), war die Basis zur Identifikation mit dieser Art Diktatur auch in Deutschland beseitigt. Nach dem Zerfall der Sowjetunion hingegen sank der Lebensstandard ihrer früheren Bürger meistenteils beträchtlich – ein weiterer Beleg für die Verschiedenartigkeit der Regime, die unter dem Begriff Totalitarismus zusammengefaßt werden.

Furets These, wonach die beiden totalitären Regime Erzeugnisse von Diktatoren gewesen seien, die geschickt einen historischen Zufall ausnutzten, kann man kaum zustimmen. Wir hätten es demnach mit einem kurzzeitigen »Schlaf der Vernunft« zu tun gehabt, aus dem diese schon bald wieder erwachen mußte. »Weder der Faschismus noch der Kommunismus, so gegensätzlich sie auch sind, waren der Menschheit vom Schicksal vorherbestimmt. Es handelt sich um kurze Zwischenspiele, die von dem, was sie zerstören wollten, überlebt wurden. Beide gingen aus der Demokratie hervor und wurden von ihr besiegt. Sie waren keinesfalls eine Notwendigkeit, und die Geschichte unseres wie des vorhergehenden Jahrhunderts hätte ebensogut anders verlaufen können. Man stelle sich zum Beispiel nur vor, wie Rußland im Jahr 1917 ohne Lenin gewesen wäre, oder Deutschland während der Weimarer Republik ohne Hitler. Das Verständnis unserer Epoche ist nur möglich, wenn wir uns von der Illusion der Notwendigkeit freimachen. Unser Jahrhundert ist – wenn überhaupt – nur dann zu erklären, wenn man ihm seinen unvorhersehbaren Charakter beläßt. Doch genau den haben die Hauptverantwortlichen seiner Tragödie abgeleugnet.«[9]

Erstens können die Reihen der Anhänger der Idee geschichtlicher Notwendigkeit wohl kaum auf diejenigen eingegrenzt werden, die direkt »für die Tragödien des 20. Jahrhunderts verantwortlich« waren, d. h. auf die Diktatoren und ihre Komplizen. In ganz unterschiedlicher Weise hatten ja auch Walter Benjamin und Martin Heidegger, Georg Lukács und Bertolt Brecht, Theodor W. Adorno und Michail Bachtin und eine unüberschaubar große Zahl anderer Philosophen, Schriftsteller und Historiker daran geglaubt. Bis zu

9 Furet, Das Ende der Illusion, S. 14.

Chruščevs Auftritt auf dem 20. Parteitag der KPdSU hatte Furet selbst zu dieser Gruppe gehört. Zweitens wurde der Nationalsozialismus bekanntlich nicht allein von der Demokratie, sondern auch von der konkurrierenden Form des Totalitarismus besiegt, die auf diese Weise ihre historische Existenz verlängerte (»Der Faschismus ist aus einer antikommunistischen Reaktion entstanden. Der Kommunismus verdankt seine verlängerte Lebensdauer dem Antifaschismus«,[10] erkennt Furet selbst); was nun die Sowjetunion betrifft, so wurde diese weniger »besiegt«, als daß sie aus inneren Gründen in sich zusammenfiel.

Aus dem faktischen Sieg der Demokratie darf man, anders gesagt, nicht voreilig schließen, daß er in den Grundlagen der totalitären Regime selbst vorprogrammiert gewesen wäre. Zudem wäre dies eine noch stärkere Bestätigung der Annahme von der historischen Notwendigkeit als jene, die Furet verneint; sie widerspricht seiner These von der »Unvorhersagbarkeit« als einem Schlüssel zum Verständnis der Geschichte des 20. Jahrhunderts. Drittens ist wichtig zu wissen, was der französische Historiker mit »anderer Entwicklung« meint, wenn er von Lenin und Hitler spricht: Wenn er damit sagen will, daß Kommunismus und Nationalsozialismus, hätte es die beiden Diktatoren nicht gegeben, in einer anderen als der uns bekannten Form aufgetreten wären, so wird dies kaum jemand bestreiten. Wenn er damit aber andeuten will, daß es ohne Lenin und Hitler weder Kommunismus noch Nationalsozialismus gegeben hätte, so wäre dies eine höchst strittige Behauptung, die er schließlich in anderen Zusammenhängen selbst widerlegt.

Man kann die totalitären Regime nicht als Erfindungen einzelner Diktatoren betrachten; sie entstehen nicht zufällig zu einer bestimmten Zeit und an einem bestimmten Ort, wenn Zufall hier auch nicht absoluter Notwendigkeit gegen-

10 Furet, Das Ende der Illusion, S. 39.

übersteht. »Terror dagegen«, sagt Hannah Arendt zu Recht, »ist das wahre Wesen totaler Herrschaft.«[11] Der Terror ist, wie der Krieg, keineswegs steril; er zielt auf die Lösung von Problemen, die grundsätzlich auch mit anderen, alternativen Methoden zu lösen wären. Der Terror geht einher mit dem Begriff des »objektiven Feindes«, worunter Gruppen von Menschen verstanden werden, die als solche und nicht aufgrund einer erwiesenen Schuld der ihnen Zugerechneten oder einer von ihnen ausgehenden Gefahr vernichtet werden. In dieser Hinsicht ist das Kriterium der Klasse zur Ermittlung eines Feindes vager als das der Rasse; diese Verschwommenheit läßt willkürliche Anklagen fundiert erscheinen, insbesondere dann, wenn die Opfer sich aus »höheren«, esoterischen Erwägungen heraus mit der Notwendigkeit ihres eigenen Todes identifizieren. Der Terror diesen Typs findet seine Grenze an der Fähigkeit der entsprechenden Population, biologisch zu überleben.

Aus guten Gründen enthält dieses Buch ein autobiographisches Moment. Zumindest teilweise dienten die »entzauberten«, wirklich Verbrechen genannten Verbrechen des Nationalsozialismus, deren Zeugin meine Mutter als Kind wurde, mir als Modell zur Erklärung jener anderen, ungenannten Verbrechen, die man damals vor sich selbst zu verbergen hatte. Sie unterschieden sich wie das, wovon man sprechen kann, von dem, worüber man nicht sprechen darf, wie das Geschehene vom Ungeschehenen, das Geahndete vom nicht Geahndeten.

Die Verbrechen der Stalin-Zeit werden wohl nicht mehr zum Gegenstand von Gerichtsverfahren werden; schon deswegen wird beim Vergleich der beiden totalitären Systeme eine gewisse Asymmetrie stets unvermeidbar bleiben. Die sowjetische Schuld inszeniert sich weiterhin paranoid-euphorisch, die nationalsozialistische neurotisch-depressiv.

---

11 Arendt, Elemente und Ursprünge totaler Herrschaft, S. 512.

Die sowjetische Schuld wird ausschließlich in vom Bewußtsein verdrängter Form verarbeitet; sie hat gleichsam kein
Subjekt, dem man sie anlasten könnte. Es gibt kein juri-
stisches Verfahren, mit dessen Hilfe man diese freischwe-
bende Substanz lokalisieren und einer gesonderten sozialen
Gruppe zuschreiben könnte.

Da in totalitären Systemen alles mit dem *Namen* des jeweiligen »Führers« erleuchtet wird, wird ihm eine übernatürliche Fähigkeit nachgesagt, alles unter Kontrolle zu halten.
Im Extremfall werden, wie dies Furet unternimmt, die Strukturen dieses Typs selbst zu Erfindungen der jeweiligen »Führer«, zu Realisierungen ihrer idiosynkratischen Phantasien
erklärt. Der Name des Führers wird dem angeheftet, der
ihn zufällig trägt. Die »Persönlichkeit« des Führers indes
erscheint vor allem in seiner kolossalen Fähigkeit zur Ent-
personalisierung und Selbsthingabe an die Macht eines
anonymen Prinzips.[12] Das bedeutet aber keineswegs, daß
man einen Anonymus einfach durch einen anderen ersetzen

12 Eingehende Überlegungen zu diesem Thema finden sich in Evgenij
    Dobrenkos Aufsatz »Zwischen Geschichte und Vergangenheit. Der
    Schriftsteller Stalin«: »Er [Stalin] existierte als zwei Personen: als Pri-
    vatperson und als Stalin im eigentlichen Sinne. Diese Persönlichkeits-
    spaltung wurde von Augenzeugen mehrfach beschrieben. So ist bei-
    spielsweise die Szene einer Aussprache Stalins mit seinem Sohn über-
    liefert, dessen wilde Ausfälle in den vierziger Jahren ganz Moskau
    erregten. Stalin maßregelte seinen Sohn Vasilij mit drohenden Worten:
    ›Du beschmutzt den Namen Stalin! Denkst du, du seist Stalin? Oder
    denkst du vielleicht, ich sei Stalin? Das ist Stalin‹, sagte er zu ihm und
    zeigte auf das Porträt, welches sein Arbeitszimmer zierte. Eine ver-
    gleichbare innere Gespaltenheit trat auch bei öffentlichen Auftritten
    Stalins zutage. In Stalins Biographie wird ein Zitat aus einer Rede Sta-
    lins vor Wählern im Dezember 1937 angeführt: ›Ich meinerseits möchte
    euch versichern, Genossen, daß ihr euch auf den Genossen Stalin voll
    verlassen könnt. Ihr könnt sicher sein, daß der Genosse Stalin seine
    Pflicht gegenüber dem Volk, der Arbeiterklasse, der Bauernschaft und
    der Intelligenz erfüllen wird.‹« Von sich selbst in der dritten Person zu
    denken und zu sprechen, ist nicht nur eine grammatische Angewohn-
    heit, sondern eine Besonderheit des Stalinschen Denkens (Meždu isto-
    riej i prošlym. Pisatel' Stalin, in: Socrealističeskij kanon, Sankt-Peter-
    burg 2000, S. 639-672, hier: S. 651).

könnte, einen Namen durch einen anderen, wie die Anhänger der Totalitarismustheorie vermeinen lassen. Der Führer einer konkreten historischen Masse eignet sich nicht als Führer einer anderen; wie zufällig die Namen auch sind – sie lassen sich nicht austauschen.

Mithin stellt auf dieser Ebene die Ähnlichkeit lediglich eine weitere Differenz in einem Konglomerat von Differenzen dar und führt keineswegs zu voller Identität. Alles läuft letzten Endes auf die Frage hinaus, ob man die Existenz eines allgemeinen Koordinatensystems, Realität genannt, anerkennt. Die Grundannahmen der Anhänger der Totalitarismustheorie lauten: Realität existiert nur im Singular; sie ist die Domäne des gesunden Menschenverstandes; jede Abweichung davon erzeugt Fiktion, Erfindung, Irrealität, die den Platz der Realität zu Unrecht usurpieren und deswegen mit gesetzmäßiger Sicherheit von ihr überwunden werden. Aus dieser Logik geht klar hervor, warum trotz einer großen Anzahl inhumaner, ja, kannibalischer Regime nur zwei davon totalitär genannt werden. Es sind deren zwei, weil sich sowohl Nationalsozialismus als auch Kommunismus systematisch zu der von der Vernunft geformten Realität in Beziehung setzen und diese gleichzeitig negieren und integrieren. Wir haben es mit zwei unorthodoxen modernistischen Projekten zu tun, weshalb der gesunde Menschenverstand sie unschwer als seine unehelichen Kinder erkennt. Im Grunde besteht genau in diesem Bastard-Stigma ihr Sonderstatus, während doch anderen Kriterien zufolge auch viele traditionelle Gesellschaften »totalitäre« Züge tragen. Stalinismus und Nationalsozialismus kennen einfach keine Realität, gehen nicht aus ihr hervor und setzen sich nicht direkt zu ihr in Beziehung. Wenn es aber Realität gar nicht gibt, dann ist auch der Sonderstatus der totalitären Regime hinfällig, die sich im übrigen gleichfalls voller Narzißmus selbst für einzig real halten. Noch in den achtziger Jahren mußte der Mehrheit der Sowjetbürger die Existenz einer Außenwelt als

Phantasmagorie erscheinen, ja, selbst heute kennen viele sie nur vom Hörensagen. Hinter der Methode, den Nationalsozialismus für das absolut Böse zu erklären, verbarg sich eine weitere logozentrische Strategie, welche deren Verfechter selten explizit und unzweideutig formulierten: Deutschland ist ein vollgültiger Teil Europas, und deswegen muß es, anders als das halbasiatische Rußland, für seine Verbrechen in vollem Maße geradestehen. Dieses Messen mit zweierlei Maß gab ein Alibi für den Massenterror der Stalinzeit ab, welcher darüber hinaus ja mehrheitlich auf dem eigenen, sowjetischen Territorium wütete, sozusagen endogenen Charakter hatte.

Die Sowjetunion war nicht bloß das geschlossenere und intransparentere System. Verschieden waren auch die Ursachen für die Entstehung des Stalinismus und des Nationalsozialismus. War der Stalinismus eine Reaktion auf ein in der europäischen Geschichte des 20. Jahrhunderts einmaliges Phänomen wie die Kollektivierung, so schmolz der Nationalsozialismus das Trauma der Oktoberrevolution mit dem Trauma des verlorenen Weltkrieges zu einer Einheit zusammen. In Deutschland hatte es nichts mit der Kollektivierung Vergleichbares gegeben.

Die westlichen Intellektuellen hätten besser daran getan, ihre utopischen Hoffnungen nicht an Orte zu verlagern, von denen sie, wie sich in der Folge herausstellte, eine höchstens verschwommene Vorstellung hatten. In den Räumen der Utopie geschieht die Theatralisierung der von dieser Utopie verursachten Traumata, und je mehr interne Gründe zur Unzufriedenheit es gibt (und solche Gründe gab es in den zwanziger und dreißiger Jahren wahrlich genug), um so tadelloser erscheint das in Utopia aufgeführte Theaterstück. Die Vorstellung, daß diese interne Unzufriedenheit eine vorübergehende Erscheinung sei, die im Raum des »Utopos« überwunden würde, ist schon an sich eine fundamentale Verirrung. Darüber hinaus darf man nicht vergessen, daß stets andere für die Kosten dieser unrealistischen Hoffnungen aufzukommen haben.

Nach dem Zerfall der Sowjetunion blockieren die enttäuschten Erwartungen eines großen Teils der Intellektuellen noch immer die Einspeisung des totalitären Experiments stalinistischer Provenienz in den weltweiten intellektuellen Markt. Diejenigen, die diese Erfahrung am eigenen Leib gemacht haben, sind unerwünschte Zeugen, weil sie wissen, wovor die anderen lange Jahre die Augen verschlossen haben: was hinter den Kulissen des Revolutionstheaters vor sich ging und auf wessen Kosten der Effekt des Erhabenen erzeugt wurde, an dem sich zahlreiche kluge Köpfe im Westen berauschten.

Wie dem auch sei, der UdSSR vergleichbare soziale Konstruktionen, die als geeignete Projektionsflächen für die geheimen und unerforschten Seiten der »Wirklichkeit« herhalten könnten, gibt es nicht mehr. Es fällt der Welt schwer, ihre Selbstimmanenz zu ertragen, doch wird ihr augenscheinlich nichts anderes übrigbleiben; deshalb mischt sich in die offen zur Schau getragene Genugtuung darüber, daß einige weitere europäische Gesellschaften in den Schoß der »Normalität« (hier und im Folgenden vor allem im Foucaultschen Sinne verstanden) zurückgefunden haben, ein bitterer Unterton unerfüllter Erwartungen. Daher ist jetzt der rechte Zeitpunkt, um über die Differenzen, Details und unmerklichen Mikromechanismen nachzudenken, aus denen sich die grandiosen Mosaiken der totalitären Regime zusammensetzen.

Indem sie den logozentrischen Welten das Privileg der Wirklichkeit zuschreiben, beharren die Anhänger der Totalitarismustheorie auf der rein sprachlichen Natur des nationalsozialistischen und sowjetischen Regimes. »Die Ideologie«, schreibt Alain Besançon, »ist ein verbales System, das auf Worten beruht und mit Worten gespeist wird. Wenn man ihr Worte zuwendet, wenn man ihr in Worten nachgibt, verleiht man ihr die einzige Realität, die sie besitzen kann. […] Dem

Geständnis im Gerichtsverfahren oder der Einstimmigkeit der Wahl entspricht in der Außenpolitik der Vertrag, der nicht eine gerechte Teilung, sondern die Legitimität des Imaginären und die Anerkennung des Nicht-Existenten sanktioniert.«[13] Wenn aber Worten die Fähigkeit attestiert wird, sich unterzuordnen, dann handelt es sich nicht einfach um Worte; dann steht dahinter ein komplexes System von Praktiken und Institutionen, welche die Unterordnung garantieren. Man darf den ideologischen Reklamationen nicht jenen buchstäblichen Sinn zubilligen, den sie stillschweigend beanspruchen, ohne ihn zu besitzen. Keine einzige der Dimensionen der sogenannten Realität fehlt in den totalitären Regimes. Würden die Ideologeme nicht durch ein verzweigtes System von Praktiken und Institutionen aufrechterhalten, so nähmen sie die breiten Massen nicht einmal kurzzeitig als »Wahrheiten« wahr. Mit ihrem Anspruch auf ein Realitätsmonopol legen die Anhänger gemäßigt-liberaler Politik einen frappierenden logischen Extremismus an den Tag. Aus der größeren Stabilität des einen Gesellschaftstyps geht noch längst nicht dessen privilegiertes Verhältnis zur Wirklichkeit hervor (deren grundlegende Differenz zu Erfindung, Fiktion usw. nicht als selbstevident genommen werden darf; auch diese Differenz muß erst noch erwiesen werden). Dieser Extremismus gegen die Extremisten, dieser Versuch, sich durch Sinn vor dem Ansturm verschiedener Facetten von »Suprasinn« (Arendt) zu schützen, schafft neue Probleme; mag die Beziehung des »Suprasinns« zur Realität auch eine spezifische sein – sie verharrt doch weiterhin in grundlegender Abhängigkeit von jenen Sinnvorgaben, welche sie rhetorisch negieren (in dieser Hinsicht ist der Totalitarismus stets erst ein Versuch des Totalitarismus, eine gleichermaßen uneingelöste Hoffnung wie die Demokratie auch); der »Suprasinn« entsteht innerhalb eines Systems von Praktiken und Institutionen, deren Rea-

13 Besançon, Umgang mit Sowjetrussen, S. 67.

litätsgrad einzuschätzen unmöglich ist, da sie diese Realität eben erst konstituieren, zudem ist der Totalitarismus auch noch ein grandioses Schauspiel, das für die äußere, nicht-totalitäre Welt gegeben wird, d. h. er hängt ganz wesentlich von jener Realität ab, welche die Veranstalter des totalitären Schauspiels negieren. Die Ansprüche, aus der Realität herauszufallen, sind einzig und allein als Ansprüche zu realisieren und niemals buchstäblich.

Warum wohl war es sowohl für Stalin als auch für Hitler so wichtig, ein Gebäude zu errichten, das wenigstens um einige Meter höher gewesen wäre als das Empire State Building? Nicht vielleicht deswegen, weil die von ihnen angeführten Revolutionen vom großen Anderen in weit stärkerem Maße abhingen, als die Diktatoren zugeben wollten? Die totalitären Regime leiden, selbst wenn in ihnen gut geölte Belobigungsmaschinen arbeiten wie die Komintern, stets an einem Anerkennungsdefizit, die Abhängigkeit von der Außenwelt liegt in ihrer Natur und verschwindet selbst unter günstigsten Umständen nicht. Gerade ihre extreme Instabilität zwingt sie, sich zu »Tausendjährigen Reichen« zu stilisieren; offensichtlich können sich so brüchige Strukturen nur halten, wenn sie sich manisch auf Ewigkeit ausrichten. Doch gilt es, diese Beschwörungen nicht für bare Münze zu nehmen, weil ohne Publikum auch die Vorstellung auf der Bühne weder Sinn noch »Suprasinn« macht. An sich macht eine breitere Entsprechung von Worten und Taten, von Phantasien und gesundem Menschenverstand die Wirklichkeit noch nicht wirklicher. Zunächst wächst allein die Vorhersagbarkeit. Zudem hängt möglicherweise die Tatsache, daß totalitäre Regime für die Außenwelt unvorhersagbar zu sein pflegen, weniger mit ihrer inneren Verfassung als mit der kurzen Dauer ihres Bestehens zusammen. (Ebenso schwierig ist es, Elementarteilchen zu untersuchen, die sich im Zerfallsstadium befinden.) Würde ein solches Regime einmal hundert Jahre bestehen, so träten auch seine Gesetzmäßigkeiten hinreichend deutlich zutage; deshalb war das sowjetische Regime gegen Ende seines Bestehens nicht nur vergleichsweise gemäßigt, sondern stellte die äußeren Betrachter auch nicht mehr vor allzu große Rätsel (das einzige, was diese nicht vorherzusehen vermochten, war seine baldige Implosion). Das Sowjetregime ist das einzige, das den vollen Zyklus seiner Entwicklung unter Bedingungen durchlaufen hat, die man nach gewissen Kriterien Friedensbedingungen nennen könnte. Der Nationalsozialismus ist mit dem sowjetischen System vor allem in dieser Hinsicht unvergleichbar; daher auch der Anschein seiner größeren Unvorhersagbarkeit und sein Improvisationscharakter.

In jedem Fall ist es heikel, Rechtsstaaten, die auf eine alte Tradition zurückgehen, mit Regimes zu vergleichen, die ihr Schicksal einer so ephemeren Sache wie der Zukunft anvertrauen; wenn letztere zusammenbrechen, hinterlassen sie nur Ruinen, die zu lesen wir erst noch lernen müssen. Daher ist es in ihrem Fall besser, nicht von Wirklichkeit, sondern von Stabilität zu sprechen. Auch bei primitiven Völkern gibt es Verwandtschaftsverhältnisse, die keine stabilen sozialen Bande garantieren, und andere, die dies leisten. Real sind beide aber gleichermaßen. Instabile Bande sind unter bestimmten Bedingungen unausweichlich, wenngleich es den Nachbarn jedes Mal, wenn sie auftreten, so scheint, als ginge die Welt unter. Die Nachbarstämme verstehen diese neuen Übergangssysteme von Verwandtschaft nicht, und wenn sie zwischen Realität und Fiktion unterschieden, so würden sie diese selbstredend Fiktion nennen.

Die Analogie zum Totalitarismus ist klar: Man kann nicht ein logisches Privileg schaffen, indem man auf Strukturen zurückgreift, die angeblich nicht existieren, sondern auf einen ideologischen Überanspruch, der alles andere ersetzt. Versteht man einen solchen Anspruch wörtlich, spielt man ihm nämlich bloß in die Hände, während es produktiver wäre, sich den Bedingungen zuzuwenden, welche diesen Anspruch erst notwendig machen. Anders gesagt: ideologische Aussagen erklären sich nicht selbst, sondern bedürfen erst noch der Erklärung. Die Auseinandersetzung der Vertreter der Totalitarismustheorie mit den universalistischen Ansprüchen der kommunistischen Ideologie hatte zu Zeiten der Konfrontation der sozialistischen mit den demokratischen Systemen zumindest einen kurzfristigen weltpolitischen Sinn; heute ist dieser Sinn abhanden gekommen, und das Ganze bedarf einer Revision.

Die in diesem Band versammelten Texte sollen einen bescheidenen Beitrag dazu leisten.

Tod im Plural
Totalitarismus als System der Unterschiede

I Erzählung meiner Mutter

In den ersten Julitagen 1937 wurde ich unerwartet aus dem Menžinskij-Pionierlager in Luga, einer Stadt bei Leningrad, nach Hause geschickt. Meine Mutter holte mich am Bahnhof ab. Trotz der schrecklichen Hitze trug sie ein schwarzes Kostüm. Ich erinnere mich, daß mich das damals frappierte. Wir fuhren nach Hause. Damals wohnten wir an der Ploščad' Truda Nr. 6. Die Wohnung hatten wir im Winter 1936 bekommen, nach unserer Rückkehr aus Estland. Meine Eltern hatten noch keine Möbel kaufen können, und der NKWD hatte seine Dienste angeboten – in unserer Wohnung standen staatliche Möbel; jetzt lagen all unsere Sachen auf dem Boden und auf dem Fensterbrett. Als ich Mama fragte, was das bedeutet, sagte sie, die Möbel wären abgeholt worden, weil wir neue kaufen wollten. Mehr sagte sie mir nicht. Später, als ich zum Spielen auf den Hof ging, erzählte mir meine Freundin Raja, die Tochter unseres Hausmeisters, daß ihr Vater Isaija vor einigen Tagen zu uns in die Wohnung gerufen worden und bei einer Hausdurchsuchung anwesend war, daß mein Vater verhaftet worden war und daß unsere Möbel von Uniformierten abtransportiert worden waren. Zu Hause – damals war Mamas Bruder zu Besuch, Onkel Volodja, – erzählte ich, was mir Raja über Papas Verhaftung erzählt hatte. Mama und Onkel Volodja sagten, daß das stimmt, und ich wäre ein großes Mädchen und müßte alles verstehen. Ich hatte einen furchtbaren hysterischen Anfall. Ein paar Mal setzten sie an, es mir zu erklären, dann sagten sie: »Nein, nein, wir haben Spaß gemacht«, – und dann wieder, es wäre doch wahr. Das war das schlimmste, woran ich mich im Leben erinnere. Dann erzählte Mama, daß man nicht nur Papa verhaftet habe, sondern auch Papas älteren Bruder, Onkel Kolja, seinen jüngeren Bruder, Viktor Pavlovič und seine Frau Asja, und daß mein vierjähriger Cousin Stasik mit der alten Großmutter ihrem Schicksal überlassen waren. Mama kümmerte sich um alle: Sie gab Viktor Pavlovičs Familie Geld zum Leben, sie brachte meinem Vater, seinen Brüdern und Asja Päckchen ins Gefängnis. Weil damals die Gefahr bestand, daß auch Mama verhaftet würde, ergriff sie Vorsichtsmaßnahmen: Sie gab meinen Bruder und mich zu verschiedenen Verwandten. Ich war zuerst in Moskau und verbrachte dort den Winter, anschließend wurde ich zur Großmutter nach Vitebsk gebracht. Meine Großmutter hieß mit Mädchennamen Belen'kaja, und nach ihrem Mann hieß sie Levintona. Wir wohnten in Vitebsk auf der Gorodskoe Chaussee 47, neben der polnischen Kirche. So ging es bis 1939. Im Jahr 1939 sah es aus, als nehme die Praxis ab, die Frauen von Volksfeinden zu verhaften, und ich fuhr nur noch für den Sommer zur Großmutter. Im Sommer versammelten sich bei Großmutter alle Enkel: meine drei Cousins, die Söhne von Mamas jüngerem Bruder, mein Bruder Sergej und ich und unsere Cousine, die Tochter von Mamas älterem Bruder. Für alle wurde eine große Datscha gemietet, und wir hatten dort ein ziemlich behagliches Leben. Aber im Sommer '41 hatten wir uns noch nicht alle versammelt, nur ich war schon angereist. Mama hatte mich gleich zu Ferienbeginn hergebracht und war nach Leningrad zurückgefahren. Einige Tag nach der Kriegserklärung war der erste Angriff auf Vitebsk. Für uns war das ein spannendes Schauspiel, das wir von den Hausdächern verfolgten. Es gefiel uns sehr, wie die Splitter fielen, die Leute rannten, und daß Krieg war. Wir erwarteten, daß unsere ruhmreiche Armee Hitler bis an die französische Grenze zurückdrängen und Deutschland schnell einnehmen würde. Vitebsk wurde wüst bombardiert, und Mama schrieb, Großmutter solle mit mir und Großvater sofort nach Leningrad kommen. Eines schönen Tages sagte unser Großvater – er war Bauleiter einer Organisation, die *Šosdorstroj* hieß und Landstraßen baute –, seine Organisation könne Pferde und Wagen zur Verfügung stellen für die Evakuierung (Evakuierungsplätze per Bahn hatten sie nicht). Großmutter wollte trotzdem versuchen, mit der Eisenbahn zu fahren. Unser Haus bestand aus zwei Hälften, die eine bewohnten wir, die andere hatten wir an die Familie des stellvertretenden Direktors der Kleiderfabrik vermietet, an Onkel Leva Serebrjakov. Der Kleiderfabrik hatte man zur Evakuierung einen Waggon zugeteilt, und Serebrjakov bot meinen Großeltern an, gemeinsam mit seiner Frau und den drei Kindern zu fahren (er selbst blieb in der Landwehr). Also luden wir alle Sachen auf den Wagen – es war eine ziemlich stattliche Fracht – und fuhren zum Bahnhof. Als wir ankamen, begann gerade die Bombardierung des Stadtzentrums und des Bahnhofs. Es war schrecklich: Eine Dreiergruppe von Flugzeugen löste die andere ab, das Ganze dauerte 20-30 Minuten. Großmutter und ich liefen in den Luftschutzbunker, aber Großvater wollte das Pferd und seine Habe nicht im Stich lassen und blieb. Großmutter schimpfte schrecklich mit mir: »Du und deine Mama, ihr wollt, daß wir nach Leningrad fahren, jetzt bringen sie womöglich Großvater um, und dann bist du schuld.« Aber es ging alles gut, Großvater blieb am Leben. In den Waggon konnten wir nicht einsteigen, weil er zum Bersten voll war. Das war ein beheizter Güterwagen, vollgestopft mit Menschen, die dicht an dicht standen. Wir hätten alles im Stich lassen, mit einem Bündel in der Hand einsteigen und, eingequetscht zwischen den Leuten, im Stehen fahren müssen. Dazu war Großmutter nicht bereit, und so fuhren wir nach Hause zurück. Übrigens, dieser Zug kam wohlbehalten an, niemand kam um, wie wir befürchtet hatten. Am nächsten Tag beluden wir unser Fuhrwerk und traten die Evakuierung per Pferdewagen an. Unterwegs kamen sowjetische Soldaten in Uniform zu uns, aber mit abgerissenen Abzeichen. Sie fragten nach den Deutschen, wie man sie findet. Großvater war ein alter Soldat, er hatte im Ersten Weltkrieg gekämpft und einige Jahre in deutscher Gefangenschaft verbracht. Er sagte: »Kinder, schämt ihr euch nicht?« Sie antworteten: »Ja was denn, Großvater, verstehst du nicht, der Krieg ist verloren, wozu den Kopf hinhalten, es ist alles vorbei.« Übrigens glaubte Großvater nicht, daß die Deutschen imstande wären, Menschen allein ihrer Nationalität wegen umzubringen. Er sagte, das ist ein Volk von sehr hoher Kultur, für die Deutschen hätten humanistische Werte Priorität, im Ersten Weltkrieg wären sie barmherzig zu den Kriegsgefangenen gewesen. Natürlich änderte er seine Meinung sehr bald, aber er schwieg. Und Großmutter hatte, als Feldscher, überhaupt deutsche Soldaten gepflegt, obwohl ihr vieles klar war. Sie zerriß zum Beispiel, als die Deutschen kamen, meine Geburtsurkunde, obwohl ich darin als Russin ausgewiesen war. Aber Großmutter dachte, sobald die Deutschen meinen Namen übersetzten – Stalina –, drohe mir der Tod. (Mit einem anderen Vornamen hätte mich die Geburtsurkunde, die mich als Russin auswies, vielleicht gerettet. Aber vielleicht auch nicht, denn die Deutschen schauten weniger auf Papiere als auf das Äußere, und das war bei mir ziemlich typisch. Außerdem konnte ich niemandem beweisen, daß dieses Papier meine Person ausweist und nicht jemand anderen. Es war ohne Photo. Jeder andere hätte sich dieselbe Urkunde zulegen können. Ein einziges Mal nur hätte ich das Papier gebrauchen können, als ich das okkupierte Gebiet verließ.) So kamen wir in der Stadt Suraž an und blieben im Haus eines Bekannten, eines alten Mannes, Ivan Zacharovič. Während der Entkulakisierung hatte man ihm alles genommen, und er war dem Hungertod nah gewesen. Damals übergab ihm Großvater immer wieder die Durchführung irgendwelcher Arbeiten an dem Straßenstück, für das er zuständig war, und so rettete er ihn und seine Familie vor dem Verhungern. Dieser Mann nun nahm uns in sein Haus auf. Das war im Juli. Ich erinnere mich gut, daß am 22. Juli zum ersten Mal die Deutschen erschienen. Sie kamen in Autos mit offenem Verdeck und auf Motorrädern, viele grölten Lieder. Mir hat sich eingeprägt: »Gehen Sie weiter, gehen Sie weiter, Sie sind ja noch Gefreiter. Und wir wollen spazieren mit Unteroffizieren.« Eine schreckliche Panik brach aus, die Leute krochen in die »Deckung«. (Alle hatten in den Gärten bei den Häusern kleine Schützengräben ausgehoben, die sie »Deckung« nannten.) Und als sie aus der »Deckung« wieder herauskrochen, kamen die Mädchen zurück, die die Deutschen empfangen hatten. Sie waren begeistert von der guten Behandlung – die Deutschen hatten ihnen allen möglichen Schnickschnack geschenkt: Aluminiumringlein, Anhänger, noch irgend etwas. Zu uns sagten die Mädchen: »Für euch ist das das Ende. Zu uns Weißrussen sind die Deutschen sehr gut, aber zu Juden, Kommunisten und Sowjetfunktionären sind sie sehr schlecht, für euch ist das das Ende.« Bald wurde ein Befehl ausgehängt, daß Russen, die in ihrem Haus Juden beherbergen, zur Verantwortung gezogen würden, und daß die Juden gelbe Sterne auf ihre Kleidung aufnähen müssen. Alle jüdischen Familien zogen in gesonderte Häuser in dafür vorgeschriebene Straßen. Meine Großeltern überredeten Ivan Zacharovič, daß er mir erlaubte, in der Scheune zu übernachten, die sie »Spreuscheuer« nannten. Tagsüber war ich bei Großmutter und Großvater, und schlafen tat ich im Heu in der »Spreuscheuer«.

Einmal passierte folgendes: In unserer Straße wohnte eine alleinstehende alte Frau, ihr Sohn war Soldat. Die Deutschen wollten ihr ihren einzigen Besitz nehmen, ein Lamm. Überhaupt gingen sie in jedes Haus und nahmen sich, was ihnen gefiel. Ich erklärte dem deutschen Soldaten, daß er der armen Frau ihre letzte Habe wegnimmt. Er sah mich an, und dann sagte er: »Du bist Jüdin, weil hier nur Juden Deutsch sprechen.« Er zwang mich auf den Heuboden zu klettern, zielte mit dem Gewehr auf mich und wiederholte dauernd: »Bist du

Jüdin, bist du Jüdin?« Er hatte natürlich nicht vor, mich zu erschießen, aber er erschreckte mich zu Tode. Das Lamm ließ er übrigens in Frieden.

Nachdem die Deutschen in Suraž einmarschiert waren, richteten sie eine kostenlose Brotausgabe ein (400-500 Gramm pro Person). Großmutter schickte mich nach Brot. Ich belegte einen Platz in der Schlange und setzte mich auf der anderen Straßenseite hin und las ein Buch, das ich eingesteckt hatte. Ein Auto fuhr vor und zwei deutsche Offiziere stiegen aus. Einer wandte sich auf deutsch an die Schlange, der andere übersetzte ins Russische. Der Inhalt der Rede war so: »24 Jahre lang haben Kommissare, Kommunisten und Juden euer Blut getrunken, euch in Sklaverei gehalten und eure Arbeit für sich genutzt. Ihr wart die Sklaven dieses Systems. Jetzt hat euch das deutsche Heer die Freiheit gebracht und versucht euch zu helfen, indem es Brot verteilt. Laßt nicht zu, daß die, die euer Leben in Sklaverei verwandelt haben, euch wegnehmen, was euch gehört.« Nach dieser Ansprache wurden die Juden (und das waren alte Männer, alte Frauen und Kinder) aus der Schlange geworfen, und zwar ziemlich grausam. Ich rannte natürlich sofort weg, und danach ist niemand von uns mehr Brot holen gegangen.

Am 1. August taten sich ein paar Kinder zusammen. Eine von uns war Manja, ein Mädchen aus der großen jüdischen Familie des Schmieds. Der Schmied hieß Fajviš, und er hatte, wie seine Vorfahren, sein ganzes Leben in diesem Flecken als Schmied gearbeitet. In unserer Gruppe waren zwei jüdische Mädchen und ich, eine Halbjüdin. Am 2. August frühmorgens, bei Tagesanbruch, gingen wir in den Wald. Wir sammelten Beeren. Die Ernte war in diesem Jahr ungewöhnlich reich, und die alten Leute sagten, das bedeute nichts Gutes. Auf dem Rückweg kamen wir an einem Erbsenfeld vorbei. Wir waren sehr ausgehungert, darum legten wir uns eine Zeitlang ins Feld und aßen Erbsen. Erst am Nachmittag kamen wir zu Hause an. Unterwegs fanden wir es ziemlich sonderbar, daß wir Fuhrwerke trafen, die sichtlich in aller Eile mit allem möglichen Gut beladen worden waren. In Suraž kam ein Mann zu mir, der Kleider trug, die meinem Großvater gehörten: Lederjoppe, lederne Stiefelhosen, Ledermütze und Stiefel. Er führte mich zu einem deutschen Offizier und zeigte mit dem Finger auf mich: »Jüdin, Jüdin!« Der Offizier fragte: »Bist du Jüdin?« Ich sagte: »Nein.« Er sagte, ich könne gehen. Bei ihnen wurde alles nach Kommando durchgeführt. Weil die Aktion zu diesem Zeitpunkt beendet war, nahmen sie niemanden mehr mit. Ich ging zum Haus von Ivan Zacharovič, und er erzählte mir, die Deutschen hätten alle Juden abgeholt. Die auf dieser Seite der Dvina wohnten, brachten sie über den Fluß, und dort, mit den anderen zusammen, jagten sie sie nach Palästina, das hatten sie zumindest gesagt. Die Frauen setzten sie in Booten über, die Männer mußten die Westliche Dvina durchschwimmen. Man schlug ihnen mit Rudern auf den Kopf, einige gingen unter. Dann kamen Manja und Klara gerannt, mit denen ich in den Beeren gewesen war. Ihre Familien waren vollzählig abgeholt worden. Wir stürmten zur Überfahrtsstelle und ließen uns über den Fluß rudern. An der Anlegestelle am anderen Ufer der Dvina stand ein deutscher Offizier, er wußte, wohin wir wollten, und sagte: »Geht nicht weiter, das ist euer Tod.« Trotzdem stürmten wir die Straße entlang und liefen bis zum Ortsausgang von Suraž. Dort brüllte man uns aus den letzten Häusern zu: »Was wollt ihr denn, lauft nur, sie schlagen euch sowieso alle tot!« Den Vater von Manja mußten sie kennen, denn er hatte für die ganze Gegend gearbeitet, aber wir spürten bei ihnen keinerlei Mitgefühl für Manja oder für uns, nur Bosheit und Feindseligkeit. Rechts vor uns an der Straße lag eine Ölfabrik, und senkrecht dazu waren Panzerabwehrgräben ausgehoben, links war ebenfalls ein Straßengraben. Entlang des Straßengrabens, an der Böschung, lagen Berge von unterschiedlichen Sachen: Wollknäuel, Hausrat, Beutel mit Lebensmitteln, Kinderkleider. Der Anblick war entsetzlich.

Die Straße war mit Autos abgesperrt, und an den Panzer-gräben stand eine große Menschenmenge. Sie wurde in drei Gruppen aufgeteilt. In der einen Gruppe waren offenbar die Männer, in der zweiten die Frauen und in der dritten die Kinder. Die Gesichter waren nicht zu sehen, nur an der Größe konnte man erkennen, wo welche Gruppe war. Offenbar war den Menschen befohlen, sich auszuziehen, und als sie fertig waren, wurde das Feuer eröffnet. Sie schossen in die Gruppe der Kleinsten, wahrscheinlich der Kinder. Als die ersten Schüsse fielen, flüchtete die Menge nach unten, zur Dvina. Es begann etwas Unvorstellbares. Wir begriffen, daß ein Mas-senmord im Gange war. Manja warf sich hin und trommelte auf die Erde. Wir spürten die Gefahr, hoben Manja hoch, schleiften sie hinter uns her, setzten über auf unsere Seite, und in dem Moment traf Klara ihre Mutter. Wie sich herausstellte, hatte sie sich mit ihrem Neffen im Kartoffelkraut versteckt und war unentdeckt geblieben. All das passierte am 2. Au-gust.

Was sollte ich tun? Im Haus meines Wirts waren ein paar Sa-chen gewesen, die mir gehörten, zum Beispiel war dort Tafel-silber. Außerdem hatte Großmutter mir erzählt, daß in eines der Kissen Goldsachen eingenäht waren. Als ich nach der Er-schießung meiner Großeltern hinkam, sagte man mir, alle Sachen wären verschwunden. Man gab mir nur Katzenfelle – elf Stück –, daran erinnere ich mich gut, weil ich sie später dem Dorfältesten von Zajkovo gab, damit er uns in Ruhe läßt. Und dann gaben sie mir noch Zwieback. Wir gingen in die Stadt Baranoviči. Dort war es ruhig, niemand wußte von etwas. Die Deutschen verhielten sich friedlich, ich z.B. sprach mit den Soldaten Deutsch. (Überhaupt habe ich von gewöhnlichen deutschen Soldaten, mit wenigen Ausnahmen, nichts Schlechtes gesehen.) Sie kommandierten die Leute zu verschiedenen Arbeiten ab, zum Beispiel zur Reinigung des Schulgebäudes – die Deutschen wollten dort ihr Lazarett einrichten. Als wir anfingen zu erzählen, was wir mit eigenen Augen gesehen hatten, glaubte uns niemand. Wir hielten uns nicht lange auf und gingen in Richtung Velikie Luki. Man hatte uns gesagt, dort verliefe die Frontlinie. Wir nahmen möglichst einsame Feldwege, um nicht Deutschen zu begegnen, und bevor wir ein Dorf betraten, fragten wir, ob sie da sind. Übrigens haben wir sehr viele deutsche Gräber gesehen. Gewöhnlich stand darauf ein Kreuz aus junger Birke, und oben war der Helm aufgesteckt. Manchmal ließ man uns übernachten, manchmal nicht, denn laut Befehl war es verboten, Partisanen, geflohene Kriegsgefangene und Juden im Haus zu verstecken. Manchmal gab man uns ein paar Lebensmittel. Ich erinnere mich, ein paar Tage wohnten wir im Haus einer alten Frau, wir halfen ihr Kartoffeln ausgraben, und dafür gab sie uns ein Nachtlager und etwas zu essen. Das war nicht weit von einer Straße, auf der deutsche Autos fuhren. Einmal kamen deutsche Soldaten, ich glaube, Pioniere, ins Haus, und sie waren so freundlich, sie gaben uns Seife und eine Blechbüchse mit Fett, aus der ein Docht ragte, eine Art Feldlicht. Und lustig war es auch, sie fanden irgendwo einen russischen Kalender mit Führer-Porträts und zeigten sie uns. Sie zeigten auf Stalin und sagten: »Stalin – Jude«, zeigten auf Vorošilov und sagten: »Vorošilov – Jude«, »Molotov – Jude« etc. Wie ich ihnen erklären sollte, daß Stalin Georgier ist, wußte ich nicht. An sich waren sie keine schlechten Kerle, ich merkte zum Beispiel, daß ich einem von ihnen sehr gefiel. Außerdem haben sie uns gerettet. Sie blieben niemals über Nacht im Haus, sie schliefen irgendwo im Schuppen. Und als irgendwann in der Nacht neben dem Haus ein Auto hielt, hörte ich ein Gespräch mit an. Unsere Bekannten hielten jemanden davon ab, das Haus zu betreten. Am nächsten Morgen kamen sie selbst und sagten, das wären schlechte Leute gewesen. Vielleicht handelte es sich um die, vor denen wir uns am meisten fürchteten: mit Hakenkreuz in weißem Kreis auf einer roten Armbinde (als in Suraž die Menschen er-

schossen wurden, waren Autos mit diesem Symbol vorge-
fahren), das heißt SS-Leute. Schrecklich war auch die Feldgendarmerie, deren Soldaten auf der Brust ein halbrundes
Blechschild an einer Kette trugen. Vor den einen wie den anderen flohen wir wie vor einer Feuersbrunst. So liefen wir
von Dorf zu Dorf. Die Frontlinie war natürlich nicht in der
Nähe. Es war August, September, die Deutschen standen
schon vor Moskau und Leningrad, und wir suchten die Front
bei Velikie Luki. Es wurde allmählich kalt. Meistens traten
wir in ein Haus, stellten uns in die Tür und warteten. Die
Hand streckte ich nicht aus, es war auch so alles klar.

Einmal kamen wir in ein Dorf. Niemand ließ uns ein, alle
wußten wer Juden einläßt, dem droht die Erschießung. Wir
beschlossen in einer Sauna zu übernachten (in Weißrußland
waren die Saunen gewöhnlich hinter den Häusern, am Ende
des riesigen Obstgartens), die vor kurzem geheizt worden
war, so daß es dort warm war. Gegen Morgen waren wir allerdings wegen der feuchten Luft fast an den Bänken ange-
froren. Klaras Mutter lag mit dem Jungen unten, und Klara
und ich oben. Morgens wachte ich auf und sah, wie Klaras
Mama mit Edik auf dem Arm dasteht und ihm den Mund zu-
hält, und selbst schaut sie entsetzt durchs kleine Fensterchen.
Und ich sehe deutsche Soldaten an der Sauna vorbeilaufen.
Sie durchsuchten das ganze Dorf nach sowjetischen Soldaten, die die Frauen einzeln in ihre Familie aufnahmen. Sie hie-
ßen »Schwäger«. (Später erklärte man mir, daß »Schwäger«
genannt wurde, wer als Mann zu einer Frau ins Haus kommt,
aber sie nicht zu sich nimmt. Im Krieg hatte das natürlich einen etwas anderen Sinn. Damals waren es sowjetische Soldaten, die in okkupiertes Gebiet geraten waren, aber sich nicht
in Gefangenschaft begeben wollten.) Jedoch kamen sie aus irgendeinem Grund nicht in unsere Sauna. Wir saßen dort den
halben Tag still, und später hörten wir, die Deutschen hätten
alles durchgekämmt, sogar die Heuschober mit Bajonetten

durchstochert. Wieder hatte uns der Tod gestreift und war weitergegangen. Denn hätte man uns im Dorf in eine Hütte eingelassen, wären wir dem Tod nicht entronnen, die Deutschen hatten sämtliche Häuser durchsucht. Das war ein Wink des Schicksals.

Uns von Almosen ernährend, kamen wir Ende Oktober in die große Ortschaft Usvjaty. Hier wohnte jeder in seinem Haus, aber am Ortsrand gab es einige Häuser, wo die hier ansässigen Juden und Flüchtlinge angesiedelt wurden. Das war ein Ghetto, aber ohne Stacheldraht oder Gebrüll, man konnte ungehindert ein- und ausgehen. Hier hatten wir eine gewisse menschliche Ansprache. Klara und ihre Mutter wären am liebsten dort geblieben, aber ich hatte eine böse Vorahnung und wollte so schnell wie möglich weg. Bald erfuhren wir, daß kurz nachdem wir das Ghetto verlassen hatten, am 7. November, die Deutschen alle Juden auf einem Platz versammelten, der Jugend befahlen, sich Schulter an Schulter aufzustellen (hinter ihnen standen die Älteren, und in der dritten Reihe die ganz Alten) und in der ersten Reihe jeden Zweiten erschossen. Wir hatten in Usvjaty bei einer Kaufmannsfamilie aus Riga gewohnt. Sie hatte zwei Töchter, eine ältere, die ein Kind hatte, und ein Mädchen, das kurz vor Abschluß des Gymnasiums stand, ich glaube, sie hieß Fanja. Die Mutter erzählte, daß ihre jüngere Tochter perfekt Deutsch und Englisch spreche und auch alte Sprachen gelernt habe. Sie war ein wunderschönes Mädchen mit riesigen Augen, einer matten Haut und zwei prächtigen Zöpfen. Sie war sehr still und machte einen traurigen, nachdenklichen Eindruck. Heute glaube ich, daß sie ihr Schicksal geahnt hat. Später habe ich diese Familie dann wiedergetroffen, schon außerhalb des besetzten Gebiets, in Staraja Toropa, wo man die Flüchtlinge in einem Klubgebäude versammelt hatte, um eine Entseuchungsbehandlung durchzuführen. Dort befanden sich die Mutter und die ältere Schwester des Mädchens. Die Mutter erzählte mir unter Schluchzen, wie Fanja vor ihren

Augen erschossen wurde, sie stand an gerader Stelle in der Reihe. Vor ihrer Erschießung hatte ein Deutscher, der der deutschen Militärbehörde in Usvjaty vorstand, das Mädchen noch zu sich in Dienst genommen, sie hatte ihm den Haushalt geführt – sie sprach ja sehr gut Deutsch. Aber das rettete sie nicht. Wir gingen weiter.

Das Laufen fiel uns immer schwerer. Wir hatten nur Lumpen am Leib und an den Füßen Bastschuhe, mit Stroh und Papier umwickelt. Das Kind wickelten wir in alles ein, was dazu taugte. Es sah aus wie ein kleiner Mehlsack, den wir auf dem Arm trugen. Wir erreichten das Dorf Bličino, und dort nahm uns in einer der Hütten am Ortsrand eine Frau auf, die uns ein wenig wärmte und fütterte. Doch eines schönen Tages erschien dort ein Mann und sagte, der Dorfälteste lade uns vor. Wir zogen uns an und gingen zur Verwaltung, ins ehemalige Haus des Dorfsowjet. Der Älteste sagte, er als Lokalmacht könne uns hier nicht dulden und kommandiere uns ab nach Meža. Wir wußten, daß in Meža ein Kriegsgefangenenlager und eine Gendarmerieverwaltung waren (das gab es nicht in jedem Dorf). Ich weiß nicht, wie es Klara und ihrer Mutter ging, aber an meinen eigenen Zustand kann ich mich erinnern: Ich hatte nur einen einzigen Gedanken: bloß nicht in Tränen ausbrechen. Die Tränen benahmen mir den Atem, ich ging aus dem Zimmer in den Flur, weinte und kam wieder zurück. Wir mußten in ein Pferdefuhrwerk einsteigen, und ein Weißrusse fuhr uns. Ein Schneesturm setzte ein. Er fuhr uns etwa zehn Kilometer vor das Dorf, dann hielt er das Pferd an und sagte: »Steigt aus und lauft wohin ihr wollt. Der Älteste hat mir kein Begleitpapier gegeben. Wohin es euch verschlägt, das ist euer Schicksal.« Wir erreichten das Dorf Zajkovo. Später stellte sich heraus, daß Zajkovo und Bličino auf verschiedenen Seiten eines großen Sees lagen. Wir glaubten sehr lange gelaufen zu sein, aber in Wirklichkeit waren die beiden Dörfer nur drei oder vier Kilometer voneinander entfernt. Hier klopften wir beim ersten Haus an, und man ließ uns ein. Wie sich herausstellte, wohnte dort eine Soldatin, sie hieß Tante Manja Zolotova. Ihr Haus war leer, nur an den Wänden standen Bänke und ein Bett und in der Ecke ein Ofen, der ein Achtel der ganzen Hütte einnahm. Hühner gackerten, und auf dem Ofen saß eine Menge Kinder. »Wohin soll ich euch schicken, kriecht auf den Ofen, da sitzen meine eigenen auch.« So fanden wir einen Zufluchtsort. Tante Manja hatte, glaube ich, sechs Kinder, der Älteste hieß Kolja. Also wohnten wir auf dem Ofen, und ernährt haben wir uns so: Wir zogen all unsere Lumpen an und gingen mit einem Sack auf dem Rücken in die Nachbardörfer. Bei Tante Manja blieben wir wohnen, bis der Rückzug der Deutschen von Moskau begann. Das war nicht weit von Velikie Luki. Ein paar Mal kamen Deutsche ins Haus. Einmal stiegen sie in den Keller und nahmen die Hühner und den Hahn mit. Tante Manja jammerte fürchterlich, denn sie waren das einzige, was sie noch hatte. Wir hatten dort noch einen weiteren Kontakt. Der Dorfschullehrer, Zarinok hieß er, lud uns zu sich ein und sagte zu mir und Klara: »Mädchen, haltet durch, die Unseren sind nicht mehr weit, nur erzählt es niemandem, daß ich es euch gesagt habe.«

Einmal wurde uns ausgerichtet, der Älteste habe uns vorgeladen. Das war ein kleingewachsener Mann mit Vornamen Luka. Er sagte, er könne es nicht länger dulden, daß wir ohne Erlaubnis hier leben, und wir müßten nach Meža gehen und uns Papiere besorgen. Wir konnten nichts machen, wir wickelten uns in die Lumpen und gingen los. Das erste, was wir am Ortseingang von Meža sahen, war ein zwischen zwei Bäumen aufgehängter Mann. Er hing an einem Haken, der an einem Brett befestigt war, wie ein Tierkadaver. Der Haken ging durch sein Kinn. An seinen Füßen war ein Täfelchen befestigt mit der Aufschrift »Partisan«. Wir klopften wie immer bei einem der Häuser am Ortsrand. Dort trafen wir einige Frauen an, eine von ihnen war jung, sie arbeitete in der Verwaltung. Wir erzählten, warum wir gekommen waren, und sie sagte, wir sollten nirgendwo hingehen, sie selbst würde uns das Papier bringen. Und tatsächlich brachte sie uns das benötigte Papier mit Stempel und schenkte uns so das Leben. Vielleicht war sie Partisanin? Denn wir wären mit Sicherheit erschossen worden, weil in Meža das Zentrum der gesamten Okkupationsmacht war. Mit dem Papier kehrten wir zurück nach Zajkovo und gaben es Luka; demselben Luka hatte ich vor langer Zeit das Bündel Katzenfelle gegeben, damit er uns in Ruhe ließ, und trotzdem schickte er uns in den sicheren Tod. Am 23. Februar marschierten im Dorf sowjetische Soldaten ein. Das Dorf war groß und bestand aus drei Straßen, die strahlenförmig vom Zentrum ausgingen. Unsere Soldaten betraten es vom entgegengesetzten Ende der Straße, wo das Haus von Tante Manja stand. Sie trugen Tarnumhänge. Wie sich zeigte, war das die Skiaufklärung. Und ihre erste Amtshandlung war, den Ältesten Luka in einen Garten zu führen und dort zu erschießen. Das ganze Dorf freute sich darüber. Aber dann begann ein Hin und Her. Mal wurde geschrien: »Die Deutschen sind da!« mal: »Unsere sind da!« dann wieder: »Die Deutschen!« Und als wir einmal wieder erfuhren, daß die Deutschen da waren, rannten Klara, Kolja und ich mit ein paar anderen Kindern aus den Nachbarhäusern zum See. Plötzlich pfiffen über unseren Köpfen Kugeln, wir drehen uns um – da stehen die Deutschen und brüllen aus vollem Hals: »Zurück, zurück!« Wir waren etwa zehn Kinder. Klara hatte eine ziemlich lange Nase, war aber rotblond und sommersprossig, ihr Äußeres konnte man nicht typisch jüdisch nennen, am jüdischsten sah ich aus. Ich erklärte den Kindern, daß »zurück« heißt, wir sollen umkehren. Wir gehorchten. Da standen einige Deutsche in Tarnumhängen, und einer wandte sich an mich: »Bist du Jüdin?« Ich schwieg, schüttelte verneinend den Kopf, als ob ich nichts verstünde. Sie besprachen sich untereinander – sie sieht so aus, aber irgendwie sieht sie auch aus wie die anderen, hat dieselben Lumpen am Leib. Sie berieten sich, lachten, und dann sagten sie uns, mit der typischen Geste: »Geht«. Wir drehten uns um und gingen. Ich ging als letzte. Ich dachte, wenn sie auf mich schießen, treffen sie wenigstens niemand anders. (Das war im Februar 1942, vielleicht am selben Tag, an dem mein Vater erschossen wurde. Mein Vater wurde am 14. Februar erschossen, und ich wurde nach dem 23. Februar befreit.) Später hatte ich etwa zwanzig Jahre lang immer ein und denselben Traum: Ich trete aus einer Hütte heraus, und da stehen Deutsche, und zwar immer in Tarnanzügen. Einer von ihnen schießt auf mich. Der Schuß ist gefallen, und ich soll sterben, aber ich sterbe einfach nicht und denke die ganze Zeit, wie kann das sein, ich bin doch tot. Ich hatte auch einen anderen Albtraum. Als du klein warst, fuhren wir oft und lange mit dem Zug in den Fernen Osten. Ich stieg auf den Bahnhöfen aus und kaufte ein und hatte immer Angst, ich verpasse den Zug und er fährt ohne mich los. Diese Situation habe ich oft geträumt: Ich komme zum Zug zurück, und er fährt los und trägt dich fort. Ich wachte schweißgebadet auf und merkte erleichtert, daß ich zu Hause war. Die albtraumhafte Situation, als das Dorf von einer Hand in die andere ging, hielt eine ganze Woche an. Schließlich kam Zarinok (wie sich zeigte, war er Aufklärungspartisan) und sagte, er bringe seine Familie auf dem Fuhrwerk weg und könne uns mitnehmen. Er brachte uns bis Meža, das schon befreit war. Damals herrschte schrecklicher Frost, ich wundere mich, daß wir nicht erfroren sind, wir hatten ja keine richtigen Schuhe und Kleider.

Auf dem Weg in die Stadt machten wir in einem großen Dorf halt, und der, der von unserer Armee als Vertreter der örtlichen Macht eingesetzt war, fragte uns: »Wieso bringt man euch her?« – »Wir kommen aus dem okkupierten Gebiet.« – »Es ist noch nicht bekannt, was ihr dort getan habt. Ihr werdet überprüft.« Das war eine Beleidigung, und sobald wir in die Stadt Kun'ja einfuhren, bat ich, mir zu zeigen, wo der Truppenteil liegt, ging hin und verlangte, daß man mich zum NKWD brachte. Klara und ich gingen zusammen, Dokumente hatten wir keine – wir hatten sie vernichtet. Irgendein Hauptmann lud uns ein, uns zu setzen, und ich sagte, ich ginge nicht eher, als bis wir ein Dokument erhalten hätten, das bestätigt, daß wir keine deutschen Spione sind. Er: »Wieso das?!« Und da erzählte ich ihm, was wir durchgemacht hatten und was es für uns bedeutete, anschließend auf unserem eigenen Territorium zu hören: »Was habt ihr dort getan?« – »Wie heißt du denn?« fragte er. »Stalina Čaplina.« – »Und mit Vatersnamen Sergeevna?« – »Ja.« – »Und dein Vater hieß Sergej Pavlovič?« – »Ja«. – »Kommt, Mädchen, kriecht auf den Ofen, ich lasse euch was zu essen bringen.« Man brachte uns in Armeegeschirr Borschtsch und einige große Stücke Brot. Klara und ich aßen uns satt und schliefen ein und schliefen mehr als 24 Stunden. Aber als wir ein wenig zu uns gekommen waren, verlangten wir wieder Dokumente. Ich sagte, ich wolle nach Leningrad zu meiner Mutter fahren. Man erklärte mir, daß über Leningrad die Blockade verhängt sei, daß ich ins Hinterland fahren müsse, weil hier die Front verlaufe. Der Hauptmann gab uns einen Zettel, gegen den man uns in der Bäckerei zwei Laib Brot gab. Das war ein wirklicher Reichtum. Später habe ich das alles meiner Mutter erzählt. Sie vermutete, daß der Hauptmann ein ehemaliger Mitarbeiter des Leningrader NKWD war, der meinen Vater kannte (mein Vater hatte in der Außenaufklärung gearbeitet), und konnte sich nur so erklären, wie er zu mir war. (Übrigens sah ich während meines Aufenthalts im NKWD in Kun'ja einige Dutzend junger Mädchen, die verhaftet worden waren, weil sie in deutschen Bordellen gearbeitet hatten.)

Wir fuhren dieselbe Straße weiter, über Andreapol', Peno, Tropa, Staraja Toropa. Wo ich mir den Typhus geholt habe, weiß ich nicht, vielleicht in Tropa. Man forderte uns auf, die Entseuchungsbehandlung und die Entseuchungszelle zu durchlaufen. Vor der Entseuchungsbehandlung brachte man uns im Klubgebäude unter; wir schliefen auf dem Boden, wo es vor Läusen wimmelte. Und in der Nacht, als am Himmel die Flugzeuge dröhnten, hörte ich neben mir eine Männerstimme zur anderen sagen, auf deutsch: »Das sind unsere.« Worauf ich, ebenfalls deutsch, laut antwortete: »Nein. Das sind unsere.« Es stellte sich heraus, daß man nachts einige deutsche Kriegsgefangene in den Klub gebracht hatte. Am Morgen kam einer von ihnen, ein ganz junger Kerl, zu mir und sagte: »Das Fräulein spricht deutsch. Richten Sie bitte Ihren Leuten aus, daß wir gerade aus Frankreich kommen, daß wir nicht an Gefechten beteiligt waren und niemanden umgebracht haben.« Die Begleitsoldaten sagten dem Offizier, daß ich mit den Kriegsgefangenen deutsch gesprochen hatte, und er bat mich, den Deutschen ein paar Fragen zu stellen. Ich dolmetschte, so gut ich konnte, worauf man mir anbot, als Dolmetscherin zu arbeiten. Sie sagten, ich bekäme eine Offiziersration, Uniform und Offiziersstiefel. Aber ich sagte unter Schluchzen, ich könne nicht, ich wolle zu meiner Mutter.

Zu den Dolmetschern bin ich nicht gekommen, dafür in die Entseuchungsbehandlung, die mir schon nicht mehr half. Auf der Fahrt von einer Stadt in die andere (wir fuhren im offenen Kastenwagen) ging es mir so schlecht, daß ich mich auf die Seitenwand setzte. Die Wand gab nach, und ich fiel auf die Straße, und zwar so, daß mein Kopf zwischen den Lkw und die Raupenkette des dahinter fahrenden Traktors geriet. Mit uns fuhr eine Frau aus Vyšnij Voloček, Tante Olja. Sie kam aus dem Lazarett, wo sie ihren Mann besucht hatte. Als es mir also ganz schlecht ging, brachte sie mich in die Typhusbaracken, sie besuchte mich auch manchmal. In diesen Baracken lag ich sehr lange, die ersten zehn Tage kam ich überhaupt nicht zu Bewußtsein. Als ich wieder wach war, hörte ich, wie eine unzufriedene Stimme sagte: »Wozu behaltet ihr sie hier, tragt sie raus in den Korridor!« Und eine weibliche Stimme antwortete der männlichen: »Nein, nein, warten wir ab, wir füttern sie ja und sie schluckt auch etwas.« Später erfuhr ich, daß die jungen Sanitäterinnen mir aus Mitleid Essen zerkleinert hatten und mich mit dem Löffel fütterten, und darum hatte ich überlebt.

Nach meiner Genesung nahm mich Tante Olja zu sich. Aber dort konnte mich ja niemand ernähren, und ich ging zum Stadtsowjet, wo man mir einen befristeten Ausweis gab und irgendeine Bescheinigung. Mit diesen Dokumenten erhielt ich Lebensmittelkarten für Brot. Gleichzeitig schrieb ich an zwei Adressen in Moskau: in die Puškarev-Gasse an Tante Roza und in die Podkolokol'nyj-Gasse an Tante Raja. Bei Tante Raja, die mobilisiert worden war und im Wirtschaftsbereich als Leiterin der Wäscherei arbeitete, kam mein Brief an. Sie schickte mir eine Anforderung. Ich weiß nicht mehr, wie lange ich in Voloček bei Tante Olja wohnte. Ich weiß noch, daß ich in der kinderreichen Nachbarfamilie arbeitete, der Vater war Koch bei der Armee. Ich half im Haushalt, stopfte Strümpfe, und dafür fiel mal ein Teller Grütze, mal ein Teller Suppe für mich ab. Nach dem Typhus hatte ich einen tierischen Hunger, das Hungergefühl ließ einfach nicht nach. Zuerst schickte Tante Raja mir Geld und einen Passierschein nach Moskau. Ich ging auf den Basar und kaufte mir zwei Hühnereier. In meiner Erinnerung ist das bis heute die größte Delikatesse meines Lebens. Als ich abfuhr, hinterließ ich der Frau, die mich beherbergt hatte, als Zeichen meiner Dankbarkeit meinen Ausweis, damit sie darauf Lebensmittel beziehen konnte. Ich dachte nicht, daß ich ihn noch brauchen würde. Und dann kroch ich in meinem handgewebten, wattierten Jackett mit dem riesigen zerrissenen Schaffellkragen, in einem alten Kleid und roten Skihosen – es war Anfang Juli 1942 –, mit kahlgeschorenem Kopf und in Schuhen unterschiedlicher Größe (an dem einen Schuh fehlte überhaupt die Sohle) in einem alten Bahnwaggon aufs dritte Gepäckfach, und dort rührte mich niemand an. Bei der Ankunft in Moskau höre ich: »Halten Sie Ihre Dokumente bereit!« Ich konnte die Stadt nicht betreten – ich hatte keine Dokumente. Im Vertrauen auf die allgemeine Schlamperei stieg ich trotzdem aus. Ich lief und lief, und über irgendwelche Abstellgleise gelangte ich doch durch den Güterbahnhof in die Stadt. Tante Raja hatte mir geschrieben, in Moskau wohne Tante Paša, und ich sollte vom Bahnhof zu ihr gehen. In meinen riesigen Schuhen kam ich zu Fuß (Geld für die Straßenbahn hatte ich nicht) bei Tante Paša angeschlurft. Sie wohnte auf der Ersten Meščanskaja im Halb-Souterrain. Als sie die Tür aufmachte und mich sah, fuchtelte sie mit den Händen und schrie mir zu: »Nicht reinkommen, nicht reinkommen! Geh auf den Hof, zieh alles aus!« Meine gesamte Kleidung wurde sofort verbrannt. Damals gab man in Moskau anstelle von Weißbrot Kringel aus, Tante Paša fütterte mich mit Kringeln (diese Kringel, die mit dem Schwarzbrot im Brotkorb lagen, haben mich einfach erschüttert) und brachte mich in ihren eigenen Kleidern zu Tante Raja. Tante Raja leitete die Wäscherei der Aufklärer, die im Hinterland lagen. Ich wurde wohl drei Stunden lang abgewaschen, in Soldatenwäsche eingekleidet, dann wurde ein Wäscheregal leergeräumt, und dort konnte ich schlafen. Ich schlief mehr als 24 Stunden, dann brachte mich Tante Raja zu sich nach Hause, wo sie als Armeeangehörige für die damalige Zeit ungeheure Lebensmittelvorräte hatte. Etwa zur gleichen Zeit kam ein Telegramm von meiner Mutter. Sie erwartete mich. Meine Tante rüstete mich für die Reise nach Molotov aus (heute Perm'). Meine Mutter war Direktorin eines Waisenhauses im Gebiet Molotov. Mein Telegramm an sie war offenbar zu lange unterwegs gewesen, und ich mußte mich von Perm' aus selbst zu ihr durchschlagen. Ich heuerte auf dem Basar für Geld irgendeinen Mann an, der in Richtung Nižnij Lyp fuhr. Und irgendwo auf halbem Weg, am Haus des Kolchosbauern, entdeckte ich meine Mutter. Eine spindeldürre Frau rannte mir entgegen. Ich selbst wog 42 Kilo oder weniger, und genausoviel wog wahrscheinlich meine Mutter.

II Kommentar

Zum ersten Mal habe ich die Erzählung als siebenjähriger Junge gehört, im Zug Moskau–Vladivostok, während einer jener unendlich scheinenden Reisen, die zu dieser Zeit länger als eine Woche dauerten. Das ganze ist sehr lange her, es war in den Jahren 1954/1955, so daß ich mir, wenn ich mich an die Szene selbst, die Umstände und den Rahmen der Erzählung zu erinnern versuche, unwillkürlich Filme aus jener Zeit vorstelle, in denen junge Enthusiasten, romantisch gesinnte Offiziere und Mädchen aus Professorenfamilien auf irgendwelche Staatsbaustellen gen Osten reisen, um inmitten unberührter Natur, bis zur Unanständigkeit geschminkter einfacher Leute und unwirklichen Überflusses zu leben. In diesen vom Aspekt der Alltagsbeschreibung her völlig unrealistischen Filmen wurde aufs genaueste die Atmosphäre des Jubels vermittelt. Dieser Jubel war eine Reaktion auf die völlige Unsicherheit des individuellen Lebens; er war das Imaginäre der Zeit des Terrors.

Mein Vater war Offizier der sowjetischen Flotte im Stillen Ozean, und wir fuhren an seinen Einsatzort. Das Klingeln neuer Ordensmedaillen, die begeisterten Gesichter, die adretten Tischdecken in den Speisewagen, das Essen aus Kantinentabletts und der Tee aus Gläsern mit Metalluntersätzen, der morgens und abends in die Abteile gebracht wurde, all dies ist Teil jener Atmosphäre, die Kinder wie Erwachsene einsogen. Die Erwachsenen waren in einem gewissen Sinne selbst Kinder geblieben, da die damalige Gesellschaft zur Zeit der Herausbildung ihrer Persönlichkeit, so machte es zumindest den Anschein, keine Not gelitten hatte. Seit Kriegsende waren weniger als zehn Jahre vergangen; die Mehrheit erinnerte sich noch sehr gut an den Krieg und hatte ihn auf die eine oder andere Weise mitgemacht. Die Erzählung meiner Mutter ergab sich aus einem Gespräch zwischen Offizieren, hauptsächlich Kompaniegenossen meines Vaters, und ihren Frauen, die in unserem Abteil zum Teetrinken zusammengekommen waren. Die Erzählung ergab sich gleichsam zufällig, zog aber nach und nach die Aufmerksamkeit aller Zuhörer auf sich. Sie hob sich deutlich ab von den Erinnerungen der anderen an die Front oder das Leben unter Evakuationsbedingungen. Ich erlebte sie als etwas unfaßbar Entsetzliches und konnte doch zugleich auch nicht umhin, mich damit zu identifizieren, da sie die ureigenste Möglichkeit meines Erscheinens auf dieser Welt betraf. Damals begann die Erzählung noch nicht mit der Verhaftung meines Großvaters im Jahr 1937; Chruščev hatte seine berühmte Rede noch nicht gehalten; mein Großvater galt weiterhin als »Volksfeind«, und unser Verwandtsein mit ihm war ein Familiengeheimnis, das vor der Außenwelt gehütet werden mußte, um der Karriere meines Vaters nicht zu schaden (hinter dieser Rationalisierung steckten tieferliegende, ins Unbewußte verdrängte Angstschichten). Die »originale« Fassung der Erzählung war kürzer und mit einer großen Anzahl Details versehen, da Mutter damals nicht älter als achtundzwanzig Jahre war und sie noch mehr Einzelheiten in Erinnerung hatte. Die Intensität der kindlichen Wahrnehmung spielte zusätzlich hinein; sie ist bekanntlich wesentlich höher als bei einem erwachsenen Menschen (so dauerte zum Beispiel die Episode mit dem Erbsenfeld beträchtlich länger als jene wenigen Sätze, die davon erhalten geblieben sind; in noch stärkerem Maße gilt das für den ersten Kulminationspunkt der Erzählung: die Erschießung der Großeltern meiner Mutter zusammen mit 700 anderen Juden in Suraž). Die ausgehende Stalinzeit, in der die Notwendigkeit der Verdrängung enormer Bereiche des sozialen Gedächtnisses absolut war, verlieh der Erzählung einen lyrischen Charakter. Die nationalsozialistischen Verbrechen waren mehr als nur Verbrechen des Nationalsozialismus – sie waren zugleich eine Metapher für jene unzähligen Verbrechen, von denen zu sprechen unmöglich war (nicht bloß deswegen, weil es verboten war, sondern auch aus dem Grund, daß es an einer Sprache mangelte, in der man dies hätte tun können). Als eine damals bereits abgeschlossene Erscheinung war der Nationalsozialismus für seine sowjetischen Opfer ein schmales Fenster hinaus in die Welt der Geschichte. Er hatte Verbrechen begangen, die schon einen buchstäblich benennbaren Sinn erhalten hatten.

Die Erzählung wurde vom rhythmischen Pochen der Räder an den Gleisfugen untermalt. Wie die Trommeln primitiver Völker schlugen sie den Rhythmus zu der Erzählung, den Rhythmus des sichtbaren, offensichtlichen, exponierten Todes meiner Urgroßeltern, der sich so scharf unterschied vom geheimen Tod sowjetischen Typs, den zu dieser Zeit niemand sehen noch beim Namen nennen konnte. Vom unsichtbaren Tod erreicht uns mit der Zeit lediglich eine vermittelte sprachliche Spur, doch da die Sprache zum Bereich des Unmittelbar-Allgemeinen gehört, vernarbt diese Spur außerordentlich schnell. Die Erfahrung des sichtbaren Todes geht später qua Repression, d. h. zunächst rein negativ – ohne Aneignung der entsprechenden kulturellen Tradition –, ins nationale Identitätsbewußtsein über. Die Erfahrung des »ich bin kein…« zwingt zur Reflexion, wenn auf die Frage »Was sind Sie?« die Antwort lautet: »kein Deutscher«, »kein Russe«, »kein Weißrusse« und überhaupt niemand, der eine kollektive Identität besessen hätte. Von den Menschen mit kollektiver Identität trennt dich der sichtbare Tod. Das Leben schöpft das Recht zu seiner Fortsetzung aus jedem seiner symbolischen Endpunkte, es geht zu Ende, während es fortdauert und gar noch intensiver wird, und die Tatsache, daß der endgültige Tod selbst auf diese Weise noch nicht eintritt, wirkt wunderbar und unerklärlich. Eine Kompensation dieses Wunders scheint Mutters sich beharrlich wiederholender Nachkriegsalbtraum von einem auf sie zielenden Deutschen im Tarnmantel zu sein – ein Albtraum, dessen Unerträglichkeit sie in Schrecken erwachen läßt. Der gesehene Tod führt die Dimension der Gabe in den spontanen Prozeß des Lebens ein. Die Kehrseite dieser Gabe ist die Angst, sie zu verlieren und einzubüßen, obwohl ja das, was hier geschenkt wird (das Menschenleben), von den meisten Menschen überhaupt nicht in Frage gestellt, sondern als etwas ihnen Zustehendes genommen wird, das ohne ihr Zutun abläuft.

Der Nationalsozialismus trat also als eine den Tod verursachende, aber abgeschlossene Kraft in mein Leben, während das, was später Stalinismus genannt wurde, eine den Tod verursachende unabgeschlossene, offene, unkodierte Kraft blieb, von der man lediglich metaphorisch, durch ein anderes vermittelt sprechen konnte. Wenn meine Mutter über die von ihr gesehenen Verbrechen spricht, spricht sie stets zugleich von einer Macht, für deren Beschreibung es bislang keine Sprache gibt. Das Sinnbild für die Komplexität dieser Situation ist ihr Vorname, Stalina, der unabhängig von der jeweiligen Nationalität den unvermeidlichen Tod nach sich zieht. Daher vernichtete meine Urgroßmutter wenige Tage vor ihrem Tod ihre Geburtsurkunde, in der sie (der Nationalität ihres Vaters entsprechend) als Russin eingetragen war. Wie jedoch erst viel später, 1992, bekannt wurde, war ihr Vater, von dem sie diesen Namen bekommen hatte, im Jahr 1941 für den Versuch, gegen die unerträglichen Arbeitsbedingungen in einer Goldmine von Kolyma zu protestieren, zum Tod durch Erschießen verurteilt worden. Das Urteil wird im Februar 1942 vollstreckt, etwa zu dem Zeitpunkt, als meine Mutter endlich die Frontlinie überquert und auf »unser« Gebiet gelangt. Die Verflechtung der beiden Repressionssysteme geht durch ihren Namen hindurch und schließt die Möglichkeit eines Auswegs in einen Bereich jenseits von beiden aus. Möglich ist allein die Wahl der »eigenen« Hölle, und diese Entscheidung war für das Kind längst getroffen worden. Die repressive Volkstümlichkeit, auf der das sowjetische Regime gründet, war damals noch so stark, daß sie praktisch augenblicklich alle Versuche, sie zu entziffern, zensierte und ins Unbewußte abdrängte (paradoxerweise war es gerade dies, was die Menschen damals optimistisch auf die Zukunft der Sowjetunion blicken ließ und sie dazu brachte, den Terror als einen bedauerlichen Zufall abzutun). Anders als die sowjetischen Zeichen ließen sich die vom Nationalsozialismus hinterlassenen dechiffrieren – zumindest auf der Ebene der mündlichen Rede. Die Niederlage Deutschlands machte ihre Geschichtlichkeit unumkehrbar: Vom pathetischen Kern befreit, wurde die Vernichtung von sechs Millionen Juden nun Genozid genannt. Diese Todeserfahrung trug zu einem Prozeß der Persönlichkeitsbildung bei, der nicht auf die Umwelt zurückgeführt werden kann und der kollektiven Kastration nicht anheimfällt. Diesen durch den Körper meiner Verwandten hindurchgehenden Tod kann man mir, anders als den, welchen das Regime Stalins seinen Bürgern zufügte, nicht nehmen. Als ausländischer, aus Europa gekommener, deutete dieser Tod einzig und allein auf mich, und ich hätte, selbst wenn ich gewollt hätte, mit niemandem tauschen und ihn mit niemandem teilen können. Hier war jede Vermittlung ausgeschlossen. Darin besteht der Unterschied zwischen einem theatralisierten Tod, der einem Menschen aufgrund der Tatsache seiner Geburt zugefügt wird, und dem unendlich aufschiebbaren Tod, der vom Alibi des Gemeinwohls verdeckt wird. Meine Großeltern wurden mit einer bestimmten Begründung ermordet, wie ungeheuerlich sie auch war: Sie wurden erschossen, weil sie Juden waren, und meine Mutter war aufgrund ihrer jüdischen Abstammung und auch wegen des ihr bei ihrer Geburt gegebenen Namens dem Tod geweiht. Der Tod meines Großvaters, seines Bruders und vieler Millionen anderer Menschen hat keinerlei derartigen Begründungen unterlegen. Man tötete sie mit einer fiktiven Begründung, denn »Feind des Volkes« konnte (im Unterschied zum Juden und zu einem Mädchen namens Stalina) praktisch jeder werden. Gerade die völlige Fiktivität der Begründung macht die Dechiffrierung solcher Zeichen zu einer deutlich langwierigeren Angelegenheit. Auf der Reflexionsebene blieb der sowjetische Typ Tod über lange Zeit hin vollends steril; er trieb nicht bloß die Opfer, sondern auch die Henker in eine absteigende Individuationslinie hinein, wobei sie »dialektisch« in einer kollektiven Ekstase miteinander versöhnt wurden (einen der ersten Versuche, eine Sprache der Opfer des stalinistischen Terrors zu schaffen, unternahm Varlam Šalamov; daher sind seine auf den ersten Blick so transparenten Texte derart schwer zu lesen[1]). Ein Protest gegen den Tod war lange nur in der Sprache des Henkers möglich, dem es gelang, das Opfer in sich aufzulösen, während diese Sprachen im nationalsozialistischen Glossar fein säuberlich voneinander geschieden waren; alle Versuche der Opfer, sich die Sprache des Henkers anzueignen, wurden jedesmal aufs Neue unterbunden.

Die Komplexität dieser insgesamt genommen einfachen Erzählung besteht darin, daß die Verknüpfung der Zufälligkeiten einige Episoden dem Verständnis entgleiten läßt. In mich ist diese Erzählung eingedrungen, lange bevor ich sie begreifen konnte, und hat sich auf einer archaischen Gedächtnisebene abgelagert. Wenn ich versuche, sie zu analysieren, reproduziere ich unvermeidlich die äußere Ordnung des Erzählens, die Umstände, unter denen ich zu ihrem Zuhörer wurde. Es gibt an diesen äußeren Umständen nichts Einzigartiges; die Reflexion knüpft sich stets an etwas außerhalb von ihr selbst Liegendes. Indem sie einen Ort erzeugte, den außer mir niemand anders einnehmen konnte, führte mich die Erzählung auf eine aufsteigende Individuationslinie. Sie ließ mich mit der irreduziblen Zufälligkeit meines Erscheinens auf dieser Welt allein zurück – dieser Zufälligkeit, die mit der Nationalität meiner Verwandten mütterlicherseits, die vernichtet werden sollten, und mit dem Eigennamen zusammenhing, der sich über lange Zeit aus dem Grund der Analyse entzog, daß er seine Trägerin nicht nur unausweich-

1 Vgl. das Kapitel »Leben jenseits von Leben« in diesem Band.

lich dem Tod weihte (die Juden wurden von den Nazis automatisch mit den Schurken von Volkskommissaren gleich-
gesetzt, an deren Spitze Stalin stand), sondern auch noch
einem verdeckten, vorläufig im Begriff des Kommunismus
als höchstem Gut verpackten Tod. Während dieser Name im
ersten Fall eine Nationalitätsangabe erhält (»Stalin ist ein
Jude«, sagten die jungen deutschen Pioniere bei Betrachtung
des sowjetischen Kalenders zu den jüdischen Mädchen), so
hat er im zweiten prinzipiell keine Nationalität, ist er überna-
tional, und der von ihm zugefügte Tod wird manisch als Triumph des Lebens tituliert, als davon unabtrennbar ausgege-
ben. Nach der Verhaftung meines Großvaters schickte meine
Mutter jedes halbe Jahr – zum Ersten Mai und zum Jahrestag
der Oktoberrevolution – einen Brief an Stalin mit der Bitte,
ihren Vater freizulassen, der aufgrund eines Mißverständnis-
ses verhaftet worden sei; es wurde angenommen, daß all dies
ohne Wissen oder gar gegen den Willen des »großen Führers« vor sich ginge. Man versuchte, dort Gnade zu erflehen,
wo doch nur noch die symbolische Funktion eines der am
stärksten entpersonalisierten Namen des 20. Jahrhunderts
war, ein leerer Signifikant, bloß auf der Ebene der Sprache
verankert. In der kollektivistischen Kultur erfüllte gerade
dieser entpersonalisierte Name die Vaterfunktion. Die Bitten
blieben aufgrund der logischen Unmöglichkeit, daß ein symbolischer Vater etwas für seine eigene zufällige Hypostase,
den biologischen Vater tun könnte, unbeantwortet.

Seit ich mich ab etwa 1990 regelmäßig mit westlichen Philosophen unterhalte,[2] habe ich mich oft gefragt, wie es zu erklären ist, daß es einen breiten Bereich von wechselseitigem
Nicht-(ganz-)Verstehen, einen blinden Fleck gibt, selbst
wenn uns eine gemeinsame Fachsprache und gegenseitige
Sympathie verbindet. Jetzt will mir scheinen, daß sich dieses

2 Zwischenzeitlich publiziert: Michail Ryklin: Dekonstrukcija i destruk-
cija. Besedy s filosofami. Moskva 2002. (A. d. Ü.)

wechselseitige Unverständnis unter anderem aus der Dominanz des gewaltsamen Todes in der postrevolutionären sowjetischen Erfahrung erklärt. Ein gewaltsamer Tod hatte dort ganz unbewußt begonnen, als Norm wahrgenommen zu werden; er schien geradezu das Modell für jede andere Todesart zu bilden, während im Westen – ungeachtet aller Kriege und Naturkatastrophen – das Paradigma des natürlichen biologischen Todes vorherrscht. Im Westen stirbt man (und sei es auch auf dem Schlachtfeld oder bei einem Autounfall), in Rußland aber empfängt man den Tod von einer äußeren Macht. Die Grenze verläuft folglich nicht zwischen einem natürlichen und einem gewaltsamen Tod, sondern zwischen verschiedenen Arten von gewaltsamem Tod, der orthodoxen (im Kampf gegen einen äußeren Feind) und der unorthodoxen Variante (dem Tod im »Besserungslager«, in Gefangenschaft). Im letzteren Fall gibt es den Tod lediglich auf Diskursebene; als Tatsache hingegen wird er ständig verdrängt, da er sich nicht durch Sprache aneignen läßt. Und selbstverständlich ist dieser Tod unsichtbar; niemand unternimmt auch nur den Versuch, ihn irgendwie zu inszenieren.

Die Juden aus Suraž werden über den Fluß getrieben, als ginge es nach Palästina. Doch als meine Mutter zusammen mit zwei anderen jüdischen Mädchen – dem einen war die gesamte Familie erschossen worden, das andere hatte wie durch ein Wunder ihre Mutter und ihren jüngeren Bruder behalten – am anderen Ufer angelangt ist, erblickt sie als erstes weggeworfene Kinderkleidung, Wollknäuel und andere Habseligkeiten. Dann teilen die Deutschen die Zusammengetriebenen in drei Gruppen (Männer, Frauen, Kinder) und beginnen, sie aus Schnellfeuerwaffen zu erschießen. Direkt daneben befinden sich Panzergräben, in welche die Leichen geworfen werden sollen. Es frappiert nicht nur die Sichtbarkeit des Geschehens, sondern auch die Unerträglichkeit fürs Auge. Nicht von ungefähr erleidet eines der Mädchen einen hysterischen Anfall, und die beiden anderen schleppen sie buchstäblich zurück zur Furt. Vielleicht ist es gerade der traumatische Charakter dieser Handlung für den Henker (die Perspektive des Opfers wird natürlich von den Nazis nicht einbezogen), der dazu führte, daß der Tod schließlich auf industrielle Grundlagen gestellt wurde; Opfer und Henker wurden dadurch wenigstens partiell entkoppelt, indem die Wand der Gaskammer zwischen sie trat (vor der Verwendung von Zyklon-B waren »Vergasungswagen« in Gebrauch). Doch die Erzählung bezieht sich auf die Zeit Anfang August 1941, als die Entscheidung über die »Endlösung« noch nicht gefallen war und die Judenvernichtung noch auf Grundlage des Befehls zur »Befriedung der Bevölkerung in frontnahen Gebieten« vonstatten ging. Dazu wurden »Einsatzgruppen« aus SS und Polizei (in ländlichen Gebieten hieß sie »Feldgendarmerie«) geschaffen, die im Rücken der Wehrmacht agierten. Hier begegnet der Tod noch als Schauspiel, das nicht nur für die Henker, sondern auch für die Gruppe der Kinder veranstaltet wird, die zusehen müssen, wie ihre Angehörigen getötet werden. Das Gesehene ist gerade aufgrund seiner Entblößung schrecklich.

Das menschliche Gedächtnis ist merkwürdig konstruiert. Als zwei zufällig vom Massaker von Suraž verschont gebliebene Mädchen, die Mutter des einen sowie ein kleines Kind ins benachbarte Baranoviči kommen, schenkt niemand ihren Aussagen über den geschehenen Völkermord Glauben. Denn ihnen zu glauben würde bedeuten, die unmittelbare Realität des eigenen Todes einzugestehen. Den Tod in den Bereich des Unmöglichen abzudrängen und ihn darin einzusperren, nimmt Züge einer fast physiologischen Notwendigkeit an. Der Tod, den meine Mutter als kleines Mädchen gesehen hat, bleibt weiter unvorstellbar. Das Gesehene geht hier nicht durch die Vorstellung hindurch, sondern unmittelbar ins Unbewußte ein. Es existiert als Trauma, aber nicht als Tatsache für andere. Mit dem Versuch, andere von der Wirklichkeit des eigenen Traumas zu überzeugen, weist man ihm unwillkürlich einen Tatsachenstatus zu, den es seiner Natur nach nicht haben kann. Auch die Augenzeugen selbst glauben, insofern sie noch leben wollen, letztlich nicht an die Realität des Geschehenen. Dessen Intensität mitteilen zu wollen, kommt dem Wahnsinn gleich. Der Mensch will nicht wissen, was zu verstehen die Grundlage seiner Existenz vernichten würde.

Der Tod ist in Mutters Erzählung mit dem Thema materieller Werte oder materiellen Vermögens verknüpft. Dieses liegt auf einen Leiterwagen geladen, und meine Urgroßmutter kann sich aus eben dem Grund nicht entschließen, in den mit Menschen vollgestopften Zug einzusteigen, weil sie diese für sie wertvollen Dinge, welche die Mitgift meiner Mutter bildeten, nicht mitnehmen kann. Der Versuch, zu Pferd den motorisierten Einsatzgruppen des deutschen Heeres zu entfliehen, endet mit dem Tod der älteren Mitglieder der Familie und dem Verlust allen Besitzes, auch des in einem Kissen verborgenen Goldes und aller Wertsachen. Der Rest der Mitgift geht zur Bestechung eines Dorfvorstehers drauf, der die drei Kinder und die Frau nichtsdestoweniger in den sicheren Tod nach Meža schickt. Alle Versuche, mit dem Tod in ein Tauschverhältnis zu treten, enden mit einem Fiasko. Obwohl in sowjetischen Texten über den Krieg (z. B. in der »Jungen Garde« von Fadeev[3]) jeweils gerade die Deutschen als diejenigen gekennzeichnet werden, die materielle Werte anhäufen, zieht im vorliegenden Fall die lokale Bevölkerung Vorteil aus der Erschießung der Juden. Das erste Anzeichen, anhand dessen die aus dem Wald zurückkehrenden Kinder feststellen, daß etwas Schlimmes geschehen sein muß, ist der Anblick einiger mit Hausrat beladener Fuhrwerke, die sich in Richtung Nachbardorf bewegen. Als meine Mutter einen Menschen sieht, der mit den Ledersachen ihres Großvaters bekleidet ist, bewahrheiten sich ihre bösesten Vermutungen.

3 Alexander Fadejew: Die junge Garde. Berlin 1974.

Völkermord gründet stets in einem intellektuellen Mißverständnis: Der Bedarf an einem Opfer ist unausweichlich stärker als die Kriterien, nach denen jemand als Opfer ausgewählt wird. Aber *post factum* hört das Opfer auf, zufällig zu sein, und spielt seine Rolle mit aller seinem Begreifen zugänglichen Notwendigkeit. Durch Zufall ausgewählt, stirbt das Opfer dann zwangsläufig; niemand kann dies an seiner Statt tun. Ich erinnere mich an diese den Weg säumenden Gegenstände – die Menschen hatten sie fortgeworfen, als sie begriffen, in was für ein Palästina man sie trieb, wie der wahre Name dieses Palästinas lautete. Möglicherweise geschah dies in dem Augenblick, als die SS-Männer die Alten mit Gewehrkolben in die Dvina trieben und sie zwangen, sie schwimmend zu überqueren, vielleicht auch in einem anderen Moment. Man kann den Menschen zu prämortaler Verzweiflung treiben, ihn dazu bringen, sich rein instinktiv zu verhalten, doch der eigene Tod ist für diesen Menschen dennoch zutiefst zufällig und erreicht ihn gleichsam aus einem Mißverständnis heraus. Der Punkt des Begreifens des Todes ist der Tod selbst, d. h. die Unmöglichkeit des Begreifens. Eine Gesellschaft ist in eben dem Maße zivilisiert, in welchem es ihr gelingt, den gewaltsamen Tod aus ihrem Schoß zu verdrängen, ihn in die Form einer »biologischen« Unausweichlichkeit einzukleiden: der Tod als Absterben. In diesem Sinn ist die fortschreitende Entwicklung der Vernichtung des europäischen Judentums von den anfänglichen Exzessen theatralisierter Hinrichtungen bis zum industriellen Modell, das gerade aufgrund seiner verborgenen Effektivität monströs ist, bezeichnend. Diese Entwicklung ist kennzeichnend für eine Gesellschaft, die, erst vor kurzem in Barbarei verfallen, weiterhin den äußeren Attributen der Zivilisation anhängt und versucht, die Vernichtung riesiger Menschenmassen ins Unbewußte zu verdrängen. Auch das europäische Judentum wurde erst nach dem Holocaust als Einheit gedacht, als es bereits den Status des absoluten Opfers annahm, das man unmöglich in der Masse aller umgekommenen Menschen auflösen konnte (nach dem Krieg machte das stalinistische Regime nicht vor extremen antisemitischen Auswüchsen halt, um den Völkermord an den Juden im Terror gegen die gesamte Bevölkerung der von den Deutschen besetzten Gebiete aufgehen zu lassen). Die Vorstellung von der Einheit des Judentums entstand erst lange nach den beschriebenen Ereignissen. Wären allein die osteuropäischen Juden vernichtet worden, so wäre der Punkt des absoluten Opfer-Seins vermutlich niemals erreicht worden. Sie waren allzusehr die ganz Anderen, als daß man sie zu den enormen Opferzahlen der anderen Völker hätte »hinzurechnen« können. Doch zur Gruppe der Opfer kam eine im Verhältnis zur Gesamtzahl relativ kleine, aber logisch entscheidende Gruppe deutscher (und anderer westeuropäischer) Juden hinzu, die zum Zeitpunkt ihrer Vernichtung sprachlich wie kulturell gut in die Gesellschaft integriert waren und einen beträchtlichen Teil von deren intellektuellem Potential ausmachten. Mit deren Vernichtung vernichtete sich die deutsche Gesellschaft im Grunde selbst. Diese wenigen Hunderttausend Opfer auszuwählen war extrem willkürlich, sie aus der bürgerlichen Gesellschaft herauszudrängen ein allmählicher Prozeß mit vielen einzelnen Zwischenstufen. Die Absurdität, die darin bestand, dieser Herausdrängung »biologische« Kriterien zugrunde zu legen, verstärkte diesen Tatbestand lediglich noch. Was die sowjetischen und die polnischen Juden betrifft, die die Hauptmasse aller vernichteten stellen, so hatte ihre Integration erst nach 1917 begonnen und war, wie es insbesondere aus dieser Erzählung hervorgeht, nicht allzuweit vorangeschritten. Die Kollektivierung, die eine forcierte gewaltsame Urbanisierung war, verschärfte die Situation lediglich, weil die mehrheitlich bäuerlichen Gesellschaften in den traumatischen Übergangsepochen geneigt waren, ihr Unheil den Intrigen des internationalen Judentums anzulasten (wobei sie nicht begriffen, daß von einer Metapher die Rede ist und nicht von etwas real Existierendem) und ebenso zu biologischen Kriterien zu greifen (zum Beispiel die Rubrik »Nationalität« in sowjetischen Inlandspässen).

Der Held des glänzenden – überwiegend autobiographisch angelegten – Essays von Maurice Blanchot, »L'instant de ma mort«[4] macht zur Zeit des Abzugs der Deutschen aus Frankreich die Erfahrung des Erschossenwerdens. Man führt ihn aus seinem Schloß heraus, um ihn zu erschießen, und obschon der deutsche Offizier, der die Hinrichtung befehligt, sich im letzten Moment entfernt und die Soldaten, die sich, nebenbei bemerkt, als verkappte Oppositionelle herausstellen, dem jungen Schloßeigentümer die Möglichkeit geben, die Flucht zu ergreifen, so bedeutet doch jener Moment, als er vor den auf ihn gerichteten Läufen der Schnellfeuergewehre steht, für ihn in einem tieferen Sinn das Ende seines Lebens (was er allerdings erst im nachhinein begreift). Der Tod dringt in diesen Menschen ein in der Form des Erlebens der Leichtigkeit und Gleichgültigkeit dem gegenüber, was ihn noch aufzuregen vermag. Der Tod hat ihn gestreift, und er muß mit dieser Berührung, die Teil seines Wesens geworden ist, weiterleben. Obwohl er weiterlebt, hat er den »Moment seines Todes« quasi schon hinter sich.

Mich ereilte dieser Moment nicht unmittelbar, sondern als Erblast, die ich von einem nahestehenden Menschen übernahm, und zwar in einem Alter, als ich mich davon in noch sehr unvollkommenem Maße abschotten konnte. Ich starb in Mutters Erzählung auf doppelte Weise. Erstens, indem ich den Tod meiner Verwandten und die Möglichkeit des Todes des Mädchens durchlebte, dem es beschieden war, meine Mutter zu werden. Es war ein Tod durch Identifikation; in ihm lag etwas Hysterisches. Zweitens starb ich im Sinne der Unmöglichkeit, geboren zu werden. Der Grad an Zufälligkeit meines Zur-Welt-Kommens wuchs im Verlauf der Er-

4 Maurice Blanchot: L'instant de ma mort. Saint-Clément-la-Rivière 1994.

zählung in katastrophalem Maße an. Anders als mit dem ersten war eine Identifikation mit der zweiten Art Tod ausgeschlossen. Dieser zweite Tod verläuft durch einen leeren Spiegel, wo es mich selbst nicht gibt. Im leeren Spiegel sieht man nicht sich selbst, nicht das eigene Gesicht, sondern einzig und allein das, was es umgibt – einen extrem detailreichen Kontext, der das Gesicht übertüncht und es verschlingt. Daraus ergibt sich, daß für mich der Eintritt in die Ordnung der Sprache nicht durch die Figur des Vaters markiert ist, sondern durch den Namen der Mutter, so daß kein ödipales Dreieck entstehen konnte. Die Details dieser Erzählung haben sich in meine Erinnerung derart deutlich eingegraben, daß ich sie auch dann präsent hatte, wenn meine Mutter selbst sie aus irgendeinem Grund ausließ (so zum Beispiel die Episode, in der sie, schon an Typhus erkrankt, beinahe unter die Raupe eines Traktors gerät). Diese Erzählung gemahnt eher an ein Drehbuch als an ein achtbareres literarisches Genre; wie eine Aufstellung der Schnitte in einem Film gliedert sie sich in Szenen und Episoden. Das Vergehen der Zeit, das zu verbergen einen Teil der Virtuosität zeitgenössischer Literatur ausmacht, liegt darin stets offen zutage.

Roland Barthes hat anläßlich eines Photos seiner Mutter als kleines Mädchen, auf dem er die Verstorbene im Proustschen Sinne »wiederfand«, gesagt, daß sie vielleicht nur für ihn allein existiert; anderen wäre sie aller Wahrscheinlichkeit nach belanglos erschienen.[5] Dasselbe könnte ich über diesen unprätentiösen Text sagen. Er ist bei weitem nicht das schrecklichste Zeugnis über den Völkermord an den Juden während des Zweiten Weltkrieges. Es gibt tausende weit herzzerreißendere Dokumente über Ghettos, Konzentrationslager, Davidsterne und Säuglinge, die vor den Augen ihrer Mütter in Stücke gerissen wurden. Für mich besteht die Differenz dieses Textes zu allen anderen darin, daß er in meinem

---

5 Roland Barthes: Die helle Kammer. Bemerkung zur Photographie. Übers. v. Dietrich Leube. Frankfurt a. M. 2. Aufl. 1986, S. 83.

Beisein zum Text geworden ist, daß er in meinem Beisein allmählich die vorausgegangenen Stadien der Oralität überwunden hat. Textgestalt hat er erst nach einer langen Reihe
von Metamorphosen erlangt, dank deren er sich dann zu guter Letzt auch analysieren ließ.

Die Episode der Erschießung der Juden in Suraž stellte
sich in meiner Kindheit extrem plastisch dar, und jetzt, so
scheint es mir, weiß ich auch, warum: Es war ein Verbrechen,
das man Verbrechen nennen kann. Die Sichtbarkeit war in
diesem Fall unabtrennbar damit verbunden, daß sich sozusagen das Noema des Verbrechens realisierte. Daher schien es
mir, daß meine Mutter diese Szene besser sieht, daß sie ihr bei
weitem näher steht. Wäre dies der Fall, so würde das vieles in
ihrem eigenen Leben ändern. In Wirklichkeit hat es eine
Gruppe von Mädchen vom Rande von Suraž aus gesehen,
doch der Weg war mit Lastwagen verstellt. Von der anderen
Seite her bildete der Fluß eine natürliche Barriere. Also war
nur die Struktur der Szene zu sehen (»die Gesichter konnte
man nicht sehen«): das Ausziehen, die Einteilung in drei
Gruppen und der Beginn der Erschießung (eine riesige Zahl
von Zeugnissen dieser Art ist im »Schwarzbuch« unter der
Herausgeberschaft von Vasilij Grossman und Il'ja Ėrenburg
gesammelt worden[6]). Meine kindliche Vorstellung von der
vollständigen Sichtbarkeit des Geschehens hing offenbar
nicht mit der banalen Sichtbarkeit zusammen, sondern damit, daß sich die Ermordung in ein Schauspiel für diejenigen
verkehrte, deren Angehörige ermordet wurden. Anders gesagt: In der sowjetischen Welt, in der die Wörter seit langem
ihren Sinn verändert, verdoppelt und vervielfacht hatten und
in der sie beträchtlich mehr implizierten, als sie sagten,
tauchte ein »Mutant« von einem Wort auf, das seinem Sinn
unmittelbar entsprach – und dieses Wort war »Mord«. Über-

---

6 Wassili Grossman; Ilja Ehrenburg: Das Schwarzbuch. Der Genozid an
   den sowjetischen Juden. Hg. v. Arno Lustiger. Übers. von Ruth und
   Heinz Deutschland. Reinbek 1994.

haupt nahmen alle Handlungen in dieser Episode buchstäblichen Sinn an: Die Gegenstände lagen wirklich verstreut auf der Erde herum; die Leute aus den Nachbarhäusern riefen wirklich: »Nun geht schon, ihr werdet sowieso alle dort sein«; der deutsche Offiziere warnte wirklich: »Geht nicht dorthin, dort wartet der Tod auf euch« usw. Im Gegensatz dazu war die stalinistische Welt bis zum Rand mit Urbildern der kollektiven Rede angefüllt. Deren Ziel lag darin, den direkten Sinn dessen, was geschehen war, was stattgefunden hatte, danach aber ein zweites Mal aufgelöst worden, ja, ungeschehen geworden war, bis zur Unkenntlichkeit zu verkehren. Anstelle des Wortes »Erschießung« fungierte in dieser Welt die Formel »10 Jahre ohne Recht auf Briefverkehr«. Und wenn einem Menschen das Etikett »Feind des Volkes« aufgedrückt worden war und er einfach verschwand, so blieb auch seiner Familie nichts anderes übrig, als sich damit abzufinden oder endlos die Fiktion zu widerlegen und in Briefen an Stalin, die diesen nie erreichten, zu beweisen versuchen, daß der Betreffende kein »Feind des Volkes« sei. Hier aber, in der Erschießungsepisode, wurde dem Geschehen seine eigene, von der kollektiven Rede noch nicht verarbeitete Dichtigkeit zurückgegeben. In dieser Welt können einzelne Menschen – hier Juden – überleben oder sterben, ohne durch den Fleischwolf des kollektiven Imaginären hindurchgegangen zu sein. Nach Kriegsende tat die sowjetische Literatur alles, um den nationalsozialistischen Verbrechen ihren direkten Sinn zu nehmen und sie in den gasförmigen Zustand der sowjetischen Repressionspraxis zu überführen. In den Werken dieser Literatur sind die Faschisten vorhersagbar wie Roboter, und ihre Handlungen nehmen umgehend den Charakter einer Karikatur an. Mithin wurde in dieser Kultur alles getan, um die Details nicht zu sehen, sondern einzig und allein die eigenen Vorstellungen von dem zu betrachten, wie etwas sein sollte. Indes besitzt das Sichtbare eine einzigartige, ihm allein eigene Uneindeutigkeit: Die deutschen Pioniere, überzeugt, daß die UdSSR ausschließlich von Juden regiert wird, retten vier konkreten jüdischen Personen das Leben und schenken ihnen eine Feldlampe, während der weißrussische Dorfvorsteher sie, ungeachtet dessen, daß sie ihn mit einem Geschenk milde zu stimmen suchten, in den Tod schickt. Das Unkanonische an dieser kunstlosen Erzählung bestand im Kontext der damaligen sowjetischen Kultur darin, daß der Tod hier als eine Verknüpfung zufälliger Fügungen der Umstände und nicht als große Unausweichlichkeit, welche man noch ideologisch überwinden könnte, auftrat. Die Reaktionen auf Mutters Erzählung waren ihrerseits Erzählungen der Anwesenden, von denen viele, unter anderem auch mein Vater, an der Front gewesen waren. Doch diese Erzählungen unterschieden sich von der ihren durch eine beträchtlich höhere Glättung: Der unsichtbare Feind ließ sich leichter in die stalinistische Mythologie der großen Konfrontation von Gut und Böse einordnen.

Überhaupt war der Effekt des Verschwindens der Wirklichkeit an der Berührungslinie zweier völlig (ich unterstreiche: völlig) verschiedener totalitärer Systeme offensichtlich, was es unmöglich machte, irgendeine Bevölkerungsgruppe aus der »Familie der sowjetischen Brüdervölker« als privilegiertes Repressionsobjekt, als absolutes Opfer herauszuheben. Dieser allgemeinverbindlichen Fiktion entsprechend mußten die Sonderkommandos gleichermaßen gegen die gesamte Bevölkerung der besetzten Gebiete wüten, und wenn sie dies nicht taten – um so schlimmer für sie! Dann besorgten die sowjetische Literatur und das sowjetische Kino das für sie. Der »Kampf mit dem Kosmopolitismus« in der Nachkriegszeit ist wiederum ein Euphemismus, weil alle wußten, wer diese »Kosmopoliten« waren. Er war zum Teil eine Reaktion auf das allzu wörtliche Verständnis des nationalsozialistischen Antisemitismus, der aus dem klaren sowjetischen Bild vom Krieg ein potentiell destruktives Element herausgerissen hatte: das Opfer *par excellence*. Darin bestand recht eigentlich der »Kosmopolitismus« der Mitglieder des Jüdischen Antifaschistischen Komitees.

Wie es mit Bruchstücken von Kindheitserlebnissen zu sein pflegt, sank die Erzählung meiner Mutter ganz tief auf den Grund meines Gedächtnisses herab und hätte dort weiter unangetastet gelegen, wäre da nicht ein auf den ersten Blick zufälliger Umstand gewesen.

Vor etwa zwei Jahren reichte ich einer wissenschaftlichen Einrichtung in Deutschland meine Unterlagen für einen Stipendienaufenthalt ein. Ich las meinen Entwurf mehrmals durch. Als jedoch alles längst nach Deutschland abgeschickt war, kam mir zufällig mein Exposé zwischen die Finger, und ein darin enthaltener Satz versetzte mich in äußerstes Erstaunen. Es war dort von den Vorzügen der »Stadt Washington« (!) zur Umsetzung des vorgeschlagenen Projekts die Rede. Ich hatte in der Tat dieses Projekt zuvor an andere Institutionen eingereicht, von denen eine ihren Sitz in Washington hatte. Doch warum hatte ich diesen Satz nicht bemerkt? Nie zuvor und auch niemals später ist mir etwas Derartiges unterlaufen. Es war ein klassischer Freudscher Verschreiber: Auf unbewußter Ebene war da etwas anderes, als ich es bewußt gewollt hatte. Ich war viele Male in Deutschland gewesen, so daß ich nicht umhin konnte, dabei festzustellen, daß die Deutschen von heute der Idee des Rechts in besonderer Weise anhängen. Auf bewußter Ebene hatte ich sie nicht mit den Deutschen assoziiert, die im Jahr 1941 einen Teil meiner Familie ausgelöscht hatten.

Dieser konkrete Fall offensichtlichen Auseinanderklaffens von Bewußtsein und Unbewußtem gab für mich den Anstoß, über die Ursachen dafür nachzudenken. Daraus erwuchs die Idee, die Erzählung meiner Mutter zu publizieren und zu analysieren.

Biographische Kurzinformation
Stalina Sergeevna Čaplina, geb. am 16. April 1927 in Sevasto-
pol', gest. 2002. Verbrachte die Jahre 1933-36 in Tallinn und
Helsinki, wo sie den deutschen Kindergarten besuchte. Bis
Kriegsausbruch lebte sie hauptsächlich in Leningrad, später
in Moskau.

Hegel in den Räumen des Jubels

Symbolisch ist nach Hegel eine Architektur, die ihre Bedeutung in sich trägt, in ihrer inneren Struktur, und nicht einer
unabhängig von ihr existierenden Bedeutung Form verleiht.
Bauwerke dieser Art lassen sich im Grunde niemals fertig-
stellen, sie streben ins Unendliche; ihre Errichtung ist das
einzige, was die Erbauer miteinander verbindet; höher entwickelte Formen sozialen Zusammenhangs sind ihnen noch
unzugänglich. Als Heimat der symbolischen Architektur sah
Hegel den alten Orient, wo der Geist noch nicht die Form
des Individuums angenommen habe und noch nicht unabhängig geworden sei von der Laune organischer, natürlicher
Formen, die er schlicht übereinandertürme. Der Geist habe
sich noch nicht als die einen Gott verehrende Gemeinde von
Gläubigen in einem Tempel herausgebildet. In Bauwerken
symbolischer Architektur verneigten sich die Völker vor
dem »natürlichen« Prinzip, dem sie unterworfen seien und
das gerade erst in der Figur des Pharaos, des Kaisers oder
Despoten individualisiert werde, der zugleich die geistliche
Macht über sie besitze (es sind folglich Kinder-Völker, für die
intime Beziehungen zu ihrem Gott unmöglich sind). Der
Prototyp derartiger Bauwerke, das Symbol ihrer Unab-
schließbarkeit ist nach Hegel der Turmbau zu Babel: »In den
weiten Ebenen des Euphrat errichtet der Mensch ein un-
geheures Werk der Architektur; gemeinsam erbaut er es, und
die Gemeinsamkeit der Konstruktion wird zugleich der
Zweck und Inhalt des Werkes selbst.«[1] Dieser Turm symbo-
lisiere den Zerfall der patriarchalen »Vereinigung«, der familiären Einheit und deren Ablösung durch eine »neue erwei-

1 Georg Wilhelm Friedrich Hegel: Sämtliche Werke. Jubiläumsausgabe in
  20 Bdn. Bd. 13. Vorlesungen über die Aesthetik. 2. Bd. Stuttgart 3. Aufl.
  1953, S. 276.

terte Vereinigung«. Doch sei der Bau bloß äußerlich imstande, das heilige Prinzip auszudrücken, das die Erbauer vereinige, weshalb der Abbruch der Baumaßnahmen gleichbedeutend sei mit dem Zerfall der Vereinigung: »Daß von dem Mittelpunkt der Vereinigung zu einem solchen Werke die Völkerschaften wieder auseinander gegangen, ist dann in dieser Tradition gleichfalls angesprochen.«[2] Als etwas Unorganisches, allein Äußerliches und Natürliches, sei die Form des Turms zu Babel notwendigerweise nur eine »Andeutung« des geistigen, heiligen Prinzips, dem er sein Entstehen verdanke. Dafür hörten solche Werke nicht auf, den Betrachter noch Jahrhunderte später mit ihrer Eigenart zu beeindrukken, wenn sie schon längst in Ruinen dalägen. Andere von Hegel angeführte Beispiele sind der von Herodot beschriebene Turm des Belos sowie die Stadt Ekbatana in Medien.

Der symbolischen stellt Hegel die klassische Architektur gegenüber, die in der Entwicklung zweier »zweckmäßiger« Formen besteht: der Form des Hauses und der des Tempels. Die Griechen hätten vorzugsweise die Form des öffentlichen Tempels entwickelt, während die Römer die des architektonisch voll durchgeplanten Privathauses (eines Palastes oder einer Villa) beisteuerten.

Diese beiden klassischen, »zweckmäßigen« Architekturformen wurden in Rußland nach der Oktoberrevolution radikal aufgebrochen. Kirchen wurden massenweise zerstört oder für andere, außerreligiöse Zwecke genutzt; Privathäuser hingegen, Paläste oder Landsitze wurden vergesellschaftet und mehrheitlich zu Verwaltungsgebäuden, Museen oder Kommunalwohnungen umfunktioniert (darin sollte sich das berühmte »Absterben des Privatlebens« ausdrücken, von dem Walter Benjamin in seinem *Moskauer Tagebuch* schreibt). Unter den Trümmern dieser architektonischen Formen wurden auch die mehr oder weniger weit entwickel-

2 Ebd., S. 277.

ten Ausdrucksformen des geistigen, individuellen Prinzips begraben, das sich, wie die westeuropäische Metaphysik (und nicht nur Hegel) meint, über das Privateigentum definiert. Unter den Bedingungen einer neuen Etappe der sowjetischen Geschichte vollzieht sich eine Regression zu Formen der symbolischen Architektur, wie sie historisch den klassischen Architekturformen vorangegangen war – und zwar in Gestalt von Tempel-Palästen fürs Volk, deren quasi-religiöse Form in der Untermauerung der Einheit des Volkes mit Partei und Führer besteht. Diese Gebäude und Gebäudekomplexe sollten keiner schon an anderem Ort (in der Sphäre des Geistes) etablierten Bedeutung Gestalt geben, sondern selbst erst aktiv zu deren Herausbildung beitragen. Sie sollten Räume des Jubels und der Lobpreisung des »Neuen Lebens« bilden, das all seine Religiosität in die Verneinung eines transzendenten Prinzips legte.

Wenngleich die anfängliche Revolutionskultur Zweckmäßigkeit und Funktionalität über alles andere stellte, wurde schon im Jahr 1924 mitten in ihrem Herzen, auf dem Roten Platz, ein archaisches »schwarzes Loch« ausgehoben, das weitere schwere Erschütterungen verhieß – das Lenin-Mausoleum, das die Revolutionskultur, die sich für die Avantgarde der gesamten Menschheit hielt, in ein archaisches Frühstadium der Individuation zurückwarf. Im Zuge seiner Erörterungen über die ägyptischen Pyramiden erblickt Hegel in der Mumifizierung den ersten Ausdruck von Aufmerksamkeit für das Schicksal der individuellen Seele, für deren postum zu bestehende Abenteuer ein ganzes Labyrinth errichtet wurde. Dabei gilt der Seele des Parteiführers beim Akt seiner Mumifizierung eigentlich gar keine Sorge. Was sakralisiert wird, ist einzig und allein seine physische Präsenz, jener Ausdruck des Erhabenen, das der Identität von Führer, Partei und Volk zugrunde liegt (so das Leitmotiv von Stalins berühmtem Schwur an Lenins Grab). Voll und ganz enthüllte sich die Bedeutung dieser Geste erst nach der Kollektivierung, deren früher Vorbote sie war. Die Unvereinbarkeit der öffentlich ausgestellten Lenin-Mumie mit der Revolutions-kultur wurde, das sei hier nochmals betont, nicht sofort er-kannt; in den dreißiger Jahren hingegen wurde eine Un-menge ebenso urtümlicher Gesten vollzogen, und die Revo-lution geriet von einem Ereignis von weltweiter Bedeutung, das vor allem von den westlichen Intellektuellen in der Spra-che des Marxismus gelesen und interpretiert wurde, zu einer innersowjetischen Begebenheit, von allerdings riesenhaftem (und so ebenfalls weltweit ausgreifendem) Ausmaß. Von je-nem Augenblick an begann sich die Sowjetunion vom Ratio-nalismus der westlich geprägten Welt durch eine eigene, un-entzifferbare Sprache des Traumas abzugrenzen.

Nicht von ungefähr gerieten stets alle sowjetischen Dis-kussionen über den anzustrebenden einheitlichen Architek-turstil in eine Sackgasse; die Gebäude sollten nämlich sowohl klassisch als auch modern, sowohl im Nationalstil errichtet als auch vom Innenraum her funktional und letztlich gar »ge-mütlich« sein.[3] Wo aber Bürgern die Erfüllung von logisch unvereinbaren Forderungen auferlegt wird, verändert sich der Status des Widerspruchs radikal: Der logische Wider-spruch wird zum heimischen/organischen Element der vor-herrschenden Kollektivkörper, wird zu ihrer originären Me-thode, dauerhaft im Bereich des Erhabenen zu bestehen. »Die Kultur kann gleichzeitig zwei einander ausschließende Dinge fordern: die Standardisierung des Bauens und einen individuellen Zugang zu jedem einzelnen Gebäude, die Ver-billigung von Architektur und die Maximierung ihres Facet-tenreichtums...«[4] All diese widersprüchlichen Vorgaben zu erfüllen ist nur in einer Atmosphäre des Terrors möglich, wenn nicht die professionellen Architekten die eigentlichen Herren ihres Faches sind, sondern die jeweiligen Staats- oder Parteiführer, denen attestiert wird, von einem nicht verba-

3 Vladimir Papernyj: Kul'tura »Dva«. Ann Arbor 1985, S. 127f.
4 Ebd., S. 166.

lisierbaren und gerade deshalb unfehlbaren Gefühl für das Erhabene geleitet zu werden (das auf magische Weise mit dem entsprechenden Gefühl der Massen zusammenfalle). So kommt es zu einer sekundären Archaisierung der Form: der Tempel soll Palast sein, der Palast »materiale« Illustration des »Neuen Lebens«, und oben auf der Spitze dieses Palasts wird die Statue des Parteiführers aufgestellt, die in der Sprache jener Zeit »krönender Abschluß« genannt wird. So schlug Stalin vor, den projektierten Palast der Sowjets zum Sockel für ein hundert Meter hohes Lenin-Denkmal zu machen, das allerdings den meisten Teil des Jahres in den Wolken verschwunden wäre. (Vergleichbare »Krönungen« kann man noch auf dem Hauptpavillon der VDNCh, der Moskauer Ausstellung der Errungenschaften der Volkswirtschaft, oder auf dem Entwurf für das Theater der Sowjetischen Armee sehen.) Auch die kollektive Größe benötigt also, um sie sich selbst vor Augen zu führen, eine Skulptur, ein völlig entpersonalisiertes Individuum, das ihr gleichsam als Spiegel dient, in dem sich das Volk selbst wiedererkennt. In Wirklichkeit stellt sich heraus, daß es nur in seltenen Fällen statisch überhaupt möglich ist, eine Skulptur auf dem Dach eines Gebäudes aufzustellen (am besten ging das noch auf dem VDNCh-Gelände, wo die Architektur am dekorativsten und am stärksten »illusionistisch« ist; auf den aus der Nachkriegszeit stammenden »Hochhäusern« nehmen dann »Turmspitzen« den Platz der »krönenden Abschlüsse« ein). Die Repräsentationsgebäude der Stalin-Zeit sind oft von Skulpturen, Ornamenten, Dioramen, Gartenkunstensembln und pseudowissenschaftlichen Installationen eingerahmt und ausgefüllt.

Wir haben es mit einer Architektur kolossaler Absichten zu tun, und indem diese Absichten mit der Zeit immer mehr verblassen, nimmt sich die von ihnen inspirierte Architektur bald extrem eklektizistisch aus. Das Pathos der Stalin-Zeit gründete in der Behauptung einer neuen mustergültigen Symbiose von Volk und Parteiführer. Da die Architektur ihre

Bedeutung in sich tragen sollte, geschah eine Regression auf das symbolische Stadium des Bauens im Sinne Hegels; weil die Bedeutung jede wahrhaft individuelle Form einbüßte und kein von ihrer Präsentation elaboriertes Produkt mehr war, verlor die Bedeutung ihre angemessene Form. Andererseits ist diese Architektur an sich insofern höchst aufschlußreich, als die Baukunst nach Hegel der *symbolischen* Form von Kunst entspricht und »der Grundbegriff der eigentlichen Baukunst darin [besteht], daß die geistige Bedeutung nicht ausschließlich in das Kunstwerk selbst hineingelegt ist, das dadurch zu einem selbstständigen Symbol des Innern wird, sondern daß diese Bedeutung umgekehrt außerhalb der Architektur schon ihr freies Daseyn gewonnen hat.«[5] Nur symbolische Architektur nimmt die Last der Bedeutung in vollem Maße in sich auf. Ja, letztlich besteht ihre »Natürlichkeit« auch nur darin, daß sie Bedeutung von innen heraus produziert und sie sich von keiner äußeren – auch keiner religiösen Instanz – instrumentalisieren läßt.

Auf den ersten Blick hat die nationalsozialistische Architektur vergleichbare Probleme: den Gigantismus, die Entfernung von dem zum Ideal erkorenen griechischen Modell in Richtung einer Überfrachtung mit diversen Symbolen und die Ausrichtung auf pompöse Repräsentationsbauten. Den Nationalsozialisten kam es aber beispielsweise nicht in den Sinn, den Ablauf landwirtschaftlicher Produktion zu inszenieren, Muster-Stromkraftwerke zu errichten, zu Demonstrationszwecken Experimentierfelder anzulegen und auf eigens beheiztem Erdreich tropische Gewächse anzupflanzen. Im Deutschen Reich wurden auch keine Paläste fürs Volk errichtet, die den Stationen der Moskauer Metro gleichgekommen wären. Eine derart grandiose Theatralisierung des Produktionsprozesses wie die sowjetische setzt die radikale Enteignung und Konzentration allen Privateigentums in

5 Hegel, Ästhetik, S. 304.

den Händen des Staates voraus. Im nationalsozialistischen Deutschland hingegen wurde die bürgerliche Gesellschaft eingeschüchtert und terrorisiert, aber nicht liquidiert, wie das in der UdSSR geschah.

Hegel schreibt, daß die Werke der symbolischen Architektur gelesen werden wollen wie Bücher, obwohl ihnen selbst kein Buch vorausgeht (sie sind letztlich selbst die Protobücher der Menschheit). Einer der Vorwürfe, die gegen die stalinistische Architektur vor allem erhoben wurden, lautete, daß sie »nicht lesbar« sei, nicht dem Eidos der kollektiven Rede entspräche. Die stalinistische Kultur interessiert sich nicht vorrangig für die Literatur, wie viele meinen, sondern für die Formen der Mündlichkeit. Gebäude wurden gemäß dem Kriterium der Mündlichkeit in »eigene« und »fremde« unterteilt und konnten per Definition keinem widerspruchsfrei formulierbaren Ideal entsprechen. Stalins Position war nicht deswegen unanfechtbar, weil er etwas gewußt hätte, was den übrigen unzugänglich war, sondern weil sein entpersonalisierter Name die einen leben ließ und die anderen zum Tode verurteilte.

Von der revolutionären Avantgarde und insbesondere von der Tradition des russischen Kosmismus hatte die stalinistische Kultur die Problematik des Leben-Erbauens geerbt. Lebenserbauer waren auf je eigene Weise der Religionsphilosoph Vladimir Solov'ev, der Suprematist Kazimir Malevič und der stalinistische Funktionär Lazar' Kaganovič, nur verstanden sie unter dem Begriff etwas völlig Unterschiedliches. In allen drei Fällen aber war das Wort das Medium des Leben-Erbauens. Die Spezifik der russischen Kulturgeschichte besteht darin, daß in Rußland alle westlichen Ideen eine übertriebene, hyper-radikale Form annehmen, so daß sich der Westen einerseits anfangs für die Kompromißlosigkeit seiner russischen Parteigänger begeistert und sich andererseits nach Ablauf einer gewissen Zeit nicht genug über die zerstörerischen Folgen der jeweiligen Experimente wundern kann.

Die stalinistische Kultur stellt sich in den Dienst des Menschen, tritt auf gegen Depersonalisierung und Standardisierung, erklärt sich für Individualität und sogar für »Gemütlichkeit«. Jede einzelne marmorne Sitzbank auf Metrostationen wird als weiterer Beleg für die Sorge um den einzelnen angesehen. Diese Kultur strebt überdies danach, bis ins kleinste Detail künstlerisch zu sein und sich über den Alltag zu erheben, den die Avantgardisten des ersten Jahrzehnts nach der Revolution auf mannigfache Weise zu perfektionieren versucht hatten. Die stalinistische Kultur ist besessen von der Vorstellung der Fruchtbarkeit; jede Bedrohung der Potenz wird von ihr als fundamentaler Angriff begriffen. Und bei alledem neigt sie zur Erzeugung von Trugbildern und Phantasmagorien, weil sie etwas zu verbergen hat, das sie nicht in ihren innersten Bereich hineinlassen will. So dupliziert die pathetisch erschaffene Welt des Guten spiegelbildlich die von ihr verdrängte Welt des Bösen. Besonders augenfällig wird das an den Beispielen Metro und VDNCh.

Der Architekt sollte intuitiv das Unbewußte der neuen Sowjetmassen spüren und nicht etwa widerspruchsfreie Konzeptionen formulieren, und da die privilegierte Exegetin dieses Unbewußten der Massen die Partei ist, ist der Architekt aufgerufen, die Politik der Partei in die Sprache seines Handwerks zu übertragen. So vollzieht die Architektur eine Regression zurück auf die symbolische Ebene, wird zum Teil einer ideologisch präparierten Sphäre, wird mit Aufschriften überzogen und benutzt das Medium der Skulptur »architektonisch« (Hegel), d. h. zur Bewältigung ihrer spezifischen Aufgabenstellung. Allem Gigantismus zum Trotz ist diese Art Architektur unabschließbar, denn um ihr den Charakter der Abgeschlossenheit zu verleihen, müßte die Bedeutung einen souveränen Existenzbereich erhalten und Individualform annehmen. Doch dann entfiele automatisch die Notwendigkeit symbolischer Architektur. Die Stalin-Zeit manifestiert sich – bei all ihrer offensichtlichen Literaturzentriertheit – vor allem in der Architektur; jedenfalls ist dies das Medium, nach dem ein außenstehender Betrachter sich sein Urteil über diese Zeit bildet. Der von den Architekten feierlich verkündete Dienst am orthodoxen Wort verwandelt sich fast immer in eine Folge von Improvisationen, die keinem irgendwie eingängig formulierten Kanon verpflichtet waren. Dabei ließ sich auch der sozrealistische Kanon am besten auf die Literatur anwenden, und zwar aufgrund ihrer nahen Verwandtschaft mit dem Medium der mündlichen Rede des Volkes. Das Wort diktiert der »natürlichen« (Hegel) Dimension der symbolischen Architektur so beharrlich wie erfolglos seinen Willen. Im Rückblick sehen wir, daß die Romane jener Zeit heute nur noch einen engen Kreis von Spezialisten zu interessieren vermögen, während die grandiosen städtebaulichen Projekte der dreißiger bis fünfziger Jahre noch auf lange Zeit das Erscheinungsbild Moskaus prägen werden. Die Völker der Sowjetunion wurden gleichsam zu dem Zweck zusammengespannt, daß sie in ihrer Hauptstadt diese gigantischen Bauwerke errichteten, danach wurde der Sinn ihres Zusammenschlusses zunehmend unklarer, bis er am Ende ganz in sich zusammenfiel.

Die Bauwerke der Antike, die Hegel zu den Erzeugnissen symbolischer Architektur rechnet, wurden in Epochen errichtet, in denen sich die Formen von Häusern und Tempeln noch nicht selbständig herausgebildet hatten. Es ist gerade das vorklassische Altertum, welches diese Bauwerke in Hegels Augen einen Platz in der Geschichte des Geistes einnehmen läßt, und er konnte wahrlich nicht ahnen, daß mehr als hundert Jahre nach seinem Tod Berlin, die Stadt, in der er gelehrt und gelebt hatte, nach archaischen Idealen umgeplant werden würde und daß die Größe des deutschen Volkes ihren Ausdruck in Plänen zu Bauwerken würde finden sollen (wie dem Kuppelpalast und der Reichskanzlei), welche die Paläste der Despoten des alten Orients ums Zehnfache übertroffen hätten.

Die Philosophie hielt sich stets instinktiv von terroristischen Exzessen fern, indem sie in den Bereich der Natur abdrängte, was im Grunde nicht dorthin gehört. Die Philosophie ließ sich darauf ein, in der symbolischen Architektur eine lediglich archaische Erscheinungsform des Geistes zu sehen und kein Nebenprodukt seines fortgeschrittenen Zustandes. Dagegen unterliegt die symbolische (und ähnlich verfaßte) Architektur der »totalitären« Staaten nicht bloß explizit formulierten Dogmen, sondern drückt unmittelbar aus, was keine sprachliche Konstruktion je auszudrücken imstande wäre. So überschreitet symbolische Architektur die Grenzen des Erlaubten und stellt den Regimes, die sie hervorgebracht haben, eine Art Diagnose. Nicht von ungefähr schrieb Albert Speer in seinen *Erinnerungen*, daß er den baldigen Untergang des Dritten Reiches allein deswegen hätte vorhersehen müssen, weil die Ausmaße der von Hitler bei ihm bestellten Bauwerke auf »megalomane« Weise ins Unendliche wuchsen; allerdings begriff er das erst *post factum*, als er seine alten Reißbrettentwürfe durchblätterte. Die meisten der von Speer entworfenen Gebäude blieben so auf dem Papier.

Wenn die jetzige Phase verschärfter Entsublimierung vorbei ist, wird womöglich auch der Stalin-Architektur noch beschieden sein, eine kritische Funktion gegenüber ihrer Zeit zu erfüllen. Das Erhabene läßt sich nicht ohne selbst erheblichen Schaden zu nehmen in Begriffe des Schönen übersetzen. Hegel hatte die symbolische Architektur indes auch gar nicht als Form des Erhabenen aufgefaßt – als solche kam sie erst im 20. Jahrhundert zum Tragen –, sondern als archaischeres, »natürliches« Stadium in der Entwicklung des Schönen.

Hegel geht nämlich davon aus, daß das Schöne und das Erhabene unvereinbar seien; deshalb kommt es dort, wo das archaische Prinzip sich durchsetzt, wie abzusehen ist, augenblicklich und unerklärlicherweise zum Zusammenbruch der betreffenden Kultur. Wenn sich dieser Kulturkollaps hingegen hinzieht, wachsen ganze Generationen im Milieu des Erhabenen auf, und wenn es ihnen nicht gelingt, jene Extreme, Ausnahmen und Exzesse, die den Geist herausfordern, zum Gegenstand des Denkens zu machen, dann wird sich ihre spezifische Erfahrung zum wiederholten Male in Luft auflösen und als im philosophischen Sinne nicht existent erkannt werden. Schließlich ist das, was die westeuropäische Metaphysik für eine Ausnahmeerscheinung, etwas von der Regel Abweichendes ansieht, für eine solche »totalitäre« Zeit die Regel, und das, worin die Metaphysik die Regel erblickt, eine seltene Ausnahme. Bei zu allgemein angelegter Erklärung wird die historische Erfahrung, die mit dem »Totalitarismus« einhergeht, zunächst dünner, bevor sie sich auflöst und verschwindet.

Für Hegel ist ein Haus, ein von allen Seiten abgeschlossener Raum, »zweckmäßig«; es stellt eine Zuflucht für das individuelle Prinzip dar. Die in Häusern lebenden Menschen versammeln sich in Tempeln (der anderen zweckmäßigen Form), um Gott, ein transzendentes Wesen, zu verehren. Das soziale Band zwischen diesen Menschen, die in Häusern wohnen und sich im Tempel versammeln, ist ideell und bedarf, um sich auszudrücken, keiner gesonderten materiellen Form, die seine Entstehung erst ermöglichen würde. In Phasen starker Erschütterungen aber wirkt dieses Band nicht, und die Sinnproduktion nimmt extrem archaische Formen an, obwohl mit ihrer Hilfe letztendlich nichts anderes verwirklicht wird als das Projekt der Modernisierung. Die technische Eroberung der Erde braucht, um weitergehen zu können, periodische, durch eine Diktatur geschaffene Pausen. Die klassische Philosophie wendet sich instinktiv von solchen Perioden ab. So bemerkt Hegel von oben herab, daß bei Völkern, die Bauwerke symbolischer Architektur errichten, »der aufgewühlte Grund und Boden« äquivalent sei zu dem, was bei zivilisierten Völkern »Sitten, Gewohnheit und die gesetzliche Verfassung des Staats thun«.[6] Unklar bleibt, wie die »Grund und Boden aufwühlenden« Völker denn jene gigantischen Bauvorhaben verwirklichen konnten, wo sie doch angeblich weder Sitten noch Staatsverfassung hatten. Weil es jedoch kein Subjektprinzip gibt, das diesen Sitten und dieser Staatsverfassung Seele einhaucht – ja, diese ihm oftmals feindlich gegenüberstehen –, kann man sie als Philosoph nicht Sitten und Staatsverfassung im metaphysischen Sinne nennen. Die Extremformen der Gewalt bekommen auf diese Weise das Alibi der Undenkbarkeit.

Für den aber, der sich im Inneren eines »totalitären« Systems befindet und unter den Bedingungen einer solchen Herrschaft handeln muß, ist ein solcher Erklärungsansatz sichtlich unzureichend. »Anders als es heute klingen mag«, schreibt Albert Speer, »war es für uns doch keine leere Propagandaformel, daß über allem ›der Führer denkt und lenkt‹.«[7] Das Führerprinzip erlangt hier moralische Gestalt, wie sie Handlungsweisen zugrunde liegt, die sich *post factum, nicht aber im Augenblick ihres Vollzugs*, als unmenschlich herausstellen (und in Extremfällen Verbrechen gegen die Menschlichkeit darstellen).

In den zu Stalins Zeiten errichteten Tempeln kann man nicht beten, insofern es atheistische Tempel sind, und in den Palästen seiner Zeit kann man nicht wohnen, weil es – wie die Metrostationen – öffentliche Paläste sind. Selbst bei den als Wohnbauten errichteten Stalin-Hochhäusern frappiert der Gegensatz zwischen den kolossalen Eingangshallen, Erholungsräumen und Lenin-Ecken einerseits und den geringen Ausmaßen der eigentlichen Wohnfläche. Jener emphatisch beschworene Mensch, für den dies alles gebaut wurde, sollte ganz überwiegend in den Räumen zur allgemeinen Nutzung leben und kommunizieren und sich nur des Nachts, nachdem

6 Ebd., S. 276.
7 Albert Speer: Erinnerungen. Frankfurt a. M./Berlin 1969, S. 46.

er auf ein Bruchteil seiner selbst zusammengeschrumpft ist, auf seine private Wohnfläche verkriechen.

Die praktisch veranlagten Deutschen beabsichtigten, einen Großteil ihrer grandiosen Bauprojekte erst nach dem siegreich beendeten Krieg zu realisieren, wenn sie – so das Kalkül – über unerschöpfliche Ressourcen verfügen würden; deshalb blieben diese Entwürfe Papierarchitektur.

In Deutschland und der Sowjetunion bildeten sich dabei unterschiedliche Beziehungen zwischen dem jeweiligen Führer und seinen Architekten heraus. Hitler pflegte zu sagen, daß er, wäre er nicht Führer geworden, Architekt hätte werden wollen. Er saß stundenlang, zunächst mit Paul Ludwig Troost, später mit Albert Speer, über grandiosen Architekturentwürfen. In der Baukunst fühlte er sich als ihr Schüler und stimmte dem, was sie ihm vorlegten, stets zu. Anders gesagt: Die Macht des Führers und die Autorität des Architekten waren längst nicht deckungsgleich, und letzten Endes begnügte sich Hitler mit der Rolle des Liebhabers eines bestimmten Architekturstils und des Auftraggebers, der grandiose Projekte ermöglicht. Seine Vorschläge waren die Vorschläge einer einflußreichen Privatperson, und über sie wurde diskutiert. (Dasselbe galt für die Malerei: Hitler ernannte Hans Posse zum Bevollmächtigten für den Ausbau der Linzer Gemäldesammlung, der er seine eigene Gemäldesammlung stiftete. Der Kunsthistoriker Posse aber, so berichtet Speer, lehnte einen beträchtlichen Teil dieser Ölgemälde ab: »Hitler lobte seine Lieblingsgemälde mit den geläufigen Prädikaten, aber Posse ließ sich weder durch Hitlers Position noch durch dessen bezwingende Liebenswürdigkeit beeindrucken. Sachlich und unbeeinflußbar lehnte er viele dieser kostspieligen Erwerbungen ab: ›Kaum brauchbar‹ oder ›Entspricht nicht dem Rang der Galerie, wie ich sie mir vorstelle‹. Wie meist, wenn sich Hitler einem Fachmann gegenüberfand, nahm er die Kritik ohne Einwand hin. Immerhin verwarf Posse die meisten Bilder der von Hitler ge-

liebten Münchner Schule.«[8] Speer führt noch eine ganze
Reihe weiterer, ähnlich gelagerter Zeugnisse an.)

Stalin hingegen besaß keinerlei Architekturgeschmack; in
seiner Eigenschaft als Parteiführer wurde ihm aber auf allen
Gebieten höchste Autorität zugeschrieben. Als er einmal auf
einer Sitzung der für den Bau des Sowjetpalastes zuständigen
Kommission die Idee äußerte, daß der Palast als Sockel für
ein Lenin-Denkmal herhalten solle, konnte von einer Wider-
rede seitens der Architekten Iofan, Ščuko und Gel'frejch
nicht die Rede sein. Schon die Autorität von Verkehrsmini-
ster Kaganovič war absolut unanfechtbar, von Stalin ganz zu
schweigen! Zudem besichtigte Stalin persönlich Merkurovs
Entwurf für die Lenin-Skulptur. Lenin war darauf mit hoch
erhobener Hand dargestellt. Stalin trat an den Entwurf heran
und »berichtigte« ihn: Er korrigierte die hoch erhobene
Hand etwas nach unten. Lenins Geste wurde dadurch zwar
leichter wiedererkennbar, doch veränderte dies die gesamte
Proportion des Gebäudes so, daß sich die Architekten danach jahrelang damit abplagten, wie man die Situation retten
könne.[9] Es war längst nicht mehr sicher, daß nach Stalins
Vorschlag das Gebäude bautechnisch überhaupt zu realisieren gewesen wäre. Dies Stalin mitzuteilen hätte jedoch be-

8 Ebd., S. 194. Dazu sei noch ein weiteres Beispiel angeführt, das die qua-
   litative Differenz zwischen den hierarchischen Beziehungen innerhalb
   der Führungsschichten der beiden Diktaturen veranschaulicht: »Als Hitler seinem Adjutanten einmal spätabends befahl: ›Ich möchte den
   Reichsaußenminister sprechen‹, erhielt er nach einem Telefongespräch
   die Antwort: ›Der Reichsaußenminister hat sich schon zur Ruhe begeben.‹ – ›Er soll geweckt werden, wenn ich ihn sprechen will.‹ Erneuter
   Anruf, der Adjutant kam verlegen zurück: ›Der Herr Reichsaußenminister läßt sagen, er stehe morgen früh zur Verfügung, er sei jetzt müde und
   möchte schlafen.‹« (ebd., S. 96). Eine ähnliche Antwort an Stalin wäre
   nicht nur unmöglich, sondern gar undenkbar gewesen (und zwar unabhängig von den Folgen, die sich danach über das Haupt des Schuldigen
   ergossen hätten).
9 Isaak Ėjgel': Der Tyrann und der Baumeister. In: Peter Noever (Hg.): Tyrannei des Schönen. Architektur der Stalin-Zeit. München-New York
   1994, S. 192-196, hier: S. 194.

deutet, seine absolute Autorität anzuzweifeln, wozu sich niemand durchringen konnte, so daß nichts übrigblieb, als den Eindruck zu erwecken, die Arbeit ginge voran, während man insgeheim den Zeitpunkt des Baubeginns hinausschob. Diese Strategie sicherte zumindest das physische Überleben derer, die den Entwurf ausgearbeitet hatten. Nach dem Krieg bekam der als »Hofarchitekt« Stalins geltende Boris Iofan eine Notiz von einem unbekannten »Gönner«, der ihm mit Nachdruck nahelegte, als »krönenden Abschluß« keine Lenin-, sondern eine Stalin-Statue zu nehmen. Da aber die Idee, den Sowjetpalast zu einem Sockel für ein Lenin-Denkmal zu machen, von Stalin selbst stammte, blieb Boris Iofan nichts anderes übrig, als auf der Spitze des Gebäudes die Figuren beider »großen Führer« zu plazieren.[10]

All diese Details gilt es beim Begriff »Totalitarismus« zu berücksichtigen. Der Terminus darf nicht von oben auf die Details aufgepfropft werden, sondern muß aus ihnen selbst hervorgehen und im Laufe der Untersuchung nicht nur jene Züge herausstellen, die ähnlich sind, sondern auch die nicht weniger wesentlichen Unterschiede. Der Kuppelpalast wurde schließlich nicht gebaut, weil er zu teuer geworden wäre; in der deutschen »totalitären« Kultur hatten sich, und sei es in verwaschener Form, noch Vorstellungen von der Verhältnismäßigkeit von Ausgaben und unzulässigem Luxus erhalten. Der Moskauer Palast der Sowjets hingegen sollte um jeden Preis gebaut werden; mit diesem Bauwerk waren zu hohe, alle Möglichkeiten ingenieurstechnischer Kunst übersteigende symbolische Erwartungen verbunden – Erwartungen, die einzig und allein diskursiv zu verwirklichen waren. Dieser Traum eines Gebäudes blieb Traum, doch aus diesem Traum ging nahezu die gesamte übrige Architektur der Stalin-Zeit hervor.

Hegel erkennt an, daß die Erzeugnisse symbolischer Ar-

10 Ebd.

chitektur ihre Fähigkeit, den Betrachter zu beeindrucken, über sehr lange Zeit hin bewahren. Da sie ihre Bedeutung in sich tragen, scheint es, als wollten sie etwas »sagen«; der Anschein ihrer Zugehörigkeit zur Ordnung der Sprache bleibt erhalten. Architektur aber – selbst von Schriftzeichen bedeckte, von Skulpturen und Gartenanlagen eingerahmte – »spricht« durch ihre bauliche Struktur. Ihre Umgebung behält ihre architektonische Funktion. Das Volk ist für Hegel ein natürliches Prinzip, jenes kollektive Subjekt hingegen, dessen Taten noch nicht von der Macht der Vorstellung veredelt sind, kann sich nur der Analogie halber Subjekt nennen – im Rahmen der Gleichsetzung des natürlichen Prinzips mit dem geistigen, das immer individuell ist. In ihrer »Natürlichkeit« berührt sich die symbolische Architektur mit der »Natürlichkeit« der Symbiose von Volk und Führer (einer falschen, uneigentlichen Identifikation).

Besonders unfruchtbar ist die Regression bei Völkern, die traditionell zu den zivilisierten gerechnet werden, auf jene symbolischen Frühstadien, weil eine derartige Regression nichts antizipiert, kein archaisches Stadium in der Entwicklung des Geistes darstellt, dem seine Blüte noch bevorstünde.

Aus den nachfolgenden Texten über den Metrobau und die VDNCh wird klar werden, daß Hegels tiefschürfende Intuitionen wesentlicher Ergänzungen und Umdeutungen bedürfen. Da aber die Metaphysik nichts außer sich duldet, werden viele ihrer Regeln ohne entsprechende Ausnahmen undenkbar – Ausnahmen, die durch ihre Häufung den Status neuer Regeln erlangen. Es kommt bloß darauf an, hinreichend viele Ausnahmen zusammenzutragen…

August 2001

Metrodiskurs I

»Die beste Metro auf der ganzen Welt«

> »Macht wirklicheres Licht – das sind doch keine Kirchen,
> sondern U-Bahnhöfe!«
>
> *Lazar' M. Kaganovič*

Im dritten Band seiner »Ästhetik« schreibt Hegel über »selbständige, symbolische Architektur«. Diese Bauten drücken
das Höchste an sich (noch nicht geistig gewordene Vorstellungen von Gott, vom höchsten Herrscher und einem idealen
Gesellschaftszustand) als einzigartige, durch nichts vermittelte Realität aus. Eben deswegen sind sie symbolisch im Unterschied zur »subjektiven Geschicklichkeit des Scheinen-
machens«, die gewöhnliche Kunst auszeichnet. »Die Pro-
duktionen dieser Architektur sollen also durch sich selbst zu
denken geben, allgemeine Vorstellungen erwecken, ohne eine
bloße Einhüllung und Umgebung sonst schon für sich gestalteter Bedeutungen zu seyn«.[1]

Wenn der primäre Gehalt der symbolischen Baukunst die
Vereinigung von Menschen war, dann kann man als Beispiel
neben dem Turm zu Babel (auf den Hegel abhebt) auch den
Bau der Moskauer Metro in den dreißiger bis fünfziger Jahren unseres Jahrhunderts anführen. Während jedoch der Diskurs, welcher den Bau antiker Gebäude umgab, nur in Form
einiger in Stein geritzter magischer Formeln und weniger er-
haltener Zeugnisse griechischer Historiker zum Ausdruck
kam, ist der verzweigte Diskurs, der die Errichtung der Moskauer Untergrundbahn begleitete, bestens überliefert und

---

1 Georg Wilhelm Friedrich Hegel: Sämtliche Werke. Jubiläumsausgabe in
   20 Bdn. Bd. 13. Vorlesungen über die Aesthetik. 2. Bd. Stuttgart 3. Aufl.
   1953, S. 273.

kann zum Gegenstand einer eigenen Untersuchung gemacht werden.

Die Grundlagen für den Metrodiskurs wurden in Kaganovičs berühmter Rede vom 14. Mai 1935 gelegt. Diese Rede wurde von dem Kampfgefährten Stalins auf einer Sitzung anläßlich der Inbetriebnahme der ersten Baustufe der Metro gehalten. Zahlreiche Thesen aus dieser Rede wurden in der Folge von Architekten, Schriftstellern und Bauarbeitern wiederholt.

»Die Moskauer Metro«, so lautet die erste These, »überschreitet bei weitem die üblichen Vorstellungen von einem technischen Bauwerk. Unsere Metro ist ein *Symbol* der in Bau befindlichen neuen sozialistischen Gesellschaft. Sie fußt und funktioniert auf Grundlagen, die denen der kapitalistischen Gesellschaft entgegengesetzt sind.«[2] Hier ist wichtig zu beachten, wie der Halbsatz »nicht einfach ein technisches Bauwerk« aufgeschlüsselt wird. Er ist höchst mehrdeutig; in bestimmten Kontexten besagt er: »Ein technisches Bauwerk, in dem alles ideal ist, die Bahnsteighallen, die Wagen, die Maschinisten und Passagiere, der Verputz usw.« Doch es ist ebenso denkbar, daß das »Technische« hier dem »Idealen« entgegenstehen und es nicht etwa ergänzen soll. In diesem Fall wäre das Technische der Sündenfall des Idealen, ein unvermeidbares Übel, das überwunden werden muß, um das Ideale zu erreichen. Und es gibt schließlich noch eine weitere, dritte Interpretationsmöglichkeit: Das Technische wäre dem Ästhetischen von Anfang an nachgeordnet, wäre eine der sekundären Erscheinungsformen des Ästhetischen (das als Ideales erscheint).

An besagtem Halbsatz ist gerade seine Mehrdeutigkeit wesentlich, die Gleichrangigkeit prinzipiell verschiedener Interpretationen. Würde er eindeutig, verlöre er die symbo-

2 Pjat' let Moskovskogo metro. Moskva: Gosudarstvennoe Transportnoe Železnodorožnoe Izdatel'stvo 1940, S. 3 (Hervorhebung MR).

lische Wirksamkeit, die seinen *modus vivendi* bildet. Er wirkt mit allen seinen Bedeutungen gleichzeitig.

Das Verhältnis zur Technik wird im Rahmen des Metrodiskurses entprofessionalisiert; die Technik wird fetischisiert (mit dem Idealen verbunden) und zugleich herabgesetzt (dem Diktat des Ästhetischen untergeordnet), sie wird Teil einer Art Heldengeschichte, wie sie in der sowjetischen Kultur der dreißiger Jahre überhaupt dominiert. Termini aus dem Berufswortschatz von Bergleuten, Transportingenieuren, Anstreichern, Fliesenlegern werden auf ein Massenpublikum von Nicht-Fachleuten übertragen und gehen ein in das große Narrativ. Es wird verkündet, eine ingenieurstechnische Berechnung sei dem Ansturm bolschewistischer Tempi und von Komsomolzen gestarteter Initiativen gegenüber machtlos. Der Metrodiskurs ist der Niedergang des Ingenieursverstandes, ohne den kein einziges technisches Bauwerk, weder ein ideales noch ein gewöhnliches, errichtet werden kann.

Gegenstand ist hier nicht die Metro als technisches Bauwerk, sondern der Diskurs über die Metro, die Summe der sie umgebenden Redepraktiken, die in hohem Maße autonom, ja, in gewissem Sinne nach außen hin abgedichtet sind. Der Metrodiskurs steht eher in Beziehung zur Literatur als zu den Fachsprachen, mittels deren Gebrauchsgegenstände hergestellt werden. Innerhalb des Metrodiskurses büßen diese Fachsprachen ihre Spezifik ein und verlieren ihre Partikularität. Sie werden totalisiert. In dieser Form kann sich die Propaganda ihrer bedienen. Mit Hilfe des Metrodiskurses kann man nichts erbauen; er ist ein Werk in sich.

Der Metrodiskurs strebt danach, die Metro zur Eigenschaft der neuen kommunistischen Staatsmacht zu machen, was ihm auch gelingt – aber nur innerhalb seiner eigenen Grenzen. Als Transportmittel wurde die Metro unter Ausnutzung eines Wissens erbaut, das sich nicht in diesem Maße ästhetisieren läßt. Eine andere Eigenschaft des Metrodiskurses der dreißiger Jahre ist sein konspirativer Charakter. Obwohl er epische Vollblütigkeit und Offenheit reklamiert, selektiert er beständig, verheimlicht und dünnt das Feld der Redepraktiken aus, von denen infolgedessen viele an den Rand gedrängt werden und nicht Diskursniveau erreichen. Die Moskauer Metro wurde von Anfang an als militärische Einrichtung erbaut; die Stationen hatten die Funktion von Luftschutzkellern. Es gab selbst speziell militärische Objekte, die in den publizierten Büchern mit keinem Wort erwähnt werden.

Im übrigen rächt sich die beharrliche Nicht-Erwähnung der militärischen Bestimmung der Metro, und im Inneren des Metrodiskurses wächst sich die kriegerische Metaphorik zu kolossalen Ausmaßen aus: Der Bau der Metro sei ein Krieg gegen Moskaus »vorrevolutionäre Geologie, die Geologie des alten Regimes« (Kaganovič), gegen die alte Welt und die feindliche kapitalistische Umgebung. Der Metrodiskurs ist von der militärischen Terminologie buchstäblich besessen; seine Aggressivität kennt keine Grenzen: »Die Moskauer Metro«, verkündet Kaganovič, »ist ein Bestandteil jenes großen Krieges, den wir schon seit Jahrzehnten und verstärkt in den letzten Jahren führen ... *Wir haben nicht bloß eine Metro gebaut, wird haben für den Sieg unserer ersten sowjetischen Metro gekämpft.*«[3] Die Metro soll, ohne Schwierigkeiten noch Opfer zu scheuen, in kürzester Frist gebaut werden, was prinzipiell nur im Zustand totaler Mobilmachung möglich ist. Durch den Metrobau schafft die Staatsmacht im Raum der Sprache ein Arbeitsmodell für die Kriegsführung. Die Kriegserklärung an die Natur, an technische Rationalität, an Zunftehre und Berufsstolz macht es (zumindest sprachlich) möglich, ein neues Berufsbild hervorzubringen: den Metrobauer. Je nach Befehl der Partei vermag dieser sich innerhalb kürzester Zeit in einen Tunnelbauer, Stukkateur, Fliesenleger oder Elektriker zu verwandeln.

3 Ebd., S. 4.

Der zweite Gegenstand des Stolzes des Diskurses über die Metro ist, daß alles mit eigenen Händen erbaut wurde, ohne ausländische Hilfe. Auch darin ist er konspirativ. Aus jüngsten Veröffentlichungen geht hervor,[4] daß die Dokumentation über den Bau der Rolltreppen an eine englische Baufirma verkauft wurde, was die Quellen aus den dreißiger und vierziger Jahren verschweigen. Zudem ist ein gewisser Teil der technischen Dokumentation durch die Kanäle der Industriespionage, die der NKWD betrieb, durchgesickert.

(Dennoch wurde wirklich viel mit bloßen Händen getan; außerdem ist die Metro die einzige der Stalinschen Großbaustellen, auf der praktisch keine Zwangsarbeiter eingesetzt wurden.)

1. Heller als das Tageslicht

Ein wichtiges Thema des Metrodiskurses ist die Beleuchtung der Stationen. Man kann sie »illusionistisch« nennen; Ziel war es, die Illusion zu erzeugen, der Passagier befände sich nicht unter der Erde, sondern in einem sonnenüberfluteten Palast an einem unbekannten Ort. Alle architektonischen Entwürfe, die diese Zielvorgabe nicht erfüllten, wurden gnadenlos abgewiesen. Das gilt insbesondere für Bestrebungen, den Druck der mächtigen tektonischen Masse, den unterirdischen Charakter der Stationen zu unterstreichen, aber auch für »Bahnhofsvarianten«, die eine »unorthodoxe« Illusion des Verweilens unter freiem Himmel erzeugten. So schlug ein Architekt vor, die Decke der Stationen schwarz anzumalen, damit die Passagiere ihre Höhe nicht ermessen könnten und denken sollten, daß sie sich auf einem normalen Vorstadtbahnhof befänden.[5] Dieser Entwurf wurde wegen seiner

---

4 M. Egorov, Kak stroilos' Moskovskoe metro, in: Nezavisimaja gazeta, 13. Mai 1995.
5 Kak my stroili metro. Istorija metro imeni Kaganoviča. Moskva: Izdatel'stvo »Istroija fabrik i zavodov« 1935, S. 233.

»Erdverbundenheit« verworfen. Der unterirdische Charakter sollte weder als Mangel verborgen noch als Vorzug hervorgehoben werden, sondern die Illusion des Aufenthalts in einem Palast erzeugen, der real zwar unter der Erde liegt, »ideal« aber ohne Ort, u-topisch ist. Die Verwirklichung der Utopie wurde wörtlich gedacht.

»Der Mensch fühlt sich«, der Beschreibung Moskauer Arbeiter zufolge, »beim Hinunterfahren in eine Station wie in einem Palast. Ja, die Paläste unserer Metro sind nicht einförmig. Jede Station ist einzigartig. Wo ist denn, ihr Herren Bourgeois', die Kaserne, wo die Vernichtung der Persönlichkeit, die Auslöschung von Kreativität, die Liquidierung der Kunst? Ganz im Gegenteil, an der Metro sehen wir den größten Aufschwung kreativen Schaffens, die Blüte architektonischen Denkens: Jede Station ein Palast, jeder Palast in einzigartiger Ausführung. Aber alle diese Paläste leuchten im gleichen Licht, dem Licht des voranschreitenden, des siegreichen Sozialismus«,[6] sagt Kaganovič in seiner Rede. Also wird die architektonische Vielfalt von einem einheitlichen politischen Licht überflutet, das ein anderer Redner »die nie verblassende Sonne der großen Stalinzeit« nennt. Im Vergleich zu einer solchen Globalität nimmt sich der Kampf der Architekten für eine »taghelle« Ausleuchtung der Stationen gering aus, doch ohne diesen könnten derartige ideologische Verallgemeinerungen großen Ausmaßes nicht gemacht werden.

Über die Metro wurden in den dreißiger Jahren Kinderbücher geschrieben, und das interessanterweise parallel zu ihrem Bau, ja, sogar mit einem gewissen zeitlichen Vorsprung. In einem dieser Büchlein mit dem pathetischen Titel »Kann losgehen! Erzählungen und Gedichte über die Metro«[7] wird geschildert, wie ein betagter Bauer, dessen Tochter dort arbeitet, die Metro besucht. Die taghelle Beleuchtung

6 Pjat' let Moskovskogo metro, S. 9.
7 GOTOV! Rasskazy i stichi o metro. Moskva: Izdatel'stvo detskoj literatury 1935

verwirrt ihn; er meint, daß er in einen Zarenpalast geraten sei, und nimmt instinktiv die Mütze ab. Die Tochter führt den Alten in den Metrodiskurs ein, den er anfangs nicht begreift.

»Die Wände sind mit Edelsteinen ausgelegt, hoch ragen die Säulen im Marmor, ganz von gleißendem Licht übergossen, ein kühles Lüftchen streift durch die Säle, das Volk geht über Treppen, die von selbst rollen.

Nikita Potapov nahm seine Mütze ab.

›Oh‹, sagt er, ›wie reich die Zaren gelebt haben! Wie im Märchen. Und die Züge fahren direkt vor den Palästen vor, na, die haben sich's ja hübsch eingerichtet!‹

Katja lächelte.

›Das sind nicht die Zaren, Väterchen, das sind wir, die so reich leben. Ich hab' dich doch unter die Erde geführt.‹

Der Alte glaubte es nicht, winkte mit der Mütze ab.

›So was kann's unter der Erde gar nicht geben!‹

›Kann es doch‹, antwortete Katja und lachte, ›komm, fahren wir!‹

Sie fuhren mit einem Zug, in einem weichen Waggon, fuhren mit der Rolltreppe und besichtigten die Stationen. Doch der Alte kann sich immer noch nicht entschließen, die Mütze wieder aufzusetzen, knüllt sie zwischen den Händen und sagt:

›Wer, Katjuscha, hat euch solche prächtigen Paläste unter die Erde hingebaut?‹

›Na wer wird sie uns schon bauen?‹ antwortet Katja. ›Selbst haben wir sie gebaut, selbst die Erde aufgegraben, selbst die Paläste errichtet.‹

Nikita Potapov setzt die Mütze auf, umarmt seine Tochter, küßt sie herzhaft und sagt:

›Was hast du mir doch für ein Wunderding gezeigt, Töchterchen! Ich bleibe bei dir, werde in Moskau leben.‹

Und der Alte blieb in Moskau und fährt jeden Tag unter der Erde hin und her.«[8]

8 Ebd., S. 106-108.

In diesem auf Folklore stilisierten Text, der »Wie ein Märchen« heißt, kommen alle grundlegenden Elemente des Metrodiskurses zusammen: Der Tag ist in der Metro von der Nacht nicht unterscheidbar, es ist ewiger Tag; die Paläste sind keine privaten, ja, nicht einmal Zarenpaläste, sondern kollektive und von denen erbaut, die sie benutzen, sie sind ihr Werk. Symptomatisch ist, daß der alte Bauer die Mütze in dem Moment wieder aufsetzt, d. h. die jahrhundertealte Erniedrigung in sich niederringt, als er erkennt, daß die Paläste von einfachen Menschen errichtet wurden. Zunächst nimmt er die Metrostation für einen *überirdischen* Zarenpalast, dann für einen unterirdischen Palast, der von irgend jemandem für die neuen Herrn erbaut wurde, und erst dann »durchschaut« er die Logik der neuen ideologischen Situation: Die Paläste sind vom Volk für das Volk gebaut. Folglich ist da niemand, vor dem man die Mütze abnehmen muß. Und in diesem Paradies entschließt sich der Alte zu bleiben.

Im Unterschied zum überirdischen Palast für die Reichen sind die unterirdischen Metropaläste kollektive und keine privaten Gebäude; der Zugang steht allen offen. Anders als bei Kirchen ist das Transzendente vollends in ihrer Struktur aufgegangen; es nimmt nicht die Form des Geistes einerseits und der ihn anbetenden Gemeinde der Gläubigen andererseits an. Die »Einzelheit« ist aus diesen Bauwerken ausgeschlossen – und zugleich mit ihm auch der Geist, wie ihn die Philosophie von Platon bis Hegel verstand: »Die Einzelheit ist das Prinzip der selbstständigen Vorstellung des Geistigen, weil der Geist nur als Individuum, als Persönlichkeit zu existieren vermag.«[9] Indes ist die Metro ein rituelles Bauwerk, das per Definition kein einzelnes Individuum besitzen kann. Ihre bloße Existenz wird als Ausdruck der »Stalinschen Sorge um den Menschen« angesehen. Die Intensität dieser »Sorge« wird durch die Beleuchtung unterstrichen, die heller

9 Hegel, Aesthetik, S. 291.

ist als das Tageslicht. Nur in einer einzigen Station der Linie 1 (»Palast der Sowjets«, die heutige »Kropotkinskaja«) wurde gespiegeltes Licht verwendet, weil sie als Vorhof für das grandiose, in seinen Maßstäben nie dagewesene Bauwerk des Palast der Sowjets dienen sollte. Das eigentliche Strahlen sollte von diesem Palast ausgehen. (Der Palast der Sowjets wurde nicht gebaut, übte aber auf die gesamte Stalinzeit eine enorme diskursive Wirkung aus.) Als die Arbeiter in einer anderen, profaneren Station versuchten, sie künstlich abzudunkeln, löste dies einen Wutschrei Kaganovičs aus: »Macht wirklicheres Licht, das sind doch keine Kirchen...«

Aber auch diese Stationen hatten ihre eigene, ihrer Struktur ganz und gar immanente Sakralität. Sowie die Arbeiter und Bauern lernen, in diesen Gebäuden diejenigen Züge zu erblicken, welche sie von üblichen Transportmitteln abheben, geschieht mit ihnen eine von keiner politischen Ökonomie vorgesehene Verwandlung: Die gerühmte stilistische Vielfalt dieser Paläste verschwindet, sie löst sich auf. Sie beginnen alle im selben einheitlichen Licht zu leuchten, dem Licht des siegreichen Sozialismus. Die ganze Phantasmagorie der Unterschiede entleert sich in der Deckungsgleichheit, scheitert an der Identität des mit sich selbst gleichen, quasireligiösen Lichts. Daher können diese Gebäude nicht die Form von Kirchen annehmen, sie können nicht, wie sich Hegel ausdrückte, »Umgebung sonst schon für sich gestalteter Bedeutungen« oder »Vorstellung einer menschlichen Vorstellung« werden. Sie bilden selbst, vor allem im Diskurs, einen Sinn, der keiner äußeren Garantien bedarf.

Wenn im Metrodiskurs die Stationen Idealstatus annehmen, so geschieht das, weil sie das Nicht-Realisierbare realisieren, d. h. daß die Macht dem Volk und das Volk der Macht immanent sind. Es versteht sich, daß die Metro als bauliche und architektonische Anlage bei weitem nicht so archaisch ist, so »uninteressiert« und symbolisch wie die sie umrankenden orthodoxen Redepraktiken. Die Unendlichkeit der mit ihnen verbundenen Absichten findet ihren vollen Ausdruck nicht etwa in den Stationen, sondern im Diskurs ihrer Erbauer und des gesamten Aufsichtsapparates, der diesen beigegeben war, Journalisten und Schriftsteller eingeschlossen (alle Texte von Metrobauern erzeugen den Eindruck, von Profis sorgfältig redigiert oder gar von diesen umgeschrieben worden zu sein).

2. Kollektivismus, Utopismus, Gigantismus: Die Kritik an den Untergrundbahnen des Westens

Über die Metro wird parallel zu ihrem Bau geschrieben, und sie wird dadurch gleichsam in einen riesigen ideologischen Kokon eingeschlossen, der sie nicht zu einem einfachen Ort der Vereinigung verschiedener Fachsprachen werden läßt, wie es westliche Untergrundbahnen wurden. Das technische Bauwerk, das Anspruch auf »Idealität« erhebt, die Funktion des »Geistes« übernimmt, ist dazu verdammt, sich im Diskurs paranoid zu verdoppeln, weil jegliche andere Realisierung dieser »Idealität« oder »Geistigkeit« eine partikulare, ungefähre und unvollkommene wäre.

Damit komme ich auf das Thema des konspirativen Charakters des Metrodiskurses zurück. Seine Anhänger kritisieren die Untergrundbahnen der Hauptstädte anderer Länder – die Pariser, die Berliner, die Londoner und New Yorker – ohne Unterlaß mit der Behauptung, daß dies »gewöhnliche Transportmittel« seien, denen die symbolische Dimension fehle. Diese letztere wird oftmals etwas naiv als Verputz und Verkleidung mit wertvollen Materialien (mit Marmor, Porphyr, Granit, Marblit usw.) verstanden. Die westlichen Untergrundbahnen erweckten dagegen den Eindruck, als seien sie lediglich im Rohbau fertig und bloß zur provisorischen Benutzung freigegeben. Dabei bleibt die Entwicklung von anderen Transportmitteln in westlichen Gesellschaften, vor allem des Individualverkehrs (die wachsende Zahl von Privat-PKW) vorsätzlich unerwähnt. Die Konstituierung des Individuums läuft in diesen Ländern schon seit langem über den Besitz von Eigentum, wodurch dem Kollektiveigentum deutlich weniger Wert beigemessen wird (umgekehrt gehen die ersten Experimente massenhaften Wohnungsbaus in der UdSSR auf die Chruščev-Zeit zurück; in den dreißiger bis fünfziger Jahren herrschten noch die »Kommunalwohnungen«[10] vor). Walter Benjamin bemerkt, daß die Spezifik der Verhältnisse im postrevolutionären Rußland darin bestünde, daß Macht aufgrund ihres symbolischen Charakters nicht in Geld eingetauscht werden könne.[11] Es sei unmöglich, sie zu kaufen. (In der Folgezeit wird dieses Thema von der Literatur der Stalinzeit, bei der Kinderliteratur angefangen, endlos variiert. Noch im Kindergarten lernen die Kinder Maršaks Poem, in dem der Amerikaner Mr. Twister, »Besitzer von Firmen, Zeitungen und Dampfschiffen«, für seine Tochter Susy kein Haus in Leningrad kaufen kann: »Das Haus an der Newa würde ich gerne kaufen/doch Leningrad wird es nicht verkaufen wollen.«) Den besonderen Stolz der Verfasser von Texten über die Metro ruft die Tatsache hervor, daß der einzige Besitzer von Grund und Boden in der Stadt der Mossovet (Moskauer Sowjet) ist, der faktisch der Partei untersteht. Daher kann niemandes Privateigentum zum Hindernis auf dem Weg des Bauens werden. Hänge doch im Westen, so erregen sich diese Autoren, der Bau der Metro von der Laune des Besitzers des »letzten Müllhaufens« ab, der es verbieten könne, die U-Bahn durch sein Grundstück zu verlegen.

»... Moskau ist keine bourgeoise Stadt.

In jeder kapitalistischen Stadt konnte der Besitzer eines winzig kleinen Hofes verbieten, die Metrolinie unter seiner Müllgrube hindurch zu verlegen:

10 Wohnungen mit mehreren Zimmern, von denen jede Mietpartei (Familie) eines zugewiesen bekommt. Küche und Bad werden gemeinsam benutzt. Unfreiwillige Wohngemeinschaft. (A. d. Ü.)
11 Walter Benjamin: Moskauer Tagebuch. Frankfurt a. M. 1980.

›Das ist mein Müll, und ich erlaube es nicht, meinen Müll-haufen anzurühren.‹

Ganz Moskau – alle seine Plätze, Straßen, Gassen, Höfe – gehörte einem einzigen Herrn: dem Moskauer Sowjet. Der Herr von Moskau erlaubte es, die Tunnel der Untergrund-bahn so zu führen, wie dies für die Bauleute und künftigen Passagiere der Metro günstig war.«[12]

Dasselbe gilt natürlich für die Kostenseite, da die Mos-kauer Metro »vom ganzen Land gebaut wird«. Allein für den Bau der ersten Linie ist eine dreiviertel Milliarde Rubel vor-gesehen – eine Summe, die das Budget jeder Stadt überfor-dern würde.

Diese Quellen nähren den Gigantismus des Metrodiskur-ses. Da alle Ressourcen, die menschlichen eingeschlossen, in einer Hand vereinigt sind und im Land ohne Einschränkun-gen verschoben werden können, wird alles in sagenhaften, nie dagewesenen Maßstäben verwirklicht. Vom Gesichts-punkt des kollektiven Eigentümer-Giganten aus gesehen verändert sich die gesamte übliche bürgerliche Werteskala. Teure Baumaterialien werden zur Errichtung öffentlicher Gebäude in riesigen Mengen verwendet, während das westli-che Individuum sich darauf beschränkt, sie in seinem eigenen Privatleben zu verwenden. Allein bei der Station »Kievskaja« (eine Station der zweiten Baustufe), wurden 15 verschiedene Sorten Marmor verwandt. Die Menschen kamen wie in ein Museum, um sie anzuschauen.

Was konnte das bürgerliche Individuum diesem imperia-len Gigantismus schon entgegensetzen?

»Bei mir zu Hause ist das Schreibset aus Onyx«, erzählte ein Ausländer, der die Station »Kievskaja« besuchte. »Wir halten dies für ein sehr seltenes Material, und meine Bekann-ten betrachten diese hübsche kleine Kostbarkeit mit Verzük-

12 P. Lopatin: Metro. Moskva-Leningrad: Izdatel'stvo detskoj literatury 1937, S. 112.

kung. Und bei Euch sind 46 Säulen ganz von oben bis unten mit Onyx verkleidet. Das blendet förmlich.«[13]

Nicht alle waren aber so geblendet wie jener Besitzer des Schreibsets aus Onyx. Manch einer sah bereits damals, daß die Kehrseite dieser kollektiven Größe eine unerhörte Niederlage des Individuums und seiner Eigentumsrechte war, deren partieller Kompensation auch das symbolische Bauen diente.

Der Metrodiskurs beharrt mit Nachdruck darauf, daß ihm die Kehrseite des mit naturhafter Notwendigkeit dekretierten Kollektivismus unbekannt sei, enorme Dosen an Gewalt eingeschlossen, die zu seiner Erhaltung erforderlich waren. Auch dies ist an sich nicht verwunderlich, da der Metrodiskurs doch selbst eine gewalttätige Redepraxis ist. Totale Mobilmachung und Krieg werden in ihm zu etwas Natürlichem und Unvermeidbaren. Die Naturalisierung des Kriegs ist mit dem bereits erwähnten konspirativen Charakter des Metrodiskurses verbunden, der Gewalt lediglich in Form einer Metapher in sich aufnimmt – als das, was er vor sich selbst verbirgt.

Da sie kein »gewöhnliches Transportmittel« darstellt, zielt die Moskauer Metro nicht darauf ab, Gewinne zu erwirtschaften, was sie wiederum von ihren westlichen Kollegen unterscheidet, deren Bau insbesondere den Wert von Boden und Gebäuden steigert. Den Ton gibt hier zum wiederholten Male Kaganovič vor: »Schaut unsere Metro an. Worin besteht ihre Besonderheit? [...] während in anderen Ländern die Untergrundbahnen vor allem gebaut wurden, damit sie Gewinn abwerfen, haben wir beim Bau unserer Metro *ausschließlich das Ziel* verfolgt, die Fortbewegung der Werktätigen unserer proletarischen Hauptstadt zu erleichtern [...]. Der sozialistische Staat kann es sich erlauben, ein Bauwerk für das Volk zu errichten, das teurer ist, aber dafür der Bevöl-

13 Pjat' let Moskovskogo metro, S. 43.

kerung mehr Komfort, ein gutes Selbstgefühl und künstlerische Ergötzung bietet.«[14]

Das Bestreben, gewöhnliche Untergrundbahnen der idealen Metro gegenüberzustellen, trägt den Redner weit fort: Bekanntlich erwirtschaften die Untergrundbahnen in keinem einzigen Land der Welt Gewinn, sind keine Privatunternehmen und werden in der Hauptsache auf Kosten der Stadt oder der Staatskasse gebaut, obwohl nicht auf so großem Fuß wie in Moskau. (Der wirkliche Grund für diesen »Luxus« ist ebenfalls hinreichend offensichtlich: In Moskau ist die Metro bis heute Hauptfortbewegungsmittel für die Stadtbewohner und befördert die größte Last auf der Welt – neun Millionen Passagiere am Tag. Deshalb hat ihr elegantes »Gewand« nicht bloß einen ästhetischen, sondern einen unmittelbar ökonomischen Sinn, da es letzten Endes ihre Instandhaltung verbilligt.) Am 15. Mai 1935 spielten all diese prosaischen Überlegungen selbstverständlich eine zweitrangige Rolle im Vergleich zu dem Jubel, den die Inbetriebnahme dieses idealen – ästhetisch wie kulturell vollkommenen – Bauwerks auslöste, das Ausdruck der »uneigennützigen Sorge Stalins um den einfachen Sowjetmenschen« sein sollte. Als ob sich die Tiefen des Transzendenten ohne Gott aufgetan hätten! »Schachthauer und Ingenieure, Architekten und Marmormetze, Professoren und Erdarbeiter – alle schüttelten sie einander fest die Hände. ›Auf den Sieg!‹

Alle begriffen sehr genau, daß die Moskauer Metro den Rahmen der üblichen Vorstellung von einem technischen Bauwerk sprengt. [...] Deshalb leuchteten die Gesichter so. [...] Ein sonnengebräuntes Mädchen in einer rosa Bluse steigt auf einen Stuhl und ruft bewegt aus: ›Ein Hurra der Komsomolzen auf den Genossen Stalin.‹«[15]

Als Gegenteil der Moskauer Metro wird einmütig die Pariser angesehen: Die »Architekturlandschaft« dieses Bau-

14 Ebd., S. 9 (Hervorhebung MR).
15 Ebd., S. 41.

werks sei häßlich, in ihr fehle jegliche Ventilation, in jedem Detail schimmere die Jagd nach der billigsten Lösung durch, der zentrale Raum der Stationen werde den Zügen eingeräumt und die Passagiere müßten sich auf engen Bahnsteigen drängen. *Ausdrucksloser* sei noch die »Aufmachung« der Stationen; die überirdische Großartigkeit der »Welthauptstadt« verwandle sich in der Metro in dreckige, matt beleuchtete Verliese. »Die abgeschmackte, standardisierte und vergammelte Verkleidung aller inneren Oberflächen ohne Ausnahme, die trüben Flecken der wenigen Lampen, die verwaist an schmutzigen Schnüren hängen, ohne den mindesten Anklang irgendeiner dekorativen Einfassung. [...] das wichtigste aber ist die stickige, den Atem verschlagende Luft – all dies versetzt den Passagier, der sich in der Metro aufhält, in einen Zustand von Niedergeschlagenheit, Müdigkeit und Erbostheit«,[16] schreibt der leitende Architekt der Moskauer Metro S. M. Kravec. Nur um weniges besser schneiden die Untergrundbahnen der anderen europäischen Hauptstädte ab.

In den Vereinigten Staaten ist die Ventilation entscheidend besser gelöst als in der Pariser Metro, dafür sei es hier um die ästhetischen Anforderungen noch schlechter bestellt: Die hohe technische Kultur gehe dort mit kärglicher äußerer Umhüllung einher: »Überall der Eindruck von Rohbauten, in Erwartung des Innenausbaus, zur provisorischen Benutzung freigegeben.«[17]

Der Schluß ist klar: Moskau ist eine Art Anti-Paris: Während die Schönheit der französischen Hauptstadt oben gebündelt ist, in gewöhnlichen Palästen, eleganten Wohn-

16 Ebd., S. 54f. Dieses Thema wird ständig variiert: »Und die Zeit ist nicht mehr fern, wo der Passagier, der die granitene Treppe der Moskauer Untergrundbahn emporsteigt, sich in einer neuen Stadt erblickt, ebenso geordnet, komfortabel und geräumig wie die Marmorstadt Metro. Bald wird es in Moskau genauso gut sein, wie es in der Metro unter Moskau ist.« (Pjat' let Moskovskogo metro, S. 158).

17 Ebd., S. 55.

häusern und öffentlichen Gebäuden, keimt in Moskau die Schönheit von innen, wächst aus der Erde heraus. Das ideale, aus unterirdischen Palästen bestehende Transportmittel ist das Vorbild für das überirdische Aussehen der neuen Welthauptstadt. Unter der Erde bereits umgesetzt, soll das Versprechen einer glücklichen Zukunft auf die Oberfläche überspringen.

3. Nach der Utopie:
Die gegenwärtige Einstellung zur Moskauer Metro

Wie sieht das Verhältnis der Moskauer zu ihrer Metro heute aus? Hat sich ihre symbolische Funktion zur Gänze erschöpft? Ist sie letztendlich zu einem gewöhnlichen Transportmittel geworden, zu einem Fortbewegungsmittel für die ärmsten Schichten der Bevölkerung?

Publikationen der letzten Jahre hinterlassen einen zwiespältigen Eindruck: Einerseits wird kein anderes Transportmittel so heftig kritisiert wie die Metro. Andererseits bewahrt sie ein gewisses symbolisches Prestige, das einen rein profanen Zugang zu diesem Bauwerk blockiert (wobei dies nicht bloß für die Stationen der Stalinzeit gilt).

Das Hauptthema aller dieser Aufsätze und Bemerkungen ist üblicherweise der Geldmangel für den Ausbau der Metro, die Verschuldung in Trillionenhöhe für schon gebaute Stationen und Tunnels, die Streikdrohungen, wie sie mit periodischer Regelmäßigkeit für kurze Zeit wahr gemacht werden. All diese Probleme werden vor dem Hintergrund der einstigen Größe dieses Bauwerkes dramatisiert. Einige Autoren nennen die Moskauer U-Bahn die schlechteste und unzuverlässigste auf der ganzen Welt, was die gerade Umkehrung des Metrodiskurses der dreißiger bis fünfziger Jahre darstellt. Doch Umkehrung ist bekanntlich die typische Figur der Wiederholung des Gleichen, wenn auch mit umgekehrten Vorzeichen. Es entsteht der Eindruck, daß die Metro in Moskau immer noch entweder etwas unermeßlich viel Größeres ist als ein banales Transportmittel – oder aber etwas unermeßlich viel Geringeres. Ein Drittes gibt es bislang nicht. Über der Metro schwebt weiterhin ihre diskursive Vergangenheit, die das Trauma der Gegenwart verschärft und es unmöglich macht, derartige Probleme des öffentlichen Personennahverkehrs auf ganz profane Weise zu behandeln.

Die Anhänger des Metrodiskurses sind nicht ausgestorben; sie wollen dessen Grundpositionen nicht opfern: »Alle älteren Untergrundbahnen auf der Welt – in London, New York, Chicago oder Budapest – sind bloße technische Leistungen, die im Verlaufe der Technikentwicklung all ihre Einzigartigkeit eingebüßt haben«, behauptet die Architektin Natal'ja Duškina (die Enkelin des berühmten Architekten Aleksej Duškin, der die Stationen »Kropotkinskaja«, »Majakovskaja« und »Avtozavodskaja« gebaut hat). In diesem Sinne ist die Moskauer Metro Antipodin des Westens: »In Rußland wurde ein in seiner Art einziger Typus von künstlerisch durchdachtem unterirdischem Raum geschaffen, der auf der ganzen Welt nicht seinesgleichen hat.«[18]

In dieses fast originalgetreue *remake* der Kaganovič-Rede hat sich ein nationalistisches Motiv der Wahrung der eigenen Identität eingeschlichen: Nunmehr wird Rußland zugeschrieben, was früher als Verdienst der Proletariats verkündet wurde. Ja, mehr noch, es stellt sich heraus, daß der Bau der Metro dazu verholfen hat, die Erinnerung an zerstörte überirdische Gebäude zu erhalten, daß sie gleichsam deren unterirdisches Memorial war (die Station »Palast der Sowjets« als Erinnerung an die einst zerstörte und jetzt im Wiederaufbau befindliche Christus-Erlöser-Kathedrale, die Station »Rotes Tor« an das zerstörte Rote Tor usw.). Wurde früher die historische Präzedenzlosigkeit dieser »Paläste fürs Volk« herausgestrichen, so wird heute das Hauptgewicht auf

18 D. Popov: Samoe prekrasnoe podzeml'e mira, in: Moskovskaja pravda, 18. April 1995.

ihre »konservative und rettende Rolle für das russische Erbe«[19] gelegt, was dem veränderten Zeitgeist entspricht. Unangetastet bleiben dabei zwei Ecksteine des Metrodiskurses: 1) Die Moskauer Metro ist »keine bloß technische Leistung«, sondern ein »einzigartiger Typus künstlerisch durchdachten unterirdischen Raums«; 2) sie ist Antipodin des Westens, Herausforderung an dessen rein technische Rationalität (die früher Bürgerlichkeit genannt wurde). Dieses »Wunder« hat jetzt eine Nationalität erhalten, ist russisch geworden (obwohl bekanntlich die Moskauer Metro mit vereinten Kräften der gesamten UdSSR gebaut wurde).

In der Metro der Stalinzeit war der Passagier eine seltene Erscheinung, was dazu beitrug, sie in einen Teil eines totalen Kunstwerkes zu verwandeln. Die gegenwärtige Metro hingegen befördert nicht nur neun Millionen Passagiere täglich (mehr als alle anderen auf der Welt), sondern auch eine Masse von Waren, darunter in unzulässigen Größen. Dies ist ein mittelbares Anzeichen für die relative Armut der Moskauer Bürger, die es ihnen nicht erlaubt, ein Taxi zu nehmen.

Der zweite Refrain des Metrodiskurses lautet: »In der Marmorstadt kann es keine Katastrophe geben.«[20] Selbst die größte Katastrophe in der Moskauer Metro im Jahr 1982 in der Station »Aviamotornaja« (Einsturz einer Rolltreppe mit acht Toten und 30 Verletzten) ging damals fast unbemerkt vonstatten. Dafür veranlassen jetzt deutlich kleinere Pannen, bei denen keine Menschen zu Schaden kommen, Journalisten dazu, für die allernächste Zukunft den völligen Kollaps der Metro vorauszusagen.

Die heutige Metro wird fortwährend mit der Idealkonstruktion der Stalinzeit verglichen, wobei man vergißt, daß diese lediglich als Teil eines Diskurses, als Teil der institutionalisierten Rede jener Zeit existiert hat. Das bedeutet, daß der Metrodiskurs nicht tot ist, obwohl einige Verfallssymptome

19 Ebd.
20 Pjat' let Moskovskogo metro, S. 139.

evident sind. Es scheint, als sei die Tatsache, daß die Moskauer Metro die überfüllteste auf der Welt ist und darüber hinaus in technischer Hinsicht nur schleppend überholt wird, eine ausreichende Erklärung für die allfälligen Pannen (Rauchentwicklungen, Brände oder Zugkollisionen). Eigenartigerweise jedoch befriedigt diese Erklärung niemanden. Es entsteht der Eindruck, daß die »Stalinsche Sorge um den Menschen« – in dieser Form des öffentlichen Personennahverkehrs gleichsam verkörpert – sich bis in unsere Tage erstreckt, daß die in Rußland vollzogene Privatisierung nicht ausreicht, damit die Menschen aufhören, sich als Kinder irgendeines höheren Mutterwesens zu fühlen (der Mutter-Heimat, der Partei oder des russischen Bodens). Anstelle des ödipalen Dreiecks, das für die Strukturierung des Unbewußten im Rahmen der Kernfamilie verantwortlich ist, haben wir nach wie vor den Mutter-Polyeder, der frustrierte kollektive Körper ausstößt. Alle Versuche, sie zu »ödipalisieren«, blieben bisher erfolglos.

Wenn wir die »beste« Metro auf der ganzen Welt die unzuverlässigste nennen, die zugemüllteste und gefährlichste, so bleiben wir im selben symbolischen Element; der Akzentwechsel auf das Gegenteil führt uns nicht aus den gewohnten Grenzen heraus. Wirklicher Gegenwert des Besten ist beileibe nicht das Schlechteste, sondern schlicht ein anderes.

Deutlich wird gleichfalls, daß der Bau von unterirdischen Palästen keineswegs eine so uneigennützige und nicht-ökonomische Angelegenheit ist, wie dies der Metrodiskurs darstellte. Die billigen Stationen der Chruščev-Ära, die oftmals noch den Pariser Äquivalenten nachstehen, bedürfen praktisch ständiger Reparatur. In einigen von ihnen wurde mittlerweile der Asphalt gegen längerlebigen Granit ausgewechselt.

Mit anderen Worten, das totale Kunstwerk, als das die Metro im damaligen Diskurs ausgemalt wurde, enthält Elemente banaler ökonomischer Kalkulation, durch die sie bis zur Gegenwart erfolgreich funktioniert. Das ist natürlich nicht ihre einzige Komponente: Die Verkleidung der Wände mit Halbedelsteinen ist in jedem Fall ein Gestus von symbolischem Gigantismus, und so ist es verständlich, daß einige findige Moskauer diesen Reichtum unter Vorspiegelung von Reparaturarbeiten ausplündern, wie dies in der Station »Majakovskaja« geschehen ist. Das ist die Kehrseite des Potlatsch, den der Sowjetstaat für seine Untertanen veranstaltete.

4. Jenseits des Metrodiskurses
(die militärische Bedeutung der Metro und die Metro II)

Die Metro bringt immer neue Schichten ihres konspirativen Charakters an den Tag. Vor einem Jahr erschien in der Zeitung »Moskovskie novosti«[21] ein Plan der sogenannten Metro II, die zur Beförderung der höchsten Vertreter des Staates und des Bedarfs der Geheimdienste bestimmt war. Es kam heraus, daß sie von bedeutend größerer Ausdehnung ist als die »Volksmetro« (letztere hat ein Streckennetz von 250 km, während die Metro für besondere Zwecke über nicht weniger als 320 km verfügt) und daß ihr Bau – im Gegensatz zu ihrem »Volksanalogon« – mit Hochdruck weiterbetrieben wird.[22] So wird die Idee vom Dienst am Volk von der Idee eines noch intensiveren Dienstes der Macht an sich selbst verdoppelt.

Darüber hinaus erscheinen immer neue Nachrichten über die militärische Nutzung der Metro und über den Bau von Kommandozentralen und Luftschutzkellern seit den dreißiger Jahren. Auf den Befehl von Kaganovič, die Frage der Tiefe der Anlage der Stationen zu klären, bombardierten Flugzeuge wirklich und wahrhaftig Probetunnel im Umland von Moskau, und erst nachdem diese »standgehalten« hatten, begann man mit dem Bau der Tunnel in Moskau selbst.

21 D. Baranec: Metropoliten special'nogo naznačenija, in: Moskovskie novosti Nr. 86, 17.-24. Dezember 1995.
22 Ebd.

Der Metrodiskurs der dreißiger Jahre deckt also bei weitem nicht alle Redepraktiken ab, die sich um den Bau und die Nutzung dieser Objekte rankten. Das Gesagte war eine unabdingbare Funktion dessen, was im Angesicht des Feindes, unter anderem auch des inneren Feindes, der sich in jeder Zelle des kollektiven Körpers verbarg, nicht gesagt werden durfte. Der Bau des Bunkers für den Generalstab begann im Jahr 1933 praktisch gleichzeitig mit dem Bau der Station »Mjasnickie vorota« (später »Kirovskaja«, heute »Čistyje prudy«) in der unmittelbaren Nachbarschaft. Der Bunker liegt in einem Abstand von 10-15 Metern parallel zur Station. Seit 1936 befand sich in ihm das Oberkommando der Luftstreitkräfte, und im August 1941 ging der Bunker in die Hände des Generalstabs über. Zu Beginn des Krieges arbeitete Stalin hier eine gewisse Zeit lang (eigenartiger Weise gab es im Kreml im Jahr 1941 keinen hinreichend geräumigen Luftschutzbunker).[23] Ein anderes militärisches Objekt befindet sich im Gebiet der Station »Belorusskaja«. Und in der Station »Majakovskaja« fand am 6. November 1941 eine Sitzung anläßlich des 24. Jahrestages der Revolution statt, auf der Stalin eine Ansprache hielt.

Vor Luftangriffen versteckten sich auch die einfachen Moskauer Bürger in der Metro. Bis zu einer halben Million Moskauer fanden hier täglich Zuflucht. »Bei Luftalarm wurden in der Metro der Hauptstadt 217 Kinder geboren«.[24] Allein im Juli 1941 suchten 2,9 Millionen Menschen in der Metro Zuflucht vor den Bombardements.

Wenn aber auch seit langem viel über die Nutzung der Metro als Zufluchtsort geschrieben und ihre militärische Bestimmung allmählich nicht mehr vertraulich behandelt wurde, so kursierten über die Existenz einer parallelen Metro zu besonderen Zwecken bis in jüngste Zeit kaum mehr als un-

23 V. Egorov, F. Aksenov: Tajny moskovskogo metro, in: Gudok, 22. Januar 1996.
24 Ebd.

zuverlässige Gerüchte. Selbst in der kurzen Zeit nach dem mißglückten Putsch von 1991, als in den Geheimdiensten liberale Einstellungen vorherrschten, wurde kein Journalist in dieses Bauwerk eingelassen. Die erste glaubwürdige Information über die Metro II (in offiziellen Dokumenten wird sie auch Regierungsobjekt D-6 genannt) fand sich im Artikel von Denis Baranec »Die Metro für besondere Zwecke« in den »Moskovskie novosti« vom Dezember 1995. Daraus geht hervor, daß die unterirdische Schmalspurbahn des Kreml, die vom Zentrum ins Rayon »Poklonnaja gora« führte, seit 1947 »zu einer 320-Kilometer-Anlage mit modernen Gleiskörpern und 47 Hilfsobjekten wurde. [...] die Zahl der Arbeitsplätze in der ›zweiten Metro‹ beträgt 8500. Die Länge der Hauptlinie A, die unweit des Kreml beginnt, beträgt bis heute etwas weniger als 85 km unterirdischer Tunnelstrecke«.[25] Es gibt in der Metro II Spezialzüge, die »von innen an Luxuskabinen in Eisenbahnzügen erinnern«.[26]

An manchen Stellen verläuft die Metro II Seite an Seite mit der normalen, an anderen um zig Meter darunter. Eine der Linien der »Volksmetro«, die Filevskaja-Linie, wurde nicht unter die Erde »gelassen«, weil sie der Metro für besondere Zwecke ins Gehege gekommen wäre. Klarerweise erzeugt die Existenz eines derart verzweigten geheimen Objekts wie der Metro II unter Moskau unzählige Spekulationen. So hieß es in einem der Artikel vom Februar 1995: »Der gigantische unterirdische Bau (der ›Volksmetro‹) sollte die noch gigantischeren und noch tieferliegenden Arbeiten maskieren«.[27] Mit anderen Worten: Der Bau unterirdischer Paläste wird als einfache Methode erklärt, den Bau von noch wichtigerer unterirdischer Infrastruktur für die Staatsmacht zu verbergen.

25 Baranec, Metropoliten special'nogo naznačenija, a. a. O.
26 Ebd.
27 D. Semenov: »Metro-2« – transport neobščego pol'zovanija, in: Moskovskaja pravda, 23. Februar 1995. In diesem Artikel findet sich noch folgende gewagte Behauptung: »... allein die Tatsache der Existenz von

Indessen begann man erst nach dem Krieg, die Metro II zu bauen, als die ersten drei Linien der normalen Metro bereits existierten. Sie als bloße Bemäntelung darzustellen ist also unrealistisch. Zudem ist interessant, daß der Bau der Metro für besondere Zwecke praktisch parallel mit der Anlage der Stationen der Ringlinie durchgeführt wurde, die am meisten mit militärisch-patriotischer Symbolik überladen sind. Die Metro II ist gleichsam deren stumme Fortsetzung. Während der Diskurs der normalen Metro weiteste Verbreitung findet, kann von einem Diskurs über die Metro II nicht im entferntesten die Rede sein – ihre bloße Existenz wurde geleugnet. Marquis de Custine sagte sinngemäß, die russische Staatsmacht habe viele verschwiegene Geheimnisse.[28] Die Metro für besondere Zwecke ist eines davon. In ihr gibt es keine pathetischen Skulpturen, Mosaiken und Basreliefs, sondern bei ihr zeugt das bloße stumme Vorhandensein nicht minder plastisch vom Verhältnis von Volk und Staatsmacht als jede institutionalisierte Rede. Von einem demokratischen Charakter der modernen russischen Gesellschaft kann nur mit Einschränkung die Rede sein, solange Objekte wie die Metro II, deren Finanzierungsquellen bei allgemeiner Mittelknappheit höchst unklar sind, vor der Öffentlichkeit verborgen werden. (Nach welchem Artikel des vom Parlament verabschiedeten Budgets werden die Ausgaben in Trillionenhöhe für ihre Unterhaltung und Erweiterung getätigt?) Natürlich hat jede Staatsmacht ihre Geheimnisse; die Frage besteht in der Größenordnung: Wenn man den Begriff »kritische Geheimnismasse« einführt, dann kann man sagen, daß die betreffende Gesellschaft nicht demokratisch ist, wenn die Geheimnismasse die Masse dessen überschreitet, was öffent-

Untergrundbahnen in Moskau bestätigt bereits, daß dies gigantische Festungsbauten sind«.
28 Astolphe de Custine: La Russie en 1839. Dt.: Russische Schatten. Prophetische Briefe aus dem Jahre 1839. Übers. v. A. Diezmann. Nördlingen 1985.

lich diskutiert wird, selbst wenn die Gesellschaft sich offiziell für demokratisch erklärt. Im Fall des heutigen Rußland bleibt nur zu mutmaßen, ob die »kritische Geheimnismasse« überschritten ist oder nicht. Sie ist nach wie vor groß, wenn auch nicht mit den Zuständen zu Stalins und auch noch zu Brežnevs Zeiten zu vergleichen, als man sich bemühte, soviel wie möglich von jeder beliebigen Information zu verheimlichen. In dieser Hinsicht hat die neue Staatsmacht ein ausnehmend schlechtes Erbe mit ins Gepäck bekommen, das loszuwerden selbst bei gutem Willen äußerst schwierig ist. In den letzten Jahren hat sich die Gesellschaft schon so vieler vergleichbarer »Geheimnisse« entledigt. Doch der Preis der Macht ist ihr bislang unbekannt, und deshalb ist die Frage nicht zu beantworten, wie man den Inhalt in die Grenzen des vernünftig Ausreichenden überführen kann und die erschöpften Steuerzahler nicht dazu zwingt, für etwas Geld springen zu lassen, ohne das man genausogut auskommen kann.

Verheimlichung geht unweigerlich mit einer gewissen Dosis autoritärer Herrschaft einher. Nur ein Staat, dessen Kostenparameter für die Bürger durchsichtig sind, kann für konsequent demokratisch gelten.

Metrodiskurs II

Die Zeit, die den Metrodiskurs hervorbrachte, hegte ein tiefes Mißtrauen gegenüber der Geschichte, der Vergangenheit und überhaupt allem, was sie nicht selbst erschaffen hatte. Die neue Welt beginnt unter ihren eigenen Bedingungen ganz von vorn. Alles Ererbte gerät unter Verdacht. Dieser »Adamismus«, der Anspruch auf Präzedenzlosigkeit und Niedagewesenheit zerstört die traditionelle, zunftmäßige Einstellung der Arbeitenden zu ihrem Beruf. Viele der ersten angeworbenen Metro-Arbeiter waren alte Bergleute aus dem Donbas und dem Ural mit verwandtschaftlichen Bindungen. Alle hatten sie als Wagenschieber begonnen und erst nach einer langen Lehrzeit das Recht erhalten, selbständig und qualifiziert zu arbeiten. Das gleiche galt auch für Vertreter anderer Berufe. Diesen Regeln unterwarfen sie nun die Neuen, die von der Partei und dem Komsomol in Moskauer Betrieben mobilisiert wurden. Der ehemalige Konditor oder Schleifer sollte ihrer Meinung nach den gleichen Weg durchlaufen, den auch sie zurückgelegt hatten. Daß der Neuling Kommunist oder Komsomolze war, diesem Umstand schenkten sie keinerlei Beachtung, weil sie davon ausgingen, daß dies mit ihrem Beruf nichts zu tun hatte. Sie hatten nicht verstanden, daß eine handwerklich-zunftmäßige Einstellung zum Beruf, das langsame Hineinwachsen in ihn für die Schöpfer des idealen sozialistischen Bauwerkes (der Metro) gänzlich unannehmbar war. Der Metro-Arbeiter sollte sich auf Befehl der Partei von einem Bergmann in einen Fliesenleger, von einem Klempner in einen Dekorateur verwandeln können. Ein dauerhaftes Verwachsen des Arbeiters mit seinem Beruf sollte vermieden werden, insofern er in erster Linie dem neuen kollektiven, durch die Partei symbolisierten Körper angehörte.

Aus dieser Perspektive erscheint jede Spezialisierung zufällig und vorläufig, beständig ist lediglich die Orientierung auf permanente Veränderungen und die Bereitschaft, auf den Ruf der neuen Macht hin immer wieder bei Null anzufangen. Diejenigen, die unfähig oder unwillig sind, die neuen Regeln zu akzeptieren oder sie einfach nicht verstehen, geben sich als der »alten« Welt zugehörig zu erkennen. Die neue Welt kann sie a) umerziehen, b) zur Vorbereitung der neuen Menschen mit neuer Identität benutzen und c) zu Feinden erklären und vernichten. Dabei macht sie nicht irgendwelche Schuld oder die bewußte Ablehnung der Stalinschen Ordnung zu Feinden (das sind erst nachträgliche Zuschreibungen), sondern der bloße Wunsch, die Erfahrungen ihres bisherigen Lebens weiterzuführen. Im Grunde verstehen sie einfach nicht, was die Kommunisten und Komsomolzen, Menschen mit einer anderen sozialen Identität, von ihnen wollen. All diese Spezialisten werden unabhängig von ihrem Alter zu »Alten« und »Kleingläubigen« erklärt: es gilt, schnellstens deren professionelle Fertigkeiten zu übernehmen und dann weiter fortzuschreiten. Dies bezog sich natürlich nicht nur auf die Arbeiter, sondern auch auf Architekten, Ingenieure, Techniker, Zulieferer, kurz auf alle, die weiter an die Macht der Erfahrung, der Berechnung, der Kalkulation glaubten, die vergaßen, dem Konstruktionsplan und der Skizze die Gewalt des Massenenthusiasmus aufzupressen, der beliebige Berechnungen und Skizzen umzuwerfen und gewissermaßen weit mehr als der bloße Verstand zu realisieren vermochte. Der Kampf mit der Agentur des Verstandes in den Reihen der »neuen Menschen« ist eines der Schlüsselthemen des Metrodiskurses. Die auf der Baustelle tätigen Bergarbeiterkader wurden, so schreibt einer der Autoren des Dokumentationsbandes über den Metrobau, von solchen zünftlerischen Einstellungen infiziert. »Natürlich trugen diese zünftlerischen Einstellungen unter den alten Arbeitern in der Mehrzahl der Fälle keinen böswilligen Charakter und wurden schnell überwunden.« Aber diese Einstellungen konnten auch vom »Klassenfeind« ausgenutzt werden. Besonders schwer fiel es zum Beispiel den auf der Baustelle tätigen Komsomolzen und Kommunisten, die Arbeit in den Senkkästen unter stark erhöhtem Luftdruck zu erlernen. Unterdessen, so heißt es weiter, erzählten die alten Senkkastenarbeiter aus der Brigade Romanovs den Neulingen, daß es einen von der Arbeit im Senkkasten »am Kopf packe«, daß man von ihr taub werde und sogar die Potenz verliere. Sie empfahlen ihnen sogar, möglichst viele Bonbons zu lutschen oder die Vernietungen der Apparatur zu küssen. Beim Herablassen in den Senkkasten komprimierten die »Romanovs« die Luft extrem, sie bewirkte einen starken Druck auf die Ohren und bescherte den Komsomolzen einen empfindlichen Schmerz. Ähnliches berichten auch andere Quellen: Die alten Senkkastenarbeiter »sagten, daß Menschen, die im Senkkasten arbeiten, impotent werden«.[1]

»Diesbezüglich erreichten den stellvertretenden Baustellenleiter, den Genossen Avakum, nicht wenige Nachfragen, so daß eigens eine Vorlesung zu diesem Thema gehalten werden mußte. [...] Die alten Senkkastenarbeiter traten auch wirklich bald in den Hintergrund [...] Und hier, direkt vor unseren Augen, bildete sich ein neuer Typ des Arbeiters – eines bewußten, energischen und initiativreichen Erbauers des Sozialismus.«[2]

Liest man von der Angst der Metrobauer vor ihrer Impotenz und Unfruchtbarkeit, ist der Gedanke nicht fern, daß der neue Mensch doch nicht so frei von alten Vorurteilen war. Auf seine Art ist der Metrodiskurs magisch, unkritisch übernimmt er aus dem Unbewußten der umerzogenen, ehemals bäuerlichen Masse eine Reihe von Stereotypen. Von daher ist die Ambivalenz seiner Einstellung zur Technik verständlich, einer Technik, die er zwar als universales Rettungsinstrument besingt, zugleich aber zu überwinden trachtet, indem er

1 Kak my stroili metro, a. a. O., S. 50.
2 Ebd., S. 307.

sie zum Objekt unvorhersehbarer Improvisationen macht. Die Autoren des Buches über die Metro erwecken den Eindruck, als kämpften sie ausschließlich gegen die bourgeoise Nutzung der Technik. Da nun aber die industrielle Technik von der Bourgeoisie hervorgebracht wurde, kann es keine andere Nutzung geben, und bei all ihrer an den Tag gelegten Radikalität müssen die Verfechter der Methode ununterbrochener Innovation und Improvisation in einen Kompromiß mit der »bourgeoisen« Nutzung der Technik einwilligen. Kompromißlosigkeit ist lediglich auf der Ebene der institutionalisierten Rede möglich. Der Metrodiskurs stellt den inneren Zusammenhang von Technik und Kapitalismus als zufällig dar (und folgt in diesem Sinne Marx), und er pfropft diese Technik eklektisch den neugeborenen industriellen Kollektivkörpern auf.

Alles aus dem Ausland Entlehnte nimmt in der Konsequenz unweigerlich spezifisch sowjetische Qualitäten und Ausmaße an. Wenn für eine Maschine bestimmte technische Parameter festgelegt sind, so erscheinen sie nun wesentlich erhöht. Das Improvisatorische der Rede über die Metro ist so beschaffen, daß es eine einfache Entlehnung, Nutzung und Aneignung ausschließt. Aufgrund des grandiosen Charakters des Baus verwandelt sich alles, wird alles auf eine höhere Stufe gehoben. Zum Beispiel wird aus England ein Vortriebsschild für den Tunneldurchstoß nach Moskau gebracht, seine Produktivität liegt bei ungefähr zwei Metern Vortrieb in 24 Stunden.

»Am 1. September stieß das englische Vortriebsschild 4,52 Meter vor und warf alle Berechnungen der ausländischen Spezialisten über den Haufen. [...] Der amerikanische Ingenieur Morgan zuckte mit den Schultern: Ich habe das menschliche Material unterschätzt – ich habe mich in den Menschen getäuscht, die an dem Vortriebsschild arbeiten.«[3]

3 P. Lopatin: Metro, a. a. O., S. 105.

Die Metrostationen mit drei Sälen werden nach dem Londoner Vorbild kopiert, unter anderem auch der »Ochotnyj Rjad«, aber auch hier wird eine Korrektur vorgenommen: »Eine solch grandiose unterirdische Baustelle gibt es nirgendwo auf der Welt.«[4] Über die Station »Biblioteka Lenina« heißt es:

»Sie wurde nach dem Konstruktionsschema der Pariser Stationen gebaut, mit der wesentlichen Korrektur, daß der Zentralbereich, nicht wie dort den Zügen, sondern den Passagieren gehört, so daß sie einen völlig neuen, sowjetischen Charakter erhielt.«[5]

Auch Senkkästen wurden beim Bau der Pariser Metro verwendet, aber nicht in einer solchen Tiefe und nicht in einem solchen Umfang wie in Moskau.

Es entsteht der Eindruck, daß der sowjetische Riese das, was er beim bourgeoisen Mittelmaßmenschen entlehnt, nicht verwenden kann, bevor er es nicht seinem gigantischen Organismus angepaßt hat. Dabei darf man nicht vergessen, daß der Körper des Riesen ein kollektiver Körper ist, keinem Individuum angehört, während der bourgeoise Mensch ein Individuum oder eine private Korporation ist.

So blendend das von den Metrobauern erschaffene Bauwerk war, so armselig war deren Alltag. Sie lebten in primitiven Baracken, zehn bis zwölf Menschen in einem Zimmer, schliefen auf Bretterbänken. Betten gab es nicht, auch keine Trockenräume, dafür aber Wanzen. Doch es handelte sich nicht einfach um schwierige Wohnbedingungen, sondern bei vielen auch um die nicht vorhandenen Gepflogenheiten des städtischen Lebens: Sie wechselten monatelang ihre Bettwäsche nicht, gingen in Arbeitskleidung zu Bett, putzten ihre Zähne nicht, rissen Zoten usw. Es ist durchaus denkbar, daß der Me-

4 Pjat' let metro, a. a. O., S. 57.
5 Ebd., S. 61.

trodiskurs als ein Mittel zur Bewältigung dieses urspünglichen Traumas einer forcierten, gewaltsamen Urbanisierung geschaffen wurde. Nach Beispielen muß man nicht lange suchen:

»Bei Schacht Nummer 2 haben wir festgestellt, daß der Kandidat der Partei, Genosse Konovalov, häufig trinkt, keine Bücher liest, selten ins Bad geht, seine Schlafstelle nicht saubermacht. Ein anderer Kandidat der Partei, Genosse Želbakovič, versteckt seine schmutzige Wäsche unter der Matratze, läßt unanständige Reden im Wohnheim zu, lebt schlampig. Wir [...] festigten in ihrem Bewußtsein den Kommunisten, der ihnen half, sich zu bessern [...] Die Genossen haben sich schrittweise gebessert.«[6]

»Wir haben lange gekämpft, bevor wir dem Komsomolzen Savoškin abgewöhnen konnten, sich mit Arbeitskleidung und schmutzigen Stiefeln aufs Bett zu legen. Er [...] nannte solche Forderungen ›intelligenzlerhaft‹«.[7]

Als Menschen »ohne elementare kulturelle Gepflogenheiten« werden auch der Arbeiter Matrosov und die Reinemachefrau Bulgakova bezeichnet:

»In den Räumen der Baracke Nummer 6 waren die Wände kahl, in den Schränken herrschte Schmutz und Unordnung, obwohl die Besitzer dieser Schränke sich täglich die Zähne putzten, sich nach der Arbeit wuschen, saubere Kleidung anlegten und Krawatten umbanden. In den Schränken aber lag die schmutzige Wäsche neben dem Brot, standen die Schuhe neben dem Kohl.«[8]

Nicht immer erbrachten die Versuche, den Alltag der Metrobauer zu verbessern, positive Resultate:

»Gab es doch Fälle, in denen saubere Vorhänge vor die Barackenfenster gehängt wurden, eine Lampe angebracht, ein Spiegel aufgestellt wurde. Doch unter den Betten lagen Hau-

---

6 Kak my stroili metro, S. 77.
7 Ebd., S. 162.
8 Ebd., S. 169.

fen von Dreck, auf den Betten die schmutzige, seit Monaten nicht mehr gewechselte Bettwäsche. Es kam auch vor, daß die Schachtgruppen eine Baracke in eine Vorzeigebaracke verwandelten und die restlichen in ihrem vorherigen Zustand beließen. Dagegen zu kämpfen war nicht einfach. Viele begriffen nicht, daß das Band zwischen einer zivilisierten Wohnumgebung und dem Kampf um die Erfüllung des Bauplanes sehr eng ist...«[9]

Die letzte Bemerkung zeugt davon, daß die Leitung nicht wirklich am Alltag der Arbeiter interessiert war, sondern auch ihn lediglich als Instrument im Kampf für die Planerfüllung betrachtete.

Die angeführten Beispiele wurden nicht etwa der konzeptualistischen Literatur entnommen, sondern jenen Büchern über die Metro, welche dieses ideale Bauwerk des Sozialismus besingen. Das Grandiose des Baus wird durch den armseligen Alltag seiner Erbauer lediglich unterstrichen, sein Reichtum benötigt deren Elend. Man fragt sich: Kann es sein, daß es das eine ohne das andere nicht gibt? Vielleicht war die Funktion des Metrodiskurses vor allem eine kompensatorische, eine Entschädigung der individuellen Frustration durch den kollektiven Triumph? Unter dieser Voraussetzung wird der ideale lichterfüllte Charakter der Moskauer Metro verständlich, das Strahlen, das von diesen eigenartigen, unikalen Palästen für das Volk ausgeht. Die Metro und der Metrodiskurs waren so etwas wie eine imaginäre Zuflucht vor dem herannahenden Terror, dem Krieg und anderen Katastrophen. Im idealen Bauwerk des Sozialismus kann es keinen Tod, keine Schädlingstätigkeit, keine Verstümmelung geben. »In der Marmorstadt herrscht ein besonderes Klima.«[10] Die Luft ist hier der idealen hygienischen Norm sehr nah und wird sechs-, siebenmal in der Stunde ausgetauscht, häufiger

9 Ebd., S. 166/167.
10 Pjat' let metro, S. 149.

als in anderen Metros der Welt. »In der Marmorstadt kann es keine Katastrophe geben.«[11]

In der Führerkabine eines jeden Metrozuges befindet sich »ein hölzerner Knopf« mit der Bezeichnung »Knopf für einen toten Menschen«: »Die Sicherheitsmechanismen der Moskauer Untergrundbahn lassen niemals einen Zug in ein gesperrtes Teilstück ein, selbst wenn der Zugführer tot sein sollte oder wissentlich eine Katastrophe herbeiführen wollte.«[12] Wenn im oberirdischen Moskau manisch nach Schädlingen gesucht wird, so sind sie im Moskau des Metrodiskurses per definitionem unmöglich, von der idealen Natur des Bauwerkes selbst ausgeschlossen. (Dies ist allerdings *nur* auf der Ebene des Diskurses so: In den von »Memorial« veröffentlichten Erschießungslisten finden sich auch die Namen von Metroarbeitern, die zu Schädlingen erklärt wurden.)

Ihren Höhepunkt erreicht die kompensatorische Funktion des Metrodiskurses, wenn diese Volkspaläste zu Urbildern des künftigen oberirdischen Moskau erklärt werden. Moskau sollte aus dem Innersten hervorwachsen, wie eine oberirdische Metro sein, in einem ebenso unerträglichen Licht erstrahlen. »Und nicht fern ist die Zeit«, prophezeit einer der Autoren, »da der Passagier die Granitstufen der Moskauer Untergrundbahn emporsteigt und sich dann in einer neuen Stadt wiederfindet, die ebenso harmonisch, bequem und geräumig ist wie die Marmorstadt der Metro. Bald wird es in Moskau ebenso schön sein wie in der Metro unter seinen Füßen.«[13] In diesem Fall nimmt die Kompensation totalen Charakter an. Der Kommunismus war nichts anderes als eine solche imaginäre, totale Kompensation eines Traumas. Das ist vermutlich die einzige Funktion, die er bis zu seinem Ende erfüllt hat. Er verschwand, als sich Charakter und Ausmaß des Traumas selbst verändert hatten.

11 Ebd., S. 139.
12 Ebd., S. 147.
13 Ebd., S. 158.

Der unterirdische Charakter der Metro wird durch eine besondere illusionistische Beleuchtung der Stationen sorgfältig maskiert. Alles sollte wie über der Erde und noch etwas lichter sein. Dieser blendende, lichte Raum ist zugleich ein Raum der Kultur. Zivilisiertes (»kultiviertes«) Verhalten ist in ihm Norm. Allerdings galt den Autoren der Metro-Bücher als zivilisierter Mensch schon derjenige, der einen Anzug trug, mit billigem Eau de Cologne parfümiert war, in einem sauberen Bett schlief, seine persönlichen Sachen in Ordnung hielt, Bücher und Zeitungen las und einmal im Monat ins Kino oder ins Theater ging. Im besten Falle interessierte man sich noch für den Fallschirmsport (»Der Stolz des Metrobaus waren zu Recht der Segelflug, das Fallschirmspringen und der Flugsport.«[14]) Eben die Metro ist der Raum eines dergestalt kultivierten Menschen, wenn dieser überhaupt existierte. Im Unterschied zum Raum des Privatlebens gilt für die Metro ein Schmutzverbot. Dies begreifen sogar die Kinder. Ein schelmisches Kind etwa kann sich nicht recht entschließen, in der Metro die Reste seines Bonbons auszuspucken, so sehr ist es überwältigt von der Reinheit dieser kulturellen Einrichtung.

»Die Stufen der Rolltreppe trugen die Klasse 1b nach oben. Und oben angekommen, blähte Koljaka die Backen und spuckte etwas aus. »Was spuckst du?« fragte Anna Michailovna. »Na, was schon?«, sagte Koljaka, »ich habe, als wir hinunter fuhren, etwas Süßes gegessen – eine Zuckerkirsche, und in ihr war ein Kern. Der blieb in meinem Mund. So bin ich eben mit ihm gefahren. Hätte ihn fast verschluckt...« – »Aber warum hast du ihn denn nicht früher ausgespuckt?« fragte sie Koljaka. »Ja, warum nicht früher?« sagte Kolja-Koljaka. »Dort war es überall so schön und sauber, daß es mir leid tat, ihn auszuspucken. Da habe ich es schon lieber ausgehalten.«[15]

Auf einer profaneren Ebene kann ein solches Verhalten

14 Ebd.
15 Rasskazy i stichi o metro. Gotov!, a. a. O., 1936, S. 46f.

damit erklärt werden, daß die Metro-Bediensteten in militärische Uniformen gekleidet waren und daß dort ein für die damalige Zeit recht vollkommenes System der Kontrolle eingerichtet wurde. Eine andere Erklärung wäre die, daß es in der damaligen Metro keine Abfallbehälter gab, oder auch die, daß das von der Pracht der marmornen Stadt geblendete Kind auch die Abfallbehälter als Teil des Dekors wahrnahm und sich nicht entschließen konnte, sie ihrer Bestimmung gemäß zu verwenden (bzw. ihre Bestimmung einfach nicht verstand).

Der Metrodiskurs strebt eine außerordentlich hohe Stufe der Anschaulichkeit an, er bringt eine unendliche Anzahl von Beispielen, er rechnet vor, vergleicht und stellt gegenüber. Dabei werden die Berechnungen und Vergleiche nicht aus praktischen Erwägungen angestellt, sondern um die Macht selbst anschaulich werden zu lassen. Die Sowjetmacht soll immer anschaulicher werden, alles soll gewissermaßen an den Fingern abgezählt werden, denn man hat es mit Menschen zu tun, die bis dato nur über eine kollektive Identität verfügen (und demzufolge kaum gebildet sind). In diesem Sinne ähnelt der Metrodiskurs der Redeweise Stalins mit ihrem ungewöhnlichen Drang zur Anschaulichkeit. Hinter dieser Anschaulichkeit steckt kein organisierender Gedanke, der das Ganze verständlicher machen würde. Diese Anschaulichkeit besteht in ihrer Unfaßbarkeit, sie eignet einer Sprache des Erhabenen, das beständig darum bemüht ist, sich als das Schöne zu präsentieren. Das Bestreben, die Fachsprachen den breiten Massen verständlich zu machen, hat nichts mit Aufklärung zu tun. Wenn etwa die Arbeit im Senkkasten mit dem Öffnen einer Flasche Limonade verglichen wird, lernen wir nichts dazu. »Das Blut des Senkkastenarbeiters gleicht einer Fruchtlimonade, die unter starkem Druck steht. Wenn ein Mensch sich zu schnell an die Oberfläche bewegt, ist es, als ob er einen Pfropfen von seinen Adern löse… Warme Limonade muß man langsam öffnen. Einen Senkkastenarbeiter muß man ohne Eile an die Oberfläche holen.«[16]

Auf den ersten Blick wirkt der Vergleich steril. Trotzdem bewirkt er einen Bedeutungszuwachs: Dieses ständige Veranschaulichen unterwirft die Fachsprachen dem Einen, dem sich selbst gleichen Licht, das die Partei trägt. Nicht zufällig wird so umständlich darüber diskutiert, was wie und womit erleuchtet werden soll. Die Anschaulichkeit wirkt ebenfalls erleuchtend, indem sie einen einfachen, unzerlegbar scheinenden Strahl auf das Komplizierte richtet. Doch auf den zweiten Blick ist dieser Strahl, diese Einfachheit selbst komplexer als das Komplizierte.

Wenn die Metro kein gewöhnliches Transportmittel ist, was ist sie dann? Und welches Beispiel kann es anschaulich machen? Üblicherweise ist ein Beispiel die Demonstration eines Prinzips, dessen Anwendung auf einen konkreten Fall. Die Anschaulichkeit Stalinschen Typs aber *stellt selbst ein Prinzip dar*, deshalb ist sie in ihrer deklarierten Einfachheit unfaßbar. Im Kern ist das eine dem Professionellen, dem Spezialisten entwendete Sprache. Sie hängt in direkter Weise von der Existenz spezialisierter Sprachen ab, deren Inkompatibilität lediglich auf der rhetorischen Ebene abgelehnt wird (die Ideologie aber ist nichts anderes als eine zum Massenphänomen gewordene Rhetorik). Paradoxerweise braucht der Metrodiskurs das, was außerhalb seiner selbst ist, und sei es nur zum Zwecke der Überwindung: Der eigene »Adamismus« behauptet sich im hartnäckigen Kampf. Der Metrodiskurs erweckt den Eindruck, als führe er einen Kampf um bestimmte Ideale (den Kommunismus, die Weltrevolution, die Liquidierung sozialer Ungerechtigkeit), indessen ist der Krieg der einzige Modus seiner Existenz. Der Aufruf, die Mobilisierung, der Notstand sind das normale Arbeitsregime dieser Rede. In einem oberflächlichen Verständnis

16 Lopatin, Metro, S. 70.

scheint es in ihr allerdings nichts Außergewöhnliches zu geben, und nur eine fortgeschrittenere Subjektivität ist in der Lage, diese Emphase als etwas Zeitweiliges zu begreifen und die Quelle des Pathos in der außergewöhnlichen Brüchigkeit dieser Rede zu erkennen.

Der Metrodiskurs folgt einer Logik der Ereignisse, die sich im voraus des Subjektes entschlägt, den Raum der Kontemplation zerstört. Nun wird verständlich, warum Lazar' Kaganovič mehr von Architektur versteht als die Architekten, vom Bergbau mehr als die Bergleute und von der Elektrotechnik mehr als ein Elektriker. Wir haben es hier mit Sprachen zu tun, die bereits durch die Prozedur der Totalisierung annulliert sind.

»Jeder Ingenieur und Arbeiter des Metrobaus kannte nur sein eigenes Teilstück gut. Lazar' Moiseevič aber speicherte in seinem Kopf eine genaue Vorstellung von allen Prozessen des unterirdischen Baus. Mit Ingenieuren sprach er wie ein Ingenieur. Mit den Architekten wie ein Architekt. Mit den Bergleuten wie ein Bergmann.«[17]

Darüber hinaus werden ihm die Attribute der Unermüdlichkeit und Allgegenwärtigkeit zugeschrieben:

»Die Metrobauer fragten sich oft, wann denn Lazar' Moiseevič sich einmal ausruhen würde ... Selbst wenn er nicht in Moskau weilte, fuhr Lazar' Moiseevič fort mit der Leitung des Metrobaus.«[18]

Viele Texte zeugen vom Jubel, der unter den Menschen beim Anblick des Parteiführers, bei der Verleihung einer Kaganovič-Medaille oder eines Wanderwimpels ausbrach.

Doch auch der Führer der Moskauer Kommunisten ist nur das Medium eines noch stärkeren Lichts, das vom Namen Stalins ausgeht. (Es ist unnötig zu wiederholen, daß der

17 Ebd., S. 123.
18 Ebd., S. 88.

Name Stalin nicht von einem Menschen namens Stalin ab-
hängt, nicht dessen Attribut ist: Stalin als Mensch ist lediglich
einer der Existenzmodi des Namens.) Der Metrodiskurs ver-
hüllt diesen Namen zu Recht, hält ihn in ausreichender Distanz, um den Bau überhaupt zu ermöglichen und das Licht
nicht zu grell werden zu lassen. Der berühmte »Palast der Sowjets« wurde unter anderem auch deshalb nicht gebaut, weil
Stalin hier selbst konkrete Anweisungen gab, an der Projek-
tierung teilnahm, so daß die technische Ausführung des Baus
schon bald wegen seiner grandiosen Ausmaße unmöglich
wurde. Das Erhabene war in die Gestalt des Gebäudes selbst
eingedrungen, hatte es in eine rein diskursive Konstruktion
verwandelt, deren Macht allerdings nicht zu unterschätzen
ist. In einem fundamentaleren Sinne erwuchs die gesamte Architektur der Epoche des Terrors aus diesem realiter nie ge-
bauten, im Diskurs jedoch hyperrealisierten Konstrukt.

Im Falle der Metro – vielleicht deshalb, weil es sich um ein
gänzlich unverzichtbares Transportmittel handelte – nahm
dieser Name nur eine Randstellung im Diskurses ein. Der
Name Stalin läßt von weitem die »Sorge« um den sowjetischen Menschen aufscheinen, aufgrund ihrer Distanz aber
macht diese lichtbringende »Fürsorge« nicht blind, wenn sie
auch das Tageslicht übertrifft.

Im Unterschied zu den platonischen Ideen haben die Archetypen der kollektiven Rede keine Urformen, aus denen
man sie mit Hilfe einer Regel ableiten könnte. Aber auch die
Improvisation hat ihre Gesetze. So produziert der Metrodiskurs, um zu gewöhnlichen Aktivisten zu kommen, zwei und
nur zwei »Vorbild-Aktivisten« – Kaganovič und Chruščev.
»An ihnen maßen sich unsere besten Aktivisten.«[19] Vorbild-
Aktivisten – das sind Aktivisten per definitionem, im Unterschied zu allen anderen müssen sie ihr Recht auf diesen Titel

19 Kak my stroili metro, S. 64.

nicht unter Beweis stellen, er steht ihnen von Natur aus zu. Es wird erwähnt, daß sie lediglich einmal vor Ort gearbeitet haben.

»Während des Subbotnik, in Schacht 7 arbeiteten hier die Genossen Kaganovič und Chruščev. Zwischen ihnen und dem Schichtingenieur war ein Vertrag geschlossen worden – nach diesem Vertrag übererfüllten sie den Plan um 162 Prozent. Der Genosse Kaganovič arbeitete mit Schippe und Hammer wie ein waschechter Arbeiter.«[20]

Was den Namen Stalins betrifft, so bedarf er nicht einmal der Attribuierung als »musterhafter Aktivist«. Und das ist logisch: bringt doch dieser Name selbst die Möglichkeit des Aktivistentums erst hervor, und ruft er doch, kraft seiner Unnennbarkeit, eine komplizierte Hierarchie von Aktivisten, Abzeichen- und Ordensträgern ins Leben (im Vorspann stalinistischer Filme wurde stets vermerkt, welche Schauspieler Träger welcher Orden waren, als hätte dies irgendeine Beziehung zur Qualität ihres Spiels oder zu der von ihnen gespielten Rolle). Der Name des Führers ist sinnstiftend, aber indem er den Sinn stiftet, verwandelt er ihn paradoxerweise sogleich in Nonsens, weil Kriterien der Sinnstiftung fehlen. Und diese Improvisation setzt sich unendlich fort.

Es wird auch nicht erklärt, wie die Verwandlung eines unkultivierten Metroarbeiters in einen kultivierten vor sich geht. Im besten Falle kommt die Gnade über ihn, wie in der frühen christlichen Legende, z. B. nach einem Gespräch mit dem Parteifunktionär, dem Kauf eines neuen Bettes auf Staatskosten oder einer räumlichen Trennung von den Verwandten der Ehefrau. Wenn diese einfachen Mittel nicht wirken und jemand nicht in das neue Leben eintreten will, so wechselt er in die Reihen der Feinde über und muß mit anderen Mitteln umerzogen werden (mit welchen, wird nicht ge-

20 Ebd., S. 63.

sagt). Rückwirkend wird einem solchen Feind ein außerordentlicher Dämonismus zugeschrieben. Viele der ihm zugeschriebenen Missetaten sind völlig unsinnig und dienen nur als Beweis dafür, daß er von einem übernatürlichen Haß gegenüber der neuen Macht besessen ist:

»Ein gewisser Šiškov, Maschinist am Kompressor in Schacht 15, schlug den Arbeitern unter Verweis auf die Schwierigkeit ihrer Arbeit vor, eine Erhöhung des Lohnes zu fordern. Er selbst aber ließ den Kompressor im Leerlauf laufen und sabotierte so die Luftversorgung des Schachtes. Durch die Schuld dieses Halunken gingen Dutzende von Arbeitsstunden verloren. In seinem Haß ging er soweit, daß er die Elektroleitungen durchschnitt, um unter den Arbeitern eine Panik auszulösen, Steine in den Lauf des Schachtes warf, eine antisowjetische ›Bearbeitung‹ der in ihrem Bewußtsein nicht gefestigten Erdarbeiter aus der tatarischen Brigade durchführte usw.«[21]

Charakteristisch ist dieses »usw.«, das uns in die Unendlichkeit der verbrecherischen Taten Šiškovs entführt. Wie konnten die Bergleute ohne Luft arbeiten? Warum warf der »Feind« Steine in den Schacht? Den absurden und unrealistischen Charakter dieser Taten kann man mit der Unwissenheit der für den Bau mobilisierten Arbeiter erklären, die im kollektiven Sammelbild zum »Feind« wurden. Offensichtlich wurde ihm nachträglich als Böswilligkeit zugeschrieben, was das Ergebnis von Unerfahrenheit war und tatsächlich Havarien hervorrufen konnte. Die Feindseligkeit implizierte eine Unendlichkeit der Schuld, einer Schuld auch und vor allen Dingen für das Unrealisierte. In diesem Sinne war der Feind innerhalb des Metrodiskurses eine Spiegelung Stalins. Wenn ein einziger für alles, was geschah, die ganze Bürde einer charismatischen und positiven Verantwortung trug, so oblag es einem anderen, die gesamte Bürde der negativen

21 Ebd., S. 55.

Verantwortung auf seine Schultern zu nehmen. Eine Feind-figur war unter anderem auch deshalb dringend notwendig, weil man auf sie die Mißerfolge der bolschewistischen Im-provisation abwälzen konnte. Den Metrodiskurs durch-dringt, so könnte man sagen, die Versuchung, den leerblei-benden Platz des Subjekts auszufüllen, aber alle diese An-strengungen vergrößern die Leere nur, demonstrieren ihre prinzipielle Unausfüllbarkeit. Diese Rede appelliert bestän-dig an den Namen des Führers, der eine besondere »Für-sorge« ausstrahlt. Doch jede neue Inkarnation dieses Na-mens, jeder Eintritt in das Spiel der Vermittlungen droht ihn der Aura des Sakralen zu entkleiden (wobei es andererseits genauso unmöglich ist, gänzlich auf die Inkarnation zu ver-zichten – in diesem Falle könnte das Licht nicht bis zu den zu erleuchtenden Objekten vordringen).

Wie schon gesagt wurde, operiert der Metrodiskurs be-ständig mit irgendwelchen Zahlen, ohne daß dies etwas mit Präzision oder Berechnung zu tun hätte. Diese Zahlen sind dazu da, der Welt die Grandiosität des in Angriff genomme-nen Baus zu demonstrieren, seine bespiellosen Dimensionen. 540 Betriebe arbeiteten für die Metro. 150 000 Waggons mit Material und Geräten waren im Einsatz. 21 000 Quadrat-meter Marmor wurden ausgelegt usw. Solche Zahlen mag man noch statistisch nennen. Doch gibt es völlig willkürliche Aufzählungen, deren Zweck die bloße Anschaulichkeit ist. So stellt sich heraus, daß die Metrobauer 170 Millionen Bröt-chen, die eine Länge von 10 000 Kilometern ausmachten, ge-gessen haben. Wenn man aus allen Güterwaggons für die Metro einen Zug zusammenstellt, so ist er ebenfalls 10 000 Kilometer lang (das entspricht der Entfernung von Moskau bis Vladivostok, also praktisch der Ausdehnung des sowjeti-schen Imperiums). In einem der Texte wird ein »alter Inge-nieur« herausgestellt, der beständig zeichnet, um die Anwei-sungen der Parteileitung anschaulich zu machen. »21 000 Quadratmeter Marmor auslegen«, ordnet Kaganovič an. In diesem Fall malt der Ingenieur ein fünfstöckiges Haus mit einer Länge von drei Kilometern: Soviel Marmor war auszulegen.[22]

Der Metrodiskurs zeigt uns nicht, wie die ihm immanenten Konflikte gelöst werden könnten. Am ehesten werden sie auf dem Wege der Gewalt gelöst, aber diese Gewalt darf nicht vordringen bis ins Herz des schon hinreichend gewalttätigen, militarisierten, auf *virtuelle Totalität* orientierten Diskurses. Und so verschwinden die unmenschlichen Gestalten des Feindes einfach, gehen im Nichts unter. Was geschah mit jenen »Romanovs«, die den Komsomolzen in verräterischer Weise vorgeschlagen hatten, vor dem Abstieg in die Senkkästen Bonbons zu essen? Darüber, wie man mit diesen Kulaken und Kulakenhelfern verfuhr, steht kein Wort im Text. Der Metrodiskurs ist dem Tod zu nahe, zu sehr von innen heraus mit ihm durchtränkt, um sich zu einer Detailerörterung konkreter Todesfälle herabzulassen. Er ist zu potentiell, zu sehr der Zukunft zustrebend, als daß das Vergangene in seinem Rahmen auch nur einen Anflug von Bedeutung haben könnte. Er läßt nichts »Altes« in seinen Schoß. Wollüstig zerstört er baufällige Häuser, um den Weg in eine neue Welt zu öffnen. Diese Rede erträgt keine materiellen Beweise für die Existenz des Todes. Solcher Beweise entledigt man sich schnellstmöglich. Einer der Erbauer der Station »Palast der Sowjets« teilt mit: »Eine große Anzahl Schädel und Knochen, viele Grabplatten wurden aus der Baugrube entfernt. Hier hatten die ›Jungfrau Evdokija‹, ›Jungfrau Evpraksija‹ und ähnliche ›ehemalige‹ Menschen des 15. Jahrhunderts ihre letzte Ruhe gefunden. Behutsam brachten die Archäologen all diese Funde fort.«[23]

22 Lopatin, Metro, S. 126.
23 Kak my stroili metro, S. 631. An diesen Funden ist nichts Ungewöhnliches. Sie gehören den Nonnen des alten Alekseevklosters, an dessen Ort im 19. Jahrhundert die Christ-Erlöser-Kathedrale gebaut wurde.

»Ehemalig« sind nicht nur die Verstorbenen und die, die nach alter Art leben wollen. Alle Kirchen sind »ehemalige« Gebäude, die man abtragen muß, um aus ihnen irgend etwas Nützliches zu bauen. Aus einem Kinderbuch über die Metro:

»Unsere Ostoženka-Gasse ist wieder langweilig und öde. Etwas lustiger war es, als sie die Kirche niederrissen. Aber der Abbruch dauerte nur drei Tage.«[24]

Aus der abgerissenen Kirche wurde Schotter für die Metro. »Wenigstens zu etwas war sie nütze«, atmet der Autor auf.

Im gleichen Text wird versichert, daß Bourgeois', Faschisten und sehr alte Leute, die aus verschiedenen Gründen »Ehemalige« sind, den Metrodiskurs niemals verstehen können. Hinsichtlich des Neuen, das unter ihren Augen vor sich geht, sind sie mit ontologischer Blindheit geschlagen. Demgegenüber verfügen die Bolschewiki über eine außergewöhnlich scharfe Sehkraft.

»Die Bolschewiki wissen genau, wie Moskau und jede andere unserer Städte, ja, wie die gesamte UdSSR einmal aussehen wird, weil die Bolschewiki vorausschauen können – ein Jahr, fünf Jahre, zehn Jahre und mehr.«[25]

Dank ihrer übernatürlichen Sehkraft sehen auch »wir« ausgezeichnet.

»Es ist, als würden wir durch ein wunderbares Rohr schauen. Wir sehen Moskau und jede unserer Fabriken, und jede Kolchose, und unser Haus, und unser Land, so, wie sie nach vielen Jahren sein werden. Und so gut, so deutlich sehen wir das alles, daß wir Papier und Karton nehmen können, um es aufzukleben.«[26]

Diese übernatürliche Sehkraft hat offensichtlich auch eine Schutzfunktion: nämlich an die Zukunft und die Potentialität eben das zu delegieren, woran es der Gegenwart katastro-

24 GOTOV!, S. 6f.
25 Ebd., S. 8.
26 Ebd.

phal mangelt. Der Metrodiskurs ist die Flucht aus der Gegenwart in ein paradoxes Tempus, eine vorweggenommene Zukunft, eine Zukunft in der Gegenwart. Es ist, genauer gesagt, eine Gegenwart in eben dem Maße, in dem sie noch nicht in ihren konkreten Manifestationen aufgegangen ist, eine Gegenwart, die ihr utopisches Potential bewahrt hat. Alle Ereignisse dieses Diskurses sind nicht nur dem Subjekt entzogen, sondern mit rationalem Verstehen prinzipiell inkommensurabel. Für den einzelnen sind sie steril und bei ihrem Eintritt sogar lebensgefährlich.

Kommen wir zu einigen Schlußfolgerungen. Der Metrodiskurs trägt unzweifelhaft paranoide Züge, aber diese Paranoia, die die Form der Theorie angenommen hat, ist nicht auf eine Krankheit zurückzuführen. Mehr noch, es ist unklar, wo die Gesellschaft, die den Metrodiskurs geschaffen hat, die Krankheit überhaupt situiert. Es entsteht der Eindruck, daß es in ihr keinen Platz für die Krankheit gibt, daß den Platz des Kranken der Schädling einnimmt, den man mit harten Strafen heilt. In der Literatur über die Metro werden die Krankheiten ihrer Erbauer als kleine, lästige Episoden erwähnt, als unnötige Einsprengsel zwischen ihren Heldentaten. (All das ist, ohne direkten Verweis auf die Stalinsche Wirklichkeit, großartig in Michail Bachtins Buch über Rabelais beschrieben.) Es ist schwierig, im Metrodiskurs eine Persönlichkeit auszumachen; Eigennamen figurieren in ihm als Anhängsel der technischen Vorrichtungen und Prothesen: »Bremssystem Matrosov«, »Razin-Schaufel«, »Wasserkühlsystem Vorob'ev«. Der Name gibt den Vorrichtungen einen pseudopersönlichen Charakter und demonstriert ein weiteres Mal das den Metrodiskurs durchdringende Prinzip der Anschaulichkeit.

Die Blütezeit des Metrodiskurses sind die Jahre 1935-45. Schrittweise geht er zur Bildlichkeit über, löst sich in eine leichter verständliche Anschaulichkeit auf. Wenn die ersten Metrostationen in ihrer Bildlichkeit asketisch waren (als Ausnahme, und auch das nur bedingt, kann man die Metrostation »Komsomol'skaja-Radial'naja« nennen), so beeindrucken die Stationen nach dem Krieg, besonders die der Ringlinie, durch ihre Überfülle an bildlichen Darstellungen, Skulpturen, Mosaiken: eine Art Diskurs für das Volk. Nicht zufällig ziehen gerade diese Stationen die Aufmerksamkeit der Amateurfotografen auf sich. Dem uneingeweihten Auge mögen sie als Höhepunkt der Stalinschen Kultur gelten, obwohl sie vom Standpunkt einer strengeren Logik schon als Dekadenz erscheinen, als überflüssige Illustrationen zum Metrodiskurs, dessen Ziel das Verschmelzen der Fachsprachen gewesen war. Die Wände, die Decken, die Fußböden der Stationen werden jetzt mit Mosaiken, Bronzeabgüssen und Buntglasverkleidungen versehen, auf denen die Taten der »neuen Menschen« verewigt sind, die Freundschaft der Völker, der Sieg im Krieg etc. Im Vergleich mit diesem Überfluß scheinen die ersten dreizehn Stationen der ersten Linie fast zu verblassen. Deren Schöpfer suchten durch die Zusammenstellung verschiedener Marmorsorten zu beeindrucken (es existierte eine ganze »Philosophie des Marmors«, die den Gegenstand einer eigenen Untersuchung bilden könnte), durch die Ungewöhnlichkeit der architektonischen Lösungen, und nicht einfach dadurch, daß das Volk selbst zum Sujet wurde.

In den Nachkriegsstationen hingegen triumphiert das Volk über seine orthodoxe ideologische Gestalt, die sich einer plastischen Fiktion im Grunde nicht fügen will. Die ursprüngliche Form des Palastes wird durch so etwas wie ein »Haus der Kultur« ersetzt, die Agitation wird anschaulicher, das Volk wird seiner Spontaneität überlassen, nicht mehr länger mittels einer orthodoxen Rede konstruiert. Man bemüht sich, das Volk zu überzeugen, indem man ihm Fragmente seiner eigenen Geschichte vorhält. Damit zerreißt das Band zwischen dem Erhabenen und dem Schönen, das die frühere, gewalttätige Sprachpraxis (den Metrodiskurs) durchzogen hatte. Mit wachsender Ornamentalisierung erstickt der Diskurs. Es werden keine Bücher mehr über das ideale Bauwerk des Sozialismus geschrieben. Zum Buch wird nun die Metro selbst, die nicht mehr von den Intentionen ihrer Erbauer berichtet, sondern von deren ideologisierter Vergangenheit. Nach ihrem Sieg im Zweiten Weltkrieg kann sich die UdSSR eine allgemein anerkannte Geschichte zuschreiben, die nicht an die Diktatur des Proletariats und die Weltrevolution gebunden ist; das sowjetische Volk konstituiert sich als Über-Ethnie und erreicht (auch aus den Händen der internationalen Gemeinschaft) eine sekundäre Nationalität. Die Technik des Metrobaus wird routiniert, verliert ihren Bezug zur Sphäre des Erhabenen; die Metro macht ihren Abstieg zu »einer einfachen technischen Einrichtung« mit proletarischen Ausschmückungen wett.

Aber eine solche Lösung ist nicht zuverlässig. Das Volk bleibt allein mit seinen pathetischen und unvollendeten Gestalten, und in diesen Spiegelbildern findet es einen Raum der Kontemplation. Hinter der eigenartigen Version eines sowjetischen »Barock« zeichnen sich die »gesichtslosen« Stationen der Chruščev-Brežnev-Ära ab. In der zunehmenden Ornamentalisierung ist bereits das Ende des Imperiums angelegt: Endgültig gestaltet es sich Mitte der achtziger Jahre im Panneau der Station »Borovickaja«, das man als die Darstellung eines Baums des Reiches interpretieren kann. Das Imperium erscheint in Gestalt eines Apfelbaumes, der seine Zweige über den Kreml ausbreitet, und die Völker der UdSSR sind die Äpfel, die nach einer strengen Ordnung gruppiert sind. Dieses Panneau ist eine Landkarte des Verfalls, eine spontane Kritik des imperialen Unbewußten (obwohl niemand hätte vorhersagen können, daß nach Inbetriebnahme der Station die Sowjetunion nur noch wenige Jahre existieren würde). Die Ornamentalisierung spiegelt wider, daß der Terror langsam im Niedergang begriffen ist, daß er benennbar, genauer gesagt: daß er anschaulich wird.

Auf Gewalt gegründete Gesellschaften altern bekanntlich schnell. Die sowjetische Gesellschaft bildet darin keine Ausnahme – jedwede »Humanisierung« trug zu ihrem Zerfall bei. Der Zerfall der architektonischen Räume zur Zeit des Metrodiskurses ist historisch progressiv und entspricht einer abnehmenden Unterdrückung der einzelnen Person, der Anerkennung ihres – wenn auch negativen – Rechts auf Existenz.

Auch wenn sich das Erhabene in der Epoche des Metrodiskurses in seiner reinsten Form offenbart und manchmal sogar als das Über-Schöne erscheint (eine Illusion, die einige Erforscher des Stalinismus gern ratifizieren), ist es nicht angebracht, das Vergnügen bei der Erforschung eines raffinierten, unverfälschten Phänomens mit den Bedingungen des damaligen Lebens zu verwechseln, mit dem ontologischen Grauen, in einem Land leben zu müssen, das André Gide zutreffend als unfreier bezeichnete denn das faschistische Deutschland. Im Bemühen, bei der Analyse diskursiver Praktiken der von Michel Foucault aufgestellten »Immanenzregel« zu folgen und keine späteren Ablagerungen in sie hineinzuprojizieren, sollte man nicht ihrem Pathos erliegen und den Eindruck erwecken, daß diese Praktiken tatsächlich realisiert hätten, was sie lediglich verkündet haben. Der Wunsch, das Erhabene als das Schöne auszugeben, ist menschlich verständlich, doch sollte man nicht vergessen, dessen schlichten, selbstbeschränkten Narzißmus, dieses ewige massenmediale Spiegelstadium zu den Millionen real vernichteter Körper in Relation zu setzen. Die Immanenz der Analyse verbietet eine Verdopplung unseres eigenen Lebens sowie deren unvermeidliche Folge – die willkürliche Ästhetisierung dessen, was zu diesem Leben keine unmittelbare Beziehung hat. Die »Immanenzregel« hat unmittelbar zur Folge, was man Nichtverführbarkeit nennen könnte: ein

Bewußtsein davon, daß wir nicht die Erbauer der Metro sein können, keine Stachanov-Arbeiter, und überhaupt keine Menschen einer anderen Epoche. Als Basis des Verstehens bleibt das unpersönliche Faktum der Schrift, die Fähigkeit, die eigenen Fingerabdrücke nicht auf den Blättern der Geschichte zu hinterlassen, wie Stalin es auf entliehenen Büchern tat. Die Anerkennung des kollektiven Charakters des Erhabenen zieht die Verneinung der Möglichkeit einer Identifikation mit ihm nach sich. Wie viele Menschen starben während des Baus der ersten Metrolinie? Wenn wir das je erfahren sollten, dann selbstverständlich nicht aus dem Metrodiskurs, sondern aus geheimen Archiven, wenn sie denn zufällig erhalten geblieben sind. Wie war die reale Wechselwirkung des gesamten Spektrums der Fachsprachen mit dem Metrodiskurs? Auch das sagt uns nicht der Metrodiskurs, sondern die erhalten gebliebenen Skizzen, Graphiken, Baupläne. Doch selbst wenn nichts erhalten geblieben wäre, kann das Erhabene nicht post factum zum Schönen werden, weil der Forscher es so will. Denn das Leben anderer Menschen ist genauso irreduzibel wie unser eigenes; in diesem Sinne haben wir ihnen gegenüber keinerlei epistemologisches Privileg.

Ort der Utopie

Die Entscheidung für den Bau der »Allunionsausstellung für landwirtschaftliche Erzeugnisse« (VSChV) wurde vom Zweiten Kongreß der Kolchos-Stoßarbeiter im Jahre 1935 gefaßt. Die Ausstellung sollte ursprünglich am 1. August 1937 auf dem Gelände der Timirjazev-Landwirtschaftsakademie für hundert Tage ihre Tore öffnen. Schließlich 1939 für Besucher eröffnet, wurde die Laufzeit der Ausstellung auf fünf Jahre verlängert und als Standort das Dorf Ostankino ausgesucht, wo die Gebäude der Ausstellung noch heute zu sehen sind.

Im Jahr 1937 wurden einige Dutzend Ausstellungspavillons errichtet; im wesentlichen handelte es sich dabei um provisorische Holzgebäude mittleren Ausmaßes. Der Hauptarchitekt der Ausstellung, Vjačeslav K. Oltarževskij, dachte nicht im Traum daran, diese Pavillons mit Statuen der Parteiführer zu schmücken, und der Haupteingang in die Ausstellung erinnerte, folgt man dem Zeugnis von Oltarževskijs Kritikern, weniger an eine Monumentalanlage als an ein schlichtes »Werkstor«. Im Stil der Zeit ergossen sich über die Architekten und Erbauer Anschuldigungen, die auf »Sabotage« hinausliefen: Man habe den Pavillon für Subtropische Kulturen absichtlich nach Norden hin ausgerichtet, die Säulen vor dem Pavillon der Sowjetrepublik Usbekistan »nicht fest genug im Boden verankert«, den Mechanisierungspavillon falsch plaziert usw. In der stalinistischen Kultur läuft die Zeit in umgekehrter Richtung: »Es ist gleichsam so, als ob die Kultur darauf warte«, schreibt Vladimir Papernyj in seinem Buch »Die Kultur ›Zwei‹«, »daß die Entscheidung über den fünfjährigen Bestand der Pavillons, die zum Jetzt-Zeitpunkt gefaßt wurde, ihre Wirkung in Richtung Vergangenheit entfaltete: Wer es in der Vergangenheit versäumt, die Beschlüsse umzusetzen, die in der Gegenwart gefaßt werden, ist ein Saboteur«.[1] Die Pavillons, nach Entwürfen von Architekten errichtet, die angeblich die Sache der Mechanisierung, Weißrußlands, Transkaukasiens u. a. »sabotiert« hatten, wurden abgerissen, und an ihrer Stelle weit monumentalere, üppig mit Skulpturen, Stuck, Friesen, Kassetten, Dioramen und Fresken dekorierte Bauwerke errichtet. Vor dem Hauptpavillon erhob sich auf einem eigenen Turm die Skulpturengruppe »Der Traktorist und die Kolchosbäuerin« (die Gesamthöhe von Turm und Skulptur betrug mehr als 60 Meter), die zum Wahrzeichen der Ausstellung wurde. Vor dem Pavillon der Mechanisierung wurde eine 25 Meter hohe Stahlbetonstatue Stalins aufgestellt. (Papernyj erwähnt in seinem Buch eine kuriose Begebenheit, welche die Atmosphäre des Großen Terrors, zu dessen Zeit die Landwirtschaftsausstellung VSChV eingerichtet wurde, gut widerspiegelt: In die riesenhafte Stalin-Statue wurde das Modell eingelassen, nach dem sie errichtet worden war, da niemand es wagen konnte, dieses Modell zu vernichten; den damaligen magischen Vorstellungen entsprechend hätte dies dem »großen Führer« schaden können, was einem unerhörten Akt von Sabotage gleichgekommen wäre.[2])

Die Allunionsausstellung für Landwirtschaft VSChV wurde am 1. August 1939 eröffnet, dem zehnten Jahrestag des Beginns der Kollektivierung und der Kolchos-Bewegung. In seiner Rede bei der Eröffnung der Ausstellung pries Vjačeslav Molotov die »Stalin-Revolution« und erklärte das »Jahr des großen Umbruchs« 1929 für ein nicht weniger bedeutsames Ereignis als die Oktoberrevolution, die die »Stalin-Revolution« vorbereitet habe. Die Ausstellung sollte zum Schauplatz propagandistischer Massenveranstaltungen werden, deren Ziel darin bestand, den Menschen heitere und freudige Stimmung einzupflanzen und ihren Glauben an die

1 Vladimir Papernyj: Kult'ura »Dva«. Ann Arbor 1983, S. 159.
2 Ebd., S. 160.

Zukunft der sozialistischen Neuordnung zu stärken. Die VSChV wurde zur Keimzelle eines sich über das ganze Land erstreckenden Systems von Musterkolchosen, Vorzeigefarmen und Versuchsfeldern. Auf dem Gelände der Ausstellung liegen die Urbilder der stalinistischen Kultur: der ideale Mičurin-Garten, das Musterkraftwerk zur Stromerzeugung für Kolchosen, die Lesehütte, Baumschulen für subtropische Pflanzkulturen und vieles, vieles andere. Das Propaganda-Ziel geriet derart grandios, daß man, wie im Falle der Moskauer U-Bahn, des Sowjetpalastes und anderer Symbole des »Neuen Lebens«, aufhörte, auf die Kosten zu schauen; niemandem wäre es in den Sinn gekommen, am Erhabenen zu sparen.

Die heutige Vierergliederung der Ausstellung besteht seit dem Jahr 1939. Den ersten und zugleich Eingangsbereich bildete das Gelände zwischen Haupteingang und Hauptpavillon; es war eine riesige Allee mit Fontänen. Den zweiten Teil füllte der Platz der Kolchosen aus, der hinter dem Hauptpavillon begann; ihn rahmten die Pavillons der Sowjetrepubliken, Regionen und Autonomen Gebiete ein, die so ein verkleinertes Modell der Sowjetunion bildeten. Der Platz der Kolchosen ging unmittelbar über in den Platz der Mechanisierung; rechts vom Zentralpavillon lag der Pavillon für Viehzucht und die damit verbundenen Sparten der Landwirtschaft, links der Pavillon für Pflanzenzucht sowie Versuchsfelder, -gärten und Demonstrationsbaumschulen. Der vierte Baustein der Ausstellung war schließlich der Erholungsbereich mit Cafés und Restaurants und den Pavillons der Zentralverwaltungen für Weinwirtschaft, Tabakanbau, Fischzucht usw. Vorgesehen war, daß sich die Erholungszeit an die Besichtigung der gesamten Ausstellung anschloß, die einige Stunden in Anspruch nahm.

Die Allunionsausstellung wurde in den Jahren 1950-54 umgebaut, ihre Grundstruktur aber blieb erhalten. Ein neuer Haupteingang von 90 Metern Höhe entstand; auf dem Platz der Kolchosen wurde ein grandioser Springbrunnen der Völkerfreundschaft mit 16 vergoldeten Mädchen-Figuren angelegt, die die 16 Sowjetrepubliken versinnbildlichten; der Mechanisierungspavillon wurde beträchtlich erweitert und mit einer gigantischen Kuppel gekrönt (in den sechziger Jahren wurde dieser Pavillon in »Kosmos-Pavillon« umbenannt). Folge dieser Umbauten war, daß das »illusionistische« Moment der Ausstellung als eines Raums des Volksjubels deutlich zunahm, während die spezifische Verbindung zur Landwirtschaft zurücktrat. Zudem schossen in den sechziger Jahren Pavillons für Atomenergie, Elektrotechnik oder Maschinenbau wie Pilze aus dem Boden. So ist es auch kein Zufall, daß die VSChV im Jahr 1959 in Ausstellung der Errungenschaften der Volkswirtschaft (VDNCh) umbenannt wurde, wie sie bis zum Ende der Sowjetunion hieß. Nun wurde auf dem Gelände nicht nur die Landwirtschaft, sondern der ganze Kosmos der sowjetischen Industrieproduktion vorgeführt. Nach drei Jahrzehnten, die zwischenzeitlich vergangen waren, erschien das Trauma der Kollektivierung offenbar nicht mehr so tief; über die Spuren des ersten Traumas hatte sich das nächste Trauma, das der Zwangsumsiedlung von Millionen Bauern in die Städte gelegt, das nun seinerseits seine ideologische Therapierung verlangte.

Mitte der fünfziger Jahre erreicht auf der Ausstellung die Staatsästhetik ihren Höhepunkt. Ich erinnere mich gut an meine Kindheitseindrücke vom Besuch der VDNCh: Ich verließ das Gelände völlig verzaubert. Wenn, so dachte ich damals, an diesem Ort, zwischen all den Palästen, Skulpturengruppen und Fontänen, Wunder wahr werden, so kann es gar nicht anders sein, als daß solche Wunder sich auch an anderen Orten viele Male wiederholen. Die ganze Ausstellung war letzten Endes auf eine solche kindliche Wahrnehmung hin konzipiert. Lange Zeit bewahrte ich das Plastikei auf, welches in einem Pavillon das Modell einer Henne »gelegt« hatte, womit der Prozeß des Ausbrütens von Eiern visualisiert wurde. Insofern die Besichtigung dieser »illusionistischen« Räume einer Fata Morgana gleichkam, diente dieses Ei mir als einziger handgreiflicher Beweis dafür, daß die VDNCh wahrhaft existierte und ich dort gewesen war.

Diese Jahre waren in der Tat die beste Zeit der Ausstellung, wenn man die Einwirkung auf die Betrachter zum Maßstab nimmt. Die Propaganda des »Neuen Lebens« erreichte damals eine nie zuvor gekannte Raffinesse. Im Pavillon Armeniens stand beispielsweise ein riesiges Aquarium mit Wasser aus dem armenischen Goktschasee. Darin »tummelten sich die zartesten Forellen«.[3] Und das erwartete den Besucher im benachbarten georgischen Pavillon: »Hinter einer reliefverzierten Tür tut sich vor den Besuchern unerwartet ein subtropischer Garten mit Zitronen- und Apfelsinenbäumen, Teesträuchern, Pfirsichen, blühenden Kaki-Bäume und Rosen auf.«[4]

Selbst schlichte Cafés versuchten die Erbauer im Erholungsbereich »harmonisch« mit dem angrenzenden Eichenwäldchen zu verbinden. Wie in den Moskauer Metro-Stationen wurde auch auf der VDNCh der Beleuchtung enorme Bedeutung beigemessen, so daß die Ausstellung abends zum bevorzugten Ort für Volksfeste, Konzerte und Laienkunstaufführungen avancierte. Jeder der vier Teile des Ausstellungsgeländes hatte seinen eigenen Springbrunnen (»Brunnen der Völkerfreundschaft«, »Steinerne Blume« und »Goldene Ähre« genannt) bzw. ein eigenes System von Fontänen wie die zum Hauptpavillon führende Allee. Und all das wurde am Abend aufwendig angestrahlt. »Abends«, so schreibt der Architekt Anatolij Žukov, »werden die Springbrunnen nach einem fixen Programm angestrahlt, das, wie auch die von den Wasserstrahlen gebildeten Figuren, vollautomatisch abläuft. Der Wechsel der Farben ist mit den Variationen

3 Anatolij F. Žukov: Architektura Vsesojuznoj sel'skochozjajstvennoj vystavki. Moskva 1955, S. 23.
4 Ebd.

der Fontänenstrahlen abgestimmt. Dazu dienen an die 250 Scheinwerfer.«[5]

Man kann sich ausmalen, wie viele Forschungsabteilungen an dem Problem der Synchronisierung der Farb- und Figurenwechsel gearbeitet hatten, wieviel die Herbeischaffung von rotem Tuffstein aus Armenien für den Bau des armenischen Pavillons gekostet hatte oder wieviel die Beheizung des Bodens verschlang, dank deren vor einigen der Pavillons Palmen wachsen konnten. Als Kind stellte ich mir solche Fragen natürlich nicht. Möglicherweise war es das teuerste Disneyland, das jemals irgendwo auf der Welt existiert hat, doch für ein Kind ist das Märchenhafte an der Welt, in die es gelangt, das Wichtigste, und die VDNCh erzeugte eben diesen Effekt (obgleich sie auch als Propaganda-Instrument für Erwachsene eine hoch wirksame »totale Installation« darstellte).

In den letzten Jahren der Sowjetzeit begann der allmähliche Niedergang dieser künstlichen Räume. Die kostspielige »illusionistische« Beleuchtung verschwand, die riesigen Wintergärten und Versuchsfelder wurden aufgelassen. In den achtziger Jahren gingen Firmen dazu über, die VDNCh-Pavillons dafür zu nutzen, potentiellen Käufern, vor allem aus der UdSSR und Osteuropa, ihre Produkte zu präsentieren. Die keine Kosten scheuende Propaganda trat nach und nach hinter dem Kommerz in seiner beschränkten, sozialistischen Spielart zurück.

Für die VDNCh, die wie die Moskauer Untergrundbahn mit vereinten Kräften des ganzes Landes als Symbol von dessen unauflöslicher Einheit gebaut wurde, war der Zerfall der Sowjetunion ein kolossaler Schock. Dadurch verschwand über Nacht der zentrale Signifikant, der all die Pavillons zu einem einheitlichen Ganzen zusammengeschweißt hatte. Um so erstaunlicher ist es, wie schnell dieser riesige Komplex verschiedenartigster Gebäude sich an die postsowjetische Si-

5 Ebd., S. 35.

tuation anzupassen imstande war. Die Mehrheit der Pavillons wurde zu Geschäften und Megastores umfunktioniert, die hauptsächlich die Erzeugnisse ausländischer Hersteller vertreiben. Seit Anfang der neunziger Jahre nimmt der Siegeszug bekannter Markenzeichen seinen Lauf; er fegt gnadenlos über eines der wichtigsten sozialistischen Heiligtümer hinweg. Ausländer behandeln diese rituellen Bauwerke nicht selten mit religiöser Ehrfurcht und erblicken in ihrer brutalen Kommerzialisierung eine Degradierung und Profanierung des einstmaligen ideellen Pathos. Die Meinung eines jungen deutschen Philosophen, der vor einiger Zeit das VDNCh-Gelände besuchte, klingt so: »Allen ideologischen Inhalts entkleidet, bieten sich die Monumente in ihrer nackten Lächerlichkeit dar. [...] Die Ordnung des Pathos ist durch eine allumfassende Blasphemie abgelöst worden – eine Dedramatisierung dramatischen Ausmaßes. Aus dem Gebäude, das einmal die Errungenschaften der UdSSR ausstellen sollte, ist eine Leistungsschau des Imports geworden. Es ist, als würde man einen gewaltigen Minderwertigkeitskomplex ausstellen, der den russischen Selbsthaß auf die Spitze treibt.«[6] Eine mehr als verständliche Ansicht, wenn sie auch nicht berücksichtigt, daß die Pavillons der VDNCh ursprünglich sozialistische, *atheistische* Heiligtümer waren, so daß die Waren recht eigentlich das Reale jenes imaginären Überflusses darstellen, den sie von Anfang an predigten und priesen. Es ist bloß so, daß der Handel mit ästhetisch-propagandistischen Urbildern dem realen Handel gewichen ist. Diese Tempel waren im Namen des Diesseits errichtet worden, und ihre spezifische Religiosität bestand in der Ablehnung des Transzendenten, in der unerschütterlichen Gewißheit, daß es bald gelingen würde, den Himmel auf die Erde herunterzuholen. Und siehe da, der Himmel kam schließlich in Gestalt einer Flut von ausländischen Waren, die von ihren

6 Knut Ebeling: Moskauer Tagebuch. Doppelbelichtung. Wien 2001, S. 42.

glücklichen Besitzern endlich auch wirklich benutzt werden können. Das Plastikei, das ich als Kind zum Andenken an den Besuch des Wunders VDNCh aufbewahrt hatte, hatte gleichfalls mit der Idee der Ware zu tun, und es war nur auf den ersten Blick dysfunktional; es verkörperte nicht mehr als jenes geballte ideologische Pathos, mit dem man damals die Menschen zu »füttern« versuchte. Insofern stellt die Über-fülle an ausländischen Waren teilweise die Einlösung derjeni-gen Erwartungen dar, die von der Sowjetmacht hier, auf dem Gelände der VDNCh, über Jahrzehnte hin geweckt und gleich wieder enttäuscht worden waren. Die Tatsache, daß man sich vom Eidos von Viehzucht, Gartenbau, Fischfang und ähnlichem nicht ernähren kann, darf nicht über die Hauptsache hinwegtäuschen: Der Kult des Volkes, der von der Partei skrupulös aufrechterhalten wurde, verlangte es, Gott zum Hauptfeind des Volkes zu erklären, und bedeutete unablässigen Kampf gegen das Transzendente. Der schon zitierte deutsche Philosoph ahnt etwas Ähnliches, wenn er ausruft: »Oder ist für diese Leute eine Krönung, was ich als Blasphemie empfinde?«[7] In dem, was von außen als Gottes-lästerung wahrgenommen wird, vollendet sich das ursprüng-liche kommunistische Pathos, eine Vollendung, die ohne seine Entsublimierung unmöglich wäre (insofern der ideolo-gische Inhalt der stalinistischen Monumente unter anderem auch die extrem sublimierte – und deshalb unrealisierte – Idee der Ware ist, die ihre Verkörperung im Dienst am Göt-zen Volk fand).

Die VDNCh der Gegenwart (ihr heutiger Name lautet VVC, Allrussisches Ausstellungszentrum) vereinigt in sich die Merkmale von Shopping-Mall und Stadtpark, Museum und Ausstellung, »Flohmarkt« und Kinderspielplatz. In di-rekter Nachbarschaft zu den stalinistischen Palästen schoß eine Unmenge von Handelspavillons, Kiosken und Ver-

7 Ebd.

kaufsständen aus dem Boden. Über allem hängt ständig der Geruch von Zwiebeln und gebratenem Fleisch, da für die Besucher unter freiem Himmel Schaschlik-Spieße gegrillt werden. Die VDNCh-Architektur wird jetzt als Inbild von Kitsch und Eklektizismus wahrgenommen, als hilfloser Versuch, klassische Vorbilder nachzuahmen. Ausländer, die das Gelände besuchen, wundern sich darüber, warum die Säulen nicht in dorischen oder ionischen Kapitellen enden, sondern – in einer Ziegenherde oder einem Pflanzenornament, warum anstelle der üblichen Quadriga auf dem Dach ein Stier oder eine Frau und ein Mann stehen, die Ährenbündel in den Händen halten. Das unabweisliche Gefühl des Fehlens jeder stilistischen Einheitlichkeit hängt mit dem Verschwinden des Kontextes zusammen, in dem und für den diese Architektur, diese Plastiken, dieser Dekor und diese Springbrunnen einst geschaffen worden waren. Darüber können wir uns heute nur noch anhand von Büchern aus jener Zeit, Zeugnissen von Zeitgenossen, Filmen und Photographien ein Urteil bilden. Zerfallen ist auch das kollektive Subjekt, auf dessen Rezeption diese und andere stalinistische »Räume des Jubels« berechnet waren. In der Schlußepisode des Films »Der helle Weg« wird der Heldin (Ljubov' Orlova), dem »sowjetischen Aschenputtel«, im Kreml ein Orden verliehen, und sie fliegt in Begleitung einer Fee mit einem Auto durch die Luft auf   das Gelände der VSChV, wo sie im Pavillon der Textilindustrie pathetische Gedichte über das »Neue Leben« rezitiert. Indes fährt der Webstuhl, auf dem sie wie auf einem Sockel steht, fort, automatisch Stoff zu produzieren. Als sie das Lied »Für uns gibt es kein Hindernis zu Land noch zu Wasser« anstimmt, spürt sie, daß durch sie hindurch das ganze Volk singt. Hier trifft sie auch ihre große Liebe (Evgenij Samojlov), und gemeinsam streifen sie durch die Ausstellung, am Basrelief des Pavillons von Moskau, Rjazan' und Tula entlang. Die darauf dargestellten Menschen sind um ein Mehrfaches größer als die Schauspieler, und die Gefühle der Protagonisten werden erst auf diesem kollektivistischen Hintergrund verständlich. Zu Stalins Zeiten geschah in gewissem Sinne alles um dieser riesigen steinernen Figur halber, als deren Partikel sich zu fühlen jeder Bürger der Sowjetunion verpflichtet war. Der Zerfall der kollektiven Körper nahm diesen Räumen ihr Pathos und machte ihren außerordentlich eklektischen und kitschigen Charakter offensichtlich. »Wie konnte man bloß an so etwas glauben«, wundert sich der zeitgenössische Betrachter. »Warum wird die Technik, die dem Prozeß der Modernisierung zugrunde liegt, hier in derart mythologisierter Gestalt präsentiert? Wie konnte es überhaupt zu dieser merkwürdigen Symbiose des Modernsten mit dem Allerarchaischsten kommen?« Allein die Möglichkeit, solche Fragen zu stellen, bedeutet, daß uns heute eine unüberwindliche Distanz von der Sowjetunion trennt. Was gleichzeitig Werkzeug und Produkt des Terrors war, kann, ohne den letzten Rest an Aufrichtigkeit einzubüßen, seine Zeit nicht ungestraft überleben.

Die Massen der Stalin-Zeit – in der Hauptsache Menschen, die gestern noch Bauern gewesen waren, im Gegensatz zu den ursprünglichen Ideen der revolutionären Utopie, auf welche sich die Avantgarde der zwanziger Jahre gestützt hatte, – sie waren in ihrem Unbewußten von Archetypen geprägt, die von ihren früheren Unterdrückern entlehnt waren. Ein solcher Archetyp war das Bild des Tempel-Palastes, das in der hochtrabenden Utopie des Palasts der Sowjets, den »unterirdischen Palästen« der Moskauer Metro, dem Theater der Sowjetarmee, den Stalin-Hochhäusern und einer Reihe von Pavillons der VDNCh Gestalt annahm. Diese für den allgemeinen Gebrauch bestimmten Tempel-Paläste kompensierten das Trauma der Frühphase der Zwangsurbanisierung, das mit einem horrenden Mangel an privatem Wohnraum und der Dominanz sogenannter Kommunalwohnungen in der Sowjetunion zusammenhing. Und wenn dies auch von der Warte der linken Revolutionskultur her betrachtet reaktionäre Phantasien waren – in den dreißiger bis fünfziger Jahren waren eben sie es, die realisiert wurden. Die Ideologie trug mit Hilfe von Gewalt den Sieg über den Alltag davon, und damit ist zumindest teilweise erklärt, warum Träume von individueller Selbstverwirklichung in der postsowjetischen Zeit so oft brutale und unangemessene Formen annehmen. Und auch vom Diktat des Kollektivs befreit, bleibt die postsowjetische Persönlichkeit in ihren urtümlichsten Bestrebungen kollektivistisch geprägt. Nicht von ungefähr möchten die Moskauer lieber an einem so sakralen Ort wie der VDNCh einkaufen – als ob sich in den Kaufakt ein Tabubruch mischte, was diesen Akt erst richtig pikant macht. Die einstige ideologische Füllung hilft heutzutage, Profit zu machen. Im Saal der Stalin-Verfassung, wo im Jahre 1939 Dioramen aller elf damaligen Sowjetrepubliken angebracht wurden, werden jetzt Computer verkauft. Wenn man genau hinsieht, merkt man, daß viele Dekorelemente an ihrem früheren Platz geblieben sind; hatten sie einst Akte symbolischen Tauschs legitimiert, so tragen sie heute nicht weniger effektiv zur Intensivierung von Kauf- und Verkaufsgeschäften bei. Das symbolische Streben nach Überfluß hat sich für einen (zahlenmäßig noch geringen) Teil der Moskauer in profaner Warenform realisiert. Die Frustration, unter der die Mehrheit der unter der Armutsgrenze dahinvegetierenden russischen Bevölkerung leidet, hängt ja auch nur damit zusammen, daß sie an der erst kürzlich entbrannten Warenorgie nicht teilhaben können, und keineswegs (wie die Theorie der sekundären Rationalisierung verkündet) mit der Entsakralisierung der »Räume des Jubels« selbst.

Die VDNCh war als Modell eines kommunistischen Paradieses konzipiert worden, als Raum für das, was definitionsgemäß keinen Ort hat, weil es der Ort (der Topos) der U-topie ist. Während die erste Landwirtschaftsausstellung, die in Moskau 1923 stattfand, den Zweck hatte, den Bauern des rückständigen Landes fortschrittliche Methoden des Wirtschaftens nahezubringen, wie sie im Westen praktiziert wurden, verhielt es sich auf den Nachfolgeausstellungen VSVCh und VDNCh exakt umgekehrt: Jetzt sollten es bereits die Ausländer sein, die anreisten, um von den »Ernte-Stoßarbeitern« aus den Kolchosen, den Stachanov-Arbeitern der Viehzucht, den »angesehenen Leuten« des neuen Rußland zu lernen. Alle Pavillons der Sowjetrepubliken am Platz der Kolchosen sollten genau ihrer Bedeutung innerhalb des Gefüges der Sowjetunion entsprechen, sie weder herabmindern noch übertrieben hervorheben. So befand Nikita Chruščev, als er gerade zum ersten Sekretär der Kommunistischen Partei der Ukraine ernannt worden war, daß der Pavillon der Ukrainischen Sowjetrepublik auf der Ausstellung schlechter aussehe als der Moskauer, und forderte, ihn monumentaler zu gestalten, dem Rang der Ukraine als »Kornkammer der Sowjetunion« und bedeutendstes Landwirtschaftszentrum gemäß.[8] Bezeichnenderweise gab es auf der Ausstellung des Jahres 1939 gar keinen Pavillon der Russischen Föderativen Sowjetrepublik, weil im Bewußtsein der Menschen jener Zeit die RSFSR ein Synonym der UdSSR war. Ein entsprechender Pavillon taucht erst 1954 auf und ist dann selbstredend der größte nach dem Hauptpavillon. Da mit der Zeit eine ganze Reihe solcher Veränderungen auf dem Gelände der Ausstellung vorgenommen wurde, kann man sagen, daß sie sich im Einklang mit der Parteilinie, mit Führungswechseln und Veränderungen in den Stimmungen der Massen usw. wandelte. »Die VDNCh«, bemerkt der führende Moskauer Konzept-Künstler Andrej Monastyrskij in seinem Aufsatz »Die VDNCh, Hauptstadt der Welt«, »ist der Gral der Sowjetmacht. Doch im Gegensatz zu den ägyptischen Pyramiden, Sphinxen oder römischen Tempeln, unter deren Vorzeichen der allmähliche Niedergang der jeweiligen Kulturen vor sich ging, gibt es auf der VDNCh eine tao-buddhistische dy-

8 Papernyj, a. a. O., S. 162.

namische Sakralität, welche von der unablässigen Veränderung der Strukturen und dementsprechend der sakralen Gegenstände ausgeht. So wollte der Anschein entstehen, daß eine geschlossene Gesellschaft vom Typ der Sowjetunion ein Potential künftiger Veränderungen in sich trüge.«[9] Ende der achtziger Jahre des 20. Jahrhunderts schienen diese Potentiale noch immer erst teilweise erschöpft, und obgleich die Entsakralisierung dieser Räume und des in ihnen beschlossenen Eidos der sowjetischen Kultur in vollem Gange war, paßten sie sich extrem schnell an die neue Lage an. Propagandaformeln vom Typ »Es lebt sich besser« oder »Dank an Genosse Stalin für das glückliche Kolchos-Leben« wurden von den Werbeslogans transnationaler Konzerne abgelöst wie »Schöner Wohnen« oder »You are so beautiful«.

Die sowjetische Ausstellung war anfänglich als gigantische Inszenierung zu Agitationszwecken geplant worden, die unter der Führung der KPdSU von Architekten, Bauleuten, Regisseuren, Schauspielern und Fremdenführern aufgeführt wurde. Diese Inszenierung erzeugte nicht nur fröhliche Stimmung, sondern hob auch die Grenze zwischen Realität und Fiktion auf. »All das hatte keinerlei Bezug zu den echten Sorgen der Kolchosbauern, verhalf der Ausstellung aber dennoch zu dauerhaftem Erfolg.«[10] Vieles von dem, was hier vorgeführt wurde, gab es nur in einem oder wenigen Exemplaren, war in seiner Herstellung unglaublich teuer und eignete sich nicht für die Serienproduktion (auch wenn stets das Gegenteil behauptet wurde). Während die Urbilder der stalinistischen Kultur überhaupt nicht käuflich waren, gibt es heute zwischen Ware und Konsum nur noch ein einziges banales Hindernis – das Fehlen kaufkräftiger Nachfrage bei der

9 Andrej Monastyrskij: VDNCh – stolica mira. Šizoanaliz, in: Mesto pečati 12 (2000), S. 38-51, hier: S. 44.
10 Irina Belinceva: »Das Paradies auf Erden« oder Wie die Allunions-Landwirtschaftsausstellung gebaut wurde. In: Peter Noever (Hg.): Tyrannei des Schönen. Architektur der Stalin-Zeit. München-New York, S. 189-191, hier: S. 191.

Masse der russischen Bevölkerung – immerhin eine unbestreitbare Humanisierung der alten terroristischen Formel, die Propagandabilder zum Konsum anbot.

Heutzutage erwartet die Kunden, die zum Einkaufen auf das ehemalige VDNCh-Gelände kommen, gleich hinter dem Haupteingang eine Menge von Händlern, die diverse Waren und Dienstleistungen anbieten; die meisten Moskauer aber wissen, daß es sich dabei um ganz gewöhnliche Betrugsversuche handelt. Der Platz der Kolchosen und der Platz der Mechanisierung sind Bereiche vergleichsweise soliden Handels; hier findet man auch viele weltweit agierende Firmen. Was die vierte Zone der früheren Ausstellung anbetrifft, ist sie im Niedergang begriffen. Das größte Restaurant »Zur goldenen Ähre« wird seit Jahren umgebaut, ein Teil der Pavillons ist geschlossen oder wird zu Lagerzwecken genutzt. In diesem abgelegenen Teil der VDNCh haben sich einige Rudimente der Sowjetzeit erhalten, so die Modelle von Geflügelfarmen im Geflügelzuchtpavillon, die in riesigen Eiern stecken; klarerweise kommt niemand auf die Idee, diese käuflich erwerben zu wollen.

Die in diesen Monumentalgebäuden anzutreffende Kombination von Palästen ohne Palastherrn (also Volkspalästen) und Tempeln ohne Gott (wenn man nicht im Parteiführer seinen Gott erblickt), von Unterwerfung unter das Kollektiv und Verachtung gegenüber dem Individuum muß sich zwangsläufig immer seltsamer ausnehmen – und zwar nicht nur für einen außenstehenden Betrachter, sondern auch für die Nachfahren derer, mit deren stillschweigender Billigung diese Paläste und Tempel einst entstanden waren. Die Geste der Vertreibung der Händler aus dem Tempel wäre insofern unangebracht, als diese Tempel eben um des Handels willen mit dem Pathos des »Neuen Lebens« und von oben verordnetem Jubel errichtet wurden. Die Erscheinungsformen des Terrors sind kulturell einmalig, und wenn die massenhafte Gewalt abnimmt, wird es extrem schwierig, die Zeichen die-

ser Kultur zu entziffern. Jene Zeichen zeugen von der Un-
vollendetheit der sowjetischen Spielart von Modernisierung,
die sich auf archaische Vorstellungen der russischen Bauern-
schaft von einer »leuchtenden Zukunft« stützte, in der das
Kollektiv endgültig das Individuum verschlingen und der
Alltag aus den Allgemeinbegriffen Arbeit, Heldentat, Mutterschaft und Fruchtbarkeit bestehen würde.

2001

Verbotene Stadt

In ihren Aufzeichnungen über Moskau klagen Ausländer öfters darüber, daß die Stadt sich schwer erschließe. In der vorpetrinischen Zeit mußte man für eine Stadtbesichtigung entweder die Wachen einschläfern oder eine offizielle Genehmigung erwirken. Im letzteren Falle wurde dem Gast auf dem Weg zu der Stelle, die er anschauen wollte, ein Strelitze mitgegeben. In späterer Zeit kam bei Ehrengästen – wie dem Marquis de Custine im Jahr 1839 oder André Gide 1936[1] – ein anderes Muster zu Anwendung: Die Besichtigung wurde von einem Kommentar untermalt, der dem Gast die »offizielle« Wertung des Gesehenen unterschieben sollte. Und schließlich, bei einer dritten Variante, gibt es zwar keine gesonderten Verbote, doch ohne Kenntnis der russischen Sprache und Kultur ist der Gast schlicht außerstande, das Gesehene zu begreifen. D. h. der Reisende wird entweder direkt in seinem Bewegungsradius eingeschränkt, oder ihm werden seine unmittelbaren Eindrücke quasi »vorgesagt«, oder aber er erhält die Möglichkeit, seine eigene Beschränktheit freimütig an den Tag zu legen. In den ersten beiden Fällen wird das für einen westlichen Besucher wichtige *Recht zu sehen* von außen eingeschränkt; es wird die trügerische Illusion erzeugt, daß der Besucher ohne diese Einschränkung mehr – wenn nicht alles – sehen und begreifen könnte. Erst im dritten Fall wird auch diese Illusion zerstreut: Die Anhäufung visueller Eindrücke führt nicht zum Verstehen, sondern zerstört nur die a priori gehegten Erwartungen, und übrig bleiben Ruinen.

1 Astolphe de Custine: La Russie en 1839. Dt.: Russische Schatten. Prophetische Briefe aus dem Jahre 1839. Übers. v. A. Diezmann. Nördlingen 1985; André Gide, Retour de l'U. R. S. S. Dt.: Zurück aus Sowjetrußland. Übers. v. Ferdinand Hardekopf. Zürich 1937.

Die besondere Bedeutung von Benjamins *Moskauer Tagebuch*[2] besteht darin, daß es einer der wenigen Texte der dritten Sorte ist: Der Autor dieses Textes wird nicht daran gehindert, sich umzusehen und das Gesehene einer eigenen Interpretation zu unterwerfen; zudem ist Walter Benjamins visuelle Wahrnehmungsfähigkeit nicht nur außergewöhnlich hoch entwickelt, sondern sie ist von den besonderen Umständen noch zusätzlich geschärft – von der Oktoberrevolution, die Moskau zum Zentrum eines Ereignisses von globaler Bedeutung machte, und der Liebe zu Asja Lazis, der »bolschewistischen Lettin aus Riga«, um derentwillen Walter Benjamin nach Moskau gereist ist. Benjamin häuft eine enorme Menge von visuellen Eindrücken an: Händlerinnen, die ihre Ware direkt auf dem Trottoir anbieten; Kirchen, die an Festungen erinnern; Torbögen, hinter denen sich kleine Dörfer auftun; wenige Autos und zahllose Pferdedroschken; »rote Ecken« mit Leninbüsten anstelle von Ikonen; Bauern auf dem Bahnhof vor einer riesigen Landkarte, die ihr gigantisches Land betrachten usw.

In visueller Hinsicht ist Benjamins Moskau somit eines der zuverlässigsten; ohne Schwierigkeiten ließe sich eine Karte praktisch aller von ihm abgegangenen Wege – im Stadtzentrum, in der Regel innerhalb des Garten- und des Boulevard-Rings – erstellen. Doch je mehr Benjamin sieht, um so weniger begreift er. Er erklärt sich das mit seiner fehlenden Kenntnis der russischen Sprache, doch dürfte das kaum der einzige Grund gewesen sein. Der Berliner Philosoph und Journalist kultiviert nämlich die innere Distanz, die ihn von Moskau trennt; er ist bezaubert von der *Nähe der Distanzen* in der Hauptstadt der Weltrevolution. Alles liegt jenseits der Reichweite seiner ausgestreckten Hand, und der Reisende muß sie ewig ausstrecken, denn eine Berührung würde die zerbrechliche Welt seines Traums zerstören. Nähe erscheint so als

---

2 Walter Benjamin: Moskauer Tagebuch. Frankfurt a. M. 1980.

Form der Distanz, eine der hartnäckigsten Formen ihres Daseins. Benjamin nennt Moskau eine uneinnehmbare »Festung«. Bei der Beschreibung der Basilius-Kathedrale bemerkt er, daß sie möglicherweise bloß von oben, vom Flugzeug aus, gut sichtbar ist, weil die Bauleute vergessen hätten, sich gegen den äußeren Blick von dieser ungewöhnlichen, »himmlischen« Warte aus zu »salvieren«. Daran, daß die Bauleute dieses Ziel verfolgten – sich gegen einen äußeren Blick zu »salvieren« –, zweifelt er, wie viele andere Reisende, nicht im mindesten. Ausländer haben seit jeher bemerkt, daß Moskau schwer zu visualisieren ist: Zu unterschiedlichen Zeiten war es verboten, die Stadt zu malen, zu kartographieren oder zu photographieren. John Steinbeck erinnert sich in seinem *Russian Journal* von 1947,[3] daß jedes Mal, wenn der mit ihm zusammen angereiste Fotograf Robert Capa seine Kamera herausnehmen wollte, ein Milizionär herbeieilte und ihn nach seiner Genehmigung fragte; nachdem er das Dokument entgegengenommen hatte, hielt der Milizionär lange per Telefon mit irgend jemandem Rücksprache, und erst danach wurde es Capa gestattet zu fotografieren – einen Kinderspielplatz, einen Platz oder ein Geschäft.

So entsteht der Eindruck, daß es kein vom Blick des Reisenden unabhängiges Moskau gibt; jeder Reisende betrachtet ein schon vorher bestehendes Bild der Stadt und nennt es *post factum* Moskau. (Es wäre aufschlußreich, die Eindrücke von Europäern und Amerikanern einerseits und chinesischen oder türkischen Reisenden andererseits miteinander zu vergleichen. Ich zweifle nicht, daß sie extrem verschieden ausfallen. Doch in der Mehrheit sind die Rußland-Reisenden Menschen westlicher Herkunft.)

Das bedeutet selbstverständlich nicht, daß es im ausländischen Moskau-Archiv keine wiederkehrenden Themen gäbe. So schildern beispielsweise Madame de Staël, Alexandre Du-

3 John Steinbeck: A Russian Journal. New York 1948.

mas père und Walter Benjamin den dörflichen Charakter Moskaus mit fast denselben Worten. Westliche Reisende sehen bis zu einem bestimmten Zeitpunkt (bis zur Umsetzung des Generalplans zur Rekonstruktion Moskaus unter Stalin) in der russischen Hauptstadt keine Stadt der Art, wie sie sie herkömmlich kennen – einen kompakten, dicht bebauten Raum mit einer bestimmten Anzahl zivilisatorischer »Annehmlichkeiten«. Die Abstände zwischen den Moskauer Häusern erinnern sie an kleine Wüsten; in diesen unerklärlichen Leerräumen wimmelt ein anderes, ein gänzlich unstädtisches Leben. Von dieser Art sind auch die Torbögen im *Moskauer Tagebuch* Walter Benjamins, hinter denen sich jeweils ein Dorf verbirgt. Moskau ist eine Janus-Stadt, eine Stadt nur von den Fassaden her gesehen; hinter den Fassaden hingegen tut sich ein für das westeuropäische Verständnis gänzlich unstädtischer Raum auf.

Benjamin besucht Moskau am Ende des ersten Jahrzehnts nach der Revolution, als ein beträchtlicher Teil der westlichen Intellektuellen mit dem Ereignis der Revolution große Erwartungen verband. Die Revolution hatte es geschafft, der Angst die Form von Überzeugung zu geben, Angst zum unverzichtbaren Bestandteil der intellektuellen Entzifferung der Stadt zu machen. Von außen und von innen nahm sich die Stadt dann ganz unterschiedlich aus. Was den Berliner Reisenden in Moskau zur Vorsicht mahnt und sogar erschreckt, sieht er von außen, von Berlin aus betrachtet, in weit optimistischerem Licht. Aber der Blick aus Moskau erscheint ihm unabdingbar: Ohne ihn sei es unmöglich, das zeitgenössische Europa zu verstehen. Das erste, was ihm nach seiner Rückkehr aus Moskau in Berlin ins Auge springt, ist die Einsamkeit der *Menschen*, die vorbildlich gefegten Gehsteige, die überall waltende Ordnung. Die letzten Aufzeichnungen des *Tagebuchs* wurden in Berlin niedergeschrieben; in ihnen werden die repressiven Züge des Moskauer Lebens endgültig verwischt, und es scheint einzig und allein seine helle Seite, die revolutionär-folkloristische auf. Moskau schafft Distanz und legt dadurch die Berliner bürgerliche Welt bloß. Gerade weil die westeuropäischen Anhänger der Großen Oktoberrevolution im bürgerlichen Milieu beheimatet sind, begreifen sie die Vorzüge der Revolution und sind nicht bereit, endgültig mit ihr zu brechen (und diejenigen, die dazu bereit wären, wissen nicht, wie sie das anstellen sollen). Sie alle brauchen diese kollektive Kehrseite des Bürgerlichen, die die Oktoberrevolution eilends und – wie sich später herausstellen wird – zu Unrecht als ihr ureigenstes Produkt ausgab. In Wirklichkeit war diese Revolution eher ein Produkt des ihr vorausgegangenen Kollektivismus, über den die russischen Autoren des 19. Jahrhunderts schrieben.

Was unterscheidet nun das *Moskauer Tagebuch* von dem auf seiner Grundlage in Berlin geschriebenen Essay *Moskau*,[4] den Martin Buber in die Zeitschrift »Die Kreatur« aufnahm? Benjamins Essay *Moskau* wendet sich an Europäer; die Aussagen darin sind gefiltert und hierarchisiert, er strahlt einen geballten historischen Optimismus aus, dessen im *Tagebuch* anwesende Kehrseite hier gelöscht ist und sich nur mit Mühe rekonstruieren läßt. In diesem Essay verschwindet der traumatische Punkt der Gegenwart, den der Autor des *Tagebuchs* unter Qualen durchquert. Die Durchquerung des »Jetzt«-Moments ist immer eine quälende Angelegenheit. Je größer die Erwartungen sind, mit denen ein Ort aufgeladen wird (und das nachrevolutionäre Moskau »leuchtete«der ganzen Welt), desto tiefer sitzt das Trauma vom Aufenthalt an diesem Ort. Wenn man es anstellen könnte, den Gegenwartspunkt, das »Jetzt« ohne Schmerzen hinter sich zu lassen, dann gäbe es weder in Moskau noch in Berlin noch an irgendeinem anderen Ort ein Trauma. Denn in diesem Fall gäbe es überhaupt keinen Ort mehr, er würde entmaterialisiert.

In Moskau sieht Benjamin keinen Ausweg aus den Sack-

4 Walter Benjamin: Moskau, in: Gesammelte Schriften IV 1. Frankfurt a. M. 1972, S. 316-349.

gassen, die beim Blick von Berlin auf Moskau verschwinden. Lesen wir den Essay *Moskau* und das *Moskauer Tagebuch* als ein Ganzes, so werden wir uns zum wiederholten Male davon überzeugen können, daß sich etwas, das nicht zur Publikation bestimmt war, sondern in diesem oder jenem Moment zur Stabilisierung des eigenen Seelenzustandes niedergeschrieben wurde, nicht selten als wertvoller erweist als die »Wahrheiten«, die der Autor der Welt mitzuteilen intendiert.

Einerseits spürt Benjamin, daß der Grund für die Revolution nicht in den von ihr verkündeten Zielen liegt, sondern in etwas anderem, das die Revolution selbst bislang nicht einmal ahnt. Daher rührt sein Aufruf zur Vorsicht und seine entschiedene Absage, eine abschließende Diagnose zu stellen, anstatt eine skrupulöse phänomenologische Beschreibung des Gesehenen zu liefern: Das Gesehene ist hier, in Moskau, in diesem schicksalsschwangeren Augenblick, so schreibt Benjamin, selbst schon Theorie. Andererseits bezaubert ihn die revolutionäre Idee in eben dem Maße, wie sie der Welt, d. h. vor allem dem Westen zugewandt ist und mit der Zukunft der gesamten Menschheit identifiziert wird. In einer seiner Notizen bemerkt er großmütig: Das Privatleben ist in Moskau bereits praktisch abgestorben, es hat sich in den Klub verlagert, an den Arbeitsplatz, ins Büro, auf endlose Versammlungen und Besprechungen. Die Moskauer Wohnungen werden mit Feldlazaretten verglichen, deren therapeutische Möglichkeiten minimal sind. In dieser apokalyptischen Perspektive sind die Moskauer dann ganz andere, den Westeuropäern nicht mehr vergleichbare Menschen. Letztere würden den Entzug ihres Privatlebens als Katastrophe erleben, als Zerstörung ihrer Existenzgrundlage (Benjamins eigene Existenz wird etwa von einem existierenden Markt für geistige Arbeit garantiert). Was aber mit dem Moskauer Anderen geschehen ist, wird gänzlich anders wahrgenommen: als revolutionäre Errungenschaft, der es nicht an gewissen kleineren Unannehmlichkeiten fehlt, die aber im großen und ganzen Begeisterung verdiene. Anders gesagt, was in Moskau natürlich ist, würde an einem anderen Ort, etwa in Berlin, als Katastrophe angesehen. Die Revolution richtet ihren kollektivistisch-humanistischen Aufruf an die Welt – einen Aufruf jedoch, der sich nicht, wie das in Moskau geschehen ist, in radikaler Entprivatisierung des Lebens äußern soll. Nein, in Westeuropa sollte dieser Aufruf sich in irgendwie anderen, noch nicht abschließend geklärten Formen äußern. In Moskau gefällt Benjamin, was hinzunehmen er selbst als freier Intellektueller und Europäer bei sich, im eigenen Land, in keiner Weise bereit ist; gleichzeitig erkennt er paradoxerweise den Revolutionsaufruf als universellen, an alle Menschen gerichteten Appell an. Moskau ist für ihn nicht nur Hauptstadt des weltweiten Proletariats, sondern auch Teil des Weltdorfes: Den Moskauern werde, so Benjamin, noch lange das westeuropäische Verhältnis zur Zeit abgehen. Selbst eine *common-sense*-Aussage wie »Zeit ist Geld« müsse in Moskau durch die Autorität Lenins abgesegnet werden. Und auf Benjamin übt nicht nur die plump-anschauliche Naivität der Propaganda einen unwiderstehlichen Zauber aus, sondern auch die russische Genremalerei, die in der Tretjakow-Galerie ganze Säle füllt. Nur Kinder lieben sonst das Anschauliche in solch exzessivem Maße. Aber was für naive, bisweilen grausame Kinder gut ist, eignet sich keineswegs automatisch auch für Erwachsene, selbst wenn diese gern den Spielen der Kinder auf den ihnen zugedachten, abgezirkelten Spielplätzen zuschauen. Moskau ist ein solcher abgezirkelter Ort: Die Revolution hat nicht von ungefähr hier stattgefunden, wenn auch zu Benjamins Zeiten noch niemand ihren Ausgang vorhersagen kann. Der Unterschied von Lokalem und Globalem, dessen, was in Rußland realisiert und der Welt zugewandt ist, durchzieht den Text des *Moskauer Tagebuchs* von Anfang bis Ende. Eben deshalb lehnt Benjamin das »Mandat« ab, das er von der neuen Staatsmacht theoretisch bekommen könnte. Er würde damit die Voraussetzungen seiner geistigen Arbeit zerstören, sein »Inkognito unter den bürgerlichen Autoren«, das eines notwendigen Minimums an Bürgerlichkeit bedarf. Durch die Zurückweisung des »Mandats« verliert er zwar das Recht, eine Diagnose zu stellen. Aber was für eine Diagnose könnte ein außenstehender, jedoch längst nicht naiver Betrachter der Revolutionsmacht stellen? Krankheit präsentiert sich ihm an diesem Ort als eine besondere Erscheinungsform der Gesundheit; sie heilt die Gesellschaft mit Mitteln, die für andere Gesellschaften fatale Folgen hätten und zu letalem Ausgang führen würden. Nicht von ungefähr beginnt der Essay *Moskau* mit der Gegenüberstellung von Moskau und Berlin, von Kollektivismus und Einsamkeit, von Ballung und Raum. Doch Benjamins Überzeugung, daß der Kollektivismus von den Moskauer Bürgern freiwillig angenommen worden sei, ja, daß man diese besondere revolutionäre Ware zu einem Exportschlager machen könnte, wird *a priori* formuliert und nicht bewiesen. Jene »Vorsicht«, die Benjamin in Moskau beobachtete, die Angst, eine Meinung zu äußern, die von der offiziellen abweicht, wäre richtiger als Horror vor der heranrollenden Welle einer noch radikaleren Entprivatisierung des Lebens, einer noch brutaleren Abrechnung mit der menschlichen Individualität zu dechiffrieren. Einige Folgen, die sich aus dieser »Vorsicht« ergeben, bekommt Benjamin am eigenen Leibe zu spüren: Der zufällig in die Redaktion der »Sowjetischen Enzyklopädie« hereinspazierende Karl Radek nimmt im Vorübergehen Benjamins Artikel über Goethe in die Hand, sieht ihn flüchtig durch und ordnet ihn dem Ausschuß zu. Dieses Urteil »einer Autorität« wird von Benjamins engsten Freunden Bernhard Reich und Asja Lazis als Katastrophe kosmischen Ausmaßes begriffen, die der Moskauer Karriere Benjamins augenblicklich ein Ende setzt. In dieser kafkaesken Situation wirft ihnen der Philosoph »Feigheit« und das »Bedürfnis« vor, »den Mantel nach dem Winde« der Starken dieser Welt

»zu hängen«. Das aber ist eben *jener* revolutionäre Kollektivismus, den Benjamin in anderen Aufzeichnungen seines *Tagebuchs* so optimistisch begrüßt.

Sechs Jahre nach Benjamins Moskau-Reise kommen in Berlin die Nationalsozialisten an die Macht. Die breiten Berliner Gehsteige werden für die Juden derart eng, daß man ihnen am Ende überhaupt verbietet, sie zu betreten. Auf Bürgersteigen zu gehen sollte zum Vorrecht der »Arier« werden. Der Nationalsozialismus bedroht die Lebensgrundlage unseres Autors, weshalb seine Einstellung dazu weit eindeutiger sein wird als zur russischen Revolution. Von der menschlichen Seite her ist das nur allzu verständlich. Während der Faschismus Benjamin als deutschen Intellektuellen und Juden direkt bedrohte, blieb der Kommunismus, der an sich nicht weniger brutal vorging, ihm gegenüber auf Abstand, bezauberte und erschreckte ihn abwechselnd. Der extreme Optimismus, die sorglose Euphorie – all dies sind Symptome eines Leidens, das so tief geht, daß es noch keine sprachliche Repräsentanz findet. Wie viele andere linksorientierte Schriftsteller seiner Zeit sagt auch Benjamin, daß in Rußland kein »Schwarzmarkt der Macht« eröffnet werden dürfe, daß Macht hier, im Unterschied zu den westlichen Analoga, nicht käuflich sein dürfe. Die Extremform einer solchen »Unkäuflichkeit«, die auch Deutschland in Kürze hautnah erfahren sollte, ist der Terror. Wenn wir die »Unkäuflichkeit« besingen, müssen wir bereit sein, die Rolle des Terroropfers zu übernehmen, doch vor dieser Rolle versucht sich, wie die Erfahrung zeigt, im letzten Moment noch der konsequenteste Revolutionär zu drücken.

Im *Tagebuch* wird keine Antwort gegeben auf die Frage, ob die Oktoberrevolution wirklich jenes globale Phänomen war, für das sie sich mit Donnerstimme ausgab, oder nur das Produkt lokaler Umstände, einer spezifisch russischen Rückständigkeit. Die Revolution zeigt mal die eine, mal die andere Facette, bedarf der einen wie der anderen Erklärung.

Diese fundamentale Unbestimmtheit sollte für einen Teil der westlichen Intellektuellen noch lange den Horizont aller Versuche bilden, das Ereignis Revolution zu fassen. Das Bestreben, angesichts des Faschismus um jeden Preis aus dem engen Käfig Europa auszubrechen, war zu jener Zeit so groß, daß die kommunistische Exotik, wie suspekt sie sich aufmerksameren und nüchterneren Betrachtern auch darstellte, von vornherein emphatisch begrüßt wurde. Gerade dank dieses quasi-religiösen Subtextes leuchteten die Kremlsterne der gesamten Menschheit so lange, und *post factum* ist es daher so schwer, die eigene grandiose Verblendung einzugestehen.

Im Gegensatz zum Essay *Moskau* ist das *Moskauer Tagebuch* ein vielstimmiges Werk. Benjamin hält vieles von fremden Stimmen Geäußerte fest, und sein Verhältnis zu diesen Stimmen ist komplex und bleibt oft ungeklärt. Nahezu alle Urteile über das russische Theater sind von Reich und Lazis inspiriert, und die Zahl leiser, »flüsternder« Stimmen in diesem ohne Blick auf eine spätere Publikation geschriebenen Werk ist gewaltig. Im Essay *Moskau* wird diese Vielstimmigkeit verwischt, der Text büßt erheblich an Polyphonie ein, wird, wenn man die Terminologie Michail Bachtins benutzen will, »monologisch«.[5]

Die Kälte des Moskauer Winters macht sich auf jeder einzelnen Seite des Tagebuches bemerkbar. Das rauhe Klima, mit dem Benjamin das erste Mal konfrontiert ist, bildet eine der Hauptstimmen. Wir sehen uns einem eisigen, allein physisch schwer zu bewältigenden Raum gegenüber. Die Anstrengung, der es zur Bewältigung dieses Raums bedarf, wird jedes Mal aufs neue unterstrichen. Das Wörtchen »schwer« ist eines der Schlüsselworte: schwer vorankommen, schwer atmen, schwer zu erklären, was man kaufen möchte, schwer

5 Michail Bachtin: Literatur und Karneval. Zur Romantheorie und Lachkultur. Übers. v. Alexander Kaempfe. Frankfurt a. M. 1990, S. 92.

zu ertragen die Entfremdung nahestehender Menschen. In Moskau ist fast alles »schwer«; deshalb verblüffen die Moskauer den Berliner immer wieder mit ihrer Vitalität, ihrer Fähigkeit, unter so schwierigen Bedingungen zu agieren. Ihn rühren die Straßenhändlerinnen, die ihre Waren ungeschützt auf dem Schnee feilbieten, die »heroischen«, mit Reif überzogenen Rosen auf den Moskauer Torten, Bettler, die findigerweise Posen bekannter Gemälde wie die des »Unglücklichen, dem der heilige Martin mit dem Schwert seinen Mantel durchschneidet« annehmen. Es ist für Benjamin erstaunlich, daß in diesem Reich der Kälte überhaupt etwas geschieht, und dann noch das, was in diesem Reich schon zehn Jahre andauert, ein für die gesamte Menschheit so entscheidendes Ereignis wie die Revolution – es ist einfach ein Wunder. Die Tatsache, daß die Avantgarde der Menschheit sich in einer »improvisierten Großstadt« niedergelassen hat, wo sich hinter jedem Tordurchgang eine ländliche Idylle auftut, ist ebenso unerklärlich wie die Frage, warum die berühmten Kafkaschen Bürokraten auf dem Speicher hausen, in Zimmern, in denen man nicht aufrecht stehen kann. Benjamin verfolgt in Moskau eine fieberhafte Sammlertätigkeit, vor allem um sich später selbst davon zu überzeugen, daß er wirklich und wahrhaftig in dieser nicht ganz realen Stadt gewesen ist. Abwechselnd bezaubert und erschreckt ihn die paradoxale Verknüpfung von Norden und Süden; im Dauerfrost kocht das Leben, als ob »ein neapolitanischer Sommer« herrschte. Bis heute werden in Moskau Loggien gebaut, die den größten Teil des Jahres nicht zu nutzen sind und die die Bewohner hartnäckig verglasen, um ihren Wohnraum zu erweitern.

Moskau ist also gleichzeitig Hauptstadt der Weltrevolution und des Weltdorfes. Anfangs bildet die Revolution noch das Zentrum der Anziehung für die Intellektuellen (in dieser kurzen Zeit ist sie die Inkarnation des Universalen), später hingegen eine Stütze all der Kräfte, die sich für außerhalb der kapitalistischen Weltordnung stehend halten, der Länder der Dritten Welt. In den letzten Jahrzehnten der Sowjetmacht nannten die Einwohner Leningrads und der Provinz Moskau ein »großes Dorf«. Und in der Tat bildet die räumliche Struktur dieser Stadt, im Gegensatz zu Leningrad bzw. Petersburg, die im ganzen riesigen Rußland herrschenden Beziehungen der Menschen zum Raum auf organischere Weise ab. Nicht von ungefähr wurde Moskau im offiziellen Jargon »kommunistische Musterstadt« genannt. Erst Jahrhunderte gewaltsamer Zentralisierung konnten eine Stadt entstehen lassen, die gleichsam das ganze Land in sich aufgesogen hat. Die Bestrebungen der Stalinzeit, aus den Moskauern eine besondere Spezies Mensch zu machen, führte zur Schließung dieser Stadt: es wurde das heutzutage durch eine Registrierung abgelöste System der Meldebescheinigungen eingeführt, doch im Grund ist das Verwaltungsverfahren bis heute ein Verbotssystem geblieben. Wenn in Rußland der Föderalismus siegen sollte, würde Moskau einen beträchtlichen Teil seines imperialen Glanzes einbüßen.

Benjamin schrieb, daß der Kult der Lenin-Abbildungen in der damaligen UdSSR mit dem Kult der Landkarten konkurrierte, weil die einfachen sowjetischen Bürger sehr stolz waren auf die unermeßliche Größe ihres Landes. Traditionell hatte man in Rußland Karten und Fotografien beargwöhnt, weil man in ihnen eine unzulässige Visualisierung des Sakralen sah. Das erste nachrevolutionäre Jahrzehnt bildet in dieser Hinsicht eine Ausnahme. Es ist die Zeit von Vertovs *Mensch mit Kinoapparat*, von Ėjzenštejns *Oktober*, den Fotografien Rodčenkos, von Konstruktivismus, Suprematismus und Produktionskunst. Drei Jahre nach Benjamins Rückkehr aus Moskau wird allen diesen Bestrebungen ein Ende gesetzt; es beginnt die Zeit des Sozialistischen Realismus unter ideologischer Kontrolle der Partei.

Noch aber erscheinen die beiden Avantgarden, die politische und die künstlerische, als ein Ganzes; die von ihnen verfolgten Ziele stellen sich ebenfalls als analog dar. Das Universale und das Exotische sind in Moskau auf so wundersame Weise miteinander verflochten, daß man ihre Träger nur schwer nach allgemeinen Regeln beurteilen kann. Was für diese Menschen gut ist, die gerade *wegen* ihrer Unterentwicklung zeitweise die Avantgarde der Menschheit zu sein scheinen, gilt nicht unbedingt für den europäischen Betrachter. Weder Stadt noch Dorf, sondern etwas Unsagbares, strahlt das Moskau der Jahre 1926 und 1927 eben jenes utopische Potential aus, an dem es Europa so mangelt. Sichtbar werde hier, so wiederholt Benjamin, das Unfaßbare, das sich verdoppele, verdreifache, verzehnfache, der endgültigen Fixierung entziehe und Theorie unmöglich mache. Erst auf den unbelebten Berliner Bürgersteigen, weit weg von den »heroischen Weihnachtsrosen« und der extrem breiten Horizontlinie über Moskau, kommt Benjamin wieder zu sich und schreibt den Essay *Moskau*, in dem er dem westeuropäischen Publikum die sowjetische Kulturpolitik nahezubringen sucht. Diese Darstellung spart nicht mit Ermahnung und Belehrung, die im *Tagebuch* gänzlich fehlen. Benjamin begreift seine Unvereinbarkeit mit dem revolutionären »Mandat« und erkennt gleichzeitig die global-historische Bedeutung dieses »Mandates« an. Doch ahnt er noch nicht, daß binnen fünf Jahren in Berlin der Nationalsozialismus siegen wird, der ihn auch mit dieser Stadt und sieben Jahre später mit ganz Europa und dem Leben schlechthin »unvereinbar« machen wird. In einem Hotel in dem kleinen Städtchen Port Bou an der französisch-spanischen Grenze setzt Walter Benjamin im September 1940 seinem Leben unter höchst verwickelten und tragischen Umständen ein Ende.

Benjamins Entfremdung von Moskau hängt nicht allein mit der Unkenntnis der russischen Sprache zusammen, sondern auch damit, daß die Sowjetunion sich in dieser Zeit bereits anschickt, das ohnehin schon in ein enges Korsett gepreßte revolutionär-künstlerische Projekt einzustellen. In

Moskau, so merkt Benjamin an, gibt es keinen Platz für Intellektuelle, gibt es kein Publikum. Indem Benjamin sich verächtlich über die Vertreter der Neuen Ökonomischen Politik äußert, konstatiert er *de facto* lediglich, daß ihr Schicksal besiegelt ist, doch ihm entgeht, daß ihr Schicksal auch jene teilen werden, die sich selbst für ihre unversöhnlichen Feinde und gnadenlosen Kritiker halten. Noch weniger begreifen dies, von der Größe des Augenblicks berauscht, Bernhard Reich, Asja Lazis, Wacław Pański und andere Vertreter der Revolutionskultur, die später umkommen werden oder durch Lager und Verbannung hindurchgehen. Sie wiederholen unablässig Sätze wie »Zermalmt das Pack der Konterrevolution! Zerschlagt die Reste bürgerlichen Alltags!« oder ähnliches, ohne nur zu ahnen, daß sich diese Parolen bald gegen sie selbst wenden sollten.

Vielleicht kann uns das eine Lehre sein. Auch wir leben in einer Zeit der Intoleranz, glauben an einfache Lösungen komplexer Probleme, beanspruchen für uns selbst einen privilegierten Zugang zur »Wahrheit«, ohne zu ahnen, daß diejenigen, die wir verachten, genauso verfahren. Kompromißlosigkeit ist nur dann gut, wenn sie die Aktien der Welt überhaupt entwertet. Doch kompromißlos in diesem Sinne sind wir nur selten. In der Regel legen wir innerhalb der Welt, die uns als einzig bedeutsame erscheint, Toleranz an den Tag, weil wir gewohnt sind, aus Kompromissen Vorteile zu ziehen und rational vorzugehen. Die revolutionäre Alternative zu solcher Toleranz ist der Terror, und in der UdSSR hat diese Variante triumphiert. Die Wahnhaftigkeit einer Welt, in der sich so viele Propheten sammeln, ist offensichtlich. Von außen gesehen besitzt der Wahn eine gewisse Anziehungskraft, sonst hätte er nicht so viele Anhänger auf der ganzen Welt.

Die postsowjetische Welt hat übrigens einen Vorteil, den ein zivilisierter Mensch schwer zu würdigen weiß: Man kann sich mit ihr kaum identifizieren, man kann sie nicht verehren!

Das Absurdum einer Apokalypse, die sich lange hinzieht, läßt den Gedanken reifen, daß der Schritt aus dieser Welt hinaus schon längst vollzogen ist und daß es nur eines schlichten Blickes von außen bedarf, um zur erhellenden Einsicht zu gelangen.

November 2000

Schönschriften des Terrors.
Zurück aus Sowjetrußland –
André Gide als »großer Reisender«

Einen »großen Reisenden*[1]« nennt Walter Benjamin André Gide. Damit ist das Genre des Gideschen Textes *Zurück aus Sowjet-Rußland* treffend erfaßt. Der »große Reisende« wird in die Sowjetunion eingeladen, auf daß er ein (günstiges) Urteil über das dort Gesehene fällen möge, ein Urteil, das der Legitimation dienen und das historische Geschehen und die Wahrheit über dieses Geschehen in Einklang bringen soll. Das Urteil dieses Reisenden hat Gewicht. Daher muß es wohl erwogen sein. Von sowjetischer Seite ist man bereit, etwas in dieses Urteil zu investieren, aber auch das Subjekt investiert viel in sein Urteil; der Träger des berühmten Namens gibt seine Unterschrift.

Die Dialektik von Aufrichtigkeit und Konsistenz entfaltet sich in *Zurück aus Sowjet-Rußland* allein im schreibenden Ich (das selbstredend nicht mit dem Ich des Schreibenden identisch ist). An diesem gesegneten (oder verdammten) Ort Sowjetunion steht das schreibende Ich stellvertretend für die Menschheit und die Kultur; diese ist es, die es repräsentiert, und erst in zweiter Linie, um der Rettung der ersteren willen (als Pharmakon – Medikament oder Gift[2]), die UdSSR.

»Es gibt Dinge, die mir wichtiger sind als ich selbst; wichtiger als die UdSSR –: nämlich die Menschheit«,[3] behauptet

---

1 * bedeutet hier und im folgenden: Im Original deutsch.
2 Jacques Derrida: Platons Pharmazie, in: Dissemination. Übers. von Hans-Dieter Gondek. Wien 1995, S. 69-190, hier: S. 106-130.
3 Zitiert nach André Gide: Zurück aus Sowjet-Rußland. Übers. von Ferdinand Hardekopf. Zürich 1937, S. 13 (die Übersetzung aus dem Französischen wurde bisweilen geringfügig im Sinne von Syntax und Argumentation Ryklins angepaßt).

unser Reisender, so als könnten sich Menschheit und Sowjetunion anders konstituieren als durch das Ich, als hätte das Ich nicht schon je die Form des »Wir«, des »wir Denkenden«. Für dieses »Wir« ist die Welt durch die Vorstellung umrissen; von ihm erwartet sie ihr Urteil. »Ich«, »Wir« und »Menschheit« sind füreinander beileibe nicht die Fremden, für die sie der »große Reisende« zuweilen ausgibt. Im Gegenteil, sie haben lange vor der Reise ins Land der verwirklichten Utopie, lange vor der Rückkehr von dort miteinander Bekanntschaft geschlossen.

Die epistemologischen Privilegien derer, die »von innen heraus« urteilen, die »Stellung bezogen haben«, die in die Theorie wie in einen *Agon* hineingezogen waren, – diese ganze Benjaminsche Problematik[4] verliert sich bei Gide, sie verschwindet völlig. Bewertung wird bei Gide systematisch vorgenommen, doch nicht parallel zu Benjamins »phänomenologischem Motiv«, zur tragischen Selbstbewertung der Dinge, sondern als notwendige Vorbereitung auf das Große Urteil, auf den Schiedsspruch, in dem die Menschheit erkennen (oder nicht erkennen) soll, wonach sie von Anfang an gestrebt hat. Die Sowjetunion wird darauf hin erforscht, ob ihre Wahrheit der Wahrheit des »Wir« entspricht, ob das, was man aus Menschen »machen kann« (das wird als bekannt vorausgesetzt), dem entspricht, was man aus ihnen »gemacht hat«. Auf der symbolischen Ebene investiert André Gide mehr in die Sowjetunion, als die Gastgeberseite selbst für ihn, Gide, investiert, wenn sie darauf abzielt, sein Urteil zu kau-

4 Ryklin arbeitet an Benjamins Tagebuchdiskurs eine Opposition von innen und außen heraus (Ryklin, Back in Moscow, sans the *USSR*, in: Žak Derrida v Moskve. Dekonstrukcija putešestvija. Moskva 1993, S. 86-108, hier: S. 93 f.) und definiert das »phänomenologische Motiv« folgendermaßen: »Das in Begriffen von Erscheinung und Wesen Uninterpretierbare kann sich *quasi* selbst beschreiben, sich selbst präsentieren. Ohne eine Möglichkeit von Repräsentation.« (Ryklin, ebd., S. 94). Das Hineinziehen aller, auch des »unbeteiligten« Betrachters in eine totale Mobilisierung, einen *Agon*, gewinnt Überhand über jede Betrachtung von außen. (A. d. Ü.)

fen, um es vorhersagbar zu machen. Das Übermaß an Investitionen aller Beteiligten verleiht der Reise einen irrealen Charakter, macht daraus eine Reise aus der Fremde, aus Frankreich, wo Gide die Unvorsichtigkeit hatte, vor seiner wahren Geburt geboren zu werden, in die »Wahlheimat«.

Auf die Spur dieser gigantischen Investitionen führt eine grammatikalische Besonderheit des Gideschen Textes, die Fülle an Pronomina in der ersten Person Plural, die der Sowjetunion die »Wahrheit, die schmerzt«, abzwingen sollen:

»Was wir erträumten, was wir kaum zu hoffen wagten und doch mit allen Fasern erstrebten: dort in Rußland hat es sich zugetragen. [...] Bis zu welchem Grade würden wir uns im Falle eines Zusammenbruchs verpflichtet fühlen?«[5] In der Sowjetunion »vollzog sich ein Experiment ohne Gleichen, das unser hoffendes Herz schwellen ließ und von dem wir [...] einen Aufschwung erwarteten, so stark, daß er die ganze Menschheit mit sich reißen müsse. [...] An das ruhmvolle Schicksal der UdSSR schien unseren Herzen und Sinnen alle Zukunft der Kultur geknüpft; das haben wir oft mit Entschiedenheit wiederholt.«[6]

Im Schraubstock des urteilenden »Wir« fixiert, gibt die Sowjetunion preis, daß sie mit einer doppelten Potentialität schwanger geht. Erstens werden ihr eigenes Ganzes und die Totalität ihres Versprechens in die Zukunft übertragen; in der Gegenwart gibt es sie einzig und allein in Gestalt von Hoffnung. Und zweitens garantiert die Zukunft des Vorpostens der Menschheit die Zukunft des »Wir«, das die Sowjetunion zum privilegierten Objekt seiner Investitionen gemacht hat. Ihr »Für-sich-Sein« wird in der ewigen Schuld gegenüber dem »Wir« liquidiert.

Die Erbarmungslosigkeit des bei all seiner Größe doch so naiven Gläubigers André Gide läßt sich absehen, wenn es an die Begleichung der Wechsel geht. Man kann den Bumerang-

5 Gide, a. a. O., S. 15.
6 Ebd., S. 11.

Effekt ausländischer libidinöser Investitionen vorhersehen (so wie zur Dürrezeit die Menge derer, die dem erfolglosen Regenmacher Glauben geschenkt haben, ihn, weil er seine Schuldigkeit nicht getan hat, vom Thron stürzt).

Dem Benjaminschen »Paradigma der Müdigkeit« korrespondiert im Text *Zurück aus Sowjet-Rußland* das optimistischere und einfachere »Paradigma der Flucht« – der Flucht zur Wahrheit, die selbst dann heilt, wenn sie verwundet. Für den Vertreter des »Wir«, der seine Hoffnungen auf sie gesetzt hat, erscheint die Staatsmacht, die Gide faktisch einen Staatsempfang bereitet (obwohl er offiziell Gast desselben Schriftstellerverbandes war wie Benjamin auch; Michail E. Kol'cov, der prominenteste sowjetische Feuilletonist jener Zeit, »betreut« seinen Aufenthalt in der Sowjetunion), in personifizierter Form: »Und mit ›UdSSR‹ meine ich den, der sie *lenkt*«[7], schickt der »große Reisende« von Anfang an voraus und klammert damit um der Reinheit der künftigen Schuldzuweisung, um der Schuldfigur willen die Volksmassen aus (was Jacques Derrida die Liquidierung der Geschichte in der Person des Pharmakos-Despoten nennt[8]). Die Masse wird zu einem nicht zu denkenden Anhängsel, einem aufgrund seiner unvermeidlichen Ambivalenz gefährlichen Supplement, das die Endgültigkeit des drohenden Verdikts untergräbt, indem es dies auf gebührendem Abstand von der Wahrheit hält, zu der sich derjenige, der das Urteil spricht, ein privilegiertes Verhältnis ausbedingt.

Gides Devise lautet: »Weglaufen und Fixieren«. Die Wahrheit stellt sich ihm – ein wenig in journalistischer Manier – als Faktum dar, dessen sich die »freundliche« Gastgeberseite noch nicht bemächtigen konnte, weil er, der Olympionike von einem Reisendem, sie überholt, weil er sich als besserer Sprinter erweist. Der Benjaminsche *Agon*, der bewirkt, daß sich die »uneinnehmbare Festung« proportional zur Annä-

7 Gide, a. a. O., S. 13 (Hervorhebung MR).
8 Derrida, a. a. O., S. 144-151.

herung an sie entfernt, weicht bei Gide einem sportlichen Wettstreit. Ein Beigeschmack von Antike und Homer haftet diesen Wettrennen an, bei denen als Preis die Wahrheit über die Sowjetunion ausgesetzt ist und derjenige den Sieg davonträgt, der die flinkeren Beine besitzt. Dabei wird aber der *theatralische Effekt der Realität selbst*, welche die Form eines Faktums annimmt, nicht miteinberechnet.

Kurz gesagt, es kommt ein allzu einfaches Verfahren gegen eine derart *grundlegend* gefälschte Welt zur Anwendung.

Das Bestreben, sich nicht hinters Licht führen zu lassen und Potemkinsche Dörfer nicht für die gesuchte Wahrheit über die Sowjetunion zu nehmen, wächst sich bei Gide zur Manie aus. Dem bedeutenden Reisenden wird eine inszenierte Realität vorgeführt (»Am liebsten werden einem *die* Errungenschaften gezeigt, in denen ein vollkommenes Gelingen zum Ausdruck kommt«[9]), während er sich in einer Aufwallung von uneigennützigem Dienst an der Menschheit zur Authentizität, zum wahren Stand der Dinge flüchtet. Also wird die Wahrscheinlichkeit dessen, daß die Inszenierung *innerhalb einer längst vorher arrangierten Inszenierung* stattfinden könnte, nicht in Betracht gezogen und als jeder weiteren Erwägung unwürdig beiseite gefegt.

Jeder Versuch einer Zuflucht zur unretuschierten Realität zwingt Gide trotzdem dazu, an der im Wettrennen eroberten Wahrheit, an ihrer Endgültigkeit und der Berechtigung seiner emotionalen Reaktion darauf zu zweifeln. In der Sowjetunion lacht Gide oft und weint »Tränen der Zärtlichkeit«. Ist es aber legitim, dieses Naß zu vergießen? Tut man das nicht im Rahmen einer totalen Inszenierung der Gastgeberseite? Diese Möglichkeit verfolgt den »großen Reisenden« wie ein Albtraum. So treten Gide im Ferienheim der Bergarbeiter bei Soči »Tränen der Zärtlichkeit« in die Augen, und sofort taucht die Frage nach einer hinreichenden Begründung dafür

9 Gide, a. a. O., S. 20.

auf. Lassen sie sich mit einer hinreichenden Begründung untermauern? »Nein, nein: da war nichts Verabredetes, nichts Zurechtgemachtes im Spiele! Eines Abends war ich, ohne angemeldet zu sein, plötzlich eingetroffen, und allsogleich spürte ich den Hauch des Vertrauens, das sich mir darbot.

Und der ebenso unvermutete Besuch im Kinderlager bei Borjom! Es war nur ein bescheidenes Lager, fast dürftig [noch ein Beweis seiner Authentizität, Unverfälschtheit, MR], aber die Kinder strahlend vor Glück und Gesundheit [...]. Aber manches liebe Mal sind wir auch in Dorfschulen, in Kindergärten, in Arbeiterclubs eingetreten. [...] Und eben die habe ich am meisten bewundert, gerade weil dort keinerlei Schaustellung beabsichtigt war.«[10]

Dagegen enttäuscht ihn die Parade auf dem Roten Platz: »Ein so herrliches Schauspiel«, aber leider waren »diese vollkommenen Wesen [...] präpariert, trainiert, auserlesen«.[11] Dafür gelingt es dem großen »Mittelstürmer« auf Gor''kijs Beerdigung, sich aus der Obhut der »Verteidiger« fortzustehlen und der Wahrheit Mann gegen Mann entgegenzutreten. Ihm stechen die »Erstbesten« ins Auge, fast alle schlecht gekleidet und dem Anschein nach sehr unglücklich.

Wie der berühmte Entfesslungskünstler Harry Houdini entzieht sich Gide der freundschaftlichen Umklammerung auf der Suche nach dem Plötzlichen, Ungeplanten und Spontanen und findet sich mit einemmal *unerwartet* am Ziel, Auge in Auge mit der Wirklichkeit. Aber auch im Fall solch erfolgreichen Sich-Loseisens bleibt die entscheidende Frage unbeantwortet: Wie umgehen mit der unbewußten Inszenierung noch des Spontansten, des unvorbereitet Überraschten? Für Benjamin waren totale Politisierung und Mobilisierung 1926 ontologische Erscheinungen; in ihnen hat sich für ihn das »wortlose Verdikt der Masse« eingeprägt, das der »große Reisende« seinerseits in das von ihm persönlich unterzeich-

10 Gide, a. a. O., S. 19-21.
11 Ebd., S. 26.

nete Urteil im Namen des »Wir« verkehrt. Dadurch setzt Gide das Anonyme außer Kraft (mit allen sich aus einer solchen Transformation ergebenden fatalen Folgen).

André Gide eliminiert das »phänomenologische Motiv«, das es verbietet, diese *spezielle* Realität von außen her zu begreifen. Die »uneinnehmbare Festung« ist für einen Fremdling nicht einnehmbar und nicht analysierbar. Er kann sie nur sehen. Anstelle des Benjaminschen »Phänomens« stellt Gide in *Zurück aus Sowjet-Rußland* die ältere Opposition von Erscheinung und Wesen wieder her, wobei sich das Wesen, das metaphysisch völlig einwandfrei ist, am Pol der Betrachtung konzentriert und mit den Mitteln von Tautologie und hermeneutischem Zirkel bewegt wird. Doch garantiert die korrekte Betrachtung im vorliegenden Fall gar nichts – die Realität kann *ontologisch* gefälscht sein, und dann ist die Betrachtung auf sie überhaupt nicht anwendbar.

Das erste Signal, das Moskau und die Sowjetunion aussenden – die rote Farbe der Revolution –, mahnt zur *Vorsicht* (übrigens: wenn man mich auffordern würde, mit einem einzigen Wort die Spezifik der Philosophie von Jacques Derrida zu charakterisieren, dann wäre das nicht »Dekonstruktion«, nicht »Grammatologie«, nicht »Kritik des Phonologozentrismus« – ein jedes dieser Wörter bedarf eines umfangreichen Kommentars, des Reisens auf verschlungenen Spuren; nein, es wäre das schlichte Wort »Vorsicht«. Vorsicht angesichts der großen Mythologeme des gesunden Menschenverstandes, der Versprechungen eines unerhörten Durchbruchs oder der Freiheit, die man für uns erkämpfen wolle oder mit einem einzigen sensationellen Schachzug zu erringen verheißt. Es ist Vorsicht im Sinne von Vorsichtsmaßnahmen, die man ergreifen muß, aber natürlich nicht im Sinne der »endlosen Vorsicht« von Benjamins Moskauer Gefährten Asja Lacis, Bernhard Reich und Evgenij Gnedin[12]). Jeder weitere

12 Zum Vorsichtsmotiv s. Walter Benjamin: Moskauer Tagebuch. Frankfurt a. M. 1980, S. 93 u. 118. (A. d. Ü.)

Schritt bedeutet Gefahr. Wie kann man diese rote Ampel-farbe umschreiben? Warum ist eine Bewegung in Richtung auf das Wesen hier untersagt?

Versuchen wir dieses Signal zu dechiffrieren: *doppelter Superlativ aller betrachteten Erscheinungen*. In der Sowjet-union gibt es laut Gide »das Beste und das Schlechteste«, und es gelingt nicht, dazwischen dialektische Vermittlungsglieder zu finden.

Ausführlich beschreibt Gide den massenhaften »Effekt des Jubels«, von dem sich in Benjamins *Moskauer Tagebuch* keine Spuren finden. Dieser Jubel hängt nicht mit Glück zu-sammen. In den Kategorien von Glück und Unglück ist er nicht bewertbar (obwohl Gide bisweilen der Versuchung einer solchen Dechiffrierung erliegt). Der Jubel existiert schlicht und einfach auf der von Muskelkontraktionen ge-formten Gesichtshaut. Wie die Logik dieser Oberfläche ist dieser Jubel-Effekt unabhängig von etwas Korrespondieren-dem darunter. (Selbst Gide unterwirft sich diesem Effekt: »Deshalb zeigen auch die Photographien, die man während der russischen Reise von mir genommen, ein lächelnderes, ja: lachenderes Gesicht, als ich es in Frankreich wohl haben mag. Und wie häufig sind mir [...] die Tränen gekommen, Tränen der Liebe und Zärtlichkeit.«[13])

Im Gideschen Text wird der »Effekt des Jubels« metho-disch registriert, die Theorie des betreffenden Effekts aller-dings wird bloß in einem allerersten Rohentwurf mitgeliefert (da wirke die Abgeschlossenheit des Landes; die Russen seien leichter glücklich zu machen, weil sie nichts Besseres kennten usw.). Die unauflösbare Verbindung des Jubels, der einzig und allein auf der Gesichtsoberfläche, dem einzigen Raum der Aufzeichnung, lokalisiert ist, mit dem Terror, der aus-schließlich mit Körpern ohne Gesichter arbeitet, läuft am Schriftsteller, der nach Fakten strebt, vorbei. Der Jubel, den

13 Gide, a. a. O., S. 19.

Gide 1936 auf den Gesichtern der Moskauer vorfindet, liegt jenseits von Freude, Glück und überhaupt der ganzen Welt positiver wie negativer Affekte. Es ist die Reaktion der Gesichtshaut auf den Terror und die völlige Unsicherheit des Lebens, ein medizinisches Anzeichen von Gesundheit (obwohl diese Reaktion an sich nicht automatisch das Überleben gewährleistete, wohingegen aber diejenigen, bei denen diese Reaktion fehlte, fast sicher der Vernichtung anheimfielen). Der Jubel setzt faktisch den Verzicht auf das Recht zur Änderung des Gesichtsausdrucks und zur Hingabe an spontane Affektregungen voraus.

Daher auch jene spezifische Logik des Scheins, die Gide wohl sieht, die er aber nicht deutet und die nicht in seine Anklageschrift einfließt. Die Ordnung des Scheins, der Scheinbarkeit ergibt sich nicht aus der Ordnung ihm bekannter Ursachen, etwa »alles erscheint uns so rühmenswert«,[14] oder »das Eine aber bleibt: das russische Volk scheint glücklich«.[15] In jenen Jahren wurde in der Sowjetunion die Latte des schieren Überlebens extrem hoch gelegt. Gide sieht die Menschen quasi bereits nach ihrem Tode, urteilt über sie aber mit den Kriterien des Lebens. Ein konditionierter Reflex der Haut stellt sich ihm deshalb als Anzeichen von Glück dar (in dieser Zeit ging es um den Erwerb vieler sozial unerläßlicher bedingter Reflexe; nicht von ungefähr wurde in der damaligen Ideologie die Theorie der Pavlovschen Reflexe kanonisiert).

André Gide besuchte Rußland in der *unmenschlichsten* Zeit. Die Gesichter der Menschen, die er sah, aber nicht entziffern konnte, sind ein Zeugnis dafür, daß *die Verwandlung Demophoons erfolgreich war*, daß die gestählte Menschheit der Gemeinschaft alles Persönliche zum Opfer brachte.[16]

14 Gide, a. a. O., S. 67.
15 André Gide: Retuschen zu meinem Rußlandbuch. Übers. von Ferdinand Hardekopf. Zürich 1937, S. 69.
16 Demophoon – Gestalt der griechischen Mythologie; Sohn des Keleus und der Metaneira, soll als Kleinkind von Demeter unsterblich gemacht

Der Text *Zurück aus Sowjet-Rußland* reproduziert diesen Effekt des Jubels, den Widerschein, der sich auf alles ihn Umgebende legt und es transformiert. Letzten Endes kann man über dieses Land nur im Superlativ sprechen, wie über ein Unsagbares, über ein Wunder: »nirgendwo anders als in der UdSSR«, »in keinem anderen Land«, »es gibt keine Worte dafür«.

»Wirklich, ich glaube, man kann den *Menschheitsgedanken* nirgends so tief und so stark empfinden, wie im Lande der Sowjets. Trotz des Sprachenunterschieds [...].«[17]

(Ich würde im Sinne der Dekonstruktion nicht »trotz« sondern »gerade wegen« sagen, weil die Sprache sich hier in der dem Leser mitgeteilten Emotion der Unsagbarkeit aufhebt, indem sie die Ekstase des Mitzuteilenden nicht zu überdauern vermag.)

»Es bewegte uns die Frage, ob seine so rasch und natürlich erblühende Herzlichkeit wohl in irgendeinem anderen Land denkbar wäre und ob die Jugend wohl irgendwo anders einen so gewinnenden Eindruck erwecken könnte. [...] Ich hatte nie schönere Wälder gesehen und zweifle, ob es sie geben kann.«[18]

»Ich bin kaum in der rechten Stimmung, um von den herrlichen Kunstschätzen der ›Eremitage‹ zu sprechen; alles, was ich darüber sagen könnte, würde mir unzureichend erscheinen.«[19]

Was aber kann man sagen, wenn man keine Worte hat?

werden, stirbt aber während des Prozesses der Ausbrennung seiner Sterblichkeit am heiligen Feuer, weil seine Mutter den Vorgang der Stählung zum Gott nicht versteht und ihn retten will. Gide verweist quasi in der Form eines Mottos seines Rußland-Buches auf diese Sage (Gide, Zurück..., S. 9f.). Zur Stählungsmetapher s. den Musterroman des Sozialistischen Realismus, Nikolaj Ostrovskijs *Wie der Stahl gehärtet wurde* von 1935. Übers. von Thomas Reschke. Berlin 46. Aufl. 1988. (A. d. Ü.)

17 Gide, Zurück..., S. 28.
18 Ebd., S. 31.
19 Ebd., S. 33f.

Teilt sich auf diese Weise dann nicht das Gefühl der Unsagbarkeit selbst mit, die Atmosphäre idealer Mitteilbarkeit des Gefühls des Erstaunens? Das »Wir« wird dann etwas haben, von woher es »zu sich kommen« kann, wenn es aus einer solchen Ferne zurückkehrt.

Aber der positive Superlativ ist nicht der einzige im Gideschen Text; es gibt dort auch den negativen: Was man sehen und beschreiben kann, ist sehr schlecht, wogegen das, was man nur erahnen kann, was zum Bereich des Möglichen, Potentiellen gehört – phantastisch, auf nie dagewesene Weise schön ist; nichts kommt ihm gleich. Das Schöne im Sinne eines Keims der Zukunft ist in seinem gegenwärtigen Dasein häßlich.

»Die Waren sind, fast ohne Ausnahme, abschreckend [...] alles ist entsetzlich.«[20] Gekleidet sind die Moskauer schlecht und einförmig, die Architektur der Stadt ist chaotisch und oft abstoßend. Die Wohnungseinrichtungen sind armselig (aus ihnen waren zu jener Zeit die aus der Welt der kleinbürgerlichen Gemütlichkeit »übergelaufenen« Gegenstände, von denen Benjamin geschrieben hatte, zur Gänze verschwunden). Die Lebensformen waren endgültig entprivatisiert und in öffentliche Räume verlegt:

»In jeder einzelnen dieser Wohnungen findet man dieselben häßlichen Möbel, dasselbe Bild von Stalin [und nicht von Lenin wie bei Benjamin 1926, MR] und absolut nichts anderes; nicht den geringsten persönlichen Gegenstand, nicht den geringsten Hinweis auf irgendeinen persönlichen Eigenwert. Jede einzelne dieser Wohnungen könnte gegen jede andere ausgewechselt werden. [...] alles Interesse des Lebens [des Kolchosbauern, MR] ist in den Klub übergegangen, in den Kulturpark, in alle Lokale, wo sich die Menge versammelt. Was kann man Besseres wünschen? Das Glück aller wird durch *Entselbstung* eines Jeden erreicht.«[21]

20 Ebd., S. 37f.
21 Ebd., S. 45f.

Doch alle diese und auch die anderen Merkmale des gegenwärtigen Zustandes werden in der Zukunftsdimension, von der jeder dieser Gegenstände voll ist, total umgestaltet und verwandelt. Dabei steht diese Ausrichtung auf die Zukunft allerdings in keiner Beziehung zu den eigentlichen Prozeduren, mit deren Hilfe ein Zukunftseffekt produziert wird. Die Ordnung der Ursachen und die Ordnung der Wirkungen bleiben völlig getrennt, und die Stärke des Textes *Zurück aus Sowjet-Rußland* liegt darin, daß er praktisch keine Verbindungsglieder zwischen ihnen einführt – außer dem einen, daß Moskau dem Anschein nach übervoll ist mit Unsichtbarem, und eben dieses ist die Hauptsache. Moskaus Architektur ist chaotisch, die Gebäude sind mit wenigen Ausnahmen häßlich und passen nicht zueinander. Die Stadt wird aufs Geratewohl, ohne übergreifenden Plan umgebaut. Man sollte meinen, daß die Anhäufung dieser Symptome von Chaos und Mißgestalt zu einer negativen Gesamteinschätzung führen müßte, doch genau das Umgekehrte geschieht: Die Anhäufung häßlicher Details erzeugt im Ergebnis die maximale »Attraktivität« im Bereich des Potentiellen – in einem Bereich, der dem Einfluß seiner eigenen Ursachen gegenüber indifferent ist.

»Und Moskau bleibt, trotz seiner Häßlichkeit, *eine reizvolle Stadt* unter allen: sie ist in hohem Sinne lebendig.«[22]

Auf was verweist der Effekt des Jubels? Und warum wäre es von seiten Gides »nicht objektiv«, ihn nicht zu bemerken, an ihm vorüberzugehen, obschon dieser selbst rein simulativ ist und über kein objektives Sein verfügt? Der französische Reisende verweist darauf, daß kollektive Körper eine eigene Logik haben, die für den gesunden Menschenverstand und für Sinn überhaupt unzugänglich ist (gibt es eigentlich auch ungesunden Menschenverstand? Gibt es Sinn jenseits der Grenzen von Sinn?). Sein Gesichtssinn trügt Gide nicht; er

22 Gide, a. a. O., S. 34.

sieht das, was da ist, doch mit Hilfe des »Aggregats von Syllogismen« kann man die Welt des Potentiellen, bloß Möglichen, die Welt des Werdens nicht sehen, kann man nicht verfolgen, wie dasjenige, was ist, zu dem *wird*, was nicht ist. Ehrlich signalisiert Gide das *Vorhandensein* von etwas, was er mit dem gewöhnlichen taxierenden Blick nicht sieht. Das Unsichtbare erhält den Status des »Sichtbaren« (obwohl sich dieses Sehen nicht in konkreten Dingen materialisiert. Übrigens: wird das Unsichtbare nicht gerade deswegen mit superlativischen Epitheta belegt: des Schönsten, Anziehendsten, Brüderlichsten? Ein äußerer Ausdruck würde es zerstören. Die Zukunft, die man sehen kann, hat Gide hinter sich gelassen, im Westen, wo sie sich durch Vervollkommnung von Gegenständen des täglichen Gebrauchs verwirklicht. Diese Art Zukunft erschreckt ihn sogar, wie wir noch sehen werden).

Indem er das Sichtbare *und* das Unsichtbare festhält, realisiert Gide das *telos* einer Reise in die »Wahlheimat«, wohin – und eben darin liegt ihre Einzigartigkeit – man aufbricht, um *nicht* zu sehen, ja mehr noch, um das *Nicht* zu sehen. Und Gide sieht mit Plus- und Minuszeichen, er sieht das Ja und er sieht das Nicht, wobei das Nicht sogar oftmals deutlicher ist als das Ja.

»In der UdSSR gibt es keine Klassen mehr. [...] Aber es gibt Arme. Es gibt deren zuviel; allzuviel. Ich hatte doch hoffen dürfen, keine mehr zu sehen; oder genauer gesagt, bin ich in die UdSSR gerade deshalb gefahren, um *zu sehen, daß es keine gibt.*«[23]

In bezug auf Rußland erweist sich längst nicht zum ersten Mal (erwähnt sei der Marquis de Custine, dessen Buch *La Russie en 1839* André Gide, der »alle Bücher« gelesen hatte, einfach gekannt haben muß) die Frage nach dem Potentiellen als solchem, jenseits jedweder Verwirklichung, als entscheidend: Hätte einer der Reisenden diese Potentialität in ihrer

23 Ebd., S. 63.

Endgültigkeit annehmen und anerkennen können – und zwar außerhalb des Bezugs auf verwirklichte und unverwirklichte Möglichkeiten –, dann hätte seine Liebe zur »Heimat des Potentiellen« keine Grenzen gekannt (zu jener Zeit strömen zahlreiche gescheiterte Ausländer nach Moskau, die in der »Wahlheimat« ein neues Leben beginnen wollen, das niemals aktuell werden wird, keinen (sie so schreckenden) Abschluß finden wird; sie freuen sich ehrlich über die endlich gewonnene Kreativität, die *einzuschätzen unmöglich ist*). Wenn man aber im Potentiellen dessen unrealisierte Möglichkeiten sieht, das Nicht-Gewordene an sich, dann müssen sowohl Rußland als auch die Sowjetunion enttäuschen. Seele, Spiritualität und Konziliarität[24] sind prinzipiell unabschließbar; diesen Möglichkeiten entspricht nichts Äußeres. Im verzweifelten Bemühen, diese puren Möglichkeiten zu lokalisieren, sind viele Ausländer dazu übergegangen, in ihnen den negativen Pol einer *nicht-existenten* Binarität (d. h. das Falsche) zu sehen, andere hingegen die Wahrheit der Wahrheit selbst. Wir müssen noch lernen, das nicht in Erscheinung Getretene, das mit dem in der Metaphysik entwickelten Modell des Entborgenen, der Wahrheit als *aletheia* nicht zur Erscheinung zu Bringende *nicht* zu *denken*.

Wenn man aber vom Effekt des Jubels als von einer zeitgebundenen, historischen Erscheinungsform des Potentiellen spricht, dann traf Gide in der Sowjetunion auf dessen *kairos* nicht zufällig 1936: Es war der Höhepunkt des Großen Terrors. Wir können diesen Effekt weder in Benjamins *Moskauer Tagebuch* noch bei späteren Schriftstellern und Journalisten finden, die in den Raum hinter dem sozialistischen

24 Wirkmächtiger Begriff aus der orthodoxen Religionsphilosophie Aleksej S. Chomjakovs, der dem westlichen Partikularismus und individualisierten Rationalismus die kollektive All-Übereinstimmung der Gemeindeglieder der orthodoxen Kirche gegenüberstellt. Dieses positiv kollektive Prinzip nennt er nach dem Vorbild der frühkirchlichen Konzilien (russ. *sobor*) »sobornost'« – »Konziliarität«. (A. d. Ü.)

Spiegel die Postulate des gesunden Menschenverstandes hin-
einlasen. In *Zurück aus Sowjet-Rußland* löste Gide gar mehr
ein, als er versprochen hatte: Er legte nicht nur den Mut des
Journalisten-Psychologen (»ich bin nur für psychologische
Fragen zuständig«[25]) an den Tag, der ein für die Stalinsche
Staatsmacht ungünstiges Urteil zu fällen hatte, sondern auch
die Intuition eines wahren Ästheten und Sammlers von Rari-
täten auf dem Feld der Expression.

Ein weiteres Sujet bei Gide bildet die Gefahr einer »bürgerlichen Wiedergeburt«. Bei Benjamin ist dieses Thema nur
angedeutet und mit der Verbreitung »bürgerlicher Kultur-
schätze« verknüpft. Gide hingegen vergißt darob wie auch in
vielen anderen Fällen (liegt nicht darin der Vorzug des Gen-
res Entwurf und Tagebuchnotiz für die Beschreibung einer
Welt im Werden?) das von ihm abgelegte Gelübde, sich nicht
mit Fragen der Wirtschaft zu befassen und sich auf seine
wahre »Spezialität« zu beschränken – die Psychologie. (Hier
erklingt vernehmlich die Stimme des Sokrates: Wer bist du
nun also, mein Lieber, Schriftsteller oder Psychologe?) Von
der Gefahr der »bürgerlichen Wiedergeburt« spricht Gide in
ökonomisch-juristischen Begriffen:

»Mit der Wiederherstellung der Familie (als ›sozialer
Zelle‹), der Erbschaft, des Vermächtnisses erhält die Lust am
Gewinn und Privatbesitz ein Übergewicht über den Hang zu
Kameradschaft, Teilung, Gemeinsamkeit. [...] Und *wir* wer-
den sehen, daß sich wiederum soziale Schichten [...] heraus-
bilden werden.«[26]

Die These von der »Verbürgerlichung« und das Ideologem
des »Wir« (»wir«, die wir die »Wahlheimat« in freundschaft-
licher, aber fester Umklammerung halten) verknüpft kein
Pakt, kein Vertrag, sondern Komplizenschaft auf einer Tie-
fenebene, die leider von Gide und den anderen Reisenden –

25 Gide, a, a. O., S. 25.
26 Ebd., S. 62.

großen wie kleinen –, denen es beim Anblick ihres Heiligen Grals die Sprache verschlägt, nicht expliziert wird. Nicht allen ist es bis zum heutigen Tage gelungen, in diesem Sinne »zurückzukehren«, d. h. »zu sich zu kommen«. Vergebens werden wir im Text *Zurück aus Sowjet-Rußland* Beschreibungen imposanter, an einer Art »sowjetischem Klondike« erworbener Reichtümer suchen, – von Benjamins schädlichen »Nepp-Männern«[27] ist 1936 keine Spur geblieben. Ebensowenig kommen beeindruckende Bekundungen von »Kollektivgefühl« vor (wenn man vom gänzlich immateriellen Effekt des Jubels absieht).

Die sowjetische Gesellschaft in hypothetischer Analogie zur bürgerlichen Gesellschaft zu behandeln, der *einzigen*, welche die Reisenden im vollen Wortsinne *kennen*, dazu treibt sie die reflexiv-spiegelartige Natur des beichtenden »Wir«.

Nach der von Derrida aufgezeigten Logik des *fort/da*[28] wird ein und dieselbe verzauberte Gesellschaft auf der Ebene der von ihr produzierten immateriellen Effekte geliebt, auf der Ebene der Ursachen, die jene »phantastisch schönen« Wirkungen ins Leben ruft, aber abgelehnt. Und all dies im Superlativ. Im Grunde genommen liebt und haßt man ein und dasselbe. Mit derselben Stärke will man es und will man es nicht, will man das *Nicht*. Je mehr es als Schauspiel anzieht, um so mehr stößt es als Bild ab (Gides »Bild« ist im Unterschied zu Benjamins »Porträt« eines der deprimierendsten). Die »Wiedergeburt« bedroht das Beste, das Wertvollste – den Effekt des Jubels, der sich, wenn notwendig, in das »Kollektivgefühl mit seiner Kameradschaftlichkeit und gegenseitigen Hilfe« verwandelt (realiter werden anstelle von Kame-

27 Von NÉP – Neue Ökonomische Politik. Leninscher Wirtschaftsreformansatz zur Linderung der Folgen des Kriegskommunismus mit marktwirtschaftlichen Elementen, in Kraft 1921-1928. (A. d. Ü.)
28 Derrida, Speculations – On Freud, in: Oxford Literary Review 3,2 (1980), S. 86-98.

radschaft und Solidarität jedoch massenweise Denunziation, »Überlegenheitskomplex«, völlige Entpersönlichung usw. beschrieben).

Aber wird denn etwa keine »Wiedergeburt« stattfinden, wenn man den französischen Arbeiter mit dem russischen Kollektivismus kreuzt? Wird sich jener empfohlene Hybride nicht als Ausgeburt von »Kameradschaftlichkeit«, doch diesmal als nützliche, wünschenswerte herausstellen?

»Ich kehre zum Moskauer Volk zurück. Was zunächst in die Augen fällt, ist seine außerordentliche Indolenz [erinnern wir uns an Benjamin: in ihrem Umgang mit Zeit bleiben die Russen länger Asiaten als alle anderen, MR]. Faulheit wäre gewiß zuviel gesagt [...]. Aber die Stachanow-Idee[29] erwies sich als eine glänzende Erfindung, um die Saumseligkeit zu rütteln (früher hatte man die Knute). Der ›Stachanowismus‹ wäre unnötig in einem Lande, wo die Arbeiter gewohnt sind zu arbeiten.«[30]

Das »Land, in dem die Arbeiter gewohnt sind zu arbeiten«, ist natürlich Frankreich, insofern sich Gide kurz darauf einen Akt von Sozialmičurinismus[31] leistet: Wie großartig wäre es doch, ruft er aus, das sowjetische Regime mit dem Fleiß und der professionellen Ausbildung *unserer* Arbeiter zu verschmelzen. Denn anders bringt auch ein »hervorragendes Mittel« – wie in der Vergangenheit die Knute – nichts und gaukelt niemandem etwas vor. Das Epitheton »hervorragend« bezieht sich auf die Stachanov-Bewegung als Schauspiel, als Spektakel, dessen Fähigkeit zur Organisation des Produktionsprozesses vom »großen Reisenden« als banale

---

29 Der Bergarbeiter Aleksej Stachanov ist die Kristallisationsfigur der als Stachanov-Bewegung bekannt gewordenen sowjetischen Ideologie der Planübererfüllung, die zu schonungsloser Ausbeutung von menschlicher Arbeitskraft instrumentalisiert wurde. (A. d. Ü.)

30 Gide, Zurück..., S. 41.

31 Der Botaniker Ivan Vladimirovič Mičurin (1855-1935) beeinflußte den Evolutionsprozeß von Obstsorten zu Zwecken der Ertragssteigerung. (A. d. Ü.)

Finte, als ein weiteres »Potemkinsches Dorf« der Gastgeberseite entlarvt wird. (Hier tritt Gide auch in der Rolle des
»Rhapsoden der Ewigkeit« auf und unterzeichnet im »selben« Namen eine Reihe recht alter Folianten, beginnend mit
den »Reisen nach Moskowien«.[32] Ich meine damit nicht allein die Gleichsetzung von Stachanov-Bewegung und Knute,
sondern auch die Feststellung einer »angeborenen geringen
Produktivität«[33] des russischen Menschen. Das Verdächtig-
ste an den Erzählungen von Reisen sind Tautologie, Identität,
Offensichtlichkeit, kurz all das, was man nicht *selbst* sehen
kann.)

Unser »großer Reisender«, dem man den Mut zu histori-
scher Zeugenschaft nicht absprechen kann, nahm gleich einer
Legion anderer das wichtigste Postulat des bolschewistischen Glaubensbekenntnisses wörtlich: daß er sich in einer
postbourgeoisen Gesellschaft befinde, der eine Regression
drohen könne, ein Abgleiten, eine »Rückkehr«. In jedem Fall
ließ er sich von diesem Postulat verleiten und verführen, was
allerdings nicht erstaunlich ist: Ohne dieses Postulat ließe
sich die »Wahlheimat« nicht in die Umarmung/in den
Schraubstock des »Wir« und der »Menschheit« einspannen,
der es etwas als *Eigenes* zurückgeben muß – als etwas ihnen
rechtmäßig Zustehendes. Die Sowjetunion wurde zum privilegierten Feld für die Lösung der Probleme des »Wir«. Sie
war durchdrungen von der Gegenwart des »Wir«-Blicks, einer unsichtbaren Grenzlinie, die sich schon immer über die
sichtbare Grenze gelegt hat, über die Grenz-Neurose in dem
Sinne, wie sie von Gide in *Zurück aus Sowjet-Rußland* gelesen wird (»der Komplex der Überlegenheit«, »die verschlos-
senen Grenzen«). Die Grenze (das Recht, sie zu ziehen, sie zu

32 Gemeint ist der erste detaillierte Bericht eines Westeuropäers über zwei
Rußlandreisen von Sigmund von Herberstein (1517 und 1526/27): Das
alte Russland. Übers. von Wolfram von den Steinen. Zürich 2. Auflage
1985 (A. d. Ü.)
33 Gide so sinngemäß in: Zurück, S. 42. (A. d. Ü.)

markieren) brauchen nicht nur die »Russen«, da die Grenze sie als »Glückliche im Nichtwissen um die Verhältnisse im Ausland« konstituiert, sondern auch für die Reisenden selbst: Die Grenze macht aus ihnen Betrachter des Unbetrachtbaren, denen gegenüber sich dieses Unbetrachtbare auf geheimnisvolle Weise öffnet. Während Benjamin als Puffer gegen diese Logik das Privileg des Blicks »von innen heraus« benutzt und Theorie als *Agon* gebraucht, fließt sie in den Gideschen Text ohne irgendwelche Hindernisse ein.

Erst die postsowjetische Zeit zeigt die gänzliche Unmöglichkeit von Regression, die in der Phase der Perestrojka als äußerst wünschenswert und im höchsten Maße nützlich, doch leider als irreale Mutation verkündet wurde. Mit der Zeit wird das eine prinzipiell andere Entstehungsgeschichte des Phänomens Sowjetismus ergeben, die mehr oder weniger frei ist von den mächtigen libidinösen Investitionen der glücklichen (westlichen) »Menschheit«.

Die Sowjetunion als Topos des Transzendenten und ihre Materialisierung setzen die Säkularisierung des »Wir« voraus, dessen Eintritt in die Ära des Tourismus. Ein Schauspiel des Transzendenten – noch vor hundert Jahren, zu Lebzeiten Gottes, wäre dies als Gipfel des Absurden erschienen. Doch nach 1917 wurde im Gegenteil das Bestreben, dieses Simulakrum von Brüderlichkeit zu blockieren, verbrecherisch – was auch immer dessen wahre Gründe waren, unabhängig vom Schicksal derer, die in Mitleidenschaft gezogen wurden. Die Brüderlichkeit zu erhalten wird ohne dieses geographische »Anhängsel«, ohne dieses »gefährliche Supplement« (das Derrida in seiner *Grammatologie* analysiert hat[34]) unmöglich. Die »bürgerliche Wiedergeburt« droht dieses Theater des Pathos zu vernichten: Profane Ursachen werden profane Folgen zeitigen – in der Form der bekannten Realität von Warenfetischismus und Tausch von Geld in Macht.

34 Jacques Derrida: Grammatologie. Übers. von Hans-Jörg Rheinberger. Frankfurt a. M. 1983.

(Interessant ist außerdem folgendes: Auf der Ebene der Dinge wird der Kollektivismus in Form von Folklore-Gegenständen, von Erzeugnissen des traditionellen Handwerks akzeptiert. Darin ist sich Gide unerwarteterweise mit Benjamin einig:

»Nichts ist so dumm bürgerlich, kleinbürgerlich, wie die heutige Produktion. Die Auslagen in den Schaufenstern der Moskauer Läden erregen Bestürzung; während hingegen die alten, handgedruckten Stoffe sehr schön waren. Aber das war volkstümliche Kunst; es war *hand*werkliche Kunst.«[35]

Dabei verschwinden bei Gide das »Bauernthema« und Moskau als Stadt/Dorf.

Auf der Ebene der Ideen tritt der Kollektivismus paradoxerweise in einer postbourgeoisen Form auf, die um jeden Preis von der sie bedrohenden Regression zu bürgerlicher Universalität bewahrt werden muß.

Die Gegenwart wird bei einem solchen Zugang in ihren materiellen Erscheinungsformen liquidiert. An ihr wird ausschließlich das Immaterielle besungen: die sogenannte Realität explodiert wie ein Feuerwerkskörper in einem Leuchtfeuer von Illusionseffekten.

Über der Sowjetunion hängt das Damoklesschwert der totalen Inversion. Verbirgt nicht gerade die Figur der Inversion ein noch Unverständliches, die Exteriorität von etwas, das sich sowohl als Revolution als auch als Konterrevolution ereignen kann? Die Logik des Terrors wird in den Jahren 1935 bis 1937 nicht beachtet: »Man bringt sie um« – das ist es, was von Gide mittelbar aus dem von ihm beschriebenen »total veränderten Milieu« herausgelesen wird; »man verbürgerlicht«, folgert der »große Reisende« –, »bald kannst du sie nicht mehr von unseren Krämern unterscheiden«. Der Sowjetunion wird in diesem teleologischen Schema die Rolle eines Zulieferers für emotionalen Rohstoff zugewiesen.

35 Gide, Zurück, S. 41.

Daher das Dauerthema der Rückkehr aus Sowjet-Ruß-land, das Thema des Seins-im-Bau: Durch dieses Thema wird eine Brücke – immer ein und dieselbe – geschlagen zwischen eschatologischen Erwartungen und dem jeweils aktuellen Dasein (wenn man voraussetzt, daß es so etwas gibt). Beständig ist in einem solchen Bild nur das Werden, das sich weigert, die Form des Seienden anzunehmen.

Die »Menschheit« steht vor einer Landkarte, die sich als hoffnungslos ungenau herausgestellt hat – möglich, daß sie sogar gefälscht ist –, die das »Wir« hinters Licht geführt hat, ihm einen falschen Weg gewiesen hat. Im Namen der Menschheit spricht der Reisende sein Urteil über diese Beihilfe und diesen Helfershelfer; das »Wir« führt ihm dabei die Hand:

»Die UdSSR ist nicht das, was wir hofften, daß sie sein würde, was zu sein sie versprochen hatte, und was sie noch zu *scheinen* sucht –: sie hat alle unsere Hoffnungen verraten [...]. Doch nicht abwenden von dir wollen wir unsere Blicke, du ruhm- und schmerzensreiches Rußland! Ach, nachdem du uns zuerst als Muster und Vorbild gedient, zeigst du uns jetzt, in welchen Treibsand eine Revolution versinken kann!«[36]

Ich hatte vor, den Text über *Zurück aus Sowjet-Rußland* von André Gide mit einer von zwei Passagen abzuschließen: Jede bildet auf ihre Art eine Abrundung, ich habe beschlossen, beide stehenzulassen. Die erste habe ich gerade angeführt. Hier die zweite:

»Ein außerordentlicher Reichtum an Melonen; aber sie sind ohne Geschmack. [...] Der Wein ist oft gut [...]; das Bier leidlich. Verschiedene geräucherte Fische [in Leningrad] sind ausgezeichnet.«[37]

36 Gide, Retuschen, S. 75.
37 Gide, Zurück, S. 39

Leben jenseits von Leben

Es ist längst kein Geheimnis mehr, daß Millionen sowjetischer Bürger durch die Hölle der stalinistischen Lager gegangen sind. Wenige sind zurückgekehrt, und noch weniger waren imstande, über die Extremerfahrung eines Lebens jenseits des Lebens zu schreiben – eines Lebens, das sich vom Tod oft nur durch seine noch notdürftig aufrechterhaltenen biologischen Funktionen unterschied. Doch es ist eine Sache, dies allgemein zu wissen, eine ganz andere aber, die Details des Lebensalltags zu kennen, die kleinsten Mechanismen, mit denen Menschen zu Staub gemacht werden, die Schikanen der Lagerverwaltung, der Kriminellen, manchmal auch der stärkeren Barackengenossen.

Varlam Tichonovič Šalamov (1907-1982) hat als erster über die Lagererfahrung aus der Innenperspektive geschrieben ohne das Pathos einer allgemeinen Enthüllung, geschweige denn einer Rechtfertigung des Geschehenen. In fast allen seiner *Geschichten aus Kolyma* gibt es jenen einen Moment, in dem ein Mensch, der – schon weit über die Grenze des Lebens hinaus (mit einem Fuß im Grab) – verzweifelt um sein Überleben kämpft, die letzten physischen Abwehrkräfte einbüßt und einfach dahinstirbt. Obwohl er die Lagererfahrung ausschließlich negativ beschreibt, enthält sich Šalamov jeglichen Moralisierens; vielmehr sucht er ein literarisches Äquivalent dieser Erfahrung (er verbrachte längere Zeit im Arbeitslager als alle anderen, die über den GULag geschrieben haben), indem er den Leser in die menschenfeindliche Umgebung der nackten Lagerrealität hineinzieht. In dieser Welt haben persönliche Überzeugungen keine Bedeutung mehr, und die Menschen gehen in den Tod wie Bäume – und umgekehrt: »Die Bäume im Norden sterben liegend wie Menschen«,[1]

1 Varlam Šalamov: Suchim pajkom, in: Kolymskie rasskazy. London 1978, S. 54-70, hier: S. 61.

weil ihre Seele schon abgestorben, zu einem kaum noch wiedererkennbaren Bündel zusammengekrümmt ist. Die Lebensregungen sind in Šalamovs Prosa bisweilen so schwach, daß es zur Feststellung, ob ein Mensch noch lebt oder schon nicht mehr, nicht der bloßen Erfahrung des Erzählers, sondern eines Arztes bedarf (Šalamov arbeitete von 1946 bis 1953 als Lagerarzt).

Es ist gerade Šalamovs immanente Methode, seine Absage an die Versuchung zu verallgemeinern, die seiner Prosa ihre eigentümliche, unnachgiebige, aristokratische Haltung verleihen. Das langsame, schmerzhafte Hineingehen in die Welt der *Geschichten aus Kolyma* verlangt dem Leser keine geringen Anstrengungen ab und gibt ihm im Gegenzug scheinbar nichts als jenes Schreckliche, das Roland Barthes das »Eidos« der Photographie[2] genannt hat: »das war da und dann und an jenem Ort«. Die Literatur eignet sich hier unter enormen Anstrengungen die unproduktive Logik des Todes an. Ein bloßer Fingerzeig, ein mit Nachdruck wiederholtes »das hat es gegeben, ich habe es gesehen, ich habe es durchlitten« wirkt nachhaltiger als jeder Enthüllungsgestus. Leser, die in Literatur Antworten auf irgendwelche sie selbst umtreibenden Fragen suchen, wenden sich von Šalamovs Prosa ab; sie finden Šalamovs Welt unerträglich bedrückend und können nicht begreifen, warum soviel Energie darauf verwendet wird, um sich in etwas Unmenschliches, Unproduktives zu verbeißen, das jeden Dialog verweigert und jeden Ausblick auf ein anderes, »gelungeneres« Leben. Hastig erklären sie diese Erfahrung für einzigartig, für einmalig und unwiederholbar und drücken sich vor der Mühe und den Gefahren, sich darauf einzulassen.

Wenn man den Text aufmerksamer liest, gibt der Erzähler allerdings doch eine Antwort, wenngleich eine höchst ungewöhnliche: Seine Antwort ist das Schweigen vor dem Ent-

2 Vgl. Roland Barthes: Die helle Kammer. Bemerkung zur Photographie. Frankfurt a. M. 2. Aufl. 1986, S. 70.

setzlichen, das geschieht, vor der Tragödie der menschlichen Bäume. Dieses Schweigen aber reicht tiefer als alles andere, das, übereilt eine Antwort gebend, nicht mehr leistet als die Frage durchzustreichen. »Überstürze nichts«, scheint Šalamov seinem Leser zuzurufen, »geh erst einmal hinein, sieh dich um, und dann erst antworte, wenn du noch kannst.« Wenn er hineingeht, desertiert er entweder und kehrt voller Panik zu einem Leben zurück, das stärker mit Sinn erfüllt ist (und das ist wohl nahezu jedes andere Leben); oder aber er geht zusammen mit dem Erzähler den Weg bis zum Ende, und dann kann es geschehen, daß auch er, wie der Erzähler, in Schweigen verfällt. Dann begreift er, warum gerade diese Art des Schreibens sich dem Verbot der Selbstkommentierung unterwirft. Der Tod eines jeden der menschlichen Bäume ist stumm; der Schlüssel zu seinem Verständnis ist an dem Punkt verlorengegangen, an dem der Tod sich mit dem Leben im gewöhnlichen Sinne dieses Wortes berührt. Dieser Punkt aber liegt in Šalamovs Welt immer schon weit zurück – schließlich befindet er sich nicht nur jenseits des Lagers, sondern auch jenseits jener Welt, die das Lager möglich gemacht hat. Die Ehrlichkeit des Autors Šalamov besteht darin, daß er gar nicht erst versucht, diesen Punkt einzufangen, sondern umgekehrt nicht davor zurückschreckt, auf maximalen Abstand davon zu gehen. Die Fähigkeit, so zu schreiben, verdankt sich natürlich nicht der Lagervergangenheit; das Wesentliche besteht vielmehr darin, die Wiedergabe dieser Vergangenheit im nachhinein zu erlernen, ohne von deren Unproduktivität abgestoßen zu werden. Das Unmenschliche in der Erfahrung des Menschen hat vielleicht noch nie einen so radikalen Anschlag auf die Rechte der Literatur als Wortkunst verübt wie in den *Geschichten aus Kolyma*, der *Auferweckung der Lärche*, dem *Künstler der Schaufel* und den *Skizzen aus der Welt des Verbrechens*.

Indes haben wir es oberflächlich mit der allergewöhnlichsten realistischen Prosa zu tun, mit einer oftmals einfachen

Fabel, einer auf Mündlichkeit (*skaz*) stilisierten Erzählung im Präteritum und Helden, die mit wenigen asketischen, markanten Strichen gezeichnet sind. Doch gerade darin, in dieser einfachen Welt, ereignet sich das Undarstellbare. Ja, mehr als das: Auch so will es uns nicht gelingen, uns dieses Undarstellbare vorzustellen, und dabei fehlt dem Leser weniger eigene Lagererfahrung als der schlichte, noch nicht auf den Kampf ums äußere physische Überleben reduzierte Wille zum Leben. Wenn es dem Autor gelingt, uns dazu zu zwingen, uns bewußt zu machen, was dieses »das hat stattgefunden« eigentlich bedeutet – so werden wir einiges geleistet haben.

Die *Geschichten aus Kolyma* eröffnet eine kurze, gerade zwei Absätze umfassende Skizze »Durch den Schnee«, die man als literarisches Manifest des Autors lesen kann. »Wie wird ein Weg durch schneebedecktes Neuland ausgetreten? Vorn geht ein Mann, schwitzend und fluchend; er kann die Füße, die von dem lockeren tiefen Schnee gefesselt werden, kaum bewegen«.[3] Mir scheint, daß es hier um die Übertragung der Lagererfahrung auf Papier geht. Šalamov bewegt sich langsam durch das literarische Neuland des Alltags von Kolyma und »kennzeichnet die Strecke mit gleichmäßigen schwarzen Löchern«.[4] Aus seiner Pionierleistung folgt aber nicht, daß es den anderen, die nach ihm kommen, leichter fallen wird, dort voranzukommen, noch daß es überhaupt möglich ist, im ewigen Eis einen dauerhaften Weg zu bahnen. Doch in eben dieser Rolle hat sich Šalamov gesehen, und es fällt schwer, dagegen etwas einzuwenden. Die bloße Tatsache, daß er überlebt hat, war schon ein Wunder, und so versuchte er, ohne es bei Anklage, Fluch oder Rechtfertigung bewenden zu lassen, seine Lagererfahrung in literarische Erfahrung zu verwandeln.

3 Warlam Schalamow: Geschichten aus Kolyma. Übers. von Annelore Nitschke. Frankfurt a. M. 1983, S. 19.
4 Ebd.

Einen besonderen Platz nimmt in Šalamovs Prosa das Milieu der Berufskriminellen ein, der Vertreter des Berufsverbrechertums, der Mitglieder eines »verfluchten Ordens«. Šalamov wird nicht müde, gegen die Idealisierung dieses Milieus aufzubegehren, welche die sowjetische Literatur der zwanziger und dreißiger Jahre mit ihren Theorien vom »Umschmieden« und der »sozialen Nähe« buchstäblich überschwemmt hatte. Das ist wohl der einzige Punkt, an dem seine Position insgeheim Züge von Staatsergebenheit aufweist. Wobei unvermindert unklar bleibt, wie ein Staat, der selbst das Rechtsprinzip mißachtete und Berufskriminelle auf seine politischen Feinde losließ (s. die Abrechnung mit den »Trotzkisten« im Jahr 1938), gegen die Welt des Verbrechens vorgehen konnte, die ja nicht von ungefähr für »sozial nahestehend« erklärt worden war. Die Unmenschlichkeit der Lagererfahrung wird durch die von offizieller Seite legitimierten Schikanen der Kriminellen gegenüber den anderen Gefangenen potenziert. Für diese Berufsverbrecher verwendet Šalamov selbst mehr als einmal das Epitheton »unmenschlich«. Indes birgt dieses Wort eine semantische Falle; es bedeutet nämlich nicht nur »bestialisch« und »außergewöhnlich brutal«, sondern auch »über die Maßen stark« und »todesverachtend«; gegen Šalamovs Intention schleicht sich in seine Beschreibung der Welt der Berufsverbrecher ein romantisches Element ein. Hat doch schon Hegel in der *Phänomenologie des Geistes* den »Herrn« als denjenigen definiert, der in ein besonderes Verhältnis zum Tod tritt, der sein Leben aufs Spiel setzt und um den Preis seines Risikos das Recht auf Herrschaft erwirbt. Merkwürdigerweise stellen sich viele der ungebildeten Berufskriminellen als »Herren« in diesem Sinne heraus, indem sie die Bereitschaft zeigen, für Prinzipien zu sterben, die für einen gewöhnlichen Menschen nicht nachvollziehbar und angesichts ihrer Asozialität eher abstoßend sind. Diese Räuber lassen sich nicht zu Bäumen, zu Todeskandidaten pervertieren; sie leben nicht nur auf Kosten der anderen, sondern auch dank ungeschriebener Privilegien, die ihnen von einem verbrecherischen Staat zuerkannt werden. Kann da noch von der Reinheit einer »Idee« die Rede sein, wenn *diese* konkrete Verbrecherschaft mit ihrem schlimmsten Feind, dem Staat, paktiert? Dabei ist es wichtig, daß wir, wenn wir die Gauner als unmenschlich darstellen, nicht unversehens den Staat vermenschlichen, der einen Teil seiner Bürger dem Berufsverbrechertum ausliefert. Und obgleich Šalamov die professionellen Verbrecher rhetorisch in eine eigene, abgeschlossene Welt einsperrt, die vor allem von deren Nachfolgern bevölkert wird, lassen sich an seinen Texten die Beziehungen dieses Milieus zur Gesamtgesellschaft ablesen. Auch die Formen, wie die Gesellschaft negiert wird, hängen – insbesondere in Perioden großer Umwälzungen – direkt vom Zustand dieser Gesellschaft ab.

Die gewisse Ambivalenz Šalamovs gegenüber dem Berufsverbrechertum, das asozial und sozial zugleich ist, resultiert nicht aus mangelndem Verständnis, sondern gehört zum noch immer nicht endgültig entschlüsselten Grundprinzip des sowjetischen (und auch postsowjetischen) Lebens. Es ist noch nicht lange her, daß die russische Presse mit äußerster Unruhe auf das regelmäßige »Abschießen« der Berufskriminellen reagierte, weil sie in ihnen unter Bedingungen des verheerenden postsowjetischen Rechtsvakuums Garanten der Ordnung erblickte. Wird so aber nicht die Gesellschaft als ganze als ein einziges großes Lager gedacht?

Als Opfer des GULag war Šalamov weniger im Bilde über die Folgen, die das Lagersystem für dessen Theoretiker und Organisatoren hatte, die »Herren des Lebens«, wie unmenschlich ihre Welt auch war. Nur wenn wir den aktiven Pol der Verrohung verstanden haben, der all unsere Vorstellungen von den traditionellen Eliten umkehrt, können wir auch begreifen, warum man auf die Welt des Verbrechens in allen ihren sozialen Notwendigkeiten so stark setzte. Kriminalität als tragende Säule des Staates ist in jedem Falle stärker als jeder partikulare kriminelle Verhaltenskodex, und nur unter unwiederholbaren postrevolutionären Umständen hat das in der Mehrheit aller Gesellschaften an der Peripherie existierende Verbrechermilieu reale Chancen, in deren Innerstes einzudringen. Wo das Gesetz in seinen Grundfesten erschüttert ist, wird die Imitation des »Gesetzes des Verbrechens« unausweichlich. Von einem solchen Schulterschluß ist es nicht mehr weit zu den Millionen menschlicher Bäume, die jenseits des Lebens ums Überleben kämpfen. Ein Teil der Menschen, die unter den Paragraphen 58 (»konterrevolutionäre Verbrechen«) fielen, wurde unter tätiger Mitwirkung dieser Verbrecher vernichtet. Die Brutalität ihrer Praktiken liegt offen zutage, doch um wieviel wird sie durch die infernalische, für ihre eigenen Bürger zum Fleischwolf gewordene Staatsmaschinerie übertroffen!

Die in ihrer Detailgenauigkeit monumentale Prosa Varlam Šalamovs zeigt uns unter anderem, daß eine anthropologische Katastrophe solchen Ausmaßes selbst mit dem besten Rezept nicht schnell überwunden werden kann. Die menschlichen Beziehungen werden erst langsam wiederhergestellt, ein quälend langsamer Prozeß wie beim Helden der Erzählung »Typhusbaracke«, der seine Finger gerade biegt: »Seine Hand, die lebende Hand, glich einer Hakenprothese. Sie führte nur die Bewegungen einer Prothese aus.«[5] Schließlich gewinnen diese »krumm und steif« gewordenen Prothesen ihre Beweglichkeit dennoch zurück, werden wieder zu Händen.

Dasselbe wird mit der Zeit auch mit uns geschehen. Natürlich nur, wenn man uns nicht, wie den Helden der »Typhusbaracke«, aufs neue in Goldbergwerke unter Tage schickt...

Juni 1997

5 Warlam Schalamow: Ankerplatz der Hölle. Erzählungen, Gedichte, Briefe, Fotos. Berlin 1996, S. 17.

Erst Austern, dann Borschtsch.
Die Archäologie der Schuld in der
Hochzeitsreise von Vladimir Sorokin

Obgleich Vladimir Sorokin das Thema »Deutschland und die Deutschen« schon lange verfolgt, markiert das Stück *Hochzeitsreise* einen bedeutsamen Übergang. Früher hatte er mit dem deutschen Element im Kontext der sowjetischen Redekultur gearbeitet (die Visionen eines russischen Schriftstellers in Dachau, die Weiterentwicklung von klischeehaften Bildern der »Fritze« im Kino usw.). Diesmal ist Günther von Nebeldorf einer der Haupthelden. Mit ihm wird das Thema der deutschen Schuld eingeführt.

Auch hier bleibt Sorokin in seinem gewohnten Element: er ist als Schriftsteller das sprachliche Medium der kollektiven Rede, die in der *Hochzeitsreise* durch Maša Rubinštejn vertreten wird – eine »Jüdin aus Moskau, in den achtziger Jahren emigriert«,[1] wie es im Verzeichnis der handelnden Personen heißt. Gelegentlich spaltet sie sich in Maša I und Maša II oder bleibt einfach Maša. Sie ist potentiell unendlich teilbar, da sie in körperlicher Hinsicht völlig unbestimmt bleibt.

Die Handlung der *Hochzeitsreise* wird von hinten aufgerollt. Im Inneren eines »bayerischen Stillebens« sitzend, »Frau eines deutschen Millionärs«, formuliert Maša Rubinštejn einen Brief an eine gewisse Marina, in dem sie die Geschichte ihres Lebens in der Emigration erzählt, die von noch älteren Erinnerungen unterbrochen wird. In ihrer Geschichte dominiert das Thema des »Vögelns« (Maša wurde von sowjetischen Milizionären genauso »gefickt« wie von ei-

---

1 Vladimir Sorokin: Hochzeitsreise, in: Pelmeni. Hochzeitsreise. Zwei Stücke. Aus dem Russischen von Barbara Lehmann. Frankfurt a. M. 1997, S. 55-122.

nem gewissen Bor'ka, von Israelis, Franzosen...; nur bei den Deutschen sieht das alles etwas anders aus: wir, d. h. Marina und Maša, »vögeln uns durch halb Deutschland« – die Gründe für diese Inversion werden im folgenden klar). Die satte Vulgärsprache, der russische »Mat«, verleiht der Entfaltung dieses Themas einen besonderen, unübersetzbaren Ton. Nachdem sie zunächst Israel und dann Paris auf grobe Weise verflucht hat (»eine beschissenere Stadt als Paris ist mir noch nie untergekommen«), trifft die »Europäerin« Maša auf einer Vernissage schließlich »IHN«, den stotternden Albino und außergewöhnlich schönen Mann Günther von Nebeldorf: »Ich war sogar etwas verwirrt. Aber... ehrlich gesagt – ich bin gleich auf ihn abgefahren«. In welcher Sprache soll sie ihn ansprechen? Es wäre wohl besser gewesen, diese Frage im Stile Dostoevskijs zur Gänze unbeantwortet zu lassen, doch Sorokin ersinnt *ad hoc* die Geschichte vom »Bildungsgut einer jüdischen Professorentochter«, die »von klein an mit den Brüdern Grimm traktiert« wurde. Dies ist nicht der geglückteste Abschnitt des Textes. Die Liebesaffäre zwischen dem arischen Albino und der jüdischen Emigrantin könnte gut und gerne – was sie faktisch auch tut – in einem sprachfreien Milieu vonstatten gehen. Als Pornographie ist sie ohnehin stumm.

Günther ist nicht nur schüchtern, sondern buchstäblich von jüdischer Kultur besessen: Zwei Jahre lang hat er an der Universität Jerusalem Ivrit gelernt; er sammelt Bilder jüdischer Künstler, Gebrauchsgegenstände und religiöse Reliquien. Maša hingegen verhält sich all dem gegenüber, obzwar sie, wie es den Anschein hat, eine »hundertprozentige« Jüdin ist, völlig gleichgültig. Das Leben in ihrer »historischen Heimat« langweilt sie, wenn es ihr auch nicht dermaßen zuwider ist wie Paris. Günther taucht im Verzeichnis der handelnden Personen lediglich mit den Worten auf: »der Sohn seines Vaters«. Der Vater Fabian von Nebeldorf, Oberführer der SS, kämpfte in der Ukraine und in Weißrußland gegen Partisanen, schlug den Warschauer Ghetto-Aufstand nieder und ließ Menschen an Fleischerhaken aufhängen. Einen solchen Haken brachte er als Trophäe mit nach Deutschland, und von allen Hinterlassenschaften des Vaters hat der Sohn lediglich diesen Haken als Erinnerung an die »Heldentaten« des Vaters aufgehoben. *Genau die gleichen* Verbrechen beging auch die Mutter von Maša, Roza Gal'perina, NKWD-Majorin, in der Ukraine (es wird angemerkt, daß es ihr »Markenzeichen« war, mit dem spitzen Absatz ihres Damenschuhs auf männliche Geschlechtsteile zu schlagen). Ihre Tochter hat deswegen nicht die leisesten Gewissensbisse. In psychischer Hinsicht ist sie, so will es dem Autor scheinen, völlig gesund. Günther wird als ihr genaues Gegenteil gezeichnet: Während des Tanzens und im Bett ist er »wie aus Stein«, verwandelt sich in einen Leichnam (Vergleich mit einem Ertrunkenen), schwitzt und verlangt gepeitscht zu werden, wobei er immer wieder die Worte »Da hast dus, Marmor« wiederholt. Maša füllt diese Rolle bestens aus, und nach der ersten derartigen Séance tritt Günther im weißen Frack und mit Rosen auf, um ihr einen Antrag zu machen. Zuerst aber soll sie die ganze Wahrheit über seinen Vater erfahren, der den Aufstand im Warschauer Ghetto niederschlug und die Teilnehmer an diesem Aufstand mit unerhörter Brutalität hinrichten ließ. All diese Mitteilungen aber lassen Maša ungerührt. »Na und?«, lautet ihre einzige Reaktion. Ebensowenig kümmern sie die Verbrechen ihrer Mutter, so daß der Autor des Stücks gezwungen ist, »sechs Geschöpfe unbestimmten Geschlechts« einzuführen, die kurzerhand die Biographie der Mutter verlesen. Im vierten Akt reist Maša, nachdem sie plötzlich das Bedürfnis nach sexuellem Verkehr mit Günther verspürt (»Ich will mit ihm vögeln! Ich hab noch nicht mal seinen Schwanz gesehen!«), nach Köln zu einem anderen russischen Emigranten, dem ehemaligen Psychiater Mark, der Günther von Nebeldorf und in einem Aufwasch auch vielen anderen Deutschen folgende Ferndiagnose stellt: »Er ist Masochist nicht dem Psychotyp nach, sondern aus ideologischen Gründen. Bei den Nachkriegsdeutschen kommt das öfter vor.«[2] Und er »vögelt« deswegen nicht, weil er »erstens das Böse, das heißt die physische Existenz seines Vaters nicht vermehren will. Zweitens rächt er sich an seinem Vater, indem er sich mit dem Opfer identifiziert. Die jüdische Frau peitscht den Sohn von Nebeldorf. Das Interesse an der jüdischen Kultur ist auch eine Art Rache.«[3]

Mark beschränkt sich nicht auf die Diagnose, sondern erläutert die Gründe, wie es zu dieser Situation kommen konnte. Er vergleicht das nationalsozialistische Deutschland mit einem rechtschaffenen Bürger, der »plötzlich, eines schönen Tages auf die Straße rast, Schaufenster einschlägt, über Menschen und Hunde herfällt. Steckt etwas in Brand. [...] Als er aufwacht, erzählt man ihm in allen Details, was er angerichtet hat. [...] Aber. Seit der Zeit fürchtet er sich vor allem: Schaufenstern, Menschen, Hunden. [...] Aber mit Deutschland ging man weitaus härter ins Gericht, als mit diesem Mann. Man verschrieb ihm keine Tabletten, sondern die Peitsche. Man peitschte es vor aller Welt aus. So war noch nie jemand gepeitscht worden.«[4] Infolge dieser Abrechnung, die ihr Schuldgefühl wecken sollte, haben die Deutschen in kultureller Hinsicht verloren: Ihr Theater, ihre Literatur und ihr Kino sind längst nicht mehr auf dem Niveau, das sie vor dem Krieg hatten.

Fabian von Nebeldorf und Roza Gal'perina erscheinen auf der Bühne, von ihrer schmutzigen Arbeit im Kampf mit den Feinden ermüdet. Beide sprechen dieselben Sätze, nur am

---

2 Ebd., S. 95. Hier wie an einigen anderen Stellen ist die deutsche Übersetzung von Barbara Lehmann aus Gründen von Ryklins Interpretation behutsam abgewandelt worden. Zum »masochistischen Psychotyp« der »totalitären Kultur« s. Igor P. Smirnov: Psichodiachronologika, Moskva 1994, S. 231-314. (A. d. Ü.)
3 Sorokin, Hochzeitsreise, S. 95.
4 Ebd., S. 96.

Schluß fordert er Schnaps und sie »Spiritus«. Die Identität ist hier fast vollständig.

Maša schreibt nach Marks Diktat einen pathetischen Brief an Günther, in dem sie ihm vorwirft, zur Geisel des kollektiven Unbewußten geworden zu sein, mit einem Toten zu ringen, wobei er selbst jegliches menschliche Antlitz verlöre und zum lebendigen Leichnam, zur Puppe werde. Um ein normaler Mann, Gatte und Vater zu werden, müsse er in Köln anrufen und sich Instruktionen holen. Marks Plan läuft darauf hinaus, daß sich Günther den »größten und teuersten« Mercedes mieten, gemeinsam mit Maša auf die Bergresidenz Hitlers, den Obersalzberg fahren und sich zu diesem Zweck die Uniform eines SS-Oberführers anziehen soll (Maša solle sich eine NKWD-Majorsuniform ausleihen). Dort in den Bergen soll mit ihm etwas Wichtiges geschehen – wahrscheinlich die Deidentifikation, die Distanzierung vom Vater, der eben an der Stelle, »wo Hitlers Haus stand«, im Jahr 1958 Selbstmord begangen hatte, und als Folge die Selbstliquidierung der deutschen Schuld. Maša zieht Günther mit Gewalt die besagte Uniform an, und sie fahren von Köln auf den Obersalzberg. Das Wunder der Deidentifikation geschieht leider erst nach Einnahme von Kokain und ist nur von kurzer Dauer. Sorokin zieht die Kokain-Episode unrealistisch in die Länge, stellt Günther als vom Stottern, vom Sammeln siebenarmiger Leuchter, Thorarollen und Bildern jüdischer Künstler geheilt dar. Endlich hat er echten Sex mit Maša (»Er liebte mich so oft, daß auf meinem Körper keine heile Stelle mehr war« – über diesen Satz mag ein Psychoanalytiker ins Grübeln geraten, Mark aber nicht). Augenscheinlich konsumieren sie die ganze Zeit Drogen.

Danach siegt das Reale über den Realismus. Im Finale des Stücks wird Günther, hinter dem Steuer eines Porsche sitzend, unerwartet erneut zu Stein, und zwar beim Anblick eines »riesigen silberfarbenen Lastwagens« mit der Aufschrift »Roza Absatz und Fabian Haken – MARMORSCHWEINE« an der funkelnden Seite. Versteinert rast er auf den Lastwagen zu, der im letzten Moment ausweichen kann, so daß er den Personenwagen lediglich streift. Im Inneren des Lastwagens »hängen die ausgeweideten Leiber von Schweinen der Marmorrasse«. Das Vater-Thema kehrt auf brutale Weise zurück, Günther beginnt wieder zu stottern: »Ich kkkaufe die Thorarolle! Ich kkkaufe den Hanukaleuchter! Ich kkkkaufe die Bbbücher von Schschschneerson.« Jetzt ist Maša an der Reihe, Mark die Diagnose zu stellen: »Gut, daß du in Deutschland nicht als Psychiater arbeiten darfst.« Schließlich werden nicht eine, sondern zwei Hochzeiten gefeiert: Günther heiratet Maša und Fabian von Nebeldorf Roza Gal'perina. Was heißt das? Von der Vergangenheit kann man sich nicht freimachen, die hypothetische Unschuld wird von der Realität der Schuld in den Schatten gestellt; ein jeder schleppt die Last der Geschichte wie einen Buckel mit sich herum.

Sorokin besteht auf der vollständigen Analogie von nationalsozialistischer und sowjetischer Schuld, auf ihrer exakten Parallelität. Die *Hochzeitsreise* ist aber gerade dadurch interessant, daß der Text gegen seinen Autor arbeitet; hinter dem ausgeführten Szenario deuten sich die Konturen eines anderen Szenarios an, dem Bewußtsein des Autors unzugänglich, aber partiell im Unbewußten strukturiert. Gerade diese Dimension weiter auszufalten wäre reizvoll.

Günther von Nebeldorf ist nicht nur ein »hochgewachsener Albino«, auf krankhafte Weise »eingeschüchtert und scheu«, der stottert und zu Masochismus neigt. Er ist nicht nur ein passiver Teilnehmer der masochistischen Szene, in der Maša die aktive Rolle zufällt, sondern zugleich auch deren Regisseur. Daran ist noch nichts Originelles; schon bei Wanda von Dunajew waren ihre Verehrer reiche Männer, die die »Venus im Pelz« für deren eigenes Geld auspeitschte.[5] Sie waren zugleich passive Objekte und aktive Subjekte und Re-

5 Leopold von Sacher Masoch: Venus im Pelz. Leipzig 1910.

gisseure ihrer mitunter recht bizarren Symptomatiken. Günther ist gleichermaßen Agent seiner Symptomatik, die von Maša Rubinštejn nur eines verlangt: ihr biologisches Judentum. Die biologische Definition des Judentums nähert den jungen von Nebeldorf seinem Vater an und erzwingt die ständige Wiederholung der Auspeitschungsszene, die an die traumatisierende unbewußte Verwandtschaft erinnert. Die Umkehrung von Opfer und Henker überwindet das Trauma keineswegs, obwohl sie eine wesentliche Vermittlung in das Verhältnis zum verstorbenen Vater hineinträgt. Zudem zieht der Agent der Symptomatik daraus eine Lust, deren wesentliches Ingrediens (im Gegensatz zur gewöhnlichen Lust) das Leiden ist. Die kulturelle Nationalität Mašas, die mit der biologischen nichts gemein hat, interessiert Günther genausowenig wie die kulturelle Nationalität der »jüdischen Maler«, deren Bilder an den Wänden seines Münchener Einfamilienhauses hängen. Nichtsdestoweniger schließt seine Symptomatik eine hinreichende Zahl von Vermittlungsstufen ein (Sammelleidenschaft, Beruf und Geld), die Lustgewinn ermöglichen. Die autoritäre Gegenwart der Vater-Figur in Günthers Neurose schrumpft, sobald klar wird, daß Hunderttausende von vernichteten und vertriebenen Juden ihrer kulturellen Nationalitätszugehörigkeit nach *Deutsche* waren und die Deutschen, indem sie sie vernichteten, letztlich sich selbst vernichteten; repressiv war ja bereits der Mechanismus der Veräußerlichung und Biologisierung der eigenen Bürger. Was davon übrigblieb, ist in einen Schuldkomplex übergegangen, der die beständige Reproduktion des Traumas gewährleistet. Der Status Mašas als eines erotischen und Sammelobjekts wird von Günther selbst bestätigt: »Ich... ich wwwerde nie aufhören, dich zu lieben, auch wwwenn du dich... in einen Stuhl vvverwandelst, oder in... nnnasse Stiefel.« Im übrigen kann Maša die Bedeutung des Wortes »ich liebe« aus dem Mund eines Neurotikers nicht entziffern. Sie geht naiv in die Irre, wenn sie annimmt, daß ihr die Rolle von

Ziel und Zweck zukomme, während sie doch im Szenario der deutschen Schuld ein ebensolches Mittel ist wie die Gebrauchsgegenstände, die Bilder »jüdischer« Künstler, ein Stuhl oder nasse Stiefel.

Das in der Neurose implizierte Schweigen bedarf einer ausgeklügelten Hermeneutik: Das Gesagte läßt sich nicht wörtlich interpretieren, es ist Funktion des Ungesagten. Günther braucht Maša nicht sosehr, um sich von seinem Vater zu lösen (dies ist lediglich die bewußte Interpretation), sondern um ein Minimum an Kontinuität zu bewahren (die Opposition von Opfer und Henker in umgekehrter und abgemilderter Form). Mit anderen Worten: Je mehr er sich von seinem konkreten Vater löst, desto tiefer wird seine Abhängigkeit von der symbolischen Funktion der Vaterschaft, vom Namen des Vaters. Er ist unbewußt der Sohn seines Vaters. Und Maša ist gleichfalls nicht die Tochter ihrer Mutter. Die behauptete Parallele von deutscher und sowjetischer Schuld löst sich in Luft auf; der Text ignoriert zum wiederholten Male die Absichten, das Imaginäre seines Verfassers.

Der Fall von Maša Rubinštejn, vom Autor als Norm gesetzt, ist selbst viel schwerer als der Fall von Günther. All ihr Reden ist ein einziger unbewußter Diskurs der Schuld. Während die deutsche Schuld die Form einer depressiven Neurose annimmt, ergießt sich die russische in das Gefäß psychotischer Rede. Im ersten Fall kehrt die Schuld als Sprache des Traumas wieder, im zweiten hingegen als das Reale, als optimistisch klingender und nach außen hin kompensierter Wahn. Unbestritten ist das Sprechen des Wahns logischer als die mit Verschweigen und Sinnlöchern durchsetzte Rede des Neurotikers; es ist auf seine Weise konsequent und trägt ein therapeutisches Potential in sich, das mit Abreagieren und Übertragung nichts gemein hat. Es behütet sein virtuelles Subjekt vor Schlimmerem. Versuchen wir aber nachzuvollziehen, was in diesem Fall schlimmer wäre: Es ist das Realitätsprinzip selbst, dem die Bodenlosigkeit des Realen als

Wunsch entgegensteht. Wenn die kompensatorischen Mechanismen der psychotischen Rede, die üblicherweise Totalitarismus genannt werden, sich erschöpft haben – und genau das bahnt sich zur Zeit in Rußland wie in der Emigration an –, taucht das besagte Schlimmere auf und gibt von sich Kunde. Indes ist das, was der mehr oder weniger kompensierte Psychotiker »schlimmer« nennt und gerne für unmöglich halten würde (leider ist es sogar sehr gut möglich), für etwas, das es um jeden Preis zu vermeiden gilt, ist dieses Schlimmere nichts anderes als das deklarierte Ziel der Psychoanalyse. »Wo es war, soll ich werden.« Maša Rubinštejns Symptomatik wird als nicht-existent wahrgenommen, weil sie allzu frisch ist und zu tief sitzt: anders als bei Günther ist sie nicht Produkt einer Verdrängung, sondern einer Verwerfung. Die verworfenen Signifikanten werden, im Gegensatz zu verdrängten, im Unbewußten des Subjekts nicht resorbiert: Sie können nicht von innen heraus entstehen, sondern einzig im tiefsten Inneren des Realen. Ihre Existenzform ist die Halluzination, die psychotische Rede. Maša Rubinštejns Symptome gleichen ihrer Rede bis ins letzte, sie bilden einen Ersatz für das Unbewußte. Hinter dem Optimismus postsowjetischen Typs mit seiner Fixierung auf totale Affirmation (Pavel Pepperštejn nennt diese Erscheinung eine »Überproduktion an Affirmation«) verbirgt sich eine weit tieferliegende, bislang lediglich partiell in psychoanalytische Termini übersetzbare Schuld (eine Schuld, die das Niveau von Gefühlen nicht erreicht, dafür allerdings total versprachlicht wird), als es das berühmte Schuldgefühl* aus deutscher Produktion ist. Die »deutsche Schuld« anerkennt sich selbst als solche und beharrt zugleich auf ihrem Schweigerecht, während die sowjetische Schuld ihren Redetyp mit einem billigen Optimismus füllt. Die sowjetische Rede ist von Schuld gebannt; sie ist vorderhand nicht in Gefühle übersetzbar. Die Träger

---

* Im Original deutsch.

fühlloser Schuld, einer Schuld, die sich fürchtet, ihren Namen zu nennen, befinden sich unaufhörlich in Abhängigkeit von rationaleren Wesen, welche die ihnen eigene Aggressivität kulturell vermittelt haben. Der Überschuß an Aggressivität macht sie schutzlos in einer Welt, in der Komplexität natürlich ist. Maša begreift nicht, warum Günther in einem Büro für Patentangelegenheiten arbeiten muß, wo er doch reich ist, warum er die Verbrechen seines Vaters als seine eigenen durchleben muß und sich für die jüngste Vergangenheit seines Volkes schämt. Maša, dieses Kind einer Wahnrede, erhebt den Anspruch, ohne jedwelche Vermittlungen auszukommen, doch das ist nur auf der Ebene der Rede so – in Wirklichkeit hängt sie sklavisch von jeder einzelnen Vermittlung ab. Günthers neurotisches Theater, in welchem Maša die Rolle der jüdischen »Venus im Pelz« zuteil wird, verträgt sich bestens mit seinem Berufsleben, seiner vielschichtigen Privatsphäre, seiner Sammelleidenschaft, seinem Interesse für die chinesische Küche usw. Günther kauft sich partiell von den Sünden seines Vaters frei (nicht von ungefähr lauten seine letzten Worte im Stück: »Ich kaufe alles! Alles! Alles!«). Teilweise inszeniert er diese Schuld in seinem neurotischen Privattheater. Dieses Theater ist auch eines jener Rituale der Trauer über die in Zeiten des Nationalsozialismus verlorengegangene Kultur, in der das Jüdische einzig auf der Ebene des Imaginären vom Deutschen abgegrenzt war; Walter Benjamin war nicht weniger deutsch als Martin Heidegger (der sich selbst noch in der finsteren Zeit seines Freiburger Rektorats darüber im klaren war, daß die kulturelle Nationalität Spinozas dieselbe war wie die von Descartes und Kant – eben europäische Metaphysik). Diesem Ritual die Schuld am Verlust von Kultur zu geben (die mit großen Lettern zu schreiben schon an sich eine Verirrung darstellt), ist genauso naiv wie den Nationalsozialismus mit einem im Suff randalierenden Kleinbürger zu vergleichen. Jene übermütige Diagnose, die die Probleme des Deutschen mit einem Handstreich beseitigen zu können meint, geht darüber hinweg, daß sie sich erst einmal selbst unter Beweis stellen müßte, indem sie ihre eigenen, weit ernsteren (russischen) Schwierigkeiten bewältigt. Ihr Autor aber kann sich nicht einmal dazu durchringen, sie »Schuld« zu nennen, was mitnichten verwunderlich ist: Der Diagnose liegt das Anerkennen *dieser Art von Schuld* als Unschuld zugrunde; sie wird von demjenigen, der die Diagnose stellt, in den Bereich des Selbstverständlichen abgeschoben. Günther muß nicht mit Gewalt in die Oberführer-Uniform gesteckt werden; sein Problem besteht ja gerade darin, daß er sie *in seinem Unbewußten* gar nicht ablegen kann. Indem Mark und Maša die von Günther selbst entwickelten Vermittlungsmechanismen zerstören, heilen sie ihn nicht, sondern machen ihn psychotisch, vollziehen an ihm einen Akt von Scheintherapie. Indem sie wörtlich inszenieren, was in ihm virtuell schon existiert, geben sie dem Neurotiker Günther nicht seine ursprüngliche Unschuld zurück, sondern die unerträgliche ursprüngliche Schuld seines Vaters. Das Kokain ist das unverzichtbare Supplement der reversiven Therapie; nach der Einnahme von Kokain entfällt die Notwendigkeit der Maskerade mit 600er Mercedes, SS-Insignien, Haken und Damenschuhen. Die Droge ermöglicht *diese und eine Fülle anderer Phantasien* ohne Unterstützung von Theaterrequisiten. Und eine dieser Phantasien ist die vom Text naiv deklarierte »Heilung«. Glücklicherweise beseitigt Sorokins mediale Begabung das entstandene Mißverständnis schnell in der Schlußepisode mit den Marmorschweinen. Die auf *Fleischerhaken* aufgehängten Tierleiber sind offensichtlich als Metapher der Opfer beider Totalitarismen, des deutschen wie des sowjetischen, gedacht. Bei ihrem Anblick aber wird nur Günther zu Stein, Maša kann nicht versteinern – keineswegs aufgrund ihrer Unschuld oder Normalität, sondern weil sie in ihrer Rede von Anfang an hoffnungslos versteinert ist. Die Schuldparallele tritt hier noch einmal als reine, wenn auch durchaus wertvolle Fiktion zutage, insofern Roza Gal'perina im *Sprechen* ihrer Tochter unverbrüchlich zugegen ist, während Fabian von Nebeldorf allein im *Schweigen* seines Sohnes anwesend ist. Im einen Fall wird die Schuld versprachlicht (oder genauer: zu-, ja totgeredet), aber nicht beim Namen genannt, im anderen Fall hingegen wird sie direkt genannt, jedoch nicht versprachlicht. Günther versteinert beim Anblick des Lastwagens mit den Marmorschweinen, weil darauf der Name seines Vaters durch »Fabian Haken« ersetzt wurde; die Schweine sind im Grunde am Namen seines Vaters aufgehängt. Der Name des Vaters durchbohrt sie *buchstäblich*. Das »Absätzchen« von Majorin Gal'perina würde die Last dieser Tierleiber nicht aushalten, es zerbräche. Die Schuld ist in diesem Fall noch zu gewaltig und zu nah, um ihr eigenes Gewicht auszuhalten. Obwohl der Text auf die Fixierung von Ähnlichkeiten ausgerichtet ist, bringt er gegen den Willen seines Autors ein Geflecht von Unterschieden an die Oberfläche – Unterschiede, welche die Analogien gnadenlos aufzehren. So wird klar, daß in der Ehe von Günther und Maša bloß ein neurotisches Szenario realisiert wird, in dem für die Frau die Rolle eines Folterknechts in der Requisite vorbestimmt ist. Das radikale Szenario von Maša und Mark bleibt im Sprechen eingemauert; im Inneren aber wird es dafür unablässig in Realität verwandelt, ob die beiden es nun wollen oder nicht.

Der Text der *Hochzeitsreise* führt vor, daß es kein gemeineuropäisches Kriterium für Normalität gibt. In Deutschland sind Maša in allen ihren Hypostasen und auch Mark viel weiter von der Norm entfernt als der versteinerte Günther, der die verbrecherische physische Existenz seines Vaters nicht fortsetzen will und postum dessen Zorn auf sich zieht, indem er einer Jüdin gestattet, ihn auszupeitschen usw. Den Faktor der Lust an der eigenen Symptomatik kann man genausowenig von der Rechnung streichen wie die Reproduktion des biologischen Blicks auf den Anderen (»Rassismus *en miniature*«) mit umgekehrten Vorzeichen. Unter dem Anschein der Heilung schlägt Mark vor, Günther auf brutale Weise in seinen Vater zu verwandeln und den Komfort der erarbeiteten Vermittlungen zunichte zu machen. Für Maša und Mark stellt der realisierte, sozial rundum kompensierte Psychotiker die Norm dar; seine geistige Heimat wird auf ewig die UdSSR bleiben. Durch das Wort »Rußland« ist dieser »Norm« die innere Diagnose gestellt, durch das Wort »Emigration« die äußere. Auch nur eines dieser Wörter wirklich zu denken hieße, es von seiner Kehrseite anzusehen. Bis zur Psychoanalyse ist es nur noch ein kleiner Schritt.

Man muß die Ausführungen über die Vorzüge von Salzgegenüber Essiggurken, von Sülze gegenüber chinesischen »Kristallferkeln«, über die Initiation ins Wodka-Trinkritual *à la russe* und auch die Philippika gegen den deutschen süßen Senf nicht allzu ernst nehmen. All diese Kapricen sind lediglich auf dem Hintergrund des nicht-geschriebenen neurotischen Szenarios möglich, in dem Mašas biologischem Judentum eine Schlüsselrolle zukommt – nämlich als Verbindungsglied zwischen Günthers Lust und dem Namen seines Vaters. Die monströsen Welten Mašas, die beständig von ihrer eigenen Rede vergewaltigt wird, interessieren Günther nicht. Doch auch Günther ist für Maša nicht mehr als ein Ersatz, eine Kompensation für die Unmöglichkeit, etwas anderes zu besitzen. Die »poetischsten« Worte des gesamten Stücks betreffen nicht etwa den großartigen arischen Albino, sondern den in den Augen der »neuen Russen« kultischen 600er Mercedes, das »schwarze Kandisstück, abgelutscht von den Göttern der Walhalla und ausgespuckt auf die irdischen Weiten«. Ein Orgasmus ist eher mit dem Mercedes möglich als mit Günther. Der Besitz eines im Geiste von Maschinenphantasien perfektionierten Modells dieses Autos macht *jeden Mann* überflüssig: »[...] als Günther mich ans Steuer ließ, habe ich begriffen, daß mir zwei Dinge fehlen: ein Schwanz auf dem Sitz und vorneweg ein Maschinengewehr. Rase, ficke und schieße, und du brauchst keinen Mann!« So dient die sexuelle Beziehung zu Nebeldorf junior als Ersatz für die Unmöglichkeit, die Wundermaschine zu besitzen, deren orgasmatische Möglichkeiten schier unerschöpflich sind. Der Status der Frau eines deutschen Millionärs erregt die in ihrem eigenen Sprechen andauernd »vögelnde« Maša weit mehr als Sex. Im Sex ist ihre eigene Rolle völlig instrumentell, wie es sich für Wesen gehört, die mit den Schwierigkeiten des täglichen Überlebens ausgelastet sind und sich mit Rollen abfinden müssen, die ihnen andere zuweisen.

»Das Leben in der Gemeinschaft, Kollektivismus und Nationalismus sind mir ebenso zuwider wie großstaatlicher Chauvinismus, imperiales Gedankengut und Weltmachtstreben«, verkündet Maša Rubinštejn. Wir wissen nicht, was ihr »Ich« ist, doch die Rede der Figuren Maša I, Maša II und Maša pur quillt nur so über von rückhaltlosem Chauvinismus, Rassismus, Sexismus und Antisemitismus. Die Biologie bewahrt sie vor nichts. Der Judophile Günther leidet an jener minimalen Dosis von Restrassismus, in dessen Element sich die »emigrierte Jüdin aus Moskau« badet, und diese verschwindende Menge bildet im Grunde den Kern seiner Symptomatik. Soweit ein literarischer Text gestattet, darüber zu spekulieren, weiß dieser an einer Besessenheitsneurose leidende Mensch nicht, ob er lebendig oder tot ist. »Erstarrung« und »Versteinerung« sind mit seiner Vorstellung vom Vater als einem schon toten verbunden, während in ihm selbst die physische Existenz des Vaters fortdauert. Er mimt den Verstorbenen in Erwartung des Todes seines Herrn und ritualisiert deshalb sein Leben soweit nur irgend möglich. Das Schweigen des realen Vaters wird als Verrat an der symbolischen Funktion ausgelegt, die das Subjekt des Symptoms daran hindert, in die sprachliche Ordnung einzutreten. Mašas Trauma ist unendlich viel tiefer; es gehört zum Bereich der sogenannten Urphantasien, die das Leben der Imagination *unabhängig* von der persönlichen Erfahrung der Subjekte bestimmt, da sie Teil der phylogenetisch überlieferten

Sprache sind. Solange diese Sprache wenigstens ansatzweise kompensiert ist, weiß niemand, wie solche Phantasmen geheilt werden können. Ja, mehr als das: Wie die *Hochzeitsreise* zeigt, ist es mit Hilfe von Urphantasien möglich, einen Neurotiker psychotisch zu machen und Regression als Heilung auszugeben. Damit eine Therapie überhaupt denkbar wird, muß zunächst der Symptomträger in den Besitz seiner Rede gelangen. Bei Maša und in Millionen ähnlich gelagerter Fälle sind wir noch weit davon entfernt; da nämlich das Symptom im Realen existiert und dem kollektiven Subjekt gehört, das imstande ist, sich endlos zu teilen (im Text gibt es wenigstens ein Dutzend Mašas), nimmt die Psychose keine klinische Form an. Der Träger der Psychose ist weder schizophren noch paranoid (obgleich seine Rede von gewöhnlichen psychotischen Mechanismen durchsetzt ist), sondern ein sogenannter *realisierter Psychotiker*, den weniger die Psycho- als die Schizoanalyse zu denken vermag. Der klassische Freudsche Paranoiker, der Dresdner Senatspräsident Daniel Paul Schreber, begann damit, daß er eine »Grundsprache« erfand, eine eigene Sprache des Traumas, in welcher er sich Gott als Frau anbieten konnte. Der *realisierte Psychotiker* spricht in der Sprache des ererbten Traumas, das sich noch nicht ganz vom Phantasma der Großen Gesundheit gelöst hat. Daher ist er in seinen eigenen Augen nicht Patient, sondern Diagnostiker. Auch wenn die anderen damit nicht einverstanden sind.

Im Unterschied zu Günther ist Maša zweifellos lebendig, aber nur innerhalb des Wahns, der sie jeden Moment in die nötige Menge von Teilen spaltet. Anders als bei Schreber ist der Wahn nicht von ihr selbst erdacht, sondern von einem halbtoten Sozialkörper ins Leben gerufen worden, den sie auf der Ebene des Imaginären als einzig lebendigen erfährt, als Synonym des Leben. Im Inneren außergewöhnlich aggressiv, provoziert dieser Wahn häufig masochistisches Verhalten, seine Träger treten hinter einer besser organisierten und ihrer selbst bewußten Subjektivität zurück, mag diese auch von einem Schuldkomplex gespalten sein. Die errungenen sprachlichen Siege vertiefen bloß noch die Frustration, weil die sie begleitenden Handlungsweisen unwirksam sind. Vom stotternden Neurotiker werden mächtige Ströme psychotischer Rede niedergehalten; auf der Ebene der gesprochenen Rede versucht er nicht einmal, ihnen Widerstand entgegenzusetzen. Das von Maša II Prophezeite tritt ein: »Du wirst ihn peitschen heute, morgen, übermorgen, peitschen in eurem Schlafzimmer und im Hotel, peitschen im Bad und in der Garage, peitschen im Garten. Du wirst ihn peitschen im Garten. Du wirst ihn peitschen am 26. Juni 1996 im Athener Hotel Poseidon, am 1. November 1999 im New Yorker Hilton, am 6. August 2005 im Moskauer Metropol [...] Du wirst ihn peitschen an eurem Silbernen Hochzeitstag, nach dem Bankett, das sich bis drei Uhr morgens hinzieht, in eurem neuen Haus am Starnberger See, im blumengeschmückten Schlafzimmer.« Bei der Begegnung mit den Marmorschweinen hört die von Mark verordnete Arznei auf zu wirken, und die Rolle der »Venus im Pelz« im nicht angemeldeten neurotischen Szenario bleibt endgültig an Maša haften. Bei all seiner scheinbaren Schutzlosigkeit ist der Neurotiker tückisch. »Nach den russischen Schizophrenen, die mir bis oben stehen, die mir zum Hals raushängen, jetzt die deutschen Neurotiker! Das ist... wie Austern nach dem Borschtsch!« Ich weiß nicht, ob man nach Borschtsch den Geschmack von Austern noch würdigen kann. Das ist auch gar nicht nötig. In Europa lautet die Frage eher, ob man nach jener riesigen Menge Austern überhaupt noch Borschtsch essen kann. Fällt dieses deftige und stark sättigende Gericht nicht den ungezählten Austern zum Opfer? Wird es nicht eher ein exotisches Gewürz zu den Austern bilden? Denjenigen Schichten des Textes nach zu urteilen, die nicht von der Intention des Autors beherrscht werden, ist das durchaus möglich. Vielleicht besteht literarisches Talent ja gerade in der Kunst, dasjenige zur Sprache zu bringen, was sich logisch nicht erfassen läßt; die hypothetische Reinheit der Absichten in Textualität umzuformen; einem einzigen Stück eine ganze Reihe von sich wechselseitig ausschließenden, divergierenden Sujets einzuschreiben.

Sorokin hat seine Schriftsteller-Laufbahn als Medium begonnen. In der *Schlange*, in *Norma*, im *Roman* und in den *Herzen der Vier*[6] ließ er das kollektive Andere durch sich sprechen. Als Nicht-Autor aus Prinzip war er per definitionem unschuldig, wie monströs die Redemassen auch waren, die durch ihn hindurchgingen. Das Strömen der Symptome ging in keine Diagnose über, sperrte sich gegen jede Moralisierung. Während sie sich auf praktischer Ebene ungünstig auswirkte, war die Nicht-Autor-Position der achtziger Jahre ethisch untadelig.

Aber die Sowjetunion zerfiel, die Repression verlor ihre frühere Brutalität, die massenhaft produzierte Rede erschöpfte sich, büßte ihre Potenz ein, und die Literatur wurde zum Beruf. Die Nicht-Autor-Position in Reinform zu erhalten war nicht mehr möglich, aus dem Medium begann sich ein neuer Autor herauszuschälen: Vladimir Sorokin II. Dem ist selbstverständlich das Medium nicht fremd. Doch die Tatsache bleibt: Aus dem altbekannten Medium bricht vor unseren Augen ein neuer Autor mit seinen eigenen Leidenschaften und Interessen hervor. Wenn er sich voll entwickelt haben wird, werden wir Zeugen des Wunders einer zweiten Geburt werden. Bisher koexistiert er noch mit seinem Vorgänger, übernimmt dessen Erfahrung und belehrt ihn. Die Ausweitung auf das Gebiet der deutschen Schuld ist eine Initiative des Autors, in der das entscheidende Wort noch beim Medium liegt. Der Autor kontrolliert die visuelle und die rhetorische Ebene, das Medium hingegen die wichtigste: die Ebene der Sprache. Die Parallele von nationalsozialistischer und so-

6 Vladimir Sorokin: Die Schlange. Zürich 1990; Norma. Köln 1999; Roman. Zürich 1995; Herzen der Vier. Zürich 1993.

wjetischer Schuld ist Werk des Autors. Er herrscht vor allem über die Dekorationen, die die »Geschöpfe unbestimmten Geschlechts« aus den Teilen eines Puzzles zusammenlegen. Bei Gelegenheit treten die handelnden Personen aus ihren Nischen hervor, um ihre eigenen Biographien anzuhören oder mit den immer gleichen, zerhackten Sätzen um sich zu werfen. Die Unvereinbarkeit dieser zwei Arten von Schuld wird vom Medium – vor dem Autor verborgen – auf der Ebene der Sprache eingeschmuggelt. Mit Günthers Art zu sprechen hat das Medium größere Schwierigkeiten, ist doch das russische Medium mit keiner einzigen der deutschen Redepraktiken vertraut. Das Stottern des schönen Albinos hilft ihm, diesen Umstand zu verdecken. Dafür »beißt« es sich an Maša Rubinštejn fest, deren Rede durch ihre »Abgefahrenheit« dazu angetan ist, selbst noch den abgebrühtesten Leser zu beeindrucken (ich glaube, der Anteil an Vulgärsprache in der *Hochzeitsreise* ist der bislang höchste in Sorokins Werk). In schwierigen Momenten behilft sich das Medium mit dem ihm früher so fremden Moralisieren und scheut auch die ihm vom Autor suggerierte Identifikation nicht (Günther wird mit einer Reihe von Merkmalen des Autors versehen).

Die Symbiose von Autor und Medium in der *Hochzeitsreise* hat sich als produktiv herausgestellt, zugleich aber auch gezeigt: Eine noch weitergehende Expansion des Autors ist für diese Art von Literatur nicht ohne Risiken. Die Austern bedrohen den Borschtsch, das »Kristallferkel« die Sülze. Und ehe man sich versieht, wird auch der heiligste aller heiligen Unterschiede, der zwischen Salz- und Essiggurken, kein »prinzipieller« mehr sein!

November 1997

Epilog
Die Sowjetunion –
das Land meiner Träume

Träume mit sowjetischen Realien habe ich erst seit relativ kurzer Zeit. Hier der Versuch, einige zu analysieren; die Auswahl nach inhaltlichen Kriterien ist natürlich völlig willkürlich. Schließlich ist an dem, was durch diese Träume hindurchscheint, nichts Sowjetisches, schon gar nicht, wenn man in Träumen nicht einfach Wunscherfüllung sieht, sondern auch die Vorbereitung auf die Begegnung mit etwas, das unendlich viel größer ist als jedes »Ich«.

Nach Freud sollten Träume so lange interpretiert werden, bis sich hinter dem bewußten Wunsch, der schon während der Aufzeichnung evident zu sein scheint, ein unbewußtes Begehren zeigt, das oftmals mit jenem ersten Wunsch nichts gemein hat. Im unbewußten Begehren fehlt die Intention des Wunsches. Das aber, was als Unbewußtes erscheint, geht weit über den Bereich dessen hinaus, was Freud für therapeutisch zugänglich hielt.

Die sowjetischen Konnotationen der nachstehenden Träume sind aufs Engste mit der Gegenwart verknüpft; was einmal stattgefunden hat, erscheint in ihnen als etwas, das noch stattfinden kann, im Modus seiner eigenen Zukunft.

1. Traum von Stalin (27. März 2001)

»Ich gehöre zu Stalins Gefolge. Stalin ist ein sehr herzlicher Mensch, den seine Umgebung vergöttert. Stalin liebt Süßspeisen, und sie werden in riesigen Mengen eigens für ihn hergestellt. Besonders diverse Kuchen, die stets bergeweise auf den Tischen bereitstehen. Die Lieblingssüßspeisen des

›großen Führers‹ stammen natürlich aus Georgien. Er fordert mich auf, ihre Namen zu sagen. ›Besonders gern mögen Sie Čurčchella, Genosse Stalin.‹ – ›Ah, Čurčchi [im Traum kam mir dies als Diminutivum von *Čurčchella* vor], ja, die esse ich für mein Leben gern‹, entgegnet Stalin. ›Und Honignuß-torte‹, füge ich hinzu. ›Das ist meine Lieblingstorte‹, gibt er mir recht und zählt noch einige weitere seiner Lieblingsku-chen und -torten auf.

Das Gefolge macht sich über den nächsten Berg Süßigkei-ten her, und nach dem Gespräch mit Ihm Selbst stoße auch ich dazu.

Stalin sieht uns aus dem Hintergrund zu, tritt dann an die mit weißen Tüchern bedeckten Tische heran und nimmt sich, sichtlich ohne großen Appetit, ein Stück Kuchen. ›Das hat er noch aus der Kindheit‹, denke ich.

Zuvor aber erzählt er jedesmal, warum er dieses oder jenes Gebäck mag. Nicht die leiseste Anspielung auf Politik: Stalin und sein Gefolge haben nur Süßigkeiten im Sinn.«

[Hinter der Leinwand des Traums unabweisbar der Ge-danke: Solche Wiederholungen ermüden schrecklich, doch was tun? Wir, der innere Kreis, kennen Stalin nur von dieser Seite.]

Interpretation:
Der Traum handelt weniger von Stalin selbst, als von einer spezifischen, »süßen« Stalin-Rezeption. Als Vorlage kommt mir die Schlußszene des Films *Die Eroberung Berlins* in den Sinn, wo Stalin den Völkern der Welt als »süße« Leiche er-scheint und ihnen voll inneren Jubels, in phonetisch und grammatisch falschem Russisch, die folgenden richtigen, »süßen« Worte zuruft: »Vergeßt nicht die von euch gebrach-ten Opfer.«

Aufreibend am Traum ist das Bemühen, ihn nicht aus dem Dunstkreis des Unwirklichen zu entlassen; dem Traum fehlt es stets an Signifikaten, es geschieht eine Regression zurück auf schon überwundene Ebenen. Ein unvorhergesehenes Detail kann die ganze Idylle zerstören.

Stalin war Georgier, deshalb muß er georgische Süßspeisen wie Čurčchella (Nüsse in Traubensirup) lieben. Mein Unbewußtes steuert zu den Speisen, die Stalin von klein auf geliebt hat, noch eine »Nußtorte« bei. Eigentlich ist damit aber »Tejglach« gemeint, ein Gericht aus der jüdischen Küche, das unsere Großmutter uns Kindern zu den Feiertagen schickte. Die aneinanderklebenden Rechtecke mußte man auseinanderschneiden, weshalb das Ganze im Traum als Torte erscheint. Diese Übertragung zeugt von dem Wunsch, die Traumarbeit zu kontrollieren.

Stalins Angewohnheit, seinen Gästen beim Essen zuzusehen, sie dazu zu bringen, daß sie sich betrinken und folgenschwere Geständnisse machen, ist in den Erinnerungen vieler Zeitgenossen (von Milovan Đilas, Nikita Chruščev u. a.) dokumentiert. In diesem Traum sieht Stalin gleichfalls zu, wie sein Gefolge Süßspeisen ißt, und statt ab und zu einen Schluck »Chvančkara« zu trinken, verspeist er »ohne großen Appetit« ein Stück Kuchen. Mehrmals bin ich drauf und dran aufzuwachen, in der Gewißheit, daß nichts Neues mehr passieren würde, daß immer wieder dieselbe Filmrolle abgespult wird.

Es ist auch ein Traum vom Essen. Ich versuche, mit nicht allzu großem Erfolg, meinen Appetit zu zügeln, insbesondere bei Süßigkeiten. Im Traum hingegen erteilt Stalin, der »vergötterte Führer«, selbst die Genehmigung zu maßloser Fresserei, wenn er selbst auch wenig ißt. Die Logik ist klar: Macht ist weit wertvoller als Essen; der Träger der Macht braucht nichts durch Magersucht zu verdrängen. Für ihn ist, allen Bekundungen des Gegenteils zum Trotz, Essen nicht wichtig, während sein Gefolge dazu verdammt ist, sich vollzustopfen, um zu kompensieren, daß es vor der Macht bukkelt, ohne über sie zu verfügen. Ein Beispiel dafür, daß die Perspektive des Machtverlusts zu unmäßigem Essen treibt, ist Hitler, der bekanntlich in den letzten Kriegstagen ganze Kuchenbleche verdrückte. Stalin hingegen, auf dem Höhepunkt seiner Macht angelangt, kann sich damit begnügen, den Mitgliedern seines »inneren Kreises« zuzusehen, wie sie sich überfressen. Indem wir unsere Körper mit Süßgebäck vollstopfen, drücken wir unsere Verehrung für den »Führer« aus; indem wir unsere kleinen Wünsche ausleben, erhalten wir die Macht als Begehren des Begehrens aufrecht – das aber ist Stalin. Das Eßritual erweist sich als Grundbedingung des Vergötterungs- und Ergebenheitsspiels. Das Essen gerät in diesem Traum zum Synonym jeglicher Maßlosigkeit, sexueller Ausschweifung, willkürlicher Erniedrigung anderer u. a. m. Der Asketismus des »Führers« ist die Bedingung für das orgiastische Verhalten seines Gefolges. Nicht von ungefähr gibt Stalin zu, daß »Tejglach«, die liebste Süßigkeit *meiner* Kindheit, *sein* Leib- und Magengericht sei. Gezielt billigt der »Führer« jeden Exzeß, als wollte er sagen: »Ja, eßt nur soviel ihr wollt, wenn ihr nur nicht ablaßt, mich zu vergöttern.«

Und da ist noch eine Anspielung auf die Logik des Kommunismus: Durch unzählige kleine Exzesse realisiert sich die große Begierde nach Leere, in deren Mitte die Person des Führers steht. Bei unserer Freßorgie bedürfen wir unablässig seiner Bestätigung unserer Maßlosigkeit. Stalin liebt keine Süßigkeiten (wie es der Traum etwas naiv hinstellt), sondern unsere Liebe zu Süßigkeiten, die Bedingung dafür, daß er selbst vergöttert wird. Süßigkeiten an sich mag er gar nicht. Als er widerstrebend ein einziges Stück Kuchen nimmt, blitzt im Traum der Gedanke auf: »Das hat er noch aus der Kindheit.« Für ihn als Führer ist die Lieblingsspeise nicht mehr als eine Kindheitserinnerung, da er jetzt, im Stand völliger Jenseitigkeit, keiner Speise mehr bedarf.

Der Führer kompensiert augenscheinlich den unstillbaren Mangel in uns, weil wir selbst damit bislang nicht umgehen können. Wenn wir uns aber erst entschließen, an ihm zu arbeiten, wird sich herausstellen, daß es gar keinen Mangel gibt, daß die Leere nicht anthropomorph ist und keiner besonderen Symbolisierung bedarf.

2. Traum von der Privatisierung sowjetischer Raumfahrt-Anlagen (8. August 2000)

»Ich habe ein Buch geschenkt bekommen, das davon handelt, wie Anlagen der sowjetischen Raumfahrt vom Raketenkonstrukteur Kovalev und den ›Kosmonauten‹ privatisiert wurden. Angeregt diskutieren sie die Aussichten, aus diesen ›Tortenstücken‹ Profit zu schlagen, und bitten mich, eine Rezension ihres Buches zu schreiben. Ihr überspannter Ton stört mich, doch ich willige ein. Besonders freuen sie sich darüber, ein Hotel in der Nähe der MGU, der Moskauer Staatsuniversität auf den Lenin-Bergen, ergattert zu haben.

Ich blättere in dem Buch, entweder in einer Weltraumbasis oder in einer Hotelhalle. Dabei beobachtet mich ein Mensch, der es sich in einem Sessel bequem gemacht hat. Es ist der Kosmonaut Leonov. Das Buch interessiert ihn brennend, ich kann es ihm aber nicht schenken, weil ich Kovalev und den ›Kosmonauten‹ versprochen habe, eine Rezension zu schreiben. Leonov blättert in dem Buch und gerät über die Privatisierung der vielen ihm vertrauten Gebäude in Rage. Er gibt keinen Pfifferling auf die ›Kosmonauten‹, aber besonders ärgert ihn Kovalevs Mitwirkung – schließlich hat er das alles selbst geschaffen!

Ich möchte Leonov sagen, daß ich ihn, den ersten Menschen, der einen Weltraumspaziergang unternahm, seit frühester Kindheit kenne, spüre aber, daß ihm das völlig gleichgültig wäre.

Plötzlich errate ich an einem gewissen ›animalischen‹ Glanz in seinen Augen, daß er nichts dagegen hätte, sich an der Privatisierung zu beteiligen, und er es Kovalev und seinesgleichen nur verübelt, daß sie ihn nicht einbezogen haben.

Ich verspreche, ihm ein Exemplar des Buches zu besorgen,

und er erzählt mir von Kovalevs Heldentaten aus besseren Tagen der Sowjetraumfahrt.«

Interpretation:
Der Anfang des Traums hängt mit einem Buch zusammen, das ich geschenkt bekomme mit der Bitte, eine Rezension zu schreiben. Kovalev ist natürlich der berühmte Pionier der sowjetischen Raumfahrt Sergej Korolev, der wichtigste Konstrukteur bemannter Raumkapseln zur Zeit der »heroischen Eroberung des Kosmos« (Leonovs Ausruf, Kovalev habe das alles selbst geschaffen, läßt daran keinen Zweifel). Korolev ist lange tot und sein Wohnhaus inzwischen zum Museum umfunktioniert.

Im Traum willige ich ein, eine Rezension über das Buch zu schreiben, obwohl mir klar ist, daß die Privatisierung ein einziger Schwindel ist. Auf der Ebene des Unbewußten wirke ich – und sei es indirekt – mit am Prozeß wilder Privatisierung; denn die Rezension eines Buches über die Privatisierung von Raumfahrt-Anlagen ist ja kein geringerer »Leckerbissen« als diese privatisierten Immobilien selbst. Im Traum erkläre ich mich unerwartet bereit, für etwas Reklame zu machen, das mir gegen den Strich geht. An den »Privatisatoren« ärgert mich eher die Banalität ihrer zur Schau gestellten Gefühle als ihr Unterfangen an sich. Ich empfinde meine Unterwürfigkeit und freue mich insgeheim über den lukrativen Auftrag (ein Ausdruck der in der postsowjetischen Gesellschaft weit verbreiteten Logik des »Überlebens«[1]).

Die besondere Freude der Kosmonauten über die Privatisierung des Hotels bei der MGU ist verständlich, war doch das Universitätsgebäude Anfang der fünfziger Jahre gleichermaßen Symbol der UdSSR, wie es zehn Jahre später die Raumfahrt wurde.

Ich mache mich unverzüglich an die Arbeit: Ich blättere in

1 Vgl. Michail Ryklin: Das Leben ist härter, in: Lettre International 53, Berlin 2001, S. 112. (A. d. Ü.)

dem Buch – sei es in der Halle eines Hotels (jenes neben der MGU?), sei es in einer Weltraumbasis (die vermutlich ebenso privatisiert würde). »Dabei beobachtet mich der Kosmonaut Leonov.« Aleksej Leonov war Kosmonaut und Künstler, er malte Bilder und schrieb sentimentale Erzählungen über den Kosmos (»Die Erde, der blaue Planet« usw.), die in der Sowjetunion hohe Auflagen erlebten. Außerdem ist Leonov der erste Mensch, der einen Weltraumspaziergang unternahm, d. h. ein nicht weniger »verdienter« Kosmonaut als Jurij Gagarin oder Neil Armstrong. Zunächst lehne ich es ab, ihm das Buch zu schenken, das er offenbar dringend haben möchte. Ich verstehe einfach nicht, warum er sich dafür interessiert. Schließlich muß ihm als Kosmonauten und vorbildlichem Sowjetmenschen die Privatisierung absolut unerträglich sein; als Sowjetikone darf er sich – anders als ich – mit den »Privatisatoren« auf keinerlei finanzielle Kompromisse einlassen. Verständlich ist auch seine Verachtung für die anonymen »Kosmonauten« aus Kovalevs Gefolge, womöglich hält er sie gar nicht für Kosmonauten. Kovalevs Mitwirkung empört ihn geradezu.

Weiter folgt der mißlungene Versuch, Leonov die Bewunderung zum Ausdruck zu bringen, die ich als Junge für seine »Heldentat« – den ersten Weltraumspaziergang – empfand. Angesichts meiner Bereitwilligkeit, Kovalevs Buch zu rezensieren, wirkt diese Bewunderung nicht sehr überzeugend.

Hier nimmt der Traum die entscheidende Wendung. Meine Bewunderung ist nicht nur unaufrichtig, sondern dem Kosmonauten selbst völlig gleichgültig. Er ist mitnichten der, für den ich ihn halte. Seine Empörung über die Privatisierung der ihm vertrauten Raumfahrt-*Anlagen* ist noch geheuchelter als mein Ärger über die Lobeshymne auf die »Privatisatoren« zu Beginn des Traums. Letztlich paßt er weit besser in die postsowjetische Landschaft als ich. Ich erkläre mich nur bereit, Kovalev und den »Kosmonauten« einen Dienst zu erweisen, während er persönlich an der Privatisierung teilhaben will und es Kovalev verübelt, daß dieser ihn nicht einbezogen hat. Der ideale *homo sovieticus*, einst Vorbild wie Korolev, erweist sich zugleich als idealer *homo post-sovieticus*.

Nachdem ich den Grund für Leonovs Empörung begriffen habe, verspreche ich, ihm ein Exemplar des Buches zu beschaffen; endlich habe ich verstanden, wozu er es braucht.

Bezeichnend ist, daß Leonov mir jetzt seelenruhig von Kovalevs Leistungen aus besseren Tagen der Eroberung des Kosmos erzählt. Das zeigt zum einen, daß er als »Privatisator« die Rhetorik der Sowjetzeit für seine eigenen Zwecke einzusetzen versteht, und zum anderen, daß Kovalevs damalige Leistungen seinen heutigen Unternehmungen auf dem Gebiet der Privatisierung vorangehen; für mich unvereinbar, sind die einen wie die anderen für Leonov gleichermaßen bedeutsam.

Der tiefere Sinn dieses Traumes ist folgender: Es gibt keine Sowjetmenschen mehr, es gibt nur noch sowjetische Erinnerungen und Empfindungen, mit denen die Menschen in einer Situation umgehen, die sich einerseits grundsätzlich von der sowjetischen abhebt und diese andererseits fortsetzt. Der Unterschied besteht darin, daß jetzt all das zum Objekt von An- und Verkauf geworden ist, was früher sakralisiert wurde; die Ähnlichkeit gründet hingegen darin, daß dieselben Menschen genau wie früher ausgezeichnet zwei und mehr Sprachen gleichzeitig sprechen. Die Logik der veränderten Situation ist gleichgeblieben: Diejenigen, die wie Kovalev und Leonov in der alten sowjetischen Welt bestens zurechtkamen, finden sich in der postsowjetischen Welt genauso schnell zurecht, und diejenigen, die sie in jener Zeit intellektuell bedient hatten, tun in der neuen Situation mehr oder weniger dasselbe.

Wie groß war mein Erstaunen, als ich einige Wochen nach diesem Traum in der Zeitschrift »Die Karawane der Geschichte« auf einen ausführlichen Artikel über Aleksej Leonov stieß. Der spätere Kosmonaut war in einer bitterarmen Bauernfamilie zur Welt gekommen und hatte als Kind den Hunger kennengelernt; bis heute malt er Bilder und ... ist Vorstandsmitglied einer großen Bank, d. h. in der Sprache des Traums: ein »Privatisator«. Der Bericht ist mit Photos von seinem luxuriösen Landhaus illustriert; massive, teure Möbel im Wohnzimmer, schwere Teppiche, der berühmte Kosmonaut im Smoking mit seiner Gattin.

Der Traum ist gleichsam in Erfüllung gegangen.

3. Traum von Baku (16. Juni 2000)

»Ich fahre mit dem Zug nach Leningrad, wache aber aus tiefem Schlaf an einem unbekannten Ort auf. Ich habe im Jakkett geschlafen und taste sofort nach meiner Brieftasche. Sie ist Gott sei Dank noch da.

Als ich aus dem Zug aussteige, lese ich das Bahnhofsschild; der Schrift und dem Namen der Station entnehme ich, daß ich in Baku gelandet bin. Es war der Zug Moskau-Baku über Leningrad, und ich habe bis zur Endstation durchgeschlafen.

Ich gehe ein Flugticket nach Leningrad kaufen. Der Flughafen ist ein Gebäude im Stil der Stalinzeit mit portalartigen, ornamentverzierten Eingängen; sie werden scharf bewacht, doch man läßt mich passieren.

Als ich wieder heraus will, kann ich den Ausgang nicht finden. Hinter einer Tür probt ein riesiger Frauenchor (sie singen ein Volkslied), hinter einer anderen stellen sich Mädchen aus dem Kindergarten zu geometrischen Figuren auf.

Endlich finde ich den Ausgang und komme an die frische Luft. Der Gedanke an ein Flugticket ist verflogen. Die Zukunft interessiert mich nicht.«

Interpretation:
Nach dem Schlaf im Schlaf erwache ich statt in Leningrad an einem unbekannten Ort, der sich als Baku herausstellt. Mein

erster Reflex nach dem Aufwachen gilt meiner Brieftasche in der Jackettasche. Ich war noch nie in Baku; eine Bahnlinie Moskau-Leningrad-Baku, wie sie der Traum angelegt hatte, hat es nie gegeben. Ein Flughafen mit ornamentverzierten Portalen im Stil der Stalinzeit erinnert an einen Pavillon auf der Ausstellung der Errungenschaften der Volkswirtschaft VDNCh.[2] Die strenge Bewachung der Eingänge ist ein weiteres Attribut eines repressiven Regimes.

Als ich eintrete, beginne ich, anstatt eine Flugkarte zu kaufen, sofort nach dem Ausgang zu suchen und öffne eine massive Tür nach der anderen. Es ist überhaupt kein Flughafen, sondern eine Art Kulturhaus, in dem gerade für ein Festtagskonzert geprobt wird. Im Traum erscheint mir das alles ganz natürlich, und der Gedanke an ein Flugticket verflüchtigt sich von selbst; ich habe nur noch einen Wunsch – schnellstens den Ausgang zu finden. Als ich ihn gefunden habe, interessiert mich die Zukunft nicht im geringsten. Leningrad gibt es schon lange nicht mehr, Baku ist jetzt die Hauptstadt eines anderen Landes. Die stalinistischen Realien kommen wieder einmal nicht gegen die ewige Gegenwart des Traums an.

Ich trete aus dem »Flughafen« hinaus in eine Gegenwart, aus der man nicht abreisen kann.

Aufschlußreich ist, daß es in diesem Traum keine einzige handelnde Person gibt, die auch nur entfernt wiedererkennbare Züge trägt, nur anonyme Gruppen von Wachmännern, singenden Frauen und tanzenden Mädchen.

Leningrad ist die Stadt meiner Kindheit. Mein Wunsch, dorthin zu gelangen, ist so verständlich wie mein Bedauern, den richtigen Bahnhof verschlafen zu haben (das Imaginäre). Moskau ist die Stadt, in der ich schon lange lebe; nur logisch, sie der Ordnung des Symbolischen zuzurechnen. Baku, wo ich nie gewesen bin, assoziiert sich für mich – übrigens nicht für mich allein – mit der Sowjetvergangenheit (noch eine Fa-

2 Vgl. oben in diesem Band S. 135-149.

cette des Imaginären). Von Baku nach Leningrad zurückzugelangen ist unmöglich, weil es eine Stadt dieses Namens nicht mehr gibt; *Leningrad* steht für Nicht-Existenz. Obgleich Baku, nach dem »Flughafen« zu urteilen, weiter im Sowjetstil mit Kulturhäusern und Festtagskonzerten fortlebt, denke ich, als ich ins Innere gelangt bin, d. h. »von der Wache durchgelassen« wurde, nur noch daran, wie ich aus diesem Gebäude wieder herauskomme; von einer Teilnahme an den Sowjetritualen kann nicht die Rede sein. (Verlockend sind sie nur in der Phantasie, ihre Realität war traumatisch, und ich möchte um nichts in der Welt dorthin zurück.)

Die Nostalgie erweist sich als Sehnsucht nach der Nostalgie, für die das Schlimmste die Realisierung des ersehnten Objekts mit seinem traumatischen Kern wäre. Im Imaginären bleibt der pulsierende Punkt des Realen erhalten, der unvermindert abschreckt und anzieht, anzieht und abschreckt. Im Zeichen der Nicht-Existenz setzt der Traum Leningrad und Baku gleich. Der Gedanke an eine Fahrkarte verflüchtigt sich, weil man nirgendwohin abreisen und daher auch nirgendwohin zurückzukehren kann. Nicht von ungefähr gilt der erste Reflex nach dem Aufwachen in Baku der Brieftasche (die als Symbol für finanzielle Sicherheit fungiert). Kein Geld der Welt aber kann die Rückkehr in die UdSSR garantieren, und pompöse Gebäude der Stalinzeit gibt es in Moskau mehr als in jeder anderen Stadt der Welt – natürlich auch als in Baku.

Nach Freud erfüllt der Traum stets einen dem Träumenden verborgenen Wunsch, d. h. jeder Traum führt – und sei es mitunter in gemilderter Form – dasselbe neurotische Szenario auf. Deshalb kann man im Traum den Traum auch nicht von außen betrachten. Was aber bedeutet überhaupt die Erfüllung eines *unbewußten* Wunsches? Wie kann ein solcher Wunsch überhaupt erfüllt werden? Ist er nicht auf ewig verdammt, sich am Punkt der angenommenen Erfüllung zu erneuern?

Im Traum von Baku realisiert sich weder der Wunsch, eine Fahrkarte nach Leningrad zu kaufen, noch der, im »sowjetischen« Baku zu bleiben, und doch verspüre ich statt Enttäuschung eher ein Gefühl der Erleichterung.

Freud hätte das damit erklärt, daß geäußerte Wünsche keine echten, d. h. keine unbewußten Wünsche sind, und daß sich hinter ihnen unbemerkt ein »Gedanke« realisiert, der jenseits des manifesten Inhalts besteht, diesen sogar umkehrt: Ich will gar nicht zurückkehren und inszeniere die Rückkehr, um den traumatischen Punkt bloßzulegen, der eine solche Rückkehr ausschließt. Das, was ich bewußt wünsche, entsetzt mich in Wirklichkeit: nichts weniger als das habe ich gewollt. Das Gefühl der Erleichterung am Schluß (»an die frische Luft«) stellte sich dann zwangsläufig ein: Das Reale des Begehrens ist unerträglicher als jede Realität, weswegen die Nicht-Abreise als Befreiung wahrgenommen wird.

4. Traum vom Geburtstag Lužkovs
(25. August 2000)

»Bei einem Geburtstagsempfang von Jurij Lužkov wird ordensdekorierten Generälen ein Film über die Leistungen des Jubilars gezeigt. Danach erkläre ich einem Marschall, daß die Jugend, anders als die ältere Generation, nie über die Sowjetzeit schimpfe. Der Marschall zeigt sich beruhigt

Wir sind in der Sauna, ziehen uns an oder aus. Jeder hat eine eigene Kabine. Evgenij Kiselev hält mir einen Kleiderbügel hin und bittet mich, niemandem zu erzählen, an was für einem elitären Ort wir uns befinden. Aber ich nehme meinen eigenen Bügel. Ich sehe noch einige andere bekannte Gesichter.

Gegenüber all diesen ›Experten‹ verspüre ich ein seltsames Gefühl der Entfremdung – das ist nicht meine Welt.«

Interpretation:
Sowjetisches Traummaterial ist stets relativ; die Möglichkeiten zur Symbolisierung sind im Traum so groß, daß »das Sowjetische« darin ersetzbar und im Prinzip umkehrbar ist. Aber es ist keineswegs zufällig, man kann es nicht beliebig ersetzen.

Ich erzähle dem Marschall, daß die Jugend die Sowjetzeit nicht verdamme, um ihn zu beruhigen. Die Jugend aber schimpft keineswegs deshalb nicht auf diese Zeit, weil sie ihr nah wäre, sondern weil sie ihr gleichgültig ist. Das »vergesse« ich dem Marschall zu sagen. Die Generäle nehmen am Geburtstagempfang einer so schillernden Gestalt wie Jurij Lužkov teil, Moskauer Bürgermeister und eine der gefragtesten Personen des öffentlichen Lebens der postsowjetischen Zeit. Und wenn sie auch keinen dahingehenden Verdacht hegen – ihre Anwesenheit auf einer solchen Feier ist zutiefst zweideutig und belegt, daß sie nicht weniger Teil der neuen Zeit sind als der Bürgermeister und daß sie keineswegs so naiv sind, wie sie erscheinen möchten (d. h., es wiederholt sich die gleiche Situation wie mit dem Kosmonauten Leonov: Ich sehe in ihm den mustergültigen Sowjetmenschen, der ich nie war, und er stellt sich als »Privatisator« heraus).

In der Episode in der Sauna bittet mich der bekannte Fernsehmoderator Evgenij Kiselev, niemandem zu erzählen, »an was für einem elitären Ort wir uns befinden«. Die Bitte, ein Geheimnis zu wahren, das mit Konsum zusammenhängt, ist typisch für die neuen Reichen, unabhängig davon, ob ihre öffentliche Rhetorik (wie im Fall Kiselevs) demokratisch ist oder nicht. Wohlhabende Menschen möchten die Mehrheit ihrer weit ärmeren Mitbürger nicht verärgern. Daß ich den Kleiderbügel zurückweise, drückt Protest gegen diese Logik aus. Ich möchte die Geheimnisse eines Kreises, dem ich nicht angehöre, nicht wahren – Geheimnisse, die sie zu hüten gezwungen sind, die sie moralisch erheblich belasten und ihr ganzes Leben verändern, insbesondere, wenn sie ihren öffentlich geäußerten Phrasen zuwiderlaufen.

Was aber verbindet die beiden Traumepisoden miteinander? Während es für den Marschall wichtig ist, daß die anderen (die Jugend) die Sowjetzeit verehren, obwohl er selbst dieser Zeit schon nicht mehr in vollem Maße angehört (der Beweis dafür ist seine Anwesenheit bei Lužkovs Geburtstagsempfang), ist für die neue Elite etwas anderes wichtig: daß die Kluft zwischen ihrer öffentlichen Rhetorik und ihrer Lebensweise gewahrt bleiben möge (diese konspirative Haltung verbindet sie mit der Sowjetzeit, die sie öffentlich kritisieren).

Die Worte »das ist nicht meine Welt« zeugen von dem (vielleicht unerfüllbaren) Wunsch, den Generälen, die sich oberflächlich an die neue Zeit angepaßt haben, näher zu sein als den Experten, die sich viel weiter auf sie eingelassen haben. Die alte Elite erscheint mir emotional näher als die neue, obwohl (und vermutlich genau deshalb) letztere ungefähr dasselbe sagt wie ich (nicht von ungefähr finde ich mich mit den »Experten« zusammen in einer Sauna wieder).

5. Traum von den Sowjetorden (15. Februar 2001)

»Auf der Promenade unter einer Brücke suche ich hübsche Kieselsteine. Meine Frau Anna Al'čuk zeigt sie mir immer wieder, ich kann sie aber nur mit Mühe finden. Plötzlich sehe ich neben einem Kiesel einen rostigen Suvorov-Orden, hebe ihn auf und betrachte ihn. Daneben liegen zwei Lenin-Orden in besserem Zustand und noch irgendein anderer. Ich stoße auf alte Ordensbüchlein und denke, ich könne vielleicht noch die Namen darin entziffern, obwohl sie feucht geworden sind.

Die ganze Promenade entlang liegen, jeweils einige Meter voneinander entfernt, Haufen von roten Büchern.

Wir sind auf einen riesigen ›Schatz‹ aus Stalinzeiten gestoßen. Er ist wertvoll, und doch ist es nur Krempel, in dem wir aus alter Gewohnheit kramen.«

Interpretation:
Die Handlung dieses Traums spielt auf einer Promenade, die der Bremer Weserpromenade ähnelt. An Samstagen gab es dort einen Flohmarkt, der sich ein großes Stück den Fluß entlangzog. Die Waren wurden häufig direkt auf den Pflastersteinen in kleinen Haufen feilgeboten (wie am Ende des Traums Haufen mit roten Büchern liegen).

Zu Beginn halte ich die Orden und Ordensbüchlein für einen echten »Schatz«; der Fund erscheint mir als besonderer, unerklärlicher Glücksfall. Nach und nach aber werde ich mir klar darüber, daß es sich um den Teil eines riesigen Flohmarktes handelt. Was als Erinnerung besonders wertvoll erschien, ist in anderem Zusammenhang nur noch gewöhnlicher alter Krempel. Solange ich den Fund für einen »Schatz« halte, sehe ich die Orden genau, beurteile ich ihren Zustand und versuche die Namen in den Ordensbüchlein zu entziffern. Aber die zu uniformen Haufen gestapelten roten Bücher entlang der Promenade zwingen mich, die Sache anders zu sehen: der Schatz ist Teil des Flohmarkts.

Der Traum beginnt mit Kieselsammeln. Meine Frau und ich haben schöne Steine und Muscheln in Koktebel' und Derbent am Kaspischen Meer gesammelt.

Wie meine anderen Träume über die Sowjetunion hat auch dieser eine zweiteilige Struktur. Da ist 1.) das Bestreben, an die Möglichkeit einer Rückkehr zu sowjetischen Werten zu glauben, ein euphorischer Moment der Identifikation mit der Vergangenheit (in diesem Fall stehen dafür die Orden und Ordensbüchlein); dann folgt 2.) die Entwertung dieser Werte und die Enttäuschung. Der »Schatz« stellt sich als Flohmarktkram heraus, in die Vergangenheit zurückzukehren ist nicht möglich, doch in gewissem Sinne sind wir auch nie aus ihr herausgekommen.

Am schwierigsten gestaltet sich das die simple Steinesammeln. In dem Moment, als ich davon abgelenkt bin, entdecke ich den ersten rostigen Orden, und schon greift der Mechanismus von Identifikation und Enttäuschung, der für alle Träume über die Sowjetzeit charakteristisch ist.

Die Grundstruktur dieser Träume läßt sich folgendermaßen beschreiben: Zunächst erscheint die Rückkehr in die Sowjetunion als realisierte Möglichkeit; dann stellt sich heraus, daß dadurch etwas ganz anderes realisiert wird; dieses andere jedoch ist unrealisierbar, weil es aus Versatzstücken aus verschiedenen Zeiten besteht (am Ursprung steht eben diese Collage). Die Vergangenheit ist innerhalb des Komplexes Realisiertes/Unrealisierbares auf tiefster Ebene blockiert; es gibt keine Möglichkeit, die Vergangenheit von dort unten heraufzuheben. Der therapeutische Wert der Sowjetträume ist zweifelhaft. Der darin in Szene gesetzte Konflikt zwischen imaginärer Vergangenheit (Stalin, Baku, der Kosmonaut Leonov oder die rostigen Orden) und jener ewigen Gegenwart, die das Reale dieses Begehrens darstellt, wird nicht nur nicht aufgelöst, sondern mit immer neuen Details ausgeschmückt und zeigt eine Tendenz zum Wildwuchs. Im zeitlich jüngsten Traum über Stalin funktioniert die Instanz der Zensur mit solcher Vollkommenheit, daß es das Traumgeschehen zu schlechter Wiederholung verdammt; einen solchen Traum droht schon das kleinste uneingeplante Detail zu zerstören. Das Motiv der Entsublimierung fehlt in diesem Traum als eigenes Thema, es bildet aber die Begleitmelodie des ganzen Traums, dessen Hintergrund (dieses Motiv setzt den Mechanismus der schlechten Wiederholung in Gang – in Form des Vertilgens ganzer Berge von Kuchen). In den anderen Träumen zieht sich die Ursprünglichkeit des Kompromisses mit der als Vergangenheit getarnten ewigen Gegenwart als selbständiges, ja, grundlegendes Thema durch (wie im Traum von der Privatisierung von Raumfahrt-Anlagen.

Dieser (aufgrund der absoluten Priorität der ewigen Gegenwart) unmögliche Kompromiß ist nicht Resultat, sondern notwendige Bedingung der imaginären Zeitreise. Die Sowjetunion bleibt nur unter der Bedingung ihrer Transposition in eine ewige Gegenwart die Heimat der Träume; gerade die Fälschung läßt sie authentisch erscheinen. Die ewige Gegenwart aber umfaßt Vergangenheit, Gegenwart und Zukunft. Darin koexistieren die UdSSR und die »Privatisierung«, kollektive Identität und Zerstörung kollektiver Identität, der Wunsch nach Rückkehr in die Vergangenheit und dessen unabwendbare Enttäuschung wie schließlich der Wunsch nach der Unmöglichkeit von Rückkehr (»realisiert« wird stets dieser letzte verborgene Wunsch). Alle explizit geäußerten Wünsche sind aufgrund der Logik des Traums zum Scheitern verurteilt, sie sind grundsätzlich nicht realisierbar. Einzig indem wir die Sowjetunion zerstören, agieren wir als echte Sowjetmenschen; Zerstörung ist kein Fremdkörper, sondern die einzig authentische Daseinsform des Sowjetischen in einer Gegenwart jenseits von Vergangenheit, Gegenwart und Zukunft. Alle Traumfiguren wirken immer schon mit an diesem Unterfangen. Deshalb stoßen all die scheinbar »authentischeren« Gestalten des Sowjetischen (der Flughafen von Baku, die sowjetischen Orden, der Kosmonaut Leonov vor seiner Metamorphose), die zu schauen wir angeblich bestrebt sind, den Träumenden im Moment der Begegnung zurück und schlagen ihn in die Flucht. Der Moment der scheinbaren Materialisierung des authentisch Sowjetischen koinzidiert mit dessen völliger Entwertung, mit der Einsicht in dessen »Müll-Charakter«, Unmöglichkeit und Unnötigkeit. Im Grund wünschen wir uns die Unmöglichkeit zu wünschen, und die Träume inszenieren uns bereitwillig diese Unmöglichkeit.

Aufgeschrieben werden selbstredend nicht die Träume »selbst«, sondern nur das, was wir uns aufzuschreiben erlauben können: das Durchstreichen der Träume während ihrer

Aufzeichnung ist nicht weniger ursprünglich als der Akt des Träumens selbst. Während die Mehrheit der von Sigmund Freud analysierten Träume ein neurotisches Szenario realisiert (dessen Komponenten die Verdrängung der präödipalen Mutterbindung durch das ödipale Dreieck, die große Bedeutung von familiären Beziehungen, Kindheit, berufliche Selbstverwirklichung und andere Attribute des Privaten sind), laufen die Träume über die Sowjetunion nach einer psychotischen Logik ab, d. h. nach der Logik des Begehrens, für welches das Trauma der Normalzustand ist – ein Zustand, der nur dann funktioniert, wenn man traumatisiert ist. Für diesen Typ von Begehren ist der Weg zur neurotischen »Normalität« blockiert durch die nicht überwundene präödipale Mutterbindung, die dem Namen des Vaters keine Autorität einräumt und deshalb keine Räume des Privatlebens schafft.

Das psychotische Begehren wird entweder brutal enttäuscht oder aber direkt realisiert, ohne eine komplexe Symbolisierung zu durchlaufen; als Beispiel dafür können die vielen unzweideutig sexuellen Szenen in postsowjetischen Träumen herhalten, welche die Träumenden selbst für »pornographisch« halten.

April 2001

Dirk Uffelmann
Michail Ryklins negative Totalitarismustheorie

> »Wenn Sie das französische Dekonstruktionsmodell auf
> Ihre Situation anwenden wollten, so geriete ein solcher
> Versuch zum Mißerfolg. Ich glaube im Gegenteil, daß je-
> der in seiner besonderen Situation – historisch, politisch,
> ideologisch – eine eigene Art von Dekonstruktion finden
> muß, nicht aber von neuem Dekonstruktion selbst erfin-
> den muß.«[1]

Die Sowjetunion hörte mit Ende des Jahres 1991 auf zu bestehen. Zwölf Jahre danach ist im postsowjetischen Rußland
die totalitäre Vergangenheit weit weniger aufgearbeitet, als
sich dies westliche Beobachter vorgestellt haben. In der ersten Zeit des Nachlassens politischer Repression herrschte
unter der russischen Bevölkerung Verlangen nach einer
neuen Ausleuchtung der sowjetischen Geschichte, welche
die »weißen Flecke« der Geschichte des Stalinismus und seines Terrorsystems beseitigen und die Opfer rehabilitieren
würde. Zwischenzeitlich ist der Zuspruch, den Organisationen wie *Memorial* erfahren, die sich einer rückhaltlosen Aufklärung der stalinistischen Verbrechen verschreiben, eher
wieder zurückgegangen; die unmittelbaren Sorgen durch die
wirtschaftliche Krise im postsowjetischen Rußland drohen,
diese Vergangenheitspolitik von der Tagesordnung zu verdrängen. Aus der aktuellen Dauermisere heraus gewinnen
Schimären wie imperiale Größe und eine »starke Hand« gar
wieder an Attraktivität.

Seit dem Ende der Sowjetunion sind eben erst zwölf Jahre

---

1 Jacques Derrida im Gespräch mit Natal'ja Avtonomova, Valerij Podo-
roga und Michail Ryklin, Moskau, Februar 1990. Zit. n.: Philosophie und
Literatur. Ein Gespräch mit Jacques Derrida, in: Arne Ackermann,
Harry Raiser, Dirk Uffelmann (Hg.): Orte des Denkens. Neue Russische
Philosophie. Wien 1995, S. 173-199, hier: S. 184.

vergangen, 18 Jahre seit Beginn von Gorbačevs Perestrojka. Zieht man den Vergleich mit der Aufarbeitung der deutschen Vergangenheit nach 1945 heran, so befindet sich Rußland noch in der Adenauer-Ära. Und wie der Rückblick deutlich macht, welch wichtige Funktion Hannah Arendts Mahnung zur Beschäftigung mit der totalitären Vergangenheit Deutschlands und totalitären Gegenwart der Sowjetunion in der Adenauer-Zeit erfüllte, so ist gleichermaßen die Beharrlichkeit derer zu würdigen, welche sich im postsowjetischen Rußland heute mit der Wirklichkeit und den Folgen der Totalitarismen des 20. Jahrhunderts auseinandersetzen. Doch es sind wenige. Was Opferorganisationen von Nachforschungen über Einzelschicksale über Gräberpflege bis zu Denkmalprojekten leisten, wird philosophisch flankiert von der Archäologie sowjetischer Diskurse und der – kritischen – Aneignung der westlichen Totalitarismustheorie. Für letztere steht der Name Michail Ryklin.

Nun ist es nicht neu, daß sich ein russischer Philosoph westliche Theorie vornimmt und fragt, ob diese denn auf die russischen Verhältnisse anzuwenden sei. Die russische Philosophie hat fast durchweg in der Spannung von westlichen Theorieangeboten und der kritischen Beurteilung ihrer Eignung für russische Verhältnisse gestanden. Man stieß sich von Kant, von Schelling, von Hegel, ja, auch von Marx ab, um eine russische und später sowjetische philosophische Identität zu schaffen. Seit den späten 30er Jahren des 19. Jahrhunderts war der Doppelblick auf Rußland und Europa (*Europa* wird im Russischen bis heute als Synonym von Westeuropa verwendet) die nicht wegzudenkende Grundlage der russischen Kulturphilosophie. Die Fixierung auf Rußland vs. Europa ging dabei meist mit dem Interesse einher, einem von beiden den positiven Wert zuzuordnen, dem anderen den negativen. So verunglimpfte Petr Čaadaev in seinem *Ersten Philosophischen Brief* die russische Kultur als zurückgeblieben und unselbständig, nannte Moskau 1836 »Nekropolis« und gab als Lösung den Import westeuropäischer Kultur vor. Sein Widerpart Ivan Kireevskij konterte einige Jahre später damit, daß die westeuropäische Kultur von der ehemals gemeinsamen christlichen Wahrheit abgefallen sei, während das orthodoxe Rußland diese unverändert bewahrt habe und daher nur diesem die Zukunft gehöre. Beide Parteien, Westler wie Slavophile, philosophieren vergleichend über zwei Kulturen. Beide ordnen einer von beiden den positiven und deren anderen den negativen Wert zu (sie tun dies nur genau spiegelverkehrt). Und beide neigen dazu, diese polaren Wertungen in den Rang einer überzeitlichen Essenz zu erheben, was die Forschung »Kulturosophie« nennt. Während die »slavophile« Partei Rußlands Eigenart gegen schädlichen westlichen Einfluß zu verteidigen suchte, war die »westlerische« Richtung bestrebt, den vermeintlich polaren Gegensatz der kulturellen Traditionen des Westens und Rußlands zu reduzieren – mit dem politischen Ziel einer Angleichung Rußlands an das westliche Modell.

Durch das Prisma dieser kulturosophischen Streitigkeiten liest der zeitgenössische russische Philosoph Michail Ryklin (*1948 in Leningrad) die westliche Totalitarismusdiskussion. Er wendet die kulturosophische Opposition von westlichem Individualismus und östlichem Kollektivismus (aus der orthodoxen Tradition der Konziliarität) gegen Hannah Arendts These von der atomisierenden Wirkung aller Totalitarismen – für den sowjetischen Fall gelte eben diese Atomisierung nicht; der trennenden Angst einzelner Menschen stehe im Stalinismus das allgemeine Entsetzen angesichts des Massenterrors gegenüber, das im kollektiven Jubel seinen paradoxen Ausdruck finde.

Ryklin wirft mit seiner negativen Kulturosophie gemäß der russischen Tradition den Blick auf Ost und West zugleich. So zeigt er – wie die Slavophilen mit ihrer Gegenüberstellung von Rußland und Europa – Differenzen auf, die bei ihm allerdings weder essentiell noch polar ausfallen und vor allem keiner der kontrastierten Seiten Stalinismus und Nationalsozialismus einen auch nur ansatzweise positiven Wert zuschreiben. Es gibt bei Ryklin nicht das leiseste Kokettieren mit der Ästhetik der »starken Hand«, was im russischen Transformationschaos Seltenheitswert hat.

Wie russische Intellektuelle des 19. Jahrhunderts zwischen Westeuropa und Rußland pendelten, so erlaubt der Fall des Eisernen Vorhangs Michail Ryklin eine Lebensweise in Rußland und Westeuropa zugleich, welche in der Sowjetzeit mit ihrer unüberwindbaren Spaltung zwischen Staats- und Exilkultur ausgeschlossen war. Ryklin ist bewußt nicht dem Braindrain der neunziger Jahre gefolgt und dauerhaft nach Westen übergesiedelt, obgleich sich dies im Gefolge zahlreicher Gastdozenturen und -professuren (unter anderem 1991/92 in Paris, 1993 in San Diego, 1998 in Bremen) angeboten hätte. Seit Mitte der neunziger Jahre liegt sein zweiter Schwerpunkt neben Moskau in Deutschland, besonders in Berlin. In Moskau versieht er weiter seine Professur in der Abteilung für postklassische Studien am Institut für Philosophie der Russischen Akademie der Wissenschaften und erhält sich so – als einer von ganz wenigen – den ständigen Doppelblick. Und eben dieser unentwegte Doppelblick – die biographische Kenntnis des sowjetischen Totalitarismus von innen heraus und die Augenzeugenschaft über die postsowjetische Entwicklung einerseits sowie die Vertrautheit mit neuesten westlichen Diskussionen andererseits – erlaubt ihm die distanzierte Hinterfragung des einen durch das andere.

Das Schreiben für westliche Zeitschriften wie *New Literary History* oder *Transit* ist in Ryklins Fall weit mehr als ökonomische Notwendigkeit; seine Spielart kulturphilosophischen Denkens ist nur zwischen Rußland und Westeuropa, zwischen Moskau und Berlin möglich. Für die deutsche Ausgabe von *Lettre International* schreibt er seit 1995 vierteljährlich *Briefe aus Moskau*, in denen er als Zeuge vor Ort über das politische und kulturelle Geschehen berichtet und es politisch und philosophisch reflektiert.

Für den am französischen Poststrukturalismus geschulten Betrachter Michail Ryklin bleibt Moskau damit der entscheidende Ort für Inspiration und Applikation seiner politischen Philosophie. Wohlgemerkt: jenes postsowjetische Moskau der Transformationsperiode, in dem auf Schritt und Tritt die alte, nach 1985 wieder verschärft aufgebrochene kulturelle Schizophrenie zwischen russischen Überlieferungen und Vexierbildern des Westens begegnet, auf die sich die russische Kultur immer wieder stützte und die Ryklin jetzt unter neuen Vorzeichen fruchtbar macht.

Ryklins Bemühen gilt dem Abbau der polaren Wertungen der älteren russischen Philosophie: Für eine Differentialanalyse von Nationalsozialismus und Stalinismus käme »es – was nicht leicht ist – darauf an, keine neuen Wertkriterien einzuführen«. Wie sich die Künstler und Literaten, mit denen Ryklin seit den siebziger Jahren im Moskauer Konzeptualisten-Zirkel eng verbunden war, etwa Vladimir Sorokin oder Il'ja Kabakov, in immer neuen Formen und Medien mit der Prägung des Menschen durch die Mythen des Sowjetalltags und Gewalterfahrungen auseinandersetzen, so sucht sich der Philosoph Ryklin sein Material in verschiedensten Diskursen – in Literatur und Film, in Architektur und Politik. Offizielle Zeugnisse wie Aleksandr Fadeevs Kriegsroman *Junge Garde* oder Kaganovičs Propaganda um den Moskauer Metrobau interessieren ihn da nicht weniger als Šalamovs literarische Texte über den GULag, Benjamins *Moskauer Tagebuch* von 1926/27 nicht weniger als postsowjetische Reflexe des Umgangs mit politischer Schuld in Theaterstücken seines langjährigen Weggefährten Vladimir Sorokin.

Auf diesem Wege wird die westliche Totalitarismustheorie einer kritischen Revision unterworfen. Ryklins Relektüre spürt deren logischen Voraussetzungen nach. Das betrifft zunächst die Alternative von Ähnlichkeit und Verschiedenheit;

Ryklins nicht-polarer Differenzbegriff schließt Unvergleich-
barkeit wie Identität als Kategorien der Kulturphilosophie
aus. Soziale Praktiken realisieren Differenzen im Detail; einzufangen sind sie lediglich in Grautönen. Ryklins Variante
von Dekonstruktion gründet im Aufzeigen windschiefer
Abweichungen und nicht-logischer Widersprüche.

Noch elementarer erhebt Ryklin Einspruch gegen den naiven Realitätsbegriff der klassischen (Arendt) und auch noch
jüngsten Totalitarismustheorie: Der totalitären »Illusion«
(Furet) schlicht den gesunden Menschenverstand entgegen-
zuhalten und den totalitären Regimes Realitätsverlust vorzu-
werfen, greift für Ryklins an Baudrillards Thesen zur Simu-
lierbarkeit von Realität geschulten Blick zu kurz. Für ihn
erhebt sich vielmehr die Frage nach der Doppelbödigkeit der
totalitären Theatralisierung: Die vermeintliche Selbstbezo-
genheit der sowjetischen »totalen Installation« stellt sich in
Ryklins mikrologischen Analysen, etwa des Diskurses um
den Moskauer Metrobau der dreißiger Jahre, als Angewie-
senheit auf den Gegner dar, von dem man sich abgrenzt.
Auch die totalitären Weltentwürfe konstruieren – Ryklin bezieht sich explizit auf Foucault – durch Ab- und Ausgrenzung auf ihre Weise »Normalitäten«.

Ryklin bestätigt auf diesem Wege, was Sozial- und Wirt-
schaftshistoriker an der Totalitarismusthese bemängelt haben: daß nämlich über allzu buchstäblicher Interpretation der
ideologischen Verlautbarungen die Untersuchung von konkreten Praktiken und Institutionen ins Hintertreffen gerate.
Ryklin zeigt beispielsweise an den Autoritätsverhältnissen in
der Architekturplanung von Stalinismus und Nationalsozialismus grundlegende Differenzen. Was die kulturellen Ver-
heerungen anbetrifft, suggeriert Ryklin, daß der Stalinismus,
von der gründlicheren Zerstörung der Zivilgesellschaft durch
die Zwangskollektivierung ab 1930 und den länger wirkenden psychischen Deformationen her, der »führende« der beiden Totalitarismen sei. Allerdings konfrontiert er solche glo-

balen Einstufungen wieder mit unverrechenbaren literarischen wie auch autobiographischen Terrorerfahrungen.

Es ist so weniger eine These vom alles überbietenden russischen Radikalismus – jetzt negativ gewandet: als schlimmster Vergewaltigung der Zivilgesellschaft –, welche die slavophile Ansicht von einem russischen Sonderweg und der Überbietung westlicher Errungenschaften fortschriebe, als eine Anverwandlung des Differenz-Denkens des westlichen Poststrukturalismus. Der russische Philosoph Ryklin meldet mit Mitteln des französischen Poststrukturalismus Bedenken an gegen die westliche Totalitarismustheorie.

Seine Differenzierung der Mikromechanismen zweier gleichermaßen abzulehnender Unterdrückungssysteme läßt jeden Syntheseentwurf aus. Es genügt für ihn nicht, gegen die totalitäre Vergewaltigung des Denkens eine Logos-Kur zu verordnen, weil der Logozentrismus die Totalitarismen nur zum Außen seiner selbst abzustempeln vermag. Hier schlägt Ryklin sich selbst unterminierendes Denken vor, womit er in die Nähe von Adornos *Negativer Dialektik* kommt, die er 1984 auszugsweise ins Russische übersetzte; Ryklin sieht den philosophischen Augenblick als kurzzeitige Erschwerung: »Da nun aber ohne Logos Denken unmöglich ist, bleibt nur zu versuchen, den Logozentrismus gegen diesen selbst in Stellung zu bringen, d. h. jene Geste zu wiederholen, zu der die Philosophie seit Nietzsche systematisch immer wieder gegriffen hat. Letztlich ist diese Geste zwar dazu verdammt zu tilgen, wogegen sie sich richtet; im Zwischenraum zwischen Herausforderung und Tilgung geschieht aber nichtsdestotrotz etwas Aufschlußreiches, und die logozentrische Maschine gerät für einen kurzen Moment ins Stocken.« Wie Adorno seine negativen Denkbewegungen in und zugleich nach der Tradition der Dialektik verortet, so verhält es sich ähnlich mit Ryklins negativer Kulurosophie und »stockender« Totalitarismustheorie. Auch sie führen fort, was sie ablösen.

Stärker noch als der Bestandsaufnahme historisch abgeschlossener Zusammenhänge gilt Ryklins Augenmerk der posttotalitären Relevanz des Totalitären: Ihn beschäftigen die bis heute frappierende Ästhetik der stalinistischen Metro-Stationen und Hochhäuser im Zuckerbäckerstil, die »uns ebenso wegen des bloß Phantastischen als wegen des Ungeheuern und Massenhaften in Verwunderung und Staunen versetzen« (so der von Ryklin zitierte Hegel). Und er analysiert die ungebrochene Produktionsästhetik von Gewalt und Schuldneurosen im Werk des Moskauer Konzeptualisten Vladimir Sorokin sowie seine eigenen Träume, denen sich die Sowjetunion, »das Land meiner Träume«, immer wieder aufdrängt. Wie in Lyotards ambivalenter Bestimmung der Semantik des Präfixes »post-« bleibt in den von Ryklin beschriebenen posttotalitären Erscheinungen des Totalitären der Widerspruch zwischen Diskontinuität und Kontinuität unauflösbar.

Drucknachweise

Erzählung meiner Mutter. In: *Lettre International* 39 (1997)

Kommentar. In: *Lettre International* 39 (1997)

Metrodiskurs I. In: *Lettre International* 36 (1997) u. d. T. *Die beste Metro der Welt. Der Diskurs über die Moskauer U-Bahn in den dreißiger Jahren*

Metrodiskurs II. Gekürzte Fassung von *Der Metrodiskurs* in: Jurij Murašov/Georg Witte, Musen der Macht, Wilhelm-Finck Verlag, München 2003

Verbotene Stadt. In: Tilman Spengler (Hg.): Moskau – Berlin. Stenogramme, Berlin Verlag, Berlin 2001

Schönschriften des Terrors. In. *Lettre International* 32 (1996)

Erst Austern, dann Borschtsch. In: *Lettre International* 43 (1998) u. d. T. *Nach Austern Borschtsch? Deutsche und russische Schuld in Sorokins »Hochzeitsreise«*

Die bereits auf deutsch erschienenen Texte wurden von Autor und Übersetzer für die vorliegende Buchausgabe überarbeitet.

edition suhrkamp
»Kultur und Konflikt«

Unter dem Titel »Kultur und Konflikt« ist 1994 eine Publikationsreihe des Forschungsschwerpunktes in der *edition suhrkamp* eröffnet worden, die von Wilhelm Heitmeyer, Günter Albrecht, Otto Backes und Rainer Dollase herausgegeben wird.

Das Gewalt-Dilemma. Gesellschaftliche Reaktionen auf fremdenfeindliche Gewalt und Rechtsextremismus. Herausgegeben von Wilhelm Heitmeyer. es 1905. 464 Seiten

Die bedrängte Toleranz. Ethnisch-kulturelle Konflikte, religiöse Differenzen und die Gefahren politisierter Gewalt. Herausgegeben von Wilhelm Heitmeyer und Rainer Dollase in Zusammenarbeit mit Johannes Vossen. es 1979. 507 Seiten

Bundesrepublik Deutschland: Auf dem Weg von der Konsens- zur Konfliktgesellschaft. Herausgegeben von Wilhelm Heitmeyer. Zwei Bände in Kassette. es 2004 und es 2034. 1138 Seiten

Verlockender Fundamentalismus. Türkische Jugendliche in Deutschland. Von Wilhelm Heitmeyer, Jochen Müller und Helmut Schröder. es 1767. 277 Seiten

Die Krise der Städte. Analysen zu den Folgen desintegrativer Stadtentwicklung für das ethnisch-kulturelle Zusammenleben. Herausgegeben von Wilhelm Heitmeyer, Rainer Dollase und Otto Backes. es 2036. 470 Seiten

NF 316/1/11.00

Die Bindung der Unverbindlichkeit. Mediatisierte Kommunikation in modernen Gesellschaften. Von Uwe Sander. es 2042. 297 Seiten

Politisierte Religion. Ursachen und Erscheinungsformen des modernen Fundamentalismus. Herausgegeben von Heiner Bielefeldt und Wilhelm Heitmeyer. es 2073. 494 Seiten

Schattenseiten der Globalisierung. Rechtsradikalismus, Rechtspopulismus und separatistischer Regionalismus in westlichen Demokratien. Herausgegeben von Dieter Loch und Wilhelm Heitmeyer. es 2093. 544 Seiten